Pourquoi partir ?

Du même auteur

Récits, essais, journaux

Le Temps d'un regard, Hachette Littérature, 1978, Prix de l'Académie française.

Tant qu'il y aura des îles, Hachette Littérature, 1980, prix des maisons de la Presse ; nouvelle édition, Le Rocher, 2004.

Le Livre des listes, écrit en collaboration avec Marcel Jullian, Olivier Orban, 1980.

Franchise postale, écrit en collaboration avec Marcel Jullian, Mazarine, 1983.

Le Guetteur de rives, journal, Grasset, 1985.

Le Livre franc, Actes Sud, 1986.

Le Désordre et la Vie, journal, Grasset, 1991.

Le Journal d'un voyeur, journal, Grasset, 1997.

L'Or et le Rien, journal, Plon, 1999, Grand Prix Vérité.

Fugacités, Plon, 2001.

Nouveau Siècle, journal 1999-2002, Le Rocher, 2003.

Il fera bleu, journal 2002-2005, Le Rocher, 2005.

Les Années turbulentes, journal 2005-2007, Plon, 2007.

N'oublie pas de vivre, journal 2007-2010, Flammarion, 2011.

Dictionnaire amoureux de la télévision, Plon, 2011.

La Nuit attendra, Flammarion, 2013.

Romans

L'Eurasienne, Éditions Catinat, Saigon, 1950.

Mes rebelles, Éditions Catinat, Saigon, 1953.

Le Prince ou le festin des fous, XO Éditions, 2006.

L'Inachevé, Séguier, 2009.

Anthologie

La mémoire de l'encre, les 365 plus belles pages de la littérature française, Éditions n° 1, 2001.

(Suite en fin d'ouvrage)

Jacques Chancel

Pourquoi partir ?

Journal 2011-2014

Flammarion

ISBN : 978-2-0813-3924-8

Janvier 2011

C'est une année fort agitée qui commence et qui pourrait m'éloigner un temps assez court du quotidien de ce journal. Il me faut tenir parole, aller jusqu'au bout d'une promesse faite, un peu légèrement, à Jean-Claude Simoën, éditeur chez Plon. J'ai accepté, en effet, de publier un *Dictionnaire amoureux de la télévision*. La qualité de la collection, le bagout de son créateur ont eu raison de mes hésitations. Il n'empêche qu'il y a là quelque imprudence. Je ne suis pas de ceux qui jugent, je n'ai jamais prétendu avoir en tout raison. Je me limiterai, d'une manière forcément subjective, à regarder au plus près les programmes qui ont fait la renommée de notre métier.

Le temps est incertain, les jours d'écriture me seront comptés, en effet de longs voyages m'attendent, les États-Unis, l'Australie et Bali surtout qui fut, il y a soixante ans, l'un de mes terrains de purs plaisirs. On y venait d'Indochine pour oublier la guerre. Je crains d'être encore déçu par cette nouvelle visite, déjà échaudé par mon retour au Vietnam, magnifique pays où je ne reconnais plus rien.

***

Sur la route de Vegas, escale à Hong Kong qui fut une terre promise aux heures glorieuses de l'adolescence et sur laquelle il me fut permis de rester deux mois entiers. Prisonnier de l'aéroport, je n'en verrai que les collines à travers les vitres, heureusement immenses. Un moment, j'ai cru reconnaître la maison que j'habitais.

***

Un ami qui fut conservateur au musée Guimet m'entraîne dans une expédition secrète dont, dit-il, la découverte me touchera. L'abbaye de Saint-Riquier comme point de rencontre. J'y suis, je regarde, éberlué, les trésors entreposés dans une cave sombre. La colère efface vite l'émotion. Une centaine de montages réalisés à la fin du XIXe siècle à Angkor, de vraies merveilles, subissent là les pires attaques de l'oubli. Et pourtant ce sont des grands témoins de l'art khmer, des rappels superbes des temples cambodgiens. Que deviendront ces chefs-d'œuvre déjà tellement abîmés ? Que fait le ministère de la Culture ?

***

Las Vegas, capitale des jeux née du désert, siège de l'empire mafieux, encore sous la tutelle d'affairistes redoutables, revisitée, inchangée, où les hôtels sont les temples du mauvais goût, les salles de concert superbes, et les filles magnifiques et un brin vulgaires vous laissent croire que vous êtes irrésistible. Je volerai demain au-dessus du Grand Canyon qui est une merveille de la nature puis, revenus, nous irons flâner chez Guy Savoy, Joël Rebuchon, Daniel Boulud. Il n'est pas de meilleurs ambassadeurs au rayon du flamboyant !

***

Les jours passent, trois mois déjà. *Le Dictionnaire amoureux* couvre plusieurs centaines de pages. Le sujet est si vaste, le projet si ambitieux que je crains de passer à côté de l'essentiel, de me condamner à des oublis fâcheux. J'ai, du moins, préservé mon tiercé majeur : *Cinq Colonnes à la Une*, *Lectures pour tous*, *Apostrophes*.

***

Ils m'accueillent avec chaleur, ils espèrent tout de leur école de journalisme, j'ai quatre-vingt-dix minutes pour les convaincre de l'excellence de notre métier. À la fin de mon intervention, ils agitent des questions diverses qui témoignent déjà d'un vrai professionnalisme, sur la politique, la culture, l'avenir des médias et, bizarrement, sur la mort. Heureusement, j'ai la poétesse Anna de Noailles pour répondre de façon détournée : « Je suis morte déjà, écrit-elle, puisque je dois mourir. » Je rappelle aussi le texte de son épitaphe au Père Lachaise : *Hélas, je n'étais pas faite pour être morte.* Mes jeunes amis semblent me pardonner de ne pas donner ma propre réflexion.

***

Je décide de rejoindre ma Bigorre, par les grands chemins, par l'une des plus belles voies de liaison des 3 B. D'abord le Pays basque, Biarritz où je retrouve l'ami Serge Blanco, l'idole de plusieurs générations d'amoureux du rugby. Après une courte escale à Arcangues, où vivait mon vieux copain Guy, le marquis, je mets le cap sur Cambo, terre d'élection d'Edmond Rostand et Saint-Jean-Pied-de-Port où je ne prends pas le temps de déjeuner à l'Hôtel des Pyrénées, autrefois grande table. On m'attend au col d'Iraty, admirable paysage où passent les colombes. Les chalets y sont des ports d'attache. De ce sommet de douce altitude descente vers le Béarn où les maisons traditionnelles n'ont pas encore été abîmées par la mode des villas. Puis, passé Laruns, la fière montée vers le col d'Aubisque par Eaux-Bonnes et l'abrupt d'une route qui martyrise les coureurs du Tour de France. Ensuite, noble récompense, arrivée en Bigorre, par Arrens et Saint-Savin. Ici courte visite à la splendide abbaye du XIIe siècle, enfin Miramont.

En huit années d'exil volontaire en Asie, j'ai pu mesurer le terrible d'une absence ; le pays me manquait… mais j'avais en moi tant d'images et de bruits et de torrents et de gaves que je n'en finissais pas de me promener sur tous les sentiers d'enfance. L'éloignement m'aura été en tous points profitable, je me suis pris à mieux comprendre mes Pyrénées, à les aimer, avec la fureur d'un garçon de vingt ans qui peut enfin comparer. En effet, comment peut-on dire d'un pays, d'une région, que ce sont les plus belles terres du monde si on n'a pas eu la chance d'admirer, du moins de regarder les autres. Les voyages, les rencontres, la curiosité sont la meilleure façon d'apprendre.

***

Avant de mourir, Monique Alié, ma fidèle et indispensable collaboratrice pendant quarante ans, avait constitué un énorme dossier où sont archivés des écrits multiples. Ma petite-fille, Philippine, en farfouillant, l'a tiré d'un placard qui aurait pu rester une tombe. J'ouvre, je reconnais la plume de Monique, ses petites notes sévères, sa manière de tout classer dans un désordre parfait où elle seule pouvait se retrouver. Quelle émotion de l'entendre rire, plaisanter, critiquer, décortiquer les livres. Je la sens près de moi exister. Elle me parle : « Vous m'avez dit un jour : "Ne sont véritablement nues que les filles que l'on déshabille." Pourquoi ne l'écrivez-vous pas ? Tenir un journal, c'est se mettre à poil. Chassez votre pudeur. » J'avais du mal à lui faire admettre que l'on peut être diariste sans pour autant se vautrer dans les pires fantasmes. Plutôt les vivre que les publier.

Une grande enveloppe cachetée attire mon attention. Je crois à un testament et d'une certaine manière c'en est un. Monique a glissé, dans une chemise bleue, un bloc de pages où elle rappelle nos travaux :

« Jacques, vous ne lirez pas tout mais je me serai amusée à vous l'écrire. Nous aurions pu faire des livres en empruntant simplement aux seules réflexions de vos invités. *Radioscopie* est une mine de citations, j'en donne quelques-unes qui pourraient vous permettre de briller dans les dîners en ville que vous n'aimez pas. Peut-être en avez-vous déjà fait état dans vos conversations et même dans votre journal. Nous avons tellement pensé ensemble que vous ne vous étonnerez pas de retrouver de communes pépites. Je vous offre tout ceci en vrac.

« Du sculpteur Pascal Rosier : "Dans la vie il importe de ne pas fixer un but, il faut un idéal" ; "J'aime à citer Sénèque :

'La connaissance ne se justifie que si on la partage avec les autres.'"

« De Jean Bruller, dit Vercors pour ses livres : "Je suis incapable de haine, c'est un défaut d'ailleurs parce qu'on peut dire aussi que si l'on n'est pas capable de grande haine, on n'est peut-être pas capable de grand amour."

« De votre amie Lilia de Vendeuvre qui a été proche de vous, au Vietnam : "Ma religion, c'est l'homme, après Dieu bien sûr."

« D'Arthur Rubinstein, cet autre grand témoin de votre chemin musical, cet immense pianiste pour lequel j'ai une véritable vénération : "Les gens, même bien installés dans leur existence, n'arrêtent pas de se plaindre et s'avachissent. Seuls les malheureux savent lutter, ils n'ont plus le temps de s'interroger... Le bonheur, il faut le posséder, moi je l'emprisonne parce que je suis décidé à tout aimer, même la mort... Se moquer de soi-même c'est rajeunir."

« De Jean-Paul Sartre qui fut l'une des surprises les plus heureuses : "J'ai refusé le prix Nobel parce que je ne vois pas pourquoi une cinquantaine de messieurs âgés et qui font de mauvais livres me couronneraient, c'est aux lecteurs de dire ce que je vaux, mais pas à ces messieurs-là."

« Du professeur Marois : "Je m'inquiète, car l'homme grandit plus vite en puissance qu'en sagesse : on assiste, dans le tumulte de notre temps, à l'effondrement de tant de philosophies que l'on se demande à quel sage se raccrocher."

« De Gabrielle Dorziat, cette drôle de comédienne, qui, à quatre-vingt-seize ans, nous avait reçus à Biarritz : "Il ne faut jamais rien regretter, tout ratage est une expérience... Ce monde manque de drôlerie. Quand je vois les jeunes à la télévision, je suis exaspérée. Ils n'articulent pas, on ne comprend pas ce qu'ils disent, faire des fautes en français leur est un luxe, ils ne savent pas marcher, ils ne savent pas s'asseoir, ils ne savent pas s'habiller. Je les regarde et me console en pensant que les jeunes gens bien, eux, ne se montrent pas sur l'écran"... »

Monique a raison, elle a bien jugé. Je ne lirai pas tout. Il y a dans cette enveloppe une bonne centaine de pages. Curieux, je vais à la dernière. Je connais assez ma Monique pour savoir que, dans une pirouette, elle doit me laisser un message :

« Jacques, peut-être aurez-vous la patience, au grand âge, de faire le tri dans toutes ces conversations. Je vous ai souvent tendu la perche, j'estimais que nous aurions pu écrire ensemble une série d'ouvrages autour de *Radioscopie,* mais j'ai vite compris que, boulimique, vous aviez mieux à faire, la télévision vous tendait mille caméras. Pourtant, je suis persuadée que nous nous sommes trompés : une collection complète de nos *Radioscopie* pouvait rester comme un témoignage du siècle. »

***

Réunion d'amitié à l'École normale supérieure, rue d'Ulm. Une cinquantaine d'élèves. À la fin, question singulière de l'un d'entre eux :

— Quelle considération avez-vous pour la religion ?

Je suis né catholique mais je respecte les trois formes de monothéisme. Mon appartenance ne m'a jamais éprouvé. J'ai souvent dit que je portais une attention particulière au soufisme et au bouddhisme qui sont des philosophies et sont donc délivrées de dogmes trop embarrassants ailleurs. À la vérité, je ne suis sensible qu'au sacré. Si, un triste jour, je devais me retrouver seul, je demanderais asile au monastère, que je fréquentais autrefois, j'aimerais être reçu au mont Athos.

***

Si un imbécile vous complimente, considérez la chose comme une injure.

***

Seul ce matin à Miramont j'ai tenté un inventaire de notre grenier qui ressemble à un cabinet de curiosités. Trop d'objets disparates, trop de disques, ces 33 tours d'avant la modernité, même des piles de livres. J'avoue qu'au bout d'une heure j'étais épuisé ; je n'ai pas insisté, j'aurais dû, je promets de demander à ma femme de continuer le travail. Peut-être dans ces cartons découvrira-t-elle des lettres de femmes… d'avant notre mariage ? D'ordinaire je ne conserve pas ce genre de missives mais nous pouvons être imprudents. C'est fou ce que nous conservons de ce que l'on croit être des broutilles. En fouillant, je m'aperçois que nous éloignons parfois des documents d'importance, des souvenirs précieux. Qu'ai-je donc déniché aujourd'hui ? Un jeu de quilles de 9 qui était autrefois le sport-roi de nos villages, des quilles hautes, ouvragées, magnifiques. L'ancêtre du bowling. Un recueil de poésie que j'avais publié aux éditions Catinat à Saigon, en 1949, et qui ne mérite pas d'être relevé de l'oubli. Un carton épais qui m'émeut : ce sont les musiques qui accompagnaient mon adolescence, le *Rienzi* de Wagner, les turbulences de Charlie Parker, Johnny Hodges, Don Byas, les premières chansons de Charles Trenet, les *Chroniques drolatiques* de Robert Lamoureux. Un paquet ficelé d'un ruban rouge attire mon attention à la dernière minute de l'exploration. Fébrile – parce que je sais –, je l'ouvre. Ce sont des enregistrements réalisés par Radio-France-Asie des conversations ultimes des sacrifiés de Diên Biên Phu, avec l'état-major assassin de l'armée, on y entend les mots du général de Castries adressés au général Cogny : « Ils arrivent, c'est fini, nous avons fait ce qu'on a pu. » Près de soixante ans après, ces mots d'effroi attisent encore la colère. Mieux vaut m'en tenir là !

***

J'aime toujours le Maroc où je ne suis plus en cour. Autrefois, Hassan II me faisait l'amitié de me consulter et je l'assommais de critiques comme dans notre première *Radioscopie*. J'ai eu la faiblesse de croire que parfois il m'écoutait. J'avais ainsi réussi à faire mieux comprendre au souverain la souffrance de la famille Oufkir, l'injustice qu'il y avait à lui faire porter, seule, la trahison du général. Il faut savoir que les sbires du palais, menés par Driss Basri, se voulaient bourreaux… sans en prévenir le roi. Les prisonniers du désert, femmes et enfants, petits et grands, furent enfin libérés après trop d'années d'éloignement.

Étonnamment ce petit monde sacrifié devait se garder du moindre reproche, la liberté lui tenait lieu de garantie. Au lendemain de leur retour à la vraie vie, Mme Oufkir et sa fille écrivirent leur histoire tragique. J'ai lu leurs ouvrages et je m'y trouve remercié. Parlant de leur drame elles rappellent qu'elles purent tenir « grâce à *Radioscopie* que nous écoutions chaque jour ». Je les ai rencontrées ensuite au cours d'une dédicace à Arcachon…

***

Je planche devant une centaine d'élèves d'une école du journalisme. On me demande, comme toujours, de raconter ma vie. Exercice difficile car je répugne de parler de moi-même, l'impudeur ne m'a pas encore dévasté. Mais il faut bien répondre, alors je résume comme s'il s'agissait d'un préambule, en précisant que j'ai sans cesse donné le conseil de ne pas en donner. J'ai retenu, dis-je, le commandement de mon père : « N'oublie pas de vivre », j'ajoute que le talent n'est rien s'il n'y a pas le travail, j'insiste sur cette réflexion qui devrait être un dogme : vouloir réussir à tout prix c'est se condamner à l'échec. Il importe d'oser l'aventure. Une voix fuse du fond de la salle :

— Quel est votre credo ?

Je ne me savais pas à l'office, je ne me dérobe pas :

— Je ne ressasse pas le passé, je ne pense pas à l'avenir, je vis le présent jusqu'à l'outrance.

En fin de présentation j'exige gentiment de mes auditeurs qu'ils ne soient pas des vieillards de vingt ans.

***

J'ai été vieux trop tôt, je suis jeune trop tard. J'ai souvent affirmé cette réalité. Ma blessure en Indochine m'a fait grand adulte à dix-neuf ans. Vais-je savoir écrire bientôt ce drame d'une jeune vie ? Six décennies passées n'ont pas réussi à m'en convaincre.

Août 2011

Quelques désagréments ont compliqué mon été, mais n'ont pas pour autant arrêté mes gambades. Un médecin-ami a bien voulu me prévenir d'une seule phrase que je trouve mal sonnante : « Tu n'es plus très jeune. » Il en faudrait davantage pour me désespérer. J'ai toujours pensé que, quitte à mourir, il fallait partir debout.

***

Tous ces gens (en bonne santé) qui, dès la cinquantaine, craignent le temps qui passe alors qu'il y a encore des vies à découvrir. C'est un art que de vieillir, la mort n'est pas la violence extrême, c'est le déclin. Et chez certains, il vient très tôt.

***

Ce que je ne supporte pas : les fautes d'amitié. Une femme peut mentir et donc trahir. Pas un ami !

***

Observer le monde et puis l'écrire pour ne rien perdre de ce qu'a retenu le regard. Vivre des vies. Ne jamais s'en tenir à l'habitude. Prendre des risques, frôler des précipices, ne croire qu'à l'aventure. Je peux encore me saouler d'imprévus.

***

Paris s'éclatait de soleil comme pour nous faire regretter de l'avoir quitté. Deux heures dans le bleu du ciel et c'est Naples. *Roxane* nous attend : le voilier de notre amie Monique est superbe, racé, rien à voir avec les yachts vulgaires des people en goguette. Une heure de navigation et nous touchons Capri, l'île de l'érotisme usurpé. On a tant parlé de ses charmes qu'à la fin on est déçu. Je grimpe sur la colline, je m'attarde sur la place, belle arène de maisons à balustres, grouillante, colorée. De vieux beaux draguent sans vergogne, de très jeunes filles se laissent emporter par leurs troublantes chimères.

***

Nous allons de nuit, huit heures durant. Les 48 mètres de l'élégante embarcation tiennent les eaux, pas le moindre tremblement, juste un bercement pareil à une caresse. Ponza s'annonce, on s'y arrête. De cette île de passage, du port romain je veux connaître les grottes taillées dans les rochers, véritables refuges avec des portes sur la mer. J'en perçois les mystères. J'aurais tant aimé m'aventurer dans les tunnels aux centaines de marches rêvées qui conduisent à terre, on ne sait où !

***

De ce périple qui nous mène à Calvi, je retiens l'entrée à l'île d'Elbe. Luxuriance de la végétation, verts pâturages, forêts de sapins et de cèdres, collines à perte de vue, routes admirablement dessinées. À six kilomètres du port, la villa San Martino que j'avais promis de faire visiter à mon père, fervent bonapartiste. Il devait s'en aller avant le voyage. J'y suis. Je pense à lui. Ça n'est, disons-le vite, ni Saint-Cloud, ni Compiègne, ni Fontainebleau, ni la Malmaison. Mais c'est beau, remarquablement situé, grande maison, parc immense, « belle » terre d'exil. Napoléon y a résidé, avec quelques proches, un millier d'hommes d'armes, de mai 1814 à février 1915, avant de s'abandonner aux cent jours et subir Waterloo. On imagine ici l'empereur galopant par tous les chemins sur son cheval Tauris. On voit l'abeille, l'aigle et plus encore l'humiliation !

***

Le Cap Corse dépassé, direction Calvi. Découverte de notre île, cette fois par les côtes. Émotion devant tant de beautés, colère contre cette obscénité : les éoliennes, à la queue leu leu, sur les collines, défigurent le paysage. Dois-je rappeler pour la millième fois l'injonction du philosophe chinois Lao Tseu : *La façade d'une maison n'appartient pas à celui qui la possède, elle est à celui qui la regarde.* Nos yeux ici en sont affligés. Un temps seulement car la fin du voyage est superbe : le voilier, au dernier ancrage, nous offre Calvi, sa lumière, sa citadelle, son charme d'autrefois mais aussi sa multitude de passants en guenilles.

Huit jours entre ciel et mer, huit amis choisis avec lesquels on partage chaque moment et puis la séparation, chacun regagnant sa petite chapelle familiale. Christiane J., épouse de Pierre-Antoine, brillant avocat, première femme désignée notaire, me confie au départ cette annonce poétique qu'avant son accession à la charge on répétait dans les études : « Si les femmes étaient notaires, je serais clerc de lune. »

***

Paris pour vingt-quatre heures. Je rends ma copie deux jours avant la date imposée. *Le Dictionnaire amoureux de la télévision* paraîtra le 21 octobre. Libéré, je vais vers d'autres soleils, ceux de la Bigorre. Je pense à mon *Hôtel Continental* où je vais tenter de raconter mes vingt-cinq premières années, surtout ma presque décennie indochinoise, mais je n'en ai pas encore écrit la première ligne. J'observe pour l'instant ce que j'ai manqué ou plutôt ce que je n'ai pas retenu pour mon journal : *Le dictionnaire* a pris l'essentiel de cette première moitié de 2011. C'est bien la première fois depuis 1970 que je saute à pieds joints (et mains pas tout à fait libres) toute une cascade de mois. Que d'événements sur lesquels je n'aurai pas écrit mais dont je me souviens, que j'ai notés dans mes carnets. Je les livre en vrac et pas nécessairement les plus importants, ceux qui me touchent. J'y vois un cortège d'âmes errantes avec lesquelles j'ai beaucoup partagé : François Nourissier ; Annie Girardot dont on a longuement parlé ; Ernesto Sábato l'Argentin mort à quatre-vingt-dix-neuf ans – géant des lettres, que j'avais rencontré à Buenos Aires pour commenter deux de ses romans *Le Tunnel* et *Alejandra* – ; « Mme Nhu », belle-sœur du président vietnamien Diem, personnage romanesque, femme de pouvoir, perverse, vénéneuse, qui me recevait souvent à Saigon et dont je me méfiais ; Jean Lartéguy, à ce dernier nous avons fait hommage aux Invalides. Nous étions sous le dôme trois survivants de la noble compagnie des correspondants de guerre en Indochine. Pierre Schœndœrffer et Raoul Coutard m'entouraient. Pas un mot entre nous, ou plutôt pas de mots inutiles. Jean était notre « centurion », hélas dépossédé de tout au final. Dans ce rappel des ombres une femme d'honneur, Brigitte Friang que l'on avait tristement oubliée… mais elle avait voulu qu'il en soit ainsi. Elle était l'amie d'André Malraux, résistante elle avait été déportée à Ravensbrück, puis avait suivi le général de Lattre en Indochine où elle assurait les reportages. On devrait relire son témoignage, *La Mousson de la liberté*, un ouvrage qui aide à comprendre les orages guerriers du Sud-Est asiatique.

***

Rares sont ceux qui se souviennent du lieutenant Bernard de Lattre, fils du maréchal, tué au Vietnam il y a tout juste soixante ans, en avril 1951. Sans doute figure-t-il dans la galerie de personnages que j'aimerais accrocher à mon prochain livre *Hôtel Continental*. Je l'avais rencontré un mois auparavant sur le piton de Ninh Binh proche de la route qui conduisait à Hanoi. Il était, dans ce terrible éloignement, à la tête d'une compagnie de soldats indochinois. Son corps a été déchiqueté par un obus. Époque douloureuse. Le monde a oublié ce carnage décidé, autorisé par des politiques qui faisaient, en France, leur sieste et leurs bonnes affaires. Que d'amis sacrifiés… et l'on voudrait que je m'intéresse aux magouilles d'aujourd'hui. Passez, truands ! Pour contrer toute cette hypocrisie, je me suis composé une solitude sur-mesure. Une solitude entourée dès lors que je l'ai décidé. Le plus souvent la beauté des choses me tient lieu de compagnie.

Des événements de l'année 2011 il ne restera que d'improbables satisfactions : une liberté fragile en Côte d'Ivoire, un printemps arabe qui pourrait nous léguer un hiver douloureux, des révoltes, une Libye en miettes, une Syrie que l'on accable, des guerres larvées. Ce qui met en péril la paix, c'est l'inaction des hommes de bien, leurs lâchetés.

***

Une étude récente nous laisse croire que l'affaire Strauss-Kahn aurait fait plus de bruit dans la presse mondiale que l'attentat contre les tours de New York en 2011. Preuve du mercantilisme des gazettes et de la perversité des lecteurs. Depuis le début, je ne comprends rien à cette affaire, on nage en plein mystère. Nous aurons passé l'été à nous désespérer de la justice d'outre-Atlantique. Pour l'ancien patron du FMI, à défaut de plage… des pavés et un final ahurissant : l'abandon de toutes les poursuites pénales. Délivrance d'un cauchemar ? Non. Pénible constat d'une vie abîmée. Il suffit désormais de la dénonciation d'une seule personne, pauvre de preuves, pour que s'avancent au prétoire des bougres à menottes. Je ne sais rien des faits supposés, je n'étais pas dans la chambre du Sofitel, je ne suis pas juge, je me souviens seulement d'une arrestation musclée.

D'où vient le malaise en cette circonstance épique ? De l'Amérique elle-même, de cette grande nation qui, au XXe siècle, avait mis le rêve en vitrine, qui nous étonnait de son dynamisme, de son multiculturisme, de son imagination, de ses voitures, de son cinéma, qui donnait à penser que chez elle tout était possible, que nous pensions être des Rockefeller et qui sombre dans le puritanisme, la morale à deux sous, s'affiche procédurière, multiplie ses évangéliques et s'offre au ridicule.

***

En 2011 le seul événement qui compte est pourtant d'une ancienne actualité. Rien n'a changé dans la volonté du monde à ne pas voir le scandaleux. Et cette monstruosité de toujours s'appelle la Somalie : images déshonorantes, figures faméliques, enfants-cadavres. Famine de tout un peuple, dénuement absolu. Nous assistons, sans bouger, à une agonie muette !

***

Je revois ce matin le documentaire que Rithy Panh a consacré à un monstre. On se souvient. Trois cents heures durant, le cinéaste avait interrogé l'ignoble Duch dans sa cellule, Duch le complice de Pol Pot, coupable d'avoir assassiné lui-même des dizaines de milliers de Cambodgiens entre 1975 et 1979. Deux amis de Phnom Penh découvrent à mes côtés ces images tragiques, regardent effarés ce bourreau qui, avec quelques autres, aura exterminé deux millions et demi des siens. Duch, ce salaud, disait volontiers : « La mort est mon métier », « Je suis un communiste ordinaire qui fait le ménage, un enfant de Staline... » Sans remords le misérable ! Il faut relire le récit de François Bizot, *Le Portail*, il faudra voir le film que Régis Wargnier doit consacrer à cet ancien professeur de maths devenu tortionnaire. Et voilà revenue la grande question : un homme de bien peut-il, dans un moment d'affreux égarement, inventer des enfers ?

***

Toute la presse bruisse du retour de Jacques Lacan... en librairie. Deux inédits, trente ans après sa mort, rallument les feux de la psychanalyse. Fondateur de l'école freudienne avec laquelle j'ai peu de relations, il aura pourtant passé sa vie à parler d'amour. Il était maître dans la confusion des sentiments.

Il a ses bataillons de fidèles, quelques troupes de détracteurs et des indifférents dont je suis : le divan ne m'a jamais paru le canapé le plus confortable. J'avais retenu autrefois deux de ses aphorismes : « Le désir, c'est le désir de l'autre » ; « L'amour, c'est donner ce qu'on n'a pas à quelqu'un qui n'en veut pas. » À partir de là, on peut discuter, épiloguer, sombrer dans le ridicule.

***

Nos petits bobos n'intéressent personne et si j'ai subi cet été quelques intermittences du cœur c'était pour m'alerter, m'obliger à croire que l'on n'est pas toute la vie un jeune homme. Loin de me résigner, j'attends le verdict : le jour où le cigare me faussera compagnie, je serai devenu un vieillard.

***

La piraterie selon Jean-Marc Roberts. Patron des éditions Stock, il s'en prend à la vente des livres en ligne, ce prétendu progrès qui tuera à la longue les librairies indépendantes. Je l'encourage à mener son combat, nous devons l'y accompagner, le lieu de culture dans la France profonde, c'est toujours la librairie, celle du moins qui n'a pas encore fermé ses portes, celle qui ne fait pas des piles mais des choix. La librairie aussi nécessaire que le bistrot qui lui aussi tire ses volets.

***

Cinq mois d'enquêtes de toutes les polices européennes et pas la moindre nouvelle de Dupont de Ligonnès, ce fantôme soupçonné d'avoir abattu sa femme et ses quatre enfants ! On s'interroge, l'absence épaissit le mystère, quelques-uns pensent qu'il se serait suicidé. Depuis le début, avec Florian Zeller qui en a l'intime conviction, nous défendons une autre hypothèse : tout le monde se trompe, se perd dans une multitude d'erreurs, la vérité est ailleurs et bien plus simple. Dupont de Ligonnès a subi lui aussi l'horreur du massacre familial. Bien évidemment, il a été tué lui aussi, mais on a enlevé son corps pour laisser croire à sa culpabilité.

Mais qui donc est l'assassin, qui court toujours, qui rôde peut-être tout près ? Ne pourrait-on pas envisager l'énigme dans cette direction ? Un beau sujet de livre pour Grangé, une amorce de film pour Polanski.

***

J'ai envisagé ce matin la première page de mon manuscrit *Hôtel Continental*, promis aux éditions Flammarion, où je vais tenter de regarder au plus près mes vingt-quatre premières années, celles surtout des plaisirs asiatiques et des cruautés réelles. Serai-je à la hauteur de ce temps de l'insouciance et des massacres ?

***

Robert Hossein et Candice, sa femme, pour un déjeuner de soleil à Miramont, ma vieille maison pyrénéenne. Touché par la grâce, encore bouleversé par sa visite de la grotte de Lourdes en 2008, notre esthète en fresques théâtrales vient en Bigorre pour rendre hommage à la vierge et à Bernadette. « Ça touche au miracle, me dit-il. En me promenant le long du gave je me suis vu appelé pour une mission particulière, on me demandait de me mettre à la disposition de ceux qui croient et de ceux qui ne croient pas. J'ai donc imaginé une série de tableaux sur *Une femme nommée Marie* que nous présenterons sur l'esplanade de la basilique dans une semaine. C'est une première, on n'a jamais fait spectacle dans ce lieu sacré, j'en demande pardon à Dieu qui finira par me laisser penser qu'il existe. » Comme moi, Robert sacrifie mieux à la spiritualité qu'à la religion. Notre foi ne s'encombre pas de dogmes. À Lourdes, on lui parle bien plus d'Angélique que de Bernadette : « Jusqu'à la fin je serai Geoffrey de Peyrac. »

***

Août 2011

Une question que j'ai dû poser moi-même cent fois et que je trouve à cette heure stupide : « Quelle est la plus grande merveille du monde ? » La jeune femme qui m'interroge est belle. Aurais-je l'idée de la séduire ? Je tiens à une bonne réponse et j'emprunte à Sophocle : « C'est l'homme. »

***

Les mois de septembre et d'octobre sont magnifiques en Bigorre. Depuis des années je me jure de ne pas partir à l'automne, pour écrire en toute tranquillité, me promener en amicale compagnie et même en solitaire. Mais voilà, les travaux reprennent, on m'annonce le dépôt, chez moi à Paris, des épreuves à corriger du *Dictionnaire amoureux de la télévision* qui paraît en librairie le 21 octobre. 700 pages de souffrances ! Bonheur d'écrire, tristesse de se relire.

***

Les grands (et les petits) patrons ont tort de choisir leurs cadres en fonction des compétences : ils devraient les engager pour leurs qualités humaines.

SEPTEMBRE 2011

Mon infirmité côté langue anglaise m'interdit toute conversation avec des gens d'ailleurs. J'ai tant donné au latin, au grec et au bigourdan que je suis plus que limité dans mes échanges au-delà de la Manche ou de l'Atlantique.

À Deauville, chez Anne d'Ornano, j'ai donc regardé Shirley MacLaine, je l'ai saluée bien bas sans oser le moindre mot, étonné qu'elle ne parlât pas le français ! Il y avait près d'elle deux des petites-filles de Charlie Chaplin. Il ne m'en fallait pas plus pour me croire compagnon du divin Charlot. Quelle épouvante tout de même cette barrière entre Shirley et moi, cette incapacité à communiquer ! J'aurais trouvé intérêt à aborder le vaste sujet de la réincarnation qu'elle traite dans différents ouvrages, ce qui m'avait paru surprenant. Il n'était question à table que de *Sierra torride*, de Don Siegel, de Clint Eastwood, son partenaire. J'observai la dame, si vivante, assez libre pour faire la liste de ses amants, on se souriait, elle savait mon handicap. Je glissai tout de même, timidement, le nom d'Hitchcock dans la conversation : « Je lui dois tout. » Elle avait dit cela rieuse, seulement pour moi, satisfaite de ma seule interrogation de la soirée. Elle ajouta aussitôt : « J'ai soixante-dix-sept ans, une autre vie commence. »

***

Toujours à Deauville qui, ce matin, se voile de brumes épaisses, Francis Ford Coppola pourfend les gourous du cinéma d'aujourd'hui. On pourrait même penser que le parrain se désole de l'abandon des anciennes mafias : « Hollywood, dit-il, fait toujours le même film, hésite à se lancer dans les grandes aventures, oublie l'imaginaire, piétine dans le sociétal. Seuls les films indépendants incarnent le véritable cinéma de chez nous. Je ne vois à cette heure qu'un jeune, brillant, dans cette troupe d'apprentis sorciers : Woody Allen. » Je m'autorise à lui dire que, sur la guerre d'Indochine, *La 317e section* de Schœndœrffer est indépassable. Pour moi *Apocalypse Now* est totalement spectacle, un livre d'images, de fureurs, qui manque d'intériorité. Coppola n'a pas vécu nos tourments, il ne peut pas comprendre. J'admire le réalisateur. Je ne me range pas à ses effets. Osera-t-il traiter l'horreur du 11 septembre 2011 et susciter de véritables interrogations. Silence prudent.

***

Helmut Karl travaille à Paris son mémoire sur « Les manières de tenir conversation ». L'université de Berlin lui a commandé cette enquête particulière qui consiste à étudier les différents aspects d'un entretien pour les médias. Je suis à ses yeux l'homme de *Radioscopie* qui « doit tout connaître des mystères de cet art du parler ». Je lui livre ma petite litanie d'impressions personnelles, la force première étant dans cette affaire la capacité d'écoute. « Faut-il être féroce ? » demande-t-il. Non, mais percutant, attentif et obstiné, oui. Avec une pointe de courtoisie qui appelle la confidence. Karl, vingt-deux ans, est allemand, son français est parfait, beau résultat de trois années passées chez nous où son père était diplomate. Je le devine soudainement inquiet, préoccupé : « J'ai été bouleversé hier par un documentaire diffusé sur votre troisième chaîne titré *Descendants de nazis, l'héritage infernal*. Je me suis senti visé. » J'ai raté ce programme, je l'interroge à mon tour : « Dites-moi ce qui vous a frappé. » Karl ne se fait pas prier, je comprends qu'il lui faut impérativement se raconter : « C'était une cruelle prise de conscience. On a souvent évoqué les victimes de l'horreur nazie, on parle rarement des enfants et des petits-enfants de nazis. Hier, ces derniers s'exprimaient enfin. Je l'avoue, on ne peut pas être fier d'être allemand, nous ne pouvons pas être étrangers à ce qu'ont fait nos ancêtres, c'est, même longtemps après, une responsabilité collective, nous sommes coupables des fautes de nos aînés. On nous a trop caché les réalités de cette période atroce. Il y a trois ans j'ai trouvé dans le grenier de notre maison un lot de photos, où l'on voit un homme très beau, souriant, portant un brassard à croix gammée. C'était mon grand-père. J'ai montré l'un de ces clichés à mon père qui m'a fait jurer de n'en rien dire. Je suis donc, moi aussi, d'une famille d'assassins. » Subitement, nous nous sommes trouvés fort éloignés de notre projet initial.

***

Jean-Claude Simoën me demande d'écrire quelques lignes « promotionnelles » – je dirai, moi, « vendeuses » – pour la quatrième de couverture de mon *Dictionnaire amoureux de la télévision*. J'ai toujours estimé que ce procédé ressemble à une mission-suicide. Un non-sens. Ce même jour, dans *Le Figaro littéraire*, Mohammed Aïssaoui enquête sur cette pratique : « L'alchimie est très difficile à trouver, c'est un exercice délicat. » Des éditeurs donnent leur point de vue : la quatrième de couverture doit créer du désir, l'écrivain ne peut être acteur et spectateur… Il faut avoir une distance par rapport au livre et se mettre du côté du lecteur, pas de l'auteur. Me voilà rassuré, convaincu. Ce n'est pas à moi de rédiger ce « faire-part ». À Simoën de s'y coller.

***

Delphine de Vigan écrit sur sa mère volontairement partie après une vie que l'on peut croire de souffrances, dans un climat familial de tragédie grecque. Son roman-essai-confession, *Rien ne s'oppose à la nuit*, est encensé par toute la presse, il est de

peur lorsqu'un groupe de noceurs eut l'indélicatesse de heurter son Stradivarius. Je songe à tout cela ce soir, à Pleyel, où je retrouve mes anciens pensionnaires appelés par je ne sais quelle association de dames patronnesses. La générosité a ceci de particulier qu'elle offre parfois le meilleur de ce qui compte en musique. Personnellement, je ne pouvais espérer plus remarquable répertoire. Deux œuvres au programme que je n'avais pas eu la chance d'écouter en salle depuis une décennie : le *Concerto* de Max Bruch et la *Symphonie n°5* de Mahler. Ce concerto, je l'ai souvent fait interpréter dans nos émissions, je l'écoute porté au plus haut du violon par Vadim Repin, je regrette de n'avoir pas été récemment près de Renaud Capuçon pour en entendre les finesses. C'est une composition magistrale, un morceau de bravoure au charme mélodique qui ne peut être mis en valeur que par un grand soliste. J'en aime le final d'un style tzigane et ce soir, comme toujours, j'admire la technique, la délicatesse, la force aussi de Repin, sûr de lui, tranquille, habité dans sa quarantaine triomphante.

Avec Mahler, nous sommes dans un tout autre registre, sa *Symphonie n° 5* propose un tissu musical complexe, c'est une longue polyphonie au caractère tourmenté, d'une difficulté dont seul un grand chef peut se défaire et Zubin Mehta, dans cet exercice, est indépassable. Avec lui, la qualité des hautbois, des cors, des trompettes, des percussions est exemplaire. Il y a de l'orage mais les cordes, heureusement, deviennent sensibles pour nous délivrer sans doute de l'angoisse du compositeur. Et puis il y a, pour nous rappeler Visconti et *Mort à Venise*, le somptueux adagio, chargé de grâce, ce moment de pure sérénité qui pourrait accompagner mon dernier voyage.

***

J'ai eu autrefois mes zones d'ombre. Depuis je recherche la gaieté, j'aime à pratiquer la plaisanterie, je me méfie des vertueux, je ne supporte pas la médiocrité des humoristes-faiseurs-de-morale qui encombrent les plateaux de télévision. Halte aux grincheux ! Il n'est d'excellent que la vie vécue.

***

Je n'étais pas des treize millions de Français qui ont suivi la déclaration de Dominique Strauss-Kahn sur TF1. J'avais choisi d'entendre d'autres musiques, celles de Bruch et de Mahler. Mais pour ne rien perdre de cet épisode très attendu, j'ai visionné l'entretien tard dans la nuit. Félicitations au metteur en scène, aux artistes de la lumière, aux attentions des caméras, tout était lisse, minimaliste, admirablement répété. Ce n'était pas un plateau d'images, plutôt l'Actors Studio. Visage crispé mais décidé, sûr de ses phrases, riche de ses silences, DSK conduisait la manœuvre avec la science parfaite d'un homme habitué aux éclats. Qu'avons-nous retenu ? Je note de mémoire : « Il n'y a pas eu de relation tarifée avec Mme Diallo… pas de violence mais il y a eu faute et je regretterai longtemps… Cette légèreté, je l'ai perdue pour toujours… Oui, j'ai eu mal. » Paroles dignes, sincères qui n'excusent rien mais ne me demandez pas de juger ! Comment résumer ces vingt minutes d'un dimanche à 20 heures ? Que faut-il penser de ces sept minutes dans une chambre de l'hôtel Sofitel à New York ? Strauss-Kahn a dit et bien dit ce qu'il n'a pas fait, il s'échine à ne pas conter ce qu'il a fait. Inutile d'en écrire plus.

***

Encore une manne de six cents titres pour cette rentrée littéraire d'automne. Dans cette incroyable liste il y en a bien cinq cent cinquante que je n'aurai même pas aperçus. Je ne dois pas être le seul puisque les grands jurys n'en ont retenu qu'une quinzaine. Et, curieusement, c'est un choix partagé comme si Goncourt, Renaudot, Femina, Médicis s'étaient donné le mot pour ne pas aller au-delà d'un groupe de treize auteurs. Quelques favoris occupent la ligne de départ : Alexis Jenni (*L'Art français de la guerre*), Emmanuel Carrère (*Limonov*), Morgan Sportes (*Tout, tout de suite*), Delphine de Vigan (*Rien ne s'oppose à la nuit*). Je suis de ceux qui optent pour cette dernière. Qu'en penseront ces messieurs-dames de chez Drouant ?

***

La France a désormais son association de bagagistes. Une véritable secte. Les porteurs de valises croulent sous les billets de banque, les dénonciateurs sont légion. Pitoyable saison.

***

Chaque jour nous apporte désormais son lot de nouvelles, souvent scandaleuses, rarement vérifiées. Se souvenir de théorème personnel de notre ami disparu, Yvan Audouard : « Une fausse information plus son démenti font deux informations. »

***

Je me souviens du *Faust* de Jorge Lavelli, vu en 1975. C'était l'An I d'Antenne 2, j'avais forcé Marcel Jullian à me suivre, mauvaise idée, car il s'était endormi, le lyrique n'avait jamais été sa passion. Nos avions pourtant là un grand cru, le faste d'une cérémonie brillante, une mise en scène intelligente et intelligible que j'aurais aimé comparer à ce qui nous est présenté ce soir à Bastille. Hélas, nous n'en avons pas la possibilité, une nouvelle grève – au hit-parade des arrêts de travail les syndicats de l'opéra sont imbattables ! – contraint la direction à donner la première représentation de ce *Faust* – signé Jean-Louis Martinoty – en version concert. Pas de décors, pas de costumes, les chœurs assis devant le rideau sur de simples chaises – majestueuse leur entrée –, les interprètes au premier rang de la scène, l'orchestre, comme toujours, dans la fosse, c'est une soirée particulière, les techniciens manifestent pour « leur régime spécial de retraite », le chef Alain Lombard a claqué la porte « pour mésentente avec le ténor ». J'aurais aimé revoir mon cher Alain avec lequel, à Bordeaux, j'eus tant de moments de partage. Mais le sort en était jeté ! Toutefois, son remplaçant de dernière minute s'est montré à la hauteur d'une situation qui aurait pu être désastreuse. Alain Altinoglu, décidé, enthousiaste, le geste haut, a su reprendre en mains les excellents musiciens de l'Opéra et porter au meilleur de leur talent Roberto Alagna (Faust), Inva Mula (Marguerite), Paul Gay (Méphistophélès). Le romantisme de l'œuvre nous aura délivrés des turbulences de l'avant-première.

***

Aux récentes sénatoriales la gauche l'a emporté, mais toute cette effervescence me touche si peu !

***

Marc Lièvremont, entraîneur du XV de France engagé en Nouvelle-Zélande, cloue sur place un journaliste curieux : « Tu m'emmerdes. » Voilà un exemple de sémantique particulièrement ordinaire. Le rugby mérite mieux que ça !

***

Assez nombreux ceux qui choisissent des palaces ou des auberges pour abriter les quarante-huit heures du week-end. Je déroge à la règle : ce vendredi je m'installe à l'hôpital Pompidou, conduit là par une fâcheuse intermittence du cœur. Une nuit seulement, m'a-t-on dit ! On me réserve ce que le professeur Fabiani appelle « le choc ». Je ne sais rien de cet exercice médical qui impose une anesthésie générale. N'est-ce pas osé à mon âge ? Sereinement, je songe à un départ possible. J'ai déjà vécu cette expérience d'un ailleurs. Je n'avais pas vingt ans. La peur ne m'occupe pas, mais, simplement, je trouve que ce serait trop bête et puis j'ai encore tant à aimer.

***

Sur les antennes où les leaders politiques sont appelés à nous convaincre, ce ne sont que chiffres ânonnés (d'après fiches que l'on tente de dissimuler), statistiques (empruntées aux institutions de sondage), délires verbaux pareils souvent à des brèves de comptoir. Rien d'apparemment nouveau à l'approche de la présidentielle. Suite aux primaires socialistes prolongées par les invectives de la droite on ne devine, chez les uns et chez les autres, ni dessein, ni vision, ils parlent d'eux mais pas de France. Le véritable combat sur notre avenir commencera lorsque Nicolas Sarkozy précisera ses intentions. Les escarmouches d'aujourd'hui sont primaires.

***

Tristane Banon contre Dominique Strauss-Kahn ! Franchement on en a marre. Ce ne sont qu'affaires privées non vérifiables. C'est une insulte à l'ordinaire que ce déballage de flèches même pas plantées !

***

Je quitte l'hôpital Pompidou, le cœur léger remis à neuf, enfin je me plais à le croire. J'ai vu (et profité) des gens admirables, médecins, infirmières, la journée est belle, le soleil est chaud, très chaud – un comble pour la saison –, j'aurais mauvaise grâce à ne pas saluer cette fin septembre. Le professeur Jean-Noël Fabiani qui parle d'or me conte son travail de chirurgien – une vingtaine d'opérations par semaine dans son département cardio-vasculaire –, du miracle des transplantations… J'aime ces hommes de science, j'admire leur talent, leurs acrobaties gestuelles, j'ai toujours été frappé par leur modestie. Avant que de rejoindre le bloc opératoire, j'avais lu *Ces histoires insolites qui ont fait la médecine*. Un ouvrage épatant, instructif, à la portée de tous, publié chez Plon… et signé Jean-Noël Fabiani, mon hôte en cet automne. Je ne résiste pas au plaisir de résumer ici l'un des chapitres intitulé « Le cul du roi ».

Nous sommes en février 1686. Le roi de France chasse, il est en nage dans ce petit matin pourtant glacial. Il ressent un échauffement dans le gras de la fesse, s'inquiète de cette douleur du fondement. Antoine d'Aquin, premier médecin du roi, examine l'abcès du royal fessier, Fabiani écrit :

« Louis XIV fut donc lavementé, et entre deux lavements sermonné derechef :

— Sire, voilà la conséquence de votre nature trop généreuse. Vous mangerez de façon trop abondante… Votre goût pour les chevauchées vous traumatise le fessier.

« Aucun des médecins ne tança le roi sur son hygiène corporelle qui était pourtant déplorable. Louis était convaincu, comme bien d'autres en son temps, que se laver était mauvais pour la santé… Il ne se lavait donc jamais, seulement un peu d'eau sur le visage, le matin au lever… Son lit était le nid d'un abondant pucier, et les valets du matin contemplaient les insectes sauter sans vergogne sur les draps, sans les chasser pour autant puisque leur maître ne s'en plaignait pas. »

Fabiani décrit les différentes phases de cette drôle d'existence royale, on a même l'impression qu'il accompagne Louis XIV dans chaque déplacement, souffre ses douleurs…

« Dans les jours qui suivirent la chasse, le roi avait été contraint de s'aliter… La fièvre était montée… d'Aquin appuya un peu sur l'abcès… Il fit cela avec horreur, retenant sa respiration et réprimant son haut-le-cœur… il pensait en fait bien fort que ce geste était indigne de lui et qu'à l'avenir le chirurgien Félix serait bien suffisant pour effectuer ces basses besognes… L'abcès devenait à nouveau très douloureux et l'incision nécessaire… »

Le professeur Fabiani ne nous cache rien des travaux de Charles-François Félix qui avait vite compris que, dans ce cas précis de la fistule du roi, il n'y aurait pas de salut si l'on ne réalisait pas « la grande opération », nécessitant une taille longue et profonde effectuée à la lancette… Les médecins du roi ne l'entendaient pas ainsi, ils préféraient tartiner le cul royal de pommades et d'onguents… Félix dut réaliser sept incisions successives…

Et cela avant l'intervention du 18 novembre 1686, au château de Fontainebleau, qui était « l'opération cruciale ».

« Après la messe, où le roi s'en remit à Dieu, il se dirigea vers sa chambre et se mit à genoux, dégagea largement son postérieur tourné vers la fenêtre pour bénéficier de toute la lumière de cette fin d'automne. Félix incisa d'un geste ferme le trajet fistuleux et mit à plat les anfractuosités de la plaie avec une paire de ciseaux, sans aucune anesthésie, cela va sans dire… Louis XIV ne broncha pas. »

Fabiani nous donne un luxe de détails, nous laisse croire qu'il assiste à l'opération et cite les rares privilégiés admis au chevet du roi (Mme de Maintenon et Louvois font partie de l'équipage)… Félix avait rempli sa mission. L'intervention eut un retentissement considérable. Lully avait aussitôt composé une ode solennelle, intitulée « Dieu sauve le Roy », en l'honneur du « retour à la santé » de Sa Majesté qui ne se montra pas ingrat. Le chirurgien reçut la somme considérable de 150 000 livres et la terre de Tassy, ce qui l'anoblissait de fait. Mais il fit plus encore. Oubliant les « barbiers » d'ancienne tradition, Louis XIV, à la demande de Félix, créait le métier de chirurgien, dans cette époque bizarre où la chirurgie avait été condamnée par l'église !

Je m'attarde sur cet épisode de la douleur d'un roi pour montrer ce qu'il fallut d'obstination pour officialiser un métier, il y a trois siècles, qui allait sauver tant de vies !

Octobre 2011

Fallait-il noter ce matin ce que nous aurions dû oublier ? Était-il à ce point urgent de se lever à l'aube pour voir notre équipe de France voler sa sélection ? Ce sont les Tongiens qui auraient dû affronter les Anglais. Nous ne méritons pas de passer entre les gouttes, c'est un hold-up ! Une fois encore les teigneux vont faire le procès du sélectionneur. Balivernes, ce n'est pas Marc Lièvremont qui va au feu à la minute ultime du coup d'envoi, ce sont les joueurs qui doivent occuper le terrain. D'où vient la désespérance des amoureux de l'ovalie ? De l'absence d'enthousiasme, du peu d'âme des Quinze appelés à se battre. Pas de patron sur le banc, pas de leader sur la pelouse, seulement des enfants perdus. Je m'en tiens depuis toujours à l'avertissement de l'ami Jean-Pierre Rives : « Soyons bons ou mauvais mais pas médiocres… Le jeu est la résultante d'une façon de vivre et d'être. » Nos champions ont une semaine pour apprendre.

***

Sept jours de patience : Angleterre-France comme choc final ou délivrance. J'ai passé ce samedi à ruminer mon chagrin. Ce soir « je positive » ! J'ai vu les Anglais, on peut les dominer. J'y crois : le rêve est (toujours) une création.

***

Dans les moments d'abandon – qui ne durent guère –, je me réfugie chez Grégoire Lacroix, champion d'une excellente médecine qu'il appelle *Les Euphorismes de Grégoire*. J'apprécie ce genre difficile auquel j'ai moi-même succombé avec mon petit bouquin *Fugacités*. Grégoire me dépasse car il pratique l'euphorie bien plus réjouissante que mes aphorismes. Il y a de la mélancolie dans son propos et de la drôlerie. J'ai fait mon marché du dimanche dans ses 125 pages :

— La tenue de rigueur n'est plus obligatoire.

— Le pire des crimes, c'est de tuer le temps.

— Le couple est une secte où chacun veut être le gourou de l'autre.

— Je fuis tous les extrêmes, surtout l'extrême-onction.

— Les morts sont des gens qui dorment aussi le jour.

— On peut tout donner à une femme, sauf son âge.

— J'aurais tant aimé qu'un oiseau me prenne en amitié.

Dois-je comprendre ce dernier « Euphorisme » comme un appel à l'amitié d'un humain !

***

Je ne fréquente pas les ministères mais je ne saurais refuser une nouvelle rencontre avec Jeannette Bougrab, secrétaire d'État chargée de la Jeunesse et de la Vie associative. Cette belle jeune femme, fille de harki, a la pureté de ceux qui ne se veulent pas obligatoirement au sommet de la notoriété. Elle est sans doute en attente mais ne demande rien. Comment a-t-on pu oublier qu'elle aurait été un excellent ministre de la Jeunesse et des Sports ! Bien plus experte qu'un judoka – fût-il olympique, elle connaît à fond le rugby, suit les rencontres de football, s'intéresse à l'athlétisme. Il lui manque, c'est vrai, de s'accorder à des préoccupations politiciennes, ce qui est à mon avis un titre de gloire, une preuve d'excellence. Nous parlons ensemble du monde médiatique dont elle imagine l'intérêt, qu'elle aimerait plus enclin à favoriser les élans de la jeunesse, à signaler sa force de création mais, défaut, elle n'a pas encore l'audace de s'en servir. Étonnante la nouvelle qu'elle m'annonce en ce début d'octobre. L'émotion qu'elle dissimule est tout de même visible. Jeannette, la fille de harki, est officiellement invitée en fin de semaine par le gouvernement algérien, c'est une première mais bizarrement, à la minute où je l'écris, l'événement n'occupe toujours pas la télévision, encore pervertie par l'accumulation des primaires de tous ordres.

***

Je me souviens d'un après-midi partagé avec Vladimir Jankélévitch dans sa bibliothèque encombrée de deux immenses pianos à queue et de rayons pauvres de livres mais surchargés de partitions musicales. Comme à chacune de nos rencontres, il me vantait « l'héroïsme » de Mozart et de Bach qui étaient « maîtres de l'univers ». Ce jour-là nous fûmes dérangés par une visite. Il m'avait prévenu : « Je tiens à vous présenter mon meilleur élève qui est, comme moi, plus historien de la philosophie que philosophe. Nous avons les mêmes amis, Sénèque et Marc-Aurèle, la même ambition : ne dépendre de personne, le même bonheur à pratiquer le sarcasme et la joie. Ce qui nous sépare c'est saint Augustin, il l'adore, je le crains, ce qui l'occupe c'est une Histoire de la pensée, ce qui me préoccupe c'est mon incapacité à devenir un grand musicien. » Je m'amusais à l'écouter, j'aimais la fièvre qu'il mettait à ses discours, j'espère que l'INA et Radio-France ne l'oublieront pas dans un prochain CD de *Radioscopie* consacré aux philosophes. Mais revenons au visiteur par le maître annoncé. C'était Lucien Jerphagnon qui vient de nous quitter… et que je n'aurai pas connu.

***

L'idée gagne quelques esprits. Pourquoi ne pas donner le budget de l'Opéra à de jeunes compagnies qui ne pensent pas retraite et ne ménagent pas leurs heures ? Les grèves à répétitions de l'illustre Maison que j'aime, que j'ai servie à ma modeste manière, pourraient conduire à cette épouvantable extrémité. Il suffit de quelques coléreux pour mettre en péril le spectacle. Les personnels artistiques ne sont pas en cause. Ils en souffrent. Pour eux – et pour le public –, il importe de se battre contre ces inconscients qui, par maladresse insigne, ne savent plus exposer leurs propres et justes revendications.

***

J'écris cette histoire telle qu'elle m'a été racontée.

Un diplomate allemand demande un jour à visiter *Guernica* en compagnie de Picasso. Le maître accepte. L'ambassadeur arrive. Il est grand, fin, élégant, botté, hautain. On l'imagine nazi. Il regarde le tableau, dodeline de la tête, semble consterné et dit d'un ton méprisant :

— C'est vous qui avez fait ça ?

Et Picasso de répondre, brutal :

— Non, c'est vous.

Je pensais que c'était une histoire parmi tant d'autres, plus belle que d'autres. Pas du tout. L'échange a bien eu lieu en 1937, date à laquelle fut peint le tableau. La question et la réponse sont réelles. L'affreux visiteur du jour s'appelait Otto Abetz, chargé en France de la propagande nazie. Je croyais à une histoire, c'était de l'Histoire.

***

Je le visitais autrefois dans sa maison de Choisel, un ancien presbytère. Je ne l'ai pas revu ces vingt dernières années, je n'oublie pas nos nombreuses rencontres à la radio, je me plais à le retrouver aujourd'hui dans un livre d'entretiens, *Je m'avance masqué*, dont Thierry Clermont parle justement dans *Le Figaro littéraire*. Michel Tournier peste contre son grand âge (quatre-vingt-sept ans) et déclame : « Mon passé m'est devenu de plus en plus présent. » Il a tort de s'en prendre à la vieillesse, elle est inéluctable comme la mort qu'elle annonce. Écrivant cela, je pense à l'une de nos conversations dans son petit jardin de curé. En 1980, me semble-t-il ! Il envisageait déjà « les abîmes » et jalousait mon optimisme. J'en rajoutais : « Je suis vacciné, lui disais-je, j'ai approché ce que tu crains à dix-huit ans, cela fait une longue vie à ne plus y penser. » L'admirable auteur de *Vendredi ou les limbes du Pacifique*, du *Roi des aulnes* n'écrit plus mais prend des notes. Les lira-t-on un jour ? À cet instant il traîne sa solitude : « Je regarde la télévision, Eurosport, non pas pour le football, ce sport de manchots mais pour les athlètes, les corps, les gambettes musclées des joueuses de tennis. » Tournier doit se souvenir de ce qu'il n'a pas été – agrégé de philosophie –, observer ce qu'il est volontairement – éloigné de tout. Je voudrais pouvoir lui dire que le passé n'est pas un enfer, seulement un passage. Seul compte le présent, mieux encore l'instant.

***

Après la rencontre calamiteuse contre les Tongiens, on pourrait croire notre rugby national en miettes. La presse à cette heure est tueuse, les joueurs sont cloués au pilori… et pourtant, après un long jour de désespérance, je me retrouve dans mon meilleur élément : l'optimisme. À l'ami Serge Kampf qui me demande ce soir mon pronostic pour samedi prochain, je réponds sans hésitation : nous allons battre les Anglais.

***

L'hôtel particulier a conservé tout son charme. Balzac y a écrit l'une de ses plus belles nouvelles *Le Chef-d'œuvre inconnu*, Poussin y a travaillé, Balthus aussi, comme Jean-Louis Barrault, mais le toujours grand vivant de ce lieu c'est Picasso (qui décidément me poursuit cette semaine). La maître y a composé en 1937 sa fresque *Guernica* : le Grenier des Grands-Augustins, à deux pas de la Seine, au numéro 7 d'une rue qui m'est familière, campe son illustre passé au haut d'un escalier à épisodes (ne pas craindre l'ascension) et nous laisse rêver du vieux Paris des origines. Je suis revenu là appelé par Alain Casabona, majordome du lieu, qui organise dans cette noble mansarde concerts, expositions, débats. Ce soir, je ne pouvais pas rater le récital de Mikhaïl Rudy qui conte à l'assistance nos aventures dans une Russie qui n'était pas encore libérée. Souvenirs dont j'ai déjà fait moisson dans plusieurs livres. Mikha joue Chopin, Liszt, Scriabine et Stravinsky. Un vrai cadeau de fin de semaine. Toute la force du talent et de l'amour.

***

J'ai lu tous ses livres, je ne le connais pas ; grâce à Michel Drucker, je vais bientôt le rencontrer. À *Vivement dimanche* où il sera notre invité. Douglas Kennedy est l'un des très grands écrivains de ce siècle. Les thèmes qu'il met en mots sont les miens : la poursuite du bonheur, la volonté de vivre sa vie, le mépris de la trahison. Son dernier roman, remarquable, est tout à la fois : romanesque, explorateur des années 80 à Berlin, avec une belle part d'espionnage et de tragique. *Cet instant-là* traite de ce particulier moment qui peut changer un destin, bouleverser une existence. C'est un basculement. Cet Instant, on ne le choisit pas, il nous est toujours imposé, souvent offert s'il a les belles couleurs d'une heureuse surprise, s'il est une lumière de vie, parfois catastrophique s'il emprunte le mauvais rail. Que de chemins embellis ou torturés par « cet instant-là ». Urgent d'en saisir l'importance pour croire au ciel ou ne pas y croire !

***

Partir, bouger, aller où on ne sait pas, n'obéir à aucune règle du voyage et puis faire retraite, appeler le silence, n'être sûr de rien : vivre.

***

Oublions les vilaines heures de leur impossibilité à jouer ensemble. Aujourd'hui, les valeurs du rugby sont enfin respectées. Nos tricolores ont compris qu'il fallait aller au combat la fleur à l'ovale. Au-delà de la victoire qui n'est jamais preuve de supériorité, ce qui m'enthousiasme c'est l'esprit d'équipe, le dépassement de soi, l'anéantissement des égos. Contre l'Angleterre, notre ennemi irréductible, le Quinze a été admirable. Perdre ou se perdre devant les Gallois ne sera plus honteux, nous regarderons la défaite comme un épisode malheureux : la France peut se vanter dès à présent d'être demi-finaliste de la Coupe du monde. Qu'en sera-t-il samedi ? Je pronostique (encore) un match gagnant.

***

D'abord ce constat : les primaires du parti socialiste constituent un acte citoyen qui honore la démocratie. Hélas, les choses se compliquent, le périlleux s'en mêle, le temps des contradictions est à craindre et si l'atmosphère semble douce les visages portent l'inquiétude. Une béatitude de circonstance ne saurait dissimuler le fiel qui l'habite. C'est criard : les six candidats n'ont rien en commun sinon une carte d'adhésion. Il est tard ce dimanche, l'euphorie est au rendez-vous : le premier tour a mobilisé plus de 2,5 millions de personnes, la bataille est engagée, François Hollande caracole en tête, devançant Martine Aubry de 9 points, et, surprise-surprise, cerise sur le gâteau rose, Arnaud Montebourg gagne une troisième place qui le fait arbitre du prochain affrontement. Au final de ces joyeusetés une dame en larmes dont la désespérance me touche : Ségolène Royal subit plein cœur le choc des pauvres 7 % qui lui sont infligés. Une ère nouvelle embrume la rue de Solférino. Que seront les heures de la prochaine semaine ? François et Martine n'auront plus les autres à abattre. Y aura-t-il entre eux grand déballage ou langue de bois murmurée ? Le duel pourrait aboutir à un résultat serré : 50/50 ! Si Hollande, après moult comptages, devait l'emporter d'un demi-point l'avenir pour lui s'annoncerait très cruel car il inventerait alors la déchirure, celle des vainqueurs face aux vaincus et ouvrirait un boulevard à Sarkozy. Ce qui forcera la droite molle à sortir de ses embarras. Belle année 2012 en perspective !

***

De la grande télévision signée Canal +, forte des terribles ingrédients qui nourrissent la fiction historique : le pouvoir, le sexe, la violence. Au cœur d'une époque turbulente, entre Moyen Âge et Renaissance, à la fin du XVe siècle, en l'année 1492. Nous sommes là dans les pleins feux de la mafia ecclésiastique, spectateurs ahuris de batailles que livrent les parrains-cardinaux, princes des riches familles de Rome, sur l'écran, manipulés par Tom Fontana, les Borgia mènent le bal, tirent l'épée devant les Orsini, les Médicis, les Colonna. Toute l'horreur d'un temps évanoui, ressuscité, dans la pourpre et la bestialité. « Famille de démons que ces Borgia », écrivait Victor Hugo en 1833. Ce ne sont, il est vrai, que coucheries, meurtres et trahisons nés d'une Église riche en tourments. Tous les moyens sont bons pour parvenir à ses fins : cet incroyable cercle de décadence aura tout de même donné deux papes au clan Borgia, inspiré à la littérature le *Prince* de Machiavel et fait de la petite Lucrèce une véritable icône, celle de la femme fatale.

La réalisation de la remarquable série qui comprend douze épisodes de 52 minutes permet à Canal + d'entrer dans la cour des grandes télévisions mondiales. C'est une fresque somptueuse qui dépasse en intensité et en couleurs les *Tudor* pourtant célébrés à juste titre.

***

Comme Daniel Barenboim, l'autre grand chef Myung-Whun Chung voudrait « faire avancer une situation bloquée pendant des années ». Le premier tente l'expérience d'une réconciliation – Israël-Palestine – par la musique : sa formation symphonique composée d'Arabes et de Juifs me paraît être une promesse mais les temps sont durs. Le second, prenant à son tour son bâton de pèlerin, veut permettre aux Coréens du Nord et du Sud de jouer ensemble. Il sait que la paix entre ces deux « régions » ne peut pas venir de la politique, alors il agite les cordes sensibles.

Comme Barenboim, Chung risque les mêmes désagréments. C'est ce que j'aime en eux.

***

Me voilà donc entré dans la prestigieuse collection du *Dictionnaire amoureux*. J'ai commis celui qui met en lumière (et parfois en ombres) la télévision. L'emballage est beau, le volume imposant, j'en tourne vite les 700 pages. Comment ai-je pu parler de tant de gens et en oublier tant d'autres ? Il me semble que certains noms sont restés « au marbre » (comme on disait autrefois). Je me souviens de les avoir eus au bout de ma plume, je ne les retrouve pas. À la lettre « A » l'absence de Paul Amar me trouble. Pourtant, au temps où j'étais le patron de France 3, nous fûmes complices. Il va me falloir noter les autres manques. Ève Ruggiéri entre autres. Pour une nouvelle édition peut-être !

***

Une table en verre, des lumières vives, un Pujadas en belle forme, deux tabourets de bar placés en diagonale pour éviter le face-à-face et autoriser les regards en coin. D'un côté Martine Aubry avec dans les yeux comme une haine rentrée, de l'autre François Hollande, visage serré, en indifférence manifeste. C'est sur France 2, le dernier round des finalistes de la primaire socialiste. Hollande lance : « Rien n'a été normal depuis cinq ans. » Il pense à Dominique Strauss-Kahn dont sa rivale est la remplaçante. Aubry réplique : « Je crois qu'une réelle expérience est nécessaire. » Une façon de dire qu'elle a été ministre et pas lui. Qu'en sera-t-il dimanche ? La presse a son vainqueur : François. Que deviendra Martine ?

***

L'entrée en fanfare de Patrick de Carolis à l'Institut de France, section Beaux-arts. Roulements de tambours, Coupole avantageusement garnie. L'impétrant – comme disait Montebourg – a passé, pareil à un torero, son habit de lumière. Dans les travées, sur les gradins, des anciens de France Télévisions – Patrice Duhamel, Alain Duault –, des éditeurs – Françoise Nyssen, Olivier Orban –, des chanteurs – Béatrice Uria-Monzon, Roberto Alagna –, des politiques, parmi lesquels mon copain Pascal Clément, qui fut garde des Sceaux, des intimes au premier rang, Bernadette Chirac et Liliane Bétancourt qui semble ne pas voir sa fille Françoise. Autour de Patrice, des personnages chamarrés, l'épée rayant le sol. Derniers vestiges des vieilles traditions. Hugues Gall, désigné pour le discours de réception, s'amuse à égratigner, brillamment, le monde des images touché par quelques médiocrités et salue comme il convient le créateur des *Racines et des ailes*, récemment encore patron des antennes publiques, et rebelle à sa manière. En terminant, Gall laisse entendre que Carolis aurait sa place dans un « dictionnaire amoureux de la télévision ». Clin d'œil ou prémonitoire réflexion ? Patrick est bien présent dans mon livre : sortie dans dix jours.

***

Ils sont partis sans moi. Il m'a fallu choisir entre la Nouvelle-Zélande et ma très chère France où paraît cette semaine mon *Dictionnaire amoureux*. Michel Drucker me consacre son prochain *Vivement dimanche*, Philippe Bouvard m'attend aux *Grosses Têtes*, Bruce Toussaint à Europe 1, j'en passe ! C'est ma Coupe du monde livresque. Les copains m'appellent de Roissy juste avant leur départ. Pour la première fois depuis longtemps, je fais faux bond à Serge Kampf, j'abandonne à ce long voyage Serge Blanco et Jean-Pierre Rives. Me voilà pour un temps orphelin…

***

Ce n'est pas impossible ! Et pourtant les Tongiens méritaient d'aller en quart de finale, les Gallois, exemplaires, étaient bien supérieurs aux nôtres : nous venons de si loin, nous avons eu tant de chances que je ne désespère plus de la prochaine rencontre. Le rêve – l'ai-je assez dit – est une création, pourquoi dès lors ne pas croire à l'inespéré. Forts de l'enthousiasme manifesté devant les Anglais, ardents à défier la peur, nos rugbymen peuvent battre la Nouvelle-Zélande, les All Blacks sont à leur portée. Un tel succès effacerait les fâcheux préliminaires. N'abusons pas toutefois de notre inquiétante vanité. Nous sommes en finale. Miracle de ce mois d'octobre.

***

Le parti socialiste sort enfin de la jungle de primaires. Des voix discordantes se sont fait entendre, le long feuilleton s'achève, sur les antennes ; depuis deux mois, la droite n'existait plus. François Hollande est donc le candidat d'une gauche divisée qui se voudrait solidaire. Succès incontesté (57 %) devant Martine Aubry (43 %). La vraie campagne pour la présidentielle va pouvoir commencer. La volonté d'union des princes de la rue de Solférino va-t-elle éteindre les rancœurs, les petites phrases assassines même pas murmurées. Le député de la Corrèze est-il encore « expérimenté » (ce que lui reprochait son adversaire), Arnaud Montebourg pourra-t-il imposer sa fâcheuse « démondialisation », Mélanchon et Eva Joly peuvent-ils faire amende honorable ? Hollande va devoir donner des gages à la gauche « dure » pour ne pas paraître « mou ». Beau semestre en perspective.

***

Longue et belle traversée d'un dimanche sur France 2, à la rencontre de Michel Drucker qui me fait l'amitié d'un rendez-vous de trois heures. Chance de redécouvrir, de très près, un professionnel comme on en faisait autrefois, libéré des turbulences chères aux animateurs besogneux, du carcan aussi du temps d'antenne. Ici on ne se précipite pas, on n'avale pas les mots, on n'accumule pas les poncifs, on a des plages de vraie conversation et des compagnons qui n'ont rien à vendre, qui savent offrir leurs souvenirs, que je reçois dans mon *Dictionnaire amoureux de la télévision*. Ils sont là mes complices et tout d'abord Philippe Bouvard et Bernard Pivot avec lesquels j'aurai couru les chemins de notre monde si particulier, mes jeunots d'aujourd'hui, Florian Zeller qui m'a croqué pour la collection « Empreintes », Renaud Capuçon qui, sur le violon d'Isaac Stern, a déjà conquis l'univers. Pierre Schœndœrffer, témoin de mon adolescence au Sud-Est asiatique, bel écrivain, grand cinéaste, survivant comme moi de la troupe des correspondants de guerre, Robert Hossein qui m'avait apporté la première musique de *Radioscopie* composée par son père André, Douglas Kennedy dont j'ai lu tous les livres et qui nous parle à cette heure de cet *Instant-là* susceptible de bouleverser chaque vie, Michel Jonasz que je pilotais dans la grande plaine de Hongrie. Drucker et ses équipes ont réalisé un remarquable travail qui me permet de retrouver des images et des moments un temps oubliés. Comme une fresque où passent Montand, Karajan, Ruggero Raimondi, Brassens, Léo Ferré, Rubinstein, Menuhin tant d'autres… Que de souvenirs et pas la moindre nostalgie.

***

Toujours ce même émerveillement devant les beautés de la nature. La Sologne, ses forêts, ses étangs, sa faune. Promeneur au hasard des sentiers j'ai compté – à 19 heures qui est le moment idéal – cinquante-deux chevreuils et biches et (comme un cadeau) trois cerfs magnifiques. Je suis amoureux de ce qui nous est offert et que tous peuvent partager, arbres et fleurs, cette beauté a un sens et je me souviens d'avoir pesté contre Théodore Monod qui prétendait « qu'elle n'était que le fruit du hasard ».

***

Jour de gloire pour le Madiran : *Le Figaro* consacre toute une page à ce vin de chez nous que je considère comme vrai nectar bigourdan et salue le vigneron Alain Brumont installé en Côtes de Gascogne. L'article de Bernard Burtschy précise que le millésime 1981 a devancé tous les crus classés de Bordeaux lors d'une dégustation à l'aveugle. J'avoue que cet hommage inespéré me rend le service de table plus facile et corrige les moqueries qui accompagnent parfois l'arrivée des divines bouteilles dans mon antre de Miramont.

***

Le monde entier s'applique à dire qu'il était l'expression la plus achevée du despote violent et corrompu. On dresse partout la liste de ses turpitudes, universellement connues et acceptées. Kadhafi ce monstre. Sa fin était attendue, espérée, mais sa mort est un scandale : on l'a assassiné. Il fallait un procès, on l'évite, il eût été dangereux pour les anciens du régime. Vivant et cinglant à la barre l'affreux dictateur devenait gênant. Pour la Libye, cet imbroglio de clans et de tribus, le plus dur est à venir : on ne saurait oublier que beaucoup de dirigeants rebelles d'aujourd'hui furent d'atroces janissaires à la cour de Kadhafi.

***

Mon *Dictionnaire amoureux de la télévision* aujourd'hui en librairie. 30 000 exemplaires au premier tirage. N'est-ce pas trop ?

***

Les prix littéraires de novembre font toujours leur petit effet et amusent les conversations. Chacun a son idée, son favori, un nom à fleurir. La plupart du temps les parleurs n'ont pas lu les livres qu'ils citent… mais qu'importe, l'important est de participer au carnaval qui, pour la chose écrite, est une chance de promotion. De cette collection d'automne forte de six cents ouvrages j'aurai retenu une trentaine de titres et sélectionné – il faut bien choisir – quatre romans : *Rien ne s'oppose à la nuit* de Delphine de Vigan, *Limonov* d'Emmanuel Carrère, *L'Art français de la guerre* d'Alexis Jenni, *Gaston et Gustave* d'Olivier Frébourg. Les Goncourt, les Renaudot ont déjà fait leur marché, je remplis mon panier. En numéro un on place Carrère, en deuxième position Delphine de Vigan. Mais la rumeur, dans les ruelles germanopratines, souffle Jenni comme candidat imbattable.

***

L'ambiance est électrique, le frisson nous éprouve, ils ont sacrifié le bleu pour ne pas contrarier le noir des Blacks, le blanc leur va bien. Le grand moment est venu. Je peste contre mon bouquin qui m'a fait annuler le voyage en Nouvelle-Zélande où Serge Kampf, Serge Blanco, Jean-Pierre Rives, André Boniface, Denis Charvet et Jean-Pierre Bastiat ont pris leurs quartiers de fiers supporters. Je suis devant mon écran, il n'est rien de plus ardent, de plus troublant qu'une finale comme celle-là ! La légende pourrait s'en mêler. Le rugby est déjà en fête, cet instant-là peut faire basculer un destin. Quarante-quatre joueurs en ont conscience. Des millions de téléspectateurs les soutiennent, ils veulent tous cette Coupe du monde, je les aime amoureux, je déteste leur chauvinisme. Sur le terrain d'Auckland, les hymnes préparent le combat. Une affiche de rêve : Nouvelle-Zélande-France au final.

Pour en arriver là, il aura fallu piétiner des sentiers buissonniers, souffrir la critique, écarter les fâcheux. C'est une part d'enfance qui nous est généreusement offerte, un bonheur d'adulte nous pousse au partage. Je me souviens de toutes mes courses, collé aux peurs de l'équipe de France, à ses ambitions, à ses succès. J'étais en Australie, j'aime à suivre sur le stade le Tournoi des Six Nations, je me sens ce matin orphelin devant mon téléviseur… mais, quand même, totalement passionné.

Le combat est noble et violent, la partie superbe, les échanges virils ; on se demandait comment nos quinze allaient résister aux vagues noires et l'inattendu est arrivé : ils ont dominé les plus dangereuses situations, enthousiastes, dignes, bretteurs.

Une âme nouvelle s'est levée. Quelle émotion ! J'ai vu une lumière, de beaux éclats, jusqu'à l'ultime seconde j'y ai cru ; au final les Blacks nous ont pris un trop-plein de bonheur, volé notre soleil. Un point nous sépare, petit sans doute mais immense pour l'Histoire, accablant pour les Bleus. Il y a défaite mais la défaite est belle. À tous merci. Je suis déçu bien sûr mais pas triste du tout. C'est le rugby qui a gagné. Et d'autre part, soyons sport, la Nouvelle-Zélande méritait la coupe pour l'ensemble de son œuvre. Nous nous souviendrons longtemps des nôtres : ils resteront à jamais les Révoltés d'Auckland.

***

Éprouvante la réalité des jours qui passent. Notre monde en fièvre aura subi les révoltes arabes, le dérapage de Strauss-Kahn, l'effervescence libyenne, les primaires socialistes, la crise surtout. Et c'est loin d'être fini. Retenons la résolution ancienne de Jacques Chardonne : « Il faut vivre dignement dans l'incertain. »

***

Peu de jours après la mort du colonel Kadhafi, disparition très étrange, le Conseil national de transition (CNT) proclame « la libération totale du pays » devant plusieurs dizaines de milliers de personnes, toutes en habit de bonheur. Les discours sont nombreux qui s'achèvent par cet appel plutôt sensible et périlleux « Allah Akbar » (« Dieu est le plus grand »). Je me suis toujours méfié de ces relations douteuses avec la religion et je m'inquiète de ce que déclare le nouveau président du Conseil du pays libéré : « La législation de la Libye sera fondée sur la charia, la loi islamique. » Je devine déjà les rivalités qui accableront demain les autorités de transition. Qui saura réconcilier et réunir tant de tribus si différentes et d'une certaine manière si primitives, je veux dire par là si libres ? Beaucoup de ceux qui furent les meneurs des « rebelles » – après avoir été les complices du dictateur – estiment que c'est « une mission impossible ». À moins qu'un nouveau tyran…

***

Mon beau géant s'en est allé. Nous ne ferons plus nos courses sur les routes du Tour de France : Jean Amadou, toujours discret, quitte les planches de son monde qui lui était une terre d'humour. On le disait pur produit de la belle époque, l'un des derniers grands chansonniers qui pratiquait l'impertinence dans ce siècle qui se veut seulement insolent. C'était un être tout en délicatesse. Il me rappelait sans cesse cette question d'un confrère : « Comment aimerais-tu mourir ? » et sa réponse : « Au milieu de l'océan pour épargner à mes amis de venir à mes obsèques. »

***

Visite à Pierre Lellouche dans le bel hôtel particulier de la rue de Lille qui est le site de passage des princes de Bercy. Jardin d'où l'on voit la Seine, voisin de la pelouse de l'ambassadeur d'Allemagne. Principal sujet de notre conversation : le nouveau livre du secrétaire d'État présenté comme une lettre ouverte aux démondialisateurs et autres charlatans néo-protectionnistes. Enfin un ouvrage clair, lisible sur la France dans son environnement international. Un pamphlet bien venu qui condamne ceux qui, par triste nationalisme, voudraient fermer les portes des grands ailleurs. Pierre Lellouche inscrit en exergue cette réflexion de Clemenceau : « Il y a des peuples qui commencent. Il y a des peuples qui finissent. La conscience de nos actes veut des attributions de responsabilités. La France sera ce que les Français auront mérité. »

***

Chez les Orban, Valérie Expert nous fait confidence d'un joli mot de Françoise Sagan qui s'était un soir endormie en écoutant Jeanne Moreau au théâtre. À la fin de la représentation, l'écrivaine avait été invitée à visiter la comédienne dans sa loge. Que dire après un tel sommeil ? Françoise eut alors mieux qu'une simple phrase coutumière. Elle lui susurra : « Vous m'avez fait rêver, madame. »

***

Le musée de l'Orangerie expose des tableaux de maîtres espagnols pour la plupart méconnus, qui n'ont pas eu la célébrité des Greco, Vélasquez, Picasso, Miró ou Dalí. L'un de ces artistes redécouverts, dont les portraits en pied sont remarquables, me tient à cœur : Zuloaga, né à la fin du XIXe siècle avait un fils qui fut un temps de notre maison dans les Pyrénées. Il y avait rejoint le docteur Calot au lendemain de son mariage avec la fille – une beauté genre Ava Gardner – de l'illustre praticien. Miramont mon refuge bigourdan, aurait pu être son paradis s'il n'avait pas eu à combattre la vilénie de ses deux belles-sœurs. Il m'avait dit – il y aura bientôt un demi-siècle : « Le manoir vous revient. » Et je l'ai repris avec le bonheur que l'on sait et qui transpire dans chacun de mes livres. Zuloaga-fils était le grand ami de Louis-Ferdinand Céline avec lequel il entretenait une correspondance. Ce bloc d'une centaine de lettres il souhaitait me l'offrir. J'eus l'impertinence de refuser. Quelle bêtise !

***

Moisson de souvenirs sur France Musique où m'accueille Marcel Quillevéré. Cet excellent questionneur, ancien de l'opéra de Genève, me donne à entendre un beau florilège de quelques amis qui furent des complices d'exception. Encore – et je ne m'en lasse pas – une heure éblouissante. Avec Karajan, Alexis Weissenberg, Georges Prêtre, Renaud Capuçon, Jessye Norman. Pourquoi demander plus lorsqu'on a une telle compagnie ?

***

Je ne l'ai pas connu, je ne suis même pas sûr de l'avoir reçu à *Radioscopie*. Et pourtant, dans les années cinquante il fut une lumière dans ma nuit d'adolescent au Sud-Est asiatique. À l'hôpital de Giadinh, je découvris sa drôlerie, son esprit désinvolte, les sketches que je trouvais désopilants. Une chanson de lui faisait oublier tous les tourments. C'était *Papa, maman, la bonne et moi*. Ma détente au quotidien, ma rasade du bien rire. Robert Lamoureux s'en va aujourd'hui, à quatre-vingt-onze ans, et je n'aurai pas su lui montrer ma reconnaissance, ma joie à l'époque d'encore exister.

***

Tout est parti d'ici ; j'ai voulu revoir le pays qui a inventé le printemps arabe. Au lendemain d'une révolution (plutôt) tranquille, la Tunisie vit sereinement dans un paysage nouveau. On peut imaginer que sur cette terre émergera la première démocratie musulmane, on l'espère. La consultation électorale, remarquablement réussie, impose des décisions d'importance au plan de la justice et des libertés. Les islamistes qui sortent grands vainqueurs de cette enquête nationale, historique au Maghreb, restent tout de même l'inconnu de l'événement. Les barbus et les imams pourraient-ils remplacer demain le dictateur détrôné par son peuple ? La gouvernance nouvelle va-t-elle installer un règne islamiste ? Je ne le crois pas mais on doit s'en inquiéter. La constitution de l'an 2011, annoncée, point encore proclamée, nous permettra de mieux situer l'avenir de ces onze millions d'habitants. Des petites phrases, déjà, toutefois, nous alertent. Celle de Rached Ghannouchi, leader du mouvement Ennahdha, parti gagnant, est assez explicite : « Nous sommes arabes et notre langue c'est la langue arabe. On est devenu franco-arabes, c'est de la pollution linguistique. » Les Tunisiens ne mériteraient pas que la charia devienne la source première de la loi.

***

J'ai déjeuné à l'admirable « Didon », au-dessus des ruines de Carthage, avec Mehdi Houas, ministre du Commerce et du

Tourisme et Azedine Beschaouch, ministre de la Culture. Deux hommes remarquables, étrangers aux inconséquences de Ben Ali, appelés pour relancer leur nation. « Nous sommes là, disent-ils, pour dessiner ce qui pourrait être après nous. » Seront-ils maintenus à leur poste dans le gouvernement qui devrait être bientôt annoncé ? La Tunisie a besoin d'eux, les nouveaux chefs feront-ils les bons choix ?

***

Je suis allé à Sidi Bou Saïd sur les traces de Saint-Louis, à Carthage dans les pas de saint Augustin. De ce dernier je conte les exploits à mon petit-fils, son parcours de philosophe jalonné d'interrogations et d'émerveillements, sa capacité à exalter les battements de l'âme. Personnage considérable qui passionne encore les historiens seize cents ans après sa mort. François Busnel affirme qu'il fut moine par vocation, prêtre par surprise, et évêque par devoir. À mon jeune auditoire, je parle des *Confessions*, de l'amour qu'il offrait aux autres, de cette passion d'aimer qui est au centre de son œuvre. Mon petit-fils écoute et rigole. Ai-je dit qu'il s'appelle Augustin et qu'il a cinq mois ?

***

À Sidi Bou Saïd, il n'est pas que le café des Nattes. J'encourage tous ceux qui viendront à visiter la Villa Erlanger, superbe demeure, vrai palais désiré et construit en 1911 par un esthète fortuné qui eut la belle idée de constituer une école pour l'artisanat. Le baron Rodolphe d'Erlanger, allemand, britannique, américain et français, fit venir les meilleurs ouvriers de Tunisie, mais aussi du Maroc, d'Égypte, pour travailler le marbre, le stuc ciselé, le bois sculpté. Son chantier allait durer un peu plus de dix ans (1912-1922). Aujourd'hui, offerte à la Tunisie la sublime Maison accueille une collection complète d'instruments arabes et méditerranéens, un atelier de lutherie, un salon de musique, la phonothèque nationale qui sauvegarde un exceptionnel patrimoine phonographique. Bonheur d'avoir pour cette visite le conservateur lui-même, Mounir Hentati, d'une immense culture et tellement amoureux de ses « objets ».

***

C'est du peuple qu'on entend le vrai d'une société en basculement. Le chauffeur de « La Résidence » qui nous promène dans Tunis peut faire enfin ses confidences : « Il y a quelques mois, vous m'auriez trouvé muet, peureux, incapable de répondre à la moindre question, je n'osais même pas m'interroger, je soupçonnais tout le monde. La délation était devenue un sport national, partout passaient, écoutaient, les espions du pouvoir. Une simple critique de Ben Ali ou des Trabelsi et la prison vous était aussitôt offerte. Vous n'avez rien compris en Occident, nous vivions dans un règne de terreur. Aujourd'hui, nous avons gagné la liberté, les islamistes eux-mêmes ne peuvent pas nous la voler. »

Novembre 2011

Je termine à l'instant la lecture du manuscrit de Pierre Lellouche, secrétaire d'État au quotidien et écrivain à ses heures gagnées. Il s'agit d'un pamphlet contre la folle démondialisation souhaitée par Arnaud Montebourg et quelques mousquetaires de l'extrême gauche chic. Notre ministre pense (et je l'accompagne) que nous ne devons fermer ni nos frontières, ni notre cœur à l'étranger. Il lui est apparu nécessaire de retracer l'évolution récente du monde parce que celle-ci est indissociable de nos problèmes actuels. Il estime que la très spectaculaire attaque d'Al-Qaida du 11 septembre 2001 est une date fondatrice pour le « Nouveau monde ». L'Amérique découvrait d'un seul coup l'hostilité, voire la haine, incompréhensible pour l'Américain moyen. La France est pour Lellouche un grand sujet de préoccupation qui lui fait refuser la nostalgie d'un passé idéalisé. Aux grandes certitudes des années 60 sur le « rang » de notre pays dans le monde, succèdent les angoisses nées de la crise… La vérité toute simple est que la France vit « au-dessus de ses moyens. » Le ministre enfonce le clou : « Il est naturellement plus simple d'accuser l'étranger, le "système", "l'ultralibéralisme" que de remettre en cause le contrat social pourtant malade qui est le nôtre, mais dans lequel nous nous complaisons depuis si longtemps. » Cet essai de Pierre Lellouche, vivant, d'une particulière clarté, écrit sans plume de bois met donc en scène « la licorne » qui est emblème de virginité, de pureté et « le lotus » auquel on attribue des propriétés magiques. Est-ce bien cela l'idée de l'auteur ?

***

Entendu à la télévision : « Le rêve est l'ombre de la vie. » Beau sujet pour le prochain bac.

***

Ce qui était prévu est arrivé. Alexis Jenni obtient ce midi le prix Goncourt pour son premier roman *L'Art français de la guerre*. Pour ce professeur de quarante-huit ans, installé à Lyon, qui a essuyé de nombreux refus d'éditeurs, ce jour de soleil est un succès et une délivrance. Il pourra désormais poser chez Gallimard toutes les questions qui fâchent. Il est devenu le pilier de la marque à laquelle il apporte un cadeau de prix pour son centième anniversaire. Curieux et insistant, son livre nous donne une idée de ce que la France se fait d'elle-même depuis la débâcle de 1940. J'avais aimé ce livre dès sa publication mais j'aurais donné ma voix à Emmanuel Carrère qui brosse dans *Limonov* le portrait troublant du provocateur russe, toujours vivant, observateur de l'URSS stalinienne, guérillero de génie, pensionnaire des prisons soviétiques et des colères de Poutine. Remarquable conteur, Carrère nous dit ici comment se vit l'âme russe, ce que sont les turbulences de ce pays dont il vient. Le voilà couronné par le Renaudot.

***

Trente ans ! J'étais à la première foire du livre de Brive. Je l'ai boudée ensuite jusqu'à cet automne 2011 qui me plonge dans une foule incroyable. Au départ c'était un rendez-vous, c'est devenu un beau carnaval. Des centaines d'auteurs, des dizaines de milliers de visiteurs. L'entrée gratuite favorise la lecture. On y va désormais pour se laisser piétiner. Le lieu qui nous fait souvenir de Brassens a quelque chose d'exotique.

Preuve, il nous faut pour le rejoindre, subir les mouvements désordonnés d'un train bringuebalant, et de Paris, le supplice (relatif) dure un peu plus de quatre heures. Je n'ai pas pris, je le précise, le convoi du matin qui promène ses invités-écrivains dans l'odeur du foie gras. J'évite ainsi les fâcheux bavardages. Brive que je redécouvre sous une pluie froide est aujourd'hui une capitale littéraire où défile un cortège de faiseurs de mots, toutes tendances confondues. À la vérité, je participe à une réunion de famille adroitement recomposée. Hier je signai *Le Journal d'un voyeur* (Grasset), ce samedi de novembre je me consacre au *Dictionnaire amoureux de la télévision* (Plon). Une dame blonde, charmante, élégante m'interpelle : « Nous nous sommes vus ici il y a trente ans. J'ai hélas vieilli. » Devrais-je en dire plus ?

***

À Brive, on n'en finit jamais avec les livres. À la sortie de l'immense carré qui abrite la foire, un groupe d'étudiants qui avait écouté mon intervention publique devant les caméras de la télévision corrézienne et France-Bleu me demandent de leur consacrer « pas plus d'un quart d'heure ». Ils préparent un mémoire « sur l'idée du bonheur dans la littérature » et rappellent ce que m'en disait Marguerite Yourcenar : « Le bonheur est un sous-produit. » Une interprétation d'indifférence à laquelle je n'ai jamais su souscrire. Eux non plus.

Leurs questions sont pointues, leur enthousiasme me fait oublier que nous sommes en crise, ils sont à leur affaire et seulement préoccupés, me disent-ils, d'un « avenir qu'ils veulent heureux ». Ils comprennent que le cynisme est devenu un genre, l'imprudence un principe, le refus une protection. Il y a désormais dans nos sociétés une désespérante absence de lien. Pour le bonheur il n'est pas de recette miracle, il faut le vouloir jusqu'au-delà des souffrances.

***

Troisième grand prix de la saison : le Fémina. Ces dames querelleuses ont choisi – au premier tour cette fois –, Simon Liberati pour son hommage à *Jayne Mansfield 1967*. Beau livre tout en délicatesses. « Ce prix, dit l'auteur, rend justice à l'énorme actrice américaine ; c'est une femme qui est très éloignée de la caricature qu'on en a faite. » Je me souviens d'un week-end, avec elle, à Biarritz, où Guy d'Arcangues, marquis de son état, poète et dandy, avait organisé des agapes quelque peu burlesques. Mauvais esprits, nous l'avions regardée alors comme une ravissante idiote aux seins de plomb. Liberati me fait changer d'avis et nous la rend fascinante. C'est un succès pour Grasset qui, après Régis Debray, aura attendu trente-quatre ans pour coiffer cette couronne-Fémina. Grâce en soit rendue à Jérôme Béglé, l'heureux éditeur.

***

J'ai une pensée chaque jour pour mon père, mon noble compagnon du devoir qui fit tant d'escaliers qu'il doit enfin atteindre le ciel. Je le revois ce matin de 11 novembre tel qu'il était à son départ, chêne qui s'abat et pourtant demeure debout. Avec au cœur de vieilles déchirures. Que de chemins de croix ont couru ces hommes dans les tranchées boueuses, les plaines de sang ! Mon « Auguste » – c'était son prénom – y aura été blessé trois fois, y aura perdu trois frères. Nous avons apprécié le salut aux morts du président, à tous les morts, bel hommage à ceux qui ont servi la France, nécessaire rappel qui souligne la médiocrité, la lâcheté de ceux qui l'oublient.

***

La rumeur aujourd'hui est mauvaise, on verse dans la sinistrose, le pire pourrait arriver, les plus pauvres sont malheureux, les bien lotis s'inquiètent, l'époque développe les haines. La solution à tous nos problèmes : l'amour. Aimer est une forme d'art. Il y faut tant de talent. Nous sommes dans ce temps d'incertitude où se plaindre est devenu un principe, refuser le désir une tendance. Le progrès, l'annonce d'un meilleur vivre ont tout bouleversé. En ce siècle d'assistés, la responsabilité individuelle n'a plus cour, le plaisir est devenu péché, le malheur inventé une précaution. Je pense à Cioran que je n'ai jamais reçu parce que j'estimais que son antisémitisme d'hier et ses pulsions fascistes n'étaient pas totalement endormis, car je savais qu'il appelait à la détresse en se jouant des autres et j'adhère à ce qu'en dit Jean-Paul Enthoven : « Pour Cioran, le pessimisme est la condition d'un certain bonheur, l'optimisme est la voix royale des désastres. » N'était-il pas à la vérité le contraire de ce qu'il avait été. En proie à ses tourments. Il lui aurait fallu planter des rêves et les arroser sans cesse. À l'hôpital de Giadinh, en Indochine, ce sont les rêves qui m'ont redonné le goût de vivre.

***

Comment faut-il entendre cette réflexion d'Anatole France : « La vie est trop courte et Proust est trop long. »

***

« Bonjour, Jacques. » Je ne le connais pas : François Hollande, chaleureux, me salue, me présente Valérie sa compagne. Nous étions à Brive. La Foire lui faisait fête. La victoire du leader socialiste est en effet annoncée comme possible. J'en ai vu qui plaçaient déjà, près de lui, leurs petites ambitions. L'homme vient de loin. On a cru longtemps que Dominique Strauss-Kahn allait exploser la droite puis, à la suite des événements que l'on sait, Martine Aubry a pris généreusement la relève avant de succomber aux secousses des primaires. Hollande dès lors était debout. Je l'ai regardé l'autre soir : il est souriant, affable, d'une bonne humeur communicative, il a de l'humour mais il n'est pas Mitterrand qui, à défaut de projets, entretenait le mystère et nous bluffait par sa culture. Il n'est pas non plus assuré de rester à l'altitude des sondages d'aujourd'hui. Nicolas Sarkozy est donné perdant mais les jeux sont loin d'être faits.

La campagne présidentielle n'a pas encore commencé et Hollande est parti trop tôt qui nous accable de promesses, qui doit se méfier des siens – rappelons l'étonnement de Laurent Fabius : « Hollande président ? On croit rêver. » Et puis, surtout, l'actuel président est redoutable dans les dernières lignes droites...

***

La révolution libyenne est le grand roman de l'année et, d'évidence, la prochaine superproduction cinématographique. Bernard-Henri Levy l'a bien compris qui en écrit le journal et peut en suggérer le scénario. Son nouvel essai : *La Guerre, sans l'aimer* – un hommage à Malraux – fait parler le monde et agace les jaloux. Les allongés de la politique et les bavards frileux du quartier latin et autres lieux de débauche verbale sont, à cette heure, condamnés à en dire du bien. Car il fallait une volonté, du courage, de la ténacité pour convaincre nos forces d'entrer dans le combat.

La participation des avions de l'Otan à la cause des rebelles aura été le fait d'un homme seul dont l'étonnante initiative a été exaucée par le président Sarkozy, lui-même. Il fallait pour cela se mettre en rupture de tout, se prononcer contre l'ordre, le droit international, la prudence, la diplomatie officielle. BHL a pris le parti de l'audace, conforte le devoir d'ingérence, persuade l'Occident qu'il était temps de s'engager. Il confirme aujourd'hui que sans Sarkozy la Lybie aurait pu être reprise par Kadhafi ou saccagée. Dans son ouvrage où tout est noté, heure après heure, on devine un romantisme à la Malraux, un lyrisme exacerbé. Une empreinte. L'homme BHL est imprévisible, toujours remué par ses imprécations, distant d'apparence, lointain (et lui-même égaré) aux yeux de beaucoup, en quête d'aventures. Pivot et moi l'avons accompagné à ses débuts – à l'ère des nouveaux philosophes –, il paraît s'en souvenir mais n'en fait jamais état. Il y a quelques années, nous étions convenus d'un livre à deux voix qui reprendrait nos conversations à la radio et à la télévision. Nous fûmes et l'un et l'autre incapables de trouver des brèches dans nos emplois du temps. Plus tard, peut-être !

***

Je l'apprends ce matin du *Figaro* : Hubert Nyssen a définitivement quitté le monde des livres pour rejoindre ce qu'il appelait « mes paysages désirés » : la totale solitude, le désert du ciel, les grands espaces inconnus. C'est une amitié de cinquante ans qui s'en va en cette fin d'automne ensoleillée. J'avais déniché son talent, sa drôlerie, sa gourmandise, un soir de bonne ivresse à Bruxelles. La publicité l'occupait, il avait son agence, je lui avais demandé de dessiner les affiches du rallye automobile de la Vallée des Gaves que j'avais eu la folle idée de lancer sur les routes pyrénéennes, je m'étais enthousiasmé pour la petite cave de sa maison, je lui avais dit : « Fais-en un théâtre. » Ce qu'il fit. La création lui était un état naturel, l'amour des bouquins l'entraînait à tout lire. Il lui fallait un nouveau lieu, un autre élan qui saurait répondre à sa passion : l'édition. La Belgique lui était devenue un paysage trop étroit. Il m'avait téléphoné : « J'arrive. » Mais ce n'était pas Paris qui le fascinait, il se voulait d'une province qui pourrait éclairer la capitale. Et ce fut le Midi qui l'accueillit, le « Paradou » son refuge et Arles son quartier général. Au plus évident de son itinéraire vagabond, il allait créer là, à la fin des années 1970, les Éditions Actes Sud, la plus ambitieuse des sociétés de pure littérature. « Je suis un voleur, me disait-il, mais je t'avais prévenu et tu m'as donné ton accord. Mes livres auront la forme élégante, la couverture de ta collection "Idée fixe", considère cela comme un hommage. » Je le reçois aujourd'hui comme tel, je m'en félicite. Grâce à Hubert Nyssen, à son travail, à son obstination, la France possède à cette heure une admirable « boutique aux livres » – dirigée par Françoise, sa fille – qui a fait connaître la Russe Nina Berberova, l'Américain Paul Auster, la Canadienne Nancy Huston, le best-seller *Millénium* de Stieg Larsson, Henry Bauchau, Laurent Gaudé… et tant d'autres, un beau cortège de près de trois mille auteurs. Hubert était également écrivain, une trentaine de romans et d'essais portent témoignage de sa brillance. En 1986, nous avions écrit ensemble *Le Livre franc* qui était un hymne à la vie et à la littérature. Je l'aimais.

***

Avec une délicatesse qui ne m'étonne pas il a choisi ce titre qui n'est pas anodin : *Pensées d'un petit homme.* Pudeur et orgueil confondus. Jacques Mader est de notre boutique, la télévision a été longtemps son refuge, il fut expert en effets spéciaux et notre collaborateur indispensable. Les Carpentier, Averty, Drucker lui doivent quelques détournements d'images. Retraité à Perpignan, il s'est inventé auteur de maximes, d'aphorismes, et porte un regard amusé sur les choses simples. Je ne l'ai pas revu, je le lis, je note ici ce petit lot de réflexions…

Plus je regarde la télévision, plus je regrette le temps où, jusqu'à midi, il n'y avait que la mire.

La pire de la solitude n'est pas de ne pas être aimé, mais de ne pas savoir aimer.

À partir d'un certain âge, la réussite en amour tient plus du talent que du physique.

Les hommes ne supportent pas d'être cocus, pourtant, ils font vraiment tout pour que leurs femmes les trompent.

Souvent on se fâche avec son voisin, non pas parce qu'il a tort, mais bien parce qu'on vient de s'apercevoir qu'il avait raison.

Jacques Mader nous offre ainsi, modeste, cent pages de distractions aux Éditions Bénévent.

***

Joie et déception. Chance d'accueillir une musique puissante, tout en nuances, tristesse d'entendre un chant qui ne sert pas le génie de Verdi : *La Force du destin* porte une fatalité qui exige un supplément d'âme. Je ne l'ai pas devinée. La soprano et le ténor m'ont laissé de marbre. Pas le moindre éclat de lumière dans l'interprétation. Heureusement, il y avait l'Orchestre de l'Opéra magistralement dirigé par Philippe Jordan et les chœurs, irréprochables. L'ouverture, placée après le prologue – ce qui m'étonne toujours –, est un chef-d'œuvre. Nous l'avons reçue au même titre qu'une symphonie qui aurait pu être présentée ce soir sans l'artifice de la mise en scène et l'expression lyrique des voix. Seule, elle aura suffi à notre bonheur.

***

Chef d'une petite entreprise en Pays basque, socialiste d'occasion, entré dans le parti pour ne pas décevoir son père, maçon, militant, Jean-B. me demande : « De quels pièges François Hollande doit-il se garder ? » Je ne suis pas politologue, mon ami s'amuse à croire que j'ai quelque talent d'analyse. Je réponds donc comme le ferait n'importe qui, interrogé à ma place. Le leader rose sorti vainqueur des primaires, et parti trop tôt dans sa course à l'Élysée, ne devra pas se considérer comme « le père-la-rigueur », il lui faudra éviter d'oser des promesses inconsidérées et surtout se délivrer d'une posture contestataire qui le mettrait à terre. Je m'en lèche les babines : la campagne sera cruelle !

***

Stéphane Hessel, le vieil indigné, fait sa déclaration à Laure Adler : « Aimer c'est se donner la possibilité d'investir toute la force que l'on possède pour rendre quelqu'un heureux. » Je souscris volontiers à cette réflexion bien plus qu'à son livre.

***

Les jurés des grands prix littéraires de la saison l'ont oublié : l'Interallié rattrape leur erreur. Morgan Sportès avec lequel j'ai fait récemment le difficile voyage en train Brive-Paris – l'horreur

– décroche la dernière couronne d'automne pour son livre *Tout, tout de suite*. Le récit, fouillé, de la capture, de la torture, de la mort d'Ilan Halimi, est un véritable essai d'ethnologue et dans le même temps un roman policier. Une peinture aussi d'une certaine société d'aujourd'hui. Au cœur de l'affaire, tragique, un monstre, le tueur Youssouf Fofana, triste figure de la bêtise !

***

Sur la télévision cette réflexion d'André Brincourt qui fut, dans les années 70, le plus célèbre critique et l'essayiste de cet art nouveau : « Est-il triste, consolant ou comique de le constater ? J'ai vécu en avance sur le temps l'aventure audiovisuelle qui en était l'aventure promise. Je me suis pris à penser cet avenir qui n'existait pas. On peut donc être l'homme d'un avenir perdu en route, rejeté dans un présent qui, très vite, fait de vous un homme du passé. » Je découvre cette tristesse dans son livre *Insomnies*. Nous avons fait route ensemble. Mais je me veux toujours présent.

***

Merci à Nakache et Toledano les fiers artisans du film *Intouchables*. Quel bonheur cette vie de souffrances et d'amitié entre deux hommes que tout oppose, l'aristo paralysé face au loustic qui lui offre jambes et bras. Une histoire vraie bellement reconstituée à l'écran par François Cluzet, l'infirme et Omar Sy, le passant. Un petit chef-d'œuvre de délicatesse. On en sort avec des forces nouvelles. Les sourires à la fin effacent les larmes que nous avons eues en cours de projection. Superbes moments partagés par un public qui applaudit la dernière image.

***

« Lire est le seul moyen de vivre plusieurs fois. » Il me le répétait à chaque rencontre où Flaubert dominait toujours nos débats. « C'est de *Madame Bovary* que je tiens mon amour de la littérature. » Il me l'avouait avec une étonnante gourmandise. Pierre Dumayet qui s'en va ce matin, à quatre-vingt-huit ans, restera dans nos mémoires comme l'un des acteurs de la bande des quatre (Desgraupes, Lazareff, Barrère), créateurs de *Cinq Colonnes à la Une*, mais plus encore comme le meneur intransigeant de *Lectures pour tous*. La transmission du savoir lui était une nécessité. Il sut l'accompagner avec une rare exigence, visage sévère, lunettes cachotières, plus professeur qu'animateur. Pionnier et conquérant du nouveau monde, celui des images, il laisse bien seul aujourd'hui Pierre Tchernia, dernière figure des beaux commencements. À la fin de sa vie, loin de l'écran, Dumayet s'était inventé un cabinet de curiosités, meublé de ses recherches sur l'écriture. Je relirai demain son *Autobiographie d'un lecteur*, dans laquelle il nous plonge au plus brûlant de ses rencontres et de ses réflexions. Au salon du livre de Toulon où l'hebdomadaire *Le Point* remet son « coup de cœur » à mon *Dictionnaire amoureux de la télévision*, interrogé par Christophe Ono-dit-Biot, je me plais à rendre hommage à mon glorieux aîné. Ai-je bien su trouver les mots ?

***

Amusante missive du docteur Jacques Mateu, de Montpellier, chirurgien plasticien, qui m'informe d'un « colloque visant à envisager la transformation corporelle – tant subie que voulue – sous ses différents aspects ». Il voudrait aborder avec moi « le regard d'un témoin privilégié sur le corps du sportif : celui du journalisme ». Ma fidélité au Tour de France paraît l'intéresser mais de ce qu'il me demande, je n'ai rien à dire. M'intéresse et me touche en revanche son « P.-S. » : « Lorsque Joseph Delteil était hospitalisé dans le service de pneumologie du professeur Michel à Montpellier – j'étais alors jeune externe –, je fus chargé par le "Patron" de m'occuper des besoins d'intendance de Caroline et Joseph Delteil auprès desquels j'eus le privilège de passer la majeure partie de mes matinées de stage… À plusieurs reprises, Joseph Delteil m'a confié la mission de poster son courrier à M. Jacques Chancel… Je fus ainsi un temps votre facteur et très fier de l'être. » Le seul nom de Joseph est encore une petite musique, l'entendre prononcer me ravit, c'est un passeport pour l'amitié. Je n'ai toujours pas classé notre correspondance, je sais que je ne la publierai jamais. Trop d'intime dans ses lettres.

***

Sur Canal + la deuxième saison de *Braquo* démarre dans l'incroyable feu des armes. Peu d'exemples au cinéma d'une pareille attaque, ça flingue de partout. La violence des images est adoucie par le charme des héros cruels de l'histoire, le talent des acteurs, Jean-Hugues Anglade, Karole Rocher, tous les autres. Cette série parvient à nous faire aimer – ce qui est un comble – des flics corrompus, à la personnalité complexe. On se souvient du *Parrain* mais c'est tout le contraire, les policiers ici sont plus impitoyables que les mafieux. Quelques-uns dénonceront sans doute les invraisemblances, mais il ne s'agit pas d'une enquête, plutôt d'une fiction aux arrangements nouveaux qui changent totalement la donne du genre.

***

Danielle Mitterrand s'en va au moment où Eva Joly s'absente. Deux femmes, deux vies, deux modes de combat. La première servait la cause des peuples en souffrance, la seconde mène une campagne personnelle sur fond d'écologie. Aux dernières nouvelles la candidate aux lunettes rouges, pour ne pas plier devant François Hollande, se serait portée en solitude. N'a-t-elle pas de vrais amis qui lui conseilleront d'y demeurer ?

***

Sa parole est hésitante, les mots sont retenus mais il émane de lui un charme incomparable, une levée de lumière. Il est plus que dessinateur, il s'offre poète, il étourdit d'ironie. Sempé est sans conteste l'une des plus belles figures de la collection *Empreintes* sur France 5. Il manœuvre ses pinceaux, commente ses toiles, célèbre Jacques Tati (« le plus grand cinéaste français »), se met au piano et rêve de Count Basie, de Duke Ellington. Il nous dit aussi l'amour qu'il a de ses petits personnages affrontés aux immenses structures des cités. On finit par croire qu'il est l'image exacte d'un philosophe espéré.

***

Mathieu Gallet, président de l'Institut national de l'audiovisuel, m'avait demandé – il y a déjà un bon mois – de retenir la date du 24 novembre. Je ne savais rien de ce qui m'était promis et ce fut l'inattendu ; je croyais à un rendez-vous d'amitié et voilà qu'il me faisait « hommage » dans le saint des saints, au ministère de la Culture, avec contribution active de Frédéric Mitterrand qui me rappelait à nos anciennes complicités. Le patron de l'INA et les membres du « Comité d'histoire de la Télévision » m'avaient réservé une surprise. Sur un grand écran, devant une centaine d'invités, défilaient des images que j'avais totalement oubliées. Non pas ces longues séquences où je posais des questions mais celles que l'on me posait. L'arroseur arrosé !

***

Fumer un cigare au bord du Canal, face à la douane de mer, sous la protection de la Salute, lorsque la nuit vient, quel cadeau des dieux. Marc Welinski – avec lequel j'ai créé *Mezzo* – m'appelle à Venise où, pour Europsat, je remets le grand prix mondial de la meilleure chaîne thématique musicale. Chance ! C'est France Ô qui l'obtient. Mais c'est la ville, encore, toujours, qui séduit, ces lacets d'eau qui flirtent avec les maisons et les déchirent, ces gondoles amoureusement ouvragées, tous ces palais en enfilade, ce luxe inouï de l'imagination, cette invitation à la magnificence du passé. Nous marchons tout un samedi dès l'aube, par les rues étroites, empruntant les ponts, priant aux églises, jusqu'à la Fenice où l'on se prépare à donner vingt-six opéras dans les deux prochaines années et un hommage fastueux (en 2013) à Verdi et Wagner à l'occasion du bicentenaire de leur naissance. On a tout dit de Venise : il suffit de l'habiter de toute son âme.

***

Est-il bien sûr que les salauds aillent en enfer ? J'en doute. Certains se croient respectables ! Je le constate en suivant les audiences liminaires du procès des fondateurs (encore vivants) du régime khmer rouge, cette atroce saignée des années 1975-1979. Ieng Sary, Khieu Samphan et Nuon Chea, ignobles vieillards poursuivis pour « crimes contre l'humanité », poussent leur folie jusqu'à vouloir nous faire croire qu'ils ont « servi les intérêts de la nation et du peuple et sauvé de la pression vietnamienne la monarchie du Cambodge ».

À leur actif deux millions et demi de morts – tortures et exécutions sommaires. La moitié des âmes d'un pays que j'ai aimé, que j'aime, qui est l'un de mes berceaux d'adolescent. Fallait-il un procès ? Il est d'autres moyens !

***

Alertés par leur confrère debout à mes côtés, les libraires qui organisent le premier Salon des livres de Radio-France s'amusent de mon étonnement. Confronté à la séance de dédicaces, je me trouve tout à coup distrait par l'arrivée d'un homme affable, grand, barbu, quadragénaire, encombré d'une lourde sacoche. Il me tend d'abord, d'une main leste, mon *Dictionnaire amoureux*, je mets un mot, je signe, il ouvre son cabas et m'inonde de mes livres, sortis l'un après l'autre, avec une sorte de gourmandise, un sourire où je vois de la jubilation mais aussi une provocation. L'air de dire : « Moi je vous connais, Monsieur. » Les libraires comptent : trente-deux de mes ouvrages sont ainsi offerts à ma plume, jusqu'aux plus anciens dont j'ai perdu la trace, comme, par exemple, *Le Guide et l'Enfant*, mon expédition au Cameroun, publié chez Nathan.

Mes voisins n'en reviennent pas. Je suis ébahi et touché. L'homme m'a glissé sa carte : Olivier Boisson, boulevard Murat, Paris. « Ce n'est pas terminé », me dit-il. Et le voilà qui replonge dans sa sacoche dont il tire maintenant des revues où je trône en couverture, des disques 33 tours – Jessye Norman, Kiri Te Kanawa, Luciano Pavarotti… Pourquoi un tel acharnement à me laisser croire que j'existe !

***

Salué par Solveig, Miss Météo, au *Grand Journal* de Canal +, puis invité par elle à jouer de l'accordéon, Valéry Giscard d'Estaing s'exécute sans rechigner. Joli moment de détente. Drôle de personnage. À sa grande époque on le jugeait le plus intelligent, mais aussi le plus méprisant. C'était une posture. Aujourd'hui, délivré du carcan des affaires de la République, il semble redevenir lui-même et s'offre gaiement à la multitude. Enfin un homme politique qui ne craint pas la drôlerie. Michel Denisot lui demande : « Serez-vous candidat à la présidentielle ? » Silence du questionné puis cette confidence : « Je réfléchis. »

***

Les manœuvres politicardes seront toujours pour moi un mystère. C'est à n'y rien comprendre, les jeux ne sont pas faits mais la malignité est en marche. François Hollande tend la main à François Bayrou – la gauche ferait-elle des câlins à la droite ? – et Hervé Morin a la faiblesse de croire en son étoile pourtant mal éclairante. Trois hommes vaniteusement engagés en quête de déboires.

***

Les nouvelles sont bonnes. Je lis un peu partout que le film de Michel Hazanavicius, *The Artist* triomphe dans sa campagne d'Amérique. La performance de Bérénice Bejo et Jean Dujardin

– admirables – est saluée là-bas par une critique unanime : « L'œuvre est attachante, pétillante, joyeusement menée, promise à l'Oscar de la meilleure réalisation étrangère. » Les spécialistes et les bookmakers pensent même que cet « hommage à l'âge d'or du cinéma hollywoodien » pourrait obtenir la récompense suprême. On rêve et (je me répète) le rêve est une création.

***

À Brest, noyée dans le flot d'un millier de spectateurs, une jeune femme salue (et loue) « l'excellence » de ma carrière ! Bien sûr, le compliment est loin de m'irriter mais il ne reflète pas la réalité. La carrière n'a rien à voir avec la vie qui est, elle, un vrai, un magnifique cadeau. À la condition de lui faire bon accueil. J'en ai connu, j'en connais de ces hommes, de ces femmes qui s'étiolent dans la sinistrose alors que leur existence est plutôt privilégiée et qui n'ont pas le moindre regard sur les déshérités. Je l'ai déjà écrit : savoir vivre est un art au même titre qu'aimer. J'ai eu mon lot de cruautés dans mon adolescence asiatique, je les ai dépassées, je sais de quoi je parle, depuis je ne crains pas de rechercher partout un certain bonheur, c'est-à-dire une totale attention à l'autre, une curiosité au monde jamais relâchée. Tout le monde a sa part d'ennuis, il est courtois de les dissimuler, on ne peut pas estimer les geignards. La réussite d'une vie est un combat de chaque instant, pour l'assumer il convient de tuer la jalousie qui est devenue un mal français.

***

Je ne peux pas me dédire. J'ai promis en effet de conter les premières années de ma route. Cela tient à une découverte que j'ai déjà signalée dans un précédent ouvrage. Dans l'un de mes Carnets j'avais trouvé cette parade pour les miens énigmatique, écrite à Hanoi : « J'ai tout connu, tout vécu, tout souffert. Aujourd'hui, avec quelque suffisance, je prétends que mon existence est finie : j'ai vingt-quatre ans. » Cette déclaration je la connais maintenant par cœur. Elle m'agace, me bouscule, me fait obligation de la mettre enfin au clair. C'est le plus pénible car, au-delà d'une enfance très heureuse dans les Pyrénées où mes ancêtres ont occupé tant de générations, j'ai traversé les turbulences de la guerre au Sud-Est asiatique, bonheurs et horreurs confondus, trop souvent la mort aux trousses. Me voilà à pied d'œuvre, je ne saurais reculer, j'ai signé ce prochain livre chez Flammarion, le titre est celui de notre quartier général à Saigon, l'Hôtel Continental, où nous refaisions le monde de l'Extrême-Orient avec Lucien Bodard, Jean Lartéguy, Graham Greene, Pierre Schœndœrffer… Date de parution : printemps 2013. Si les Dieux le permettent.

***

Bien des gens se plaignent, demandent – exigent – assistance, comptent sur l'État ou les institutions officielles pour parvenir au bonheur, mais ne tentent jamais de se remettre en course, de se délivrer eux-mêmes de leurs propres désordres. Plus que jamais on attend tout de l'autre. À ce sujet, dans *Le Figaro littéraire*, Étienne de Montety répond par cette réflexion de Tocqueville : « Les Français comptent toujours, pour se sauver, en un pouvoir qu'ils détestent, mais se sauver par eux-mêmes est la dernière chose à laquelle ils pensent. »

***

Michel Bernard m'adresse le livre qu'il consacre à Maurice Genevoix : « Je veux, dit-il, qu'avec ce grand homme on se souvienne du temps où les mots étaient du côté des choses. » J'aime à constater l'exigence d'un écrivain qui ressuscite le tendre auteur de *Raboliot* et, mieux encore, le témoin exceptionnel de *Ceux de 14*. Mémorialiste de la Grande Guerre, l'ancien secrétaire perpétuel de l'Académie française a toujours exprimé sa fidélité à ses compagnons d'armes et mon père fut de cette noble compagnie promise au massacre. J'ai bien connu Maurice Genevoix – sa fille Sylvie est notre amie –, il a été l'invité, si cultivé, si drôle, d'un *Échiquier* où, avec Georges Brassens, il avait engagé un dialogue d'amour à la littérature. Ce sont des moments qui restent dans les mémoires. Je me souviens aussi, avec émotion, du séjour qu'il fit chez moi, à Miramont – « à l'ombre du Pic du Midi », comme il disait –, j'ai toujours en tête ses échanges avec papa qui n'étaient faits que de leurs années de bataille. Nous les écoutions en silence ; brillants, ils arrivaient à nous faire sourire de leurs malheurs car l'humour fut leur sauvegarde, j'aurais dû enregistrer une chanson fredonnée par mon père et qui contait « la visite des poux dans les tranchées ». Ils avaient cru tous les deux qu'on en avait fini « avec le martyr ». Et il y eut le nazisme.

Décembre 2011

Écrire la vie, affirme Annie Ernaux dans une présentation nouvelle de ses ouvrages. Bien mieux qu'écrire *sa* vie, qui pourrait être ma propre devise mais pour parler des autres il faut mettre tellement de soi.

***

Tous les débats se ressemblent, bien des politiques se renient, ils ont changé de discours et paraissent ne plus se souvenir des opinions contraires qu'ils exprimaient auparavant. On devrait leur rappeler ce proverbe arabe : *Quand on ment, il faut avoir de la mémoire.*

***

À Brest où je suis l'invité du Festival « Longueur d'ondes » – bel hommage à la radio –, je subis l'assaut (agréable) de trois longs entretiens entre 17 heures et minuit. Je n'interroge plus, me voilà questionné. À la dernière minute, au « Quartz », l'opéra du coin, une jeune femme me fait compliment : « Vous avez ouvert le temps des cadeaux. » Je lui réponds en changeant un tout petit peu la formule : « Il me plairait que ce soit le temps du présent… à l'autre. »

***

Ce matin la nouvelle fait le tour des radios et de la presse. Suis-je sûr de bien lire ? L'accord auquel sont parvenus Nicolas Sarkozy et Angela Merkel doit permettre à la zone euro de repartir sur des bases saines, le nouveau traité imposera une vraie discipline budgétaire en Europe. Ne serait-ce pas encore une manière de noyer le poisson ? Je ne comprends plus rien à toutes ces discussions que l'on dit de circonstance mais je voudrais croire que l'Allemagne et la France ont rétabli la confiance. Les deux chefs d'État ont montré la voie. Il serait bon de la suivre.

***

François Hollande devra craindre les haines de son propre camp. François Bayrou ne devrait pas trop croire à l'embellie de ce décembre, Marine Le Pen devra redouter les interventions de son père, Dominique de Villepin devra se méfier de lui-même, Nicolas Sarkozy – qui n'est pas encore candidat – devra mater les ambitions de ses conseillers et calmer leur omniprésence. La prochaine présidentielle s'annonce comme un champ de mines.

***

Bruxelles d'abord puis Genève, mon *Dictionnaire amoureux de la télévision* partout reçu, presse, radio, petit écran et cette question qui vient au bout de chaque entretien : « N'est-ce pas trop d'avoir eu plusieurs vies ? » Difficile de répondre. J'ai mené différents itinéraires, je serai né trois fois (je me répète), dans mes Pyrénées, au Sud-Est asiatique, à la création d'Antenne 2. Je me suis retrouvé en m'égarant. Je suis encore disponible pour une aventure, même démesurée. Je n'aurai jamais assez admiré. Est-ce une vie rêvée ? Plutôt une existence pleine, à rebondissements multiples. J'ai beaucoup aimé ce qui était incertain, l'émerveillement de mon état laïque dans un collège religieux, à Saint-Pé-de-Bigorre, mes études chahutées, mon impossibilité à aborder Normale Sup' pour cause d'éloignement, mes errances d'adolescent. L'idée d'un avenir ne me préoccupait guère. Observer la comédie humaine aura été mon fil rouge, je me suis nourri du romanesque de Dumas, des plongées en profondeur de Balzac et de Flaubert, de la solitude encombrée de Proust. Les voyages et cette brûlante nécessité de découvrir des ailleurs ont fait mon apprentissage. Aujourd'hui, je crois savoir deviner l'autre, je lis son visage, tout est dit dans un regard, le plus évident est dans le sourire. L'Indochine m'a fait un temps courtiser les fins dernières, je ne voudrais pas me laisser enfermer dans une souffrance – plutôt la fuite –, je ne saurais convaincre personne de chercher un modèle, ce que nous sommes n'est pas transmissible. Vivre est mon métier. Avec ce qui l'accompagne, l'amour, l'amitié, la passion de l'instant. Je ne souhaite pas me défaire d'une certaine innocence, je ne suis prisonnier d'aucun dogme et si je parle de bonheur c'est avec grande modestie.

***

Tout devient imprévisible. On devine un centre, des extrêmes qu'ils sont plusieurs à pervertir. L'échiquier nouveau manque de fous ? Cruelle absence d'amoureux désintéressés de la France. Trop-plein à la veille des présidentielles. Dernier en piste, Dominique de Villepin. L'homme est fascinant, irritant, spectaculaire. Il brandit son étendard dans une musique de paroles et fait flèche de tout bois sur ses concurrents. Énarque, conseiller occulte des affaires de la République, artisan de la dissolution, Premier ministre, il s'offre une gourmandise : il est poète. Le personnage aurait enthousiasmé et Balzac et Dumas.

***

Succédant au printemps arabe qui fait monter les islamistes au sommet du pouvoir, apparaît la hantise d'un avenir radical. Je suis né catholique, je reste toujours quelque peu tiède affronté aux dogmes, je ne saurais être, je le reconnais, un témoin de notre religion, je crois en revanche à la spiritualité et je m'étonne de la piété des musulmans qui réconforte un milliard de fidèles. On peut s'interroger sur l'absence des politiques à l'heure des révolutions, décidées et conquises par le peuple, de leur arrivée aux plus hautes responsabilités, victoire obtenue. Je crains dans ces pays les prochains despotes.

***

Lectures rapides d'un samedi pluvieux. Élie Wiesel d'abord, en minuscule, 88 pages seulement, mais d'une bouleversante intensité. Le passage acrobatique d'une vie l'autre. *Cœur ouvert* est le récit de son opération à New York. Il a, en arrivant au bloc, toutes les raisons de croire qu'il va s'enfoncer dans un silence définitif. Réveil miraculeux… Dans un autre registre le nouveau journal de Renaud Camus – notre meilleur diariste – *Décivilisation.* Tous les drapeaux noirs du pessimisme rassemblés. Tout fout le camp, notre vieux monde va à la catastrophe… Abrutissement, confusion… Qu'est donc devenue l'exquise politesse d'autrefois ? Muré au chaud et au froid de son château, frappé d'allergies multiples, Camus s'en prend à la terre entière, jusqu'à la légèreté lorsqu'il égratigne les mannequins de haute couture « qui semblent avoir reçu pour consigne d'afficher une expression aussi absente que possible ». Excellente remarque. Je m'étonne sans cesse de cette tristesse qui enlaidit les plus jolies jeunes filles de la planète. La beauté n'est pas un robot.

***

Béatrice Montoriol, savante gardienne de l'Institut national de l'audiovisuel, met la dernière main au troisième CD de *Radioscopie* consacré cette fois aux politiques. Elle m'appelle : « Il y a urgence, êtes-vous d'accord pour que nous ajoutions à notre liste des 22, Georges Marchais, c'est remarquable et la question que vous lui posez en fin d'entretien va vous faire sourire. Vous lui demandez, en effet : « Et Dieu dans tout ça ? » L'interrogation est donc vraie et la surprise est totale. Qui aurait pu imaginer que je m'adressais ce jour-là à Marchais ! Pourquoi Dieu ? Ce n'était pas mon essentielle préoccupation mais réfléchissant sur la chose, je m'aperçois que tous me parlaient de Dieu… surtout les athées.

***

Cette méfiance à l'égard du capitalisme et de l'argent, cette haine à l'endroit des hommes politiques, cette humeur française qui est à la sinistrose, ce renouveau de l'égoïsme. Et si, plutôt que de parler sans cesse d'économie dans des termes brumeux, on s'avançait sur d'autres chemins, ceux de la culture, par exemple, de la découverte, de la gourmandise.

***

Soirée d'amitié chez Véronique et Jean-Loup Dabadie avec Serge Kampf, Frédéric Vitoux et Jean Gachassin. Le rappel entre nous de vies turbulentes, la création de l'empire Capgemini par Serge, les bonheurs et les difficultés de l'écriture par Frédéric, les fulgurances de Jean sur les terres du rugby, les vertiges de Jean-Loup à son entrée à l'Académie française. Je les écoute, ils sont drôles, brillants, vibrants, ils aiment ce qu'ils font. Nos conversations pourraient aller jusqu'à l'aube, on ne sent pas le temps passer.

***

Il aura été le dernier fossoyeur de *France-Soir*. C'est triste et scandaleux. Mais c'était une gageure de confier un tel journal à un jeune homme sans métier et pauvre de passion. Né de la clandestinité, le plus célèbre des quotidiens français tourne définitivement la page et rate sa sortie. L'impertinence d'Alexandre Pougachev, qui semble peu se soucier de cette fin lamentable et n'arrive pas à pleurer sur des millions perdus venus dont on ne sait d'où, est calamiteuse. Nous pensons tous à Pierre Lazareff qui en fut le maître et retenons la date fatidique :

13 décembre 2011. Soixante-sept années parties en désespérantes fumées !

***

Comment ai-je pu rester tant d'années loin de mes Pyrénées, posé dans les ailleurs du Sud-Est asiatique ? J'en ai conscience aujourd'hui, après seulement quatre mois d'absence qui m'ont paru une éternité. Bloqué par la sortie de mon *Dictionnaire amoureux*, je n'étais pas revenu en Bigorre depuis septembre. J'observe ce coin de paradis au petit matin, un ciel serein, juste un voile blanc sur les sommets, il fait 21 degrés, on annonce la neige pour demain. Les cols sont fermés, l'Aubisque et le Tourmalet ont pris leurs vacances d'hiver. Je n'irai pas cette fois jusqu'au Pic du Midi me frotter à ses 2 877 mètres, admirer ce vaisseau spatial qui guide les étoiles et autour duquel planent les vautours ! J'avais apprécié, là-haut, il y a peu d'années les aubes glaciales et les couchers lumineux. J'étais alors de la petite équipe qui osait de vertigineuses descentes à ski : le Centre d'études astronomiques paraissait être notre vigie et Barèges devenait notre point de chute. La prudence et l'âge surtout m'obligent à d'autres courses. Je referai tout à l'heure, comme à chaque retour, mes routes d'enfance en Lavedan, au pays de mon père, du côté de Salles, au « château de ma mère », du côté d'Arras. Des jardins dessinés par le grand architecte…

***

Au Ski-Club, sur la petite place de Cauterets, un homme d'une quarantaine d'années, près de nous, est totalement absorbé par la lecture de *Da Vinci Code*, récit romanesque de Dan Brown qui fit grand bruit à sa sortie. Il souligne des phrases, marque des pages, prend des notes. Se sentant observé il nous regarde, m'interroge : « Je prends connaissance de cet ouvrage avec quelque retard, je suis catho, je suis troublé, je m'étonne des révélations qui organisent la trame de cette histoire. Quelle est votre opinion ? » J'avance des explications assez vaseuses, j'invoque les mystères qui entourent la mort du Christ, j'affirme même que dans ses caves le Vatican garde des informations, des documents qui pourraient nous surprendre. Nous nous trouvons, mes amis et moi, un peu gênés, ce n'est pas tout de même une conversation de bistrot. Revenu à la maison, je me jette aussitôt sur le *À reculons, comme une écrevisse,* d'Umberto Eco où je sais trouver, à la page 346 – je l'avais cornée – une opinion que je peux faire mienne : « Le *Da Vinci Code* est un roman, et comme tel il a le droit d'inventer ce qu'il veut… il est écrit avec habileté et se lit d'une traite. Et peu importe que l'auteur nous dise au début que ce qu'il raconte est une vérité historique… Ces invocations narratives font partie du jeu de la fiction… Pour démystifier l'historicité du *Code*, il suffirait de dire deux choses. La première, c'est que toute l'affaire de Jésus qui épouse Marie-Madeleine, de son voyage en France, de la fondation de la dynastie mérovingienne est une camelote qui circulait depuis des années dans une pléthore d'opuscules pour les dévots des sciences occultes… La seconde chose c'est que Brown parsème son livre de nombreuses erreurs historiques, comme celle d'aller chercher sur Jésus des informations dans les manuscrits de la mer Morte, lesquels ne parlent pas du tout de Jésus. » Comme Umberto Eco je pense que le *Code* n'est pas un complot satanique, mais que, par le fait de l'écriture, il y ressemble. J'ai répondu à peu près cela dans mes « brèves de comptoir » mais quand même avec moins d'assurance.

***

Il me faudra revoir Umberto Eco ; pour l'heure, profitant de cette interrogation sur Dan Brown, je relis entièrement *À reculons* qui rassemble une série d'articles et d'interventions, écrits entre 2000 et 2005. Je retiens ici les dernières lignes de ce remarquable document. On peut s'y reconnaître : « Je commence à soupçonner que la tristesse qui m'envahit à la pensée que, en mourant, je perdrais mon trésor d'expérience, ressemble à celle qui me saisit à la pensée que, en survivant, je finirais par me lasser de cette expérience oppressante, fanée et peut-être moisie. Peut-être vaut-il mieux, pour les années qui me seront données encore, continuer à laisser des messages dans une bouteille pour ceux qui viendront, et attendre celle que François d'Assise appelait sa sœur la Mort. »

***

Jacques Chirac condamné à deux ans de prison avec sursis dans le cadre de l'enquête sur les emplois fictifs de la mairie de Paris. Un désastre écrivent les gazettes. Crépuscule d'un président, tonne la rumeur. Faut-il voir là une dérive profonde des juges, en lutte contre le pouvoir ? Quelle réalité porte ce verdict tardif ? S'il convient de punir à tout prix, il importerait de mettre au banc des accusés une bonne partie de la classe politique française.

***

Ils n'étaient pas des rigolos de pacotille, mais de grands acteurs donnant au burlesque toutes ses lettres de noblesse sans la moindre ombre de vulgarité. La programmation spéciale du tandem Laurel et Hardy sur Arte et de Buster Keaton sur Ciné-Passion nous a livré un festival de gags, un moment propre à faire oublier les joyeusetés de quelques « sans talent » qui occupent pourtant les écrans français. Federico Fellini avait raison de dire que « les comiques, les vrais, sont des bienfaiteurs de l'humanité ».

***

« Dites-moi, André, c'est bien ici que tant d'événements se sont déroulés ? » Telle était la question que je posais à Chouraqui à ma première visite en Israël. J'avais en tête ce que l'on m'avait appris à l'église, le pire et le meilleur, le pire né de l'ignorance, le meilleur couronné par l'adoration. Je me souviens : j'étais enfant de chœur, je fus interdit d'office par mon curé de campagne. Ma faute ? J'avais affirmé haut et fort que « Jésus est juif ». J'espère que ce brave homme a vite compris que ce n'était pas seulement une rumeur. De ce temps lointain je m'amuse encore, des dernières années j'éprouve des émotions particulières qui ressurgissent en cette veille de Noël. Je crois avoir bien suivi les routes du Christ, Bethléem, Jérusalem, Nazareth, villes qui font rêver et s'inquiéter le monde, me sont devenues familières. J'ai mis tout mon questionnement, en 1988, à les raconter, à les faire musiques, à l'occasion d'un *Échiquier* consacré au quarantième anniversaire de la création de l'État d'Israël. L'un des meilleurs épisodes de mon émission. Je réentends ce soir, pour la quatre-vingtième fois, l'annonce de la bonne nouvelle en l'abbatiale de Saint-Savin, magnifique monument du XIIe siècle, à deux pas de Miramont. Ainsi, deux mille ans après, le sacré itinéraire de Jésus demeure l'une des plus troublantes aventures de l'Histoire des siècles. Un homme qui change la face du monde, ce n'est pas rien !

***

Que dira-t-on au XXIe siècle de ces années d'aujourd'hui qui bouleversent le monde ? Les jugera-t-on comme un grand moment de l'Histoire ? À force de le crier, le mot crise prend une connotation romanesque, on l'accable de sanglots, beaucoup pleurent sur eux-mêmes, la désespérance guette les plus privilégiés. Quitte à faire bondir des économistes fumeux, je ne m'inquiète pas, il fallait nettoyer l'époque de ses miasmes, je crois à une aurore.

***

Ce pays froid où le soleil est chaud – selon la formule rabâchée de Lyautey – m'est, depuis les années 60, terre de découvertes. J'aurai parcouru le Maroc dans tous les sens, de Tanger au Sahara, avec, constamment, une incroyable boulimie. J'en aime les gens, les couleurs, le luxe des paysages. L'évasion totale à moins de trois heures de Paris. J'ai ici un palais pour refuge, une haute maison dominant la Médina, avec l'Atlas en toile de fond et la complicité fraternelle de Xavier l'heureux propriétaire, esthète, collectionneur et mécène.

***

Marrakech la bien-aimée… à condition d'en sortir. On s'endort dans ses palais. Nécessité de prendre le large. Escapade sur la route de Ouarzazate et puis, au quatre-vingtième kilomètre, cap sur la montagne par une piste à peine tracée qui nous porte à 1 800 mètres. Loin de tout, là-haut, face à un panorama d'une insolente beauté, je rejoins des amis qui chassent le perdreau. Il y a partout des traces de neige.

Janvier 2012

Revenu à Marrakech je suis le concert du Nouvel An retransmis de Vienne par France 2. À l'instant où l'orchestre lance joyeusement la polka lente de Joseph Strauss résonne sur les minarets alentour la prière des muezzins.

***

François Laperotte que j'ai connu enfant, qui est aujourd'hui médecin, se veut historien des écritures dont il nous offre *Les Origines et Histoires*. J'admire son travail de recherche, la qualité de ses analyses, ce récit très documenté du passage de la Préhistoire à l'Histoire. Je retiens ceci : « Ce qui nous distingue de nos ancêtres, c'est la technologie. Quant à la spiritualité, elle est hors du temps : les textes sacrés védiques de l'Inde datent de 3 500 ans, Jésus-Christ est venu il y a 2 000 ans, la Bible a été rédigée au premier millénaire avant J.-C. ; Socrate, Platon, Confucius, Bouddha ont vécu au premier millénaire avant J.-C. Restons modestes. Nous avons inventé l'électricité, le téléphone, la voiture, l'avion, l'informatique, etc., mais en ce qui concerne les questions fondamentales, l'origine et la finalité de l'humanité, nous n'avons rien à proposer de plus que nos ancêtres. » C'est vrai, restons modestes.

***

Je n'avais plus aucune nouvelle de Dominique Lapierre, mon complice du temps de *Paris Jour*. Je le retrouve ce soir sur TF1 où, dans l'émission *Sept à Huit*, il parle de sa croisade au secours des enfants de Calcutta souffrant de la lèpre et des populations les plus déshéritées du delta du Gange. Magnifique et émouvant reportage sur la désespérance d'un monde, générosité d'un écrivain qui donne l'essentiel de ses droits d'auteur aux plus souffrants.

***

Gabriel Matzneff, l'un des plus purs écrivains du XXe siècle, a tenu une chronique de télévision dans le quotidien *Combat* de Philippe Tesson, entre 1963 et 1965. Je n'étais pas encore aux affaires, j'échappais donc à ses sarcasmes pleins d'une ironie cruelle. Je le lisais en m'amusant car c'était du pur romanesque : Gabriel n'avait pas de poste, on le soupçonnait donc de ne rien regarder et pourtant il savait tout car il « s'alimentait » aux récepteurs de quelques amis. J'ai toujours aimé et son style et sa fougue. Nous formions dans les années 70 une joyeuse équipe de mousquetaires, il y avait là pour jouer de la dague Michel Lancelot, Henri Chapier, Gabriel et moi. Je m'étais rapproché de Matzneff, bien auparavant, après un article qu'il m'avait consacré dans *Le Figaro littéraire*, le 22 février 1971. Article que j'ai forcément oublié – usure du temps – et que Christophe Ono-dit-Biot m'offre comme une relique. Le papier est d'importance et drôlement titré : « Jacques Chancel ou le torero socratique. » Gabriel Matzneff commence ainsi sa « louange » : « À cinq heures du soir, qui est l'heure où, en Espagne, les toreros font leur premier galop dans l'arène, une corrida d'une autre sorte débute sur les antennes de France-Inter. *Radioscopie*, la plus fameuse émission de la radio française… Une heure de conversation en direct avec un Chancel qui, entre deux pattes de velours, vous lance soudain un coup de griffe. L'émission compte soixante minutes de vérité mais, par la grâce de son auteur, elle ne comporte jamais de mise à mort. » Je dois grande reconnaissance à Christophe Ono-dit-Biot qui, en me faisant revenir quarante ans en arrière, me donne à lire ce que l'on aura écrit de plus sensible sur *Radioscopie* : « Il y a deux écoles de l'interview, dit Matzneff, celle de la muflerie et celle de la générosité et Jacques Chancel fait sans conteste honneur à la seconde… Il a raison de s'abandonner au démon de la générosité, parce que la vraie clé de la connaissance des êtres c'est l'amour… J'admire chez Chancel sa capacité de se mettre dans la peau des autres, de s'effacer, de leur laisser le beau rôle, de ne jamais tirer la couverture à soi. Un exemple entre cent : Chancel a été blessé durant la guerre d'Indochine, grièvement brûlé aux yeux. Et voilà que Siné lui déclare : “Si un parachutiste en Indochine se fait brûler les yeux, jamais je ne le plaindrai. Je dirai, au contraire : bravo ! Et si je peux l'achever, je le ferai.” À la place de Chancel, j'aurais envoyé ma main à travers la figure de Siné, je lui aurais sauté à la gorge. Chancel, lui, n'a pas bronché, il est passé à la question suivante. » J'avais oublié cet épisode, maintenant je me souviens, je réentends les mots, je suis sans colère car l'idée que je me fais de mon métier est celle-ci : je n'ai pas à disperser mes états d'âme.

Nous nous sommes perdus de vue, Gabriel Matzneff et moi. Je veux le revoir car je lui suis redevable d'avoir découvert chez moi « le sens du dialogue socratique, cette technique d'accouchement des âmes et des cœurs ». Ce n'est pas rien que d'être indifférent aux modes dans un temps qui est celui des diafoirus triomphants !

***

Renaud Capuçon, mon voisin de l'avenue Georges-Mandel, sacrifie cette semaine encore à la tradition : nous faisons conversation chez moi autour d'un cigare. Il en est ainsi depuis longtemps, lorsque nos heures de liberté coïncident. L'heureux temps d'un atterrissage, Renaud, qui, sans cesse, me rappelle les délicatesses d'Isaac Stern – il joue son violon – revient d'Autriche où il a enregistré Brahms et Berg avec l'Orchestre philharmonique de Vienne. Il est tout remué : « Il n'est pas de machine plus miraculeuse, on est saisi par un vertige devant cette phalange de musiciens qui offrent une sonorité de velours. Avec une telle formation, c'est une histoire d'amour que l'on vit. »

***

J'ai tant parlé de lui tout au long de ma vie. Nous avons tant réalisé ensemble pour faire mieux connaître la musique : Alexis Weissenberg aura été le compagnon de mes premiers parcours audiovisuels. Dans mon *Dictionnaire amoureux de la télévision*, je lui consacre plusieurs pages. J'écris d'entrée : « A-t-il conscience de la solitude que le mal lui impose ? Est-il capable de mesurer l'éloignement dans lequel il se trouve ? » Je le savais depuis longtemps abandonné à un grand voyage intérieur que l'on ne peut plus accompagner. C'est le début maintenant d'un autre itinéraire. Alexis s'en va aujourd'hui rejoindre les étoiles qu'au piano il a si souvent tutoyées. Un temps, le monde lui appartenait, peut-être fut-il son expérience d'éternité ! Il a joué sur toutes les scènes, tous les continents, avec les plus grands orchestres, il fut l'ami de Karajan. La presse devrait lui consacrer l'hommage mérité mais il nous quitte à un très mauvais moment : Loana a tenté de se suicider hier, pour la quatrième fois ; elle aura d'évidence les honneurs des pages-couverture. Ainsi va la vulgarité de notre monde !

***

Partout on parle de carrière, ce mot terrible, mal sonnant, vrai rocher de Sisyphe. L'idée de carrière est un non-sens. Je m'en suis heureusement délivré aux premiers émois. Pour m'étourdir de tout. Une tragédie de fin d'adolescence aurait pu me priver de la gourmandise de vivre, elle m'a au contraire donné de nouveaux élans. Depuis les origines et jusque dans les moments les plus pénibles, je n'ai jamais cessé de pratiquer l'hédonisme sans pour autant sacrifier à des plaisirs coupables. En existant tout simplement mais dans une ivresse mesurée. Et fort peu dans la fréquentation de l'inutile, juste ce qu'il fallait. Je n'impose rien, on ne saurait m'imposer quoi que ce fut, toute contrainte m'est intolérable. Les dogmes en tous domaines me sont une épouvante. Chrétien d'origine, je me crois aussi juif, musulman et plus encore bouddhiste ou soufi. Je suis plus préoccupé de sens religieux que de religion. Le mysticisme me paraît être un chemin fréquentable et la solitude, celle de mes montagnes, m'offre d'autres conversations. Je parle aux oiseaux, aux arbres, aux vieilles pierres. Je ne refuse rien à la vie : je choisis tout.

***

Gilles Jacquier a succombé à un tir d'obus et devient le premier journaliste occidental à trouver la mort en couvrant la révolution syrienne. La tristesse de ses amis ne saurait faire oublier l'engagement de l'homme qui avait choisi de dire les effervescences du monde, en pleine conscience, n'ignorant rien des périls. On veut faire aujourd'hui lumière sur les circonstances de cette tuerie mais pourquoi en rajouter, là-bas c'est la guerre et notre métier est de la raconter. Des années durant, en Indochine, j'ai vécu l'épouvante des armes, des trahisons, des abandons. Que de copains morts dans les rizières ! Ils étaient correspondants de guerre, comme Gilles, assez lucides pour se croire en danger. Nous avons tous vécu, souffert et partagé des moments difficiles. Je pense ce soir à Georges Kowal, beau comme un dieu de la paix, cinéaste d'excellence, abattu près de moi, sa caméra tenue haute au bout de son bras. Il est ainsi des morts qui ont toujours réhabilité notre profession.

***

L'horreur du génocide provoqué par les Khmers rouges est ce soir, remarquablement et dramatiquement, contée sur l'écran par Rithy Panh qui fut l'une des victimes de l'enfer cambodgien. Son tortionnaire, toujours vivant, filmé au plus près, l'ignoble Duch, explique sans le moindre remords avec une certaine jubilation intérieure, la mise en œuvre méthodique de la lutte des classes à l'asiatique, préconisée, on tente de l'oublier, par Karl Marx, cet assassin du verbe que de grandes intelligences ont voulu faire passer pour un penseur.

***

Faites silence... Une invitation que l'on devrait adresser à tous les bavards de toutes les planètes, particulièrement à ceux qui, à la télévision, n'ont rien à dire et dans les dîners tant à exaspérer. Le silence comme une éclaircie, un moment de réflexion, une simple élégance.

***

La petite fille d'Istanbul était devenue l'une des grandes dames de la scène et de l'écran. Elle était à la télévision la visiteuse du dimanche. Elle y fut Maggy de belle mémoire : 333 épisodes entre 1984 et 1992. Un succès essentiellement français que n'ont plus les nouveaux programmes. Rosy Varte, partie ce milieu de janvier, aura été des plus belles fêtes de l'art, partagée entre théâtre et cinéma avant que d'être célébrée par l'image. Elle fut la partenaire de Jean Vilar, d'Yves Robert, de Georges Wilson – on se souvient d'*Ubu roi*, de l'*Œdipe* de Sophocle –, l'invitée de Clouzot (*Manon*), de Renoir (*French Cancan*), de François Truffaut et de beaucoup d'autres réalisateurs de premier plan. Elle était discrète, attentive, intelligente, drôle. Elle pouvait tout jouer, elle était à son affaire dans tous les registres, elle laisse très seul ce matin mon ami Pierre Badel, son mari, qui fut mon plus proche collaborateur lorsque j'étais aux commandes de France 3. De Rosy, je dirai encore qu'elle était l'élégance même.

***

Elle parle. Je la retrouve inchangée, directe, sincère, élégante dans ses propos : Anne Sinclair, dignement, se confie au journal

Elle et dénie à quiconque le droit de la juger. Elle revient sur son départ de TF1, sur la fin de son émission *7/7*, et constate – je fais la même analyse – que la nostalgie n'embrume pas le souvenir. Elle dit : « Je n'avais pas une idée de moi-même suffisamment narcissique pour trouver insupportable de ne pas me regarder dans le miroir. » Je répète comme elle que la télévision ne rend pas fou, on s'en délivre en l'imaginant autrement. Sur « l'affaire » qui reste sans doute comme une souffrance, elle partage le sentiment de son amie Élisabeth Badinter : « Il faut respecter l'autre et lui permettre de vivre comme il le souhaite, ça ne regarde personne, ça ne regarde que soi-même. » Mais le monde est cruel ; celui des privilégiés surtout. Je me souviens d'un soir, de l'un de ces dîners qui empoisonnent la vie et où pérorent les prétentieux. Une femme s'acharnait sur DSK et s'en prenait grossièrement à Anne : « Elle doit être complice. » La dame en question, mondaine d'habitude, qui était de mœurs légères – trois hommes de la compagnie auraient pu en témoigner – s'accordait ce soir-là, un petit prix de vertu. C'est ça, Paris !

***

J'apprends du *Figaro* que l'éditeur Pierre Belfond se sépare de sa collection d'œuvres graphiques de grands écrivains : Proust, Baudelaire, Paul Éluard, Ionesco, Apollinaire… Je vois aussi dans ce lot qui est d'un esthète un portrait – huile sur toile – de Céline signé Gen Paul. Et cela me fait revenir quelques pas en arrière. C'était dans les années 70. Le peintre montmartrois qui avait laissé une jambe à la guerre, vrai Poulbot, élégant dans ses haillons, m'accueillait chez lui pour notre *Radioscopie*. Son appartement était d'un désordre tel que les techniciens avaient du mal à poser leur matériel. Je demandai timidement : « Où peut-on s'installer ? — Où tu veux, gamin, débarrasse cette table, vire-moi tout ça. » Le « tout ça » comportait une bonne centaine d'aquarelles, d'esquisses, de dessins que notre éclairagiste tentait de ranger dans un coin de la petite pièce. Gen Paul s'en amusait. « Tu peux me rendre service, me dit-il. Je te fais un paquet et tu l'emportes chez toi. Tu as fait l'effort de ma rendre visite, ce sera mon cadeau de bienvenue. » Il y avait là, entre autres, deux brouillons de Céline – l'écrivain en pied, en loques – et une gouache montrant un Picasso triste avec cette notation : « Pourquoi lui ? »

Nous avons partagé une petite heure de bavardage et puis nous nous sommes quittés. Je ne l'ai pas revu. Et, bien évidemment, je n'ai rien emporté. La délicatesse est parfois maladroite, j'ai dû l'attrister en lui laissant croire que son œuvre n'avait pour moi aucun intérêt. Je me le reproche. J'aimais cet homme-là.

***

Le nom seul embrume encore les mémoires. La ville qui fut de mauvaise réputation traîne son hôtel du Parc, ses jardins, ses tristes rêveries. Vichy, c'est vrai, trimbale une petite musique que le XXIe siècle transforme déjà en référence historique. J'y suis pour une journée de conversations. Quelques centaines de personnes ont bien voulu m'accorder le privilège de leur parler deux heures durant. Invité par Sylvain Beltran dans le grand salon de l'hôtel Aletti, le questionnement vise essentiellement mon *Dictionnaire amoureux de la télévision*. Public attentif, chaleureux, plus même, enthousiaste, assez habile pour me faire oublier les trois heures d'un cahotement ferroviaire. Entre gare et hôtel, j'observe la belle architecture de cette cité de vingt-cinq mille habitants, riche d'hôtels particuliers – l'un d'entre eux est d'allure purement vénitienne –, de bâtiments Napoléon III. Je me retrouve, dans l'après-midi, proche de l'opéra, les spectacles y sont nombreux, la vie culturelle, me dit-on, est ici « foisonnante ». Dans les couloirs, les salons de l'Aletti, je m'attarde devant de magnifiques sculptures qui sont l'œuvre de Jean-Luc Prost – que je ne connais pas, que j'aimerais rencontrer. Ce sont, grandeur nature, des baladins, des arlequins, des libellules, des samouraïs, travaillés sur métal. Autant de merveilles qui pourraient avantageusement remplacer certaines laideurs que nous impose le château de Versailles.

***

Étaient-ils quinze mille ? Qui saurait compter ? Une chose est sûre : Le Bourget avait fait le plein, la salle chauffée à blanc par Yannick Noah vibrionnait par saccades, c'était réussi : François Hollande tenait meeting et nous devons reconnaître qu'il y fut lui-même. Élévation de la voix, ampleur du geste, colère et douceur, tout y était. Je ne parlerai pas des promesses qui ne sont jamais tenues, j'ai simplement entendu l'idée qu'il se faisait de lui, de la France et du pouvoir. Il n'a pas raté son mot de la fin. « La France n'est pas un problème, la France est la solution. »

***

Nathalie Dessay le chante. Pour ses quatre-vingts ans, Michel Legrand donne deux concerts au théâtre du Chatelet. Nous eûmes ensemble de beaux moments de partage à l'heure où la France le considérait comme un musicien mineur alors que les États-Unis le portaient aux nues, jugeant qu'il était l'un des plus brillants mélodistes de son temps. Mauvais calculs de quelques chroniqueurs trop attachés à l'éphémère des modes, assez ignorants pour laisser croire que le n'importe quoi du jour pouvait être élevé au titre de chef-d'œuvre. Ainsi va Paris qui reconnaît toujours trop tard le meilleur de ses élites. Des centaines de compositions – musiques de films, chansons, quatuors, concertos – attestent de son glorieux passage au XXe siècle. De *Peau d'âne* aux *Parapluies de Cherbourg*, il aura offert au cinéma des morceaux d'anthologie, apportant sa contribution à des dizaines de films ; on se souviendra longtemps de *L'Affaire Thomas Crown* et des *Moulins de mon cœur*. Ses itinéraires sont ponctués de magnifiques rencontres, avec Orson Welles, Robert Altman, Marcel Carné, tant d'autres. La grande Nadia Boulanger dont il fut l'élève doit le bénir de là-haut. Sans doute l'a-t-il un temps exaspéré en fréquentant Miles Davis, Ella Fitzgerald, Sarah Vaughan ou Barbra Streisand. C'était sa manière de participer à l'aventure de jazz qui a pour lui autant d'importance que le classique. Sa curiosité, aujourd'hui encore, l'engage à démontrer son éclectisme. Je ne serais pas surpris que l'on découvre demain dans ses tiroirs des œuvres rares…

***

Il est des hommes politiques tout à fait convenables. Mais c'est la politique – et les moyens de la servir – qui est vulgaire.

***

C'était il y a déjà six décennies, j'avais vingt ans, je recevais le dernier jour de janvier, au plein de mes errances, une lettre de mon père que je viens de retrouver dans une malle interdite qu'un « curieux » de la famille a cru bon d'ouvrir. La missive est courte. Les mots sont soulignés d'un trait rageur : *Bonjour mon fils, tout pourrait aller bien si tu avais la délicatesse de nous écrire. Fais cela pour ta mère.* Me voilà remué par cette découverte, étonné par mon insouciance d'autrefois. J'ai vécu mon adolescence loin des miens, mon absence prolongée a désespéré ma mère, elle a eu le courage d'attendre mon retour et s'en est allée peu de temps après mon arrivée. J'y pense souvent ; dans mes lointains, je ne l'avais jamais oubliée mais je n'étais pas en situation de me manifester, l'hôpital m'avait pris quelques mois. Aujourd'hui, je suis sûr de cette réalité : l'amour que l'on porte aux défunts fait de nous des vivants.

***

Il arrive que de vieilles et fortes amitiés soient embrouillées par des fâcheries qui peuvent s'éterniser. À ces petits coups de la vie, on prête trop d'importance, ce ne sont qu'accidents de parcours, fussent-ils funestes. Jean-Paul Sartre en donnait brièvement son analyse au lendemain de la mort d'Albert Camus :

« Nous étions brouillés, lui et moi : une brouille ce n'est rien – dût-on ne jamais se revoir –, tout juste une autre manière de vivre ensemble et sans se perdre de vue dans le petit monde étroit qui nous est donné. » L'explication me rassure : depuis quatre ans je pense trop à quelqu'un…

***

Il faudra que j'aille jusqu'au bout, j'ai donné ma parole, j'ai même signé un contrat avec Flammarion. J'ai longtemps attendu, refusé d'aller plus loin, car ce qui m'est arrivé à l'adolescence est pénible à raconter, je ne me plais pas dans le malheur, je préfère les rires aux larmes, l'exubérance heureuse à la tragédie. Et pourtant me voilà piégé, j'ai promis, je me prépare à saisir des années de folies et de drames. Vanter le bonheur est chose facile, parler des autres m'a toujours paru une noble quête, plonger en soi-même et faire revivre une terrible blessure dans les fièvres asiatiques me paralyse. Vais-je pouvoir me débarrasser de cette angoisse ?

***

Henri, le fils de mon ami Philippe, s'est suicidé hier. Les raisons ? Il faut avoir la délicatesse de ne pas les chercher. Un tel acte appartient à l'indicible, le plus souvent à une pulsion soudaine, parfois à un mal de vivre. En finir avec la vie c'est vouloir vivre ailleurs.

***

J'aurai vu trois fois le *Rigoletto* de Jérôme Savary. En février 2006, en septembre 2008 et hier, pour une fin janvier 2012 qui ne me laisse pas enthousiaste. Même mise en scène – plus opérette qu'opéra –, chefs d'orchestre et interprètes différents, seule la direction de Daniel Oren (2006) a pu réjouir Verdi. À la vérité soirée décevante, ce vendredi 27, troublée de plus par les interventions ridicules de la salle : je n'en peux plus de tous ces gens qui applaudissent n'importe quand, au plus mauvais moment...

***

Sous le titre *Vos années télé*, France 2 a réveillé les vieux souvenirs en reconstituant les décors des « émissions-cultes » – curieuse expression – et invité ceux qui les avaient inventées. J'ai suivi avec attendrissement les fantaisies de mes copains de toujours : les diableries de Bouvard – *Samedi soir* –, le professionnalisme de Drucker – *Les Rendez-vous du dimanche* –, l'enfantillage de Martin – *L'École des fans* –, les délires de Philippe Gildas – *Nulle part ailleurs* –, les fausses confidences de Patrick Sabatier – *Le Jeu de la vérité*. En revanche, j'ai moyennement apprécié les choix des producteurs concernant *Le Grand Échiquier*. La séquence proposée ne reflétait aucunement les intentions de notre émission. Pas une seule image des beaux moments offerts par Rubinstein, Menuhin, Béjart, Karajan, Placido Domingo, Ruggero Raimondi, Jessye Norman, tant d'autres. À la sortie de l'enregistrement, sans colère mais avec l'ironie qui convient, j'ai demandé : « Pourquoi ces oublis ? » Réponse : « Nous avons préféré nous attarder à ce qu'il y avait de plus populaire dans vos programmes, nous avons trouvé remarquables les interventions de Brassens, Lino ventura, Raymond Devos... » Moi aussi, mais comment laisser croire que les très grands de la musique, célébrés dans le monde entier, vrais phares de nos longues soirées, n'avaient pas leur place un samedi soir. C'est considérer le téléspectateur comme ignorant, indifférent à la beauté et ne rien savoir de ce qui fut. Un exemple : pour notre direct des Buttes-Chaumont avec l'Orchestre philharmonique de Berlin, dirigé par Herbert von Karajan, nous étions opposés à la Coupe du monde de football sur la Une. C'était Brésil-Italie. Nous en sommes sortis vainqueurs. Puisqu'il est question d'audience – cette horreur – parlons-en...

***

De (presque) toutes les hontes on fait une mémoire, de la traite des Noirs à la Shoah en passant par le génocide des Arméniens, justement rappelé aujourd'hui à la Turquie. Il y eut tant à souffrir, il y a tant à dire. Mais on oublie la mort des Vendéens en 1793, le massacre des Cambodgiens plus récemment. Pour ceux-là pas la moindre banderole, aucune manifestation.

***

Les belles heures de France 5 en ce dimanche de plein hiver. D'abord *Empreinte* sur Robert Hossein, son itinéraire encombré, son école de Reims, sa centaine de films, ses fresques légendaires – de *Jésus* à *Marie* –, son extrême pudeur, ses peurs qu'il efface par des audaces. Ensuite, *La Grande Librairie* partie pour les États-Unis à la rencontre d'écrivains remarquables que je ne connaissais pas, à la découverte de paysages magnifiques. La littérature et la nature bellement contées par François Busnel.

***

Deux décennies durant elle fut à Cannes notre guide, notre Lady, nous étions ses enfants, elle était notre sentinelle avancée. À la tête du service de presse du festival, Louisette Fargette régnait sur des milliers de journalistes qui se savaient par elle protégés, dirigés, informés. Sa patience et sa courtoisie nous faisaient souvent oublier la suffisance des plus médiocres du cinéma. Elle était la dame d'une époque très heureuse qui ne subissait pas les contraintes d'aujourd'hui. Elle s'en va, nous la rejoindrons.

Février 2012

Dans l'histoire du cinéma, il restera l'œil de la Nouvelle Vague. Il fut de cette fière compagnie qui, dans les années 60, sacrifiait à la modernité et se mettait en avant, donc en danger. Jean-Luc Godard, François Truffaut, Claude Chabrol avaient eu la belle idée de l'appeler sur leurs plateaux. Le temps a coulé… je ne l'ai pas revu depuis quarante ans, je le croyais d'ailleurs parti pour d'autres voyages. Je retrouve ses photos à la galerie Polka où dansent ses personnages. Raymond Cauchetier était des nôtres en Indochine. Nous avions pour territoire tout le Sud-Est asiatique. Je me souviens plus particulièrement d'une balade au Cambodge, à Phnom Penh où nous couvrions ensemble le couronnement du roi. La veille de la cérémonie, au cours de la dernière répétition, Raymond fit une chute en descendant le grand escalier de pierre du palais. Ses appareils étaient en morceaux épars. Il fallait trouver un matériel nouveau pour fixer l'événement. Nous ne fûmes pas longs à décider : j'allais aussitôt chez la « Mère Shoum », reine des fumeries d'opium, qui avait une batterie de « Canon ». Elle ne rechigna point. À l'événement, nous ajoutions de l'encens…

***

Le Cambodge, mon amour d'adolescence, n'oubliera jamais ses malheurs d'il y a trente ans, cette monstruosité calculée qui, à l'époque, n'avait pas ému le monde, trop occupé par ses petites querelles. Aujourd'hui, enfin, on se souvient – très officiellement – de ce que ce peuple a subi. Le procès de l'effroyable Duch, bourreau absolu du camp d'extermination S-21 de Phnom Penh réveille les consciences. « Pris dans la machine à tuer » – comme il dit – ce lettré-assassin, seul responsable de 15 000 personnes torturées, puis exécutées, vient d'être condamné en appel à perpétuité. C'est si peu en comparaison d'un tel massacre. Ce ne sera jamais assez : il s'agit maintenant d'abattre les autres tueurs, encore vivants, pour que soient définitivement inscrites dans l'histoire les plus de deux millions de victimes. Le tiers d'un peuple !

***

J'ai craint un moment que l'audace – ce mot vulgaire – fasse basculer *Thalassa* dans un fond de soirée. Cette émission du grand large qui dessine, depuis des décennies, les bouts du monde, de l'Amazonie hier, au nord de l'Australie aujourd'hui, désoriente les stratégies des programmateurs qui confondent quantité et qualité et pensent qu'à l'antenne un mauvais jeu vaut mieux qu'une belle histoire. Entre vents et marées, sur la crête des vagues où flottent les ignorants – j'entendais, récemment, un responsable de France 3 dire : « *Thalassa* a vieilli » –, Georges Pernoud mène sa barque, nous fait découvrir des espaces inconnus, titille notre curiosité. Je me félicite d'avoir installé ce programme – qui existait avant moi – à la meilleure heure, complétant ainsi une grille où j'avais également donné plus de vision à *La Marche du Siècle. Thalassa*, *La Marche du Siècle*, *Des Racines et des Ailes* : l'aperçu d'un florilège qui honore la télévision française.

***

Dans l'un des salons de l'Hôtel Marcel Dassault qui fut un temps ma maison durant mon éphémère présidence de *Jours de France*, mon ami Xavier Guerrand-Hermès expose quelques trésors de sa collection consacrée à l'art islamique. Cent cinquante pièces somptueuses, des premiers siècles au XVIIIe, certaines même d'avant J.-C. : manuscrits, miniatures, sculptures, céramiques. C'est pour célébrer la naissance d'un département voué aux œuvres orientales qu'Artcurial nous offre ces merveilles. Je ne les connaissais pas toutes, j'en avais déjà admiré beaucoup dans les maisons de Xavier, je suis sensible à cette quête de chefs-d'œuvre et c'est à l'honneur des Guerrand-Hermès, des esthètes, des mécènes qui ont su donner un sens à une fortune héritée d'une splendide tradition familiale. Tous ont une passion pour le beau – ce beau qui sauvera le monde, écrivait Dostoïevski – ; Patrick, l'aîné, s'accorde à l'élevage des chevaux, pur-sang de course mais aussi montures de polo qui lui ont permis de populariser en Occident ce sport rare, d'une suprême élégance… Le benjamin, Jérôme, continue de composer l'une des plus belles bibliothèques de l'univers, faite d'ouvrages anciens chinés partout dans le monde. Hubert, le jumeau de Xavier – l'un des deux pandas, comme dit Bertrand de Saint-Vincent – est amoureux, lui, de la duchesse de Berry dont il collectionne les documents, tableaux, lettres et souvenirs : un vrai musée. Comment ne pas admirer de tels frères qui donnent tant à rêver !

***

Un temps lointain, déjà complice de Philippe Bouvard, je le remplaçai sur RTL pour un court intérim. J'y repense aujourd'hui car, à la fin d'une conférence que je donnai à la FNAC Saint-Lazare, une dame me demande de lui parler de l'entretien que j'avais eu, sur cette chaîne, avec Louise de Vilmorin. Je me souviens d'un mot qu'elle glissait dans toutes ses conversations et qui est un effet de sa drôlerie. On débattait tous deux sur la littérature et ses grands personnages qui la mettent en chantier. « Je vous fais une confidence, me dit-elle. Au début j'ai eu du mal à convaincre mes interlocuteurs de la nécessité de publier mes petits travaux d'écriture. Gaston Gallimard m'avait demandé quelles étaient mes intentions.

J'avais alors répondu avec la certitude que l'on me connaît : "Je méditerai et vous m'éditerez." » Rien à redire.

***

Certes les conditions atmosphériques étaient épouvantables, c'eût été catastrophe pour les joueurs de taquiner le Stade de France transformé en pelouse de ciment. Bien sûr, tout cela est exact, mais on le savait depuis la veille, l'avant-veille même. France Télévisions avait d'ailleurs proposé d'avancer à 15 heures la rencontre de notre Quinze contre l'Irlande, on aurait pu prendre la décision plus tôt. Or, on a laissé quatre-vingt mille spectateurs s'installer sur les travées gelées, autant d'amoureux de l'ovale qui venaient des provinces de l'Irlande et de la France, pour leur annoncer trois minutes avant le coup d'envoi, fixé à 21 heures, que le match était annulé. C'est scandaleux. Honte à ces organisateurs, toujours anonymes, qui ne sont plus capables de maîtriser les événements. Il eût suffi d'anticiper. Mais il y fallait un minimum d'intelligence.

***

Il m'importe peu de connaître les raisons de sa disparition dans un hôtel de Los Angeles. Elle est morte et c'est de là que vient notre tristesse. Whitney Houston aura été de celles qui m'ont persuadé de l'importance de la voix accordée à un caractère. Maria Callas, Ella Fitzgerald, Barbara… Whitney avait tout, la beauté, le talent, une réussite planétaire. Héritière du gospel, prêtresse de la soul musique, elle fut star, glamour et épouvantée. Elle aura été assommée par ses délires, la drogue, l'alcool et, paradoxalement, tuée par sa solitude.

***

Aimer la vie c'est aussi s'étonner de devoir la quitter. Non pas se plaindre et en vouloir au ciel, simplement la regretter. Dans mes mois d'infortune en Indochine j'ai pratiqué le

« divertissement » de Pascal, cet oubli de la mort qui permet d'accepter les souffrances. Pour m'en tenir à cet état, j'avais eu la chance auparavant de me choisir un maître de passage, le grand Sri Aurobindo, philosophe indien que j'avais rencontré à Pondichéry en 1948. Ce penseur de l'intime sublime voulait établir une synthèse religieuse universelle. Il avait fondé un ashram – Auroville – que son épouse française – Mère – avait transformé en secte après sa mort. Aurobindo n'aurait pas aimé ce triste dérapage. Son fidèle serviteur, Satprem, s'en désolait devant moi à chacun de ses passages en France. Nous en avions parlé ensemble à *Radioscopie*. L'au-delà de la vie lui était une passion. Comme son maître, il estimait que l'on « ne peut pas guérir la mort mais qu'on peut ne pas y penser ». J'ai retenu la leçon.

***

Unique dans les annales du cinéma. *The Artist* rafle toutes les récompenses, par pleines brassées, sur tous les continents, et caracole encore en tête à la veille des Césars et des Oscars. On doit s'en féliciter. J'aime ce film que je considère dans son absence de dialogue le plus parlant. Jean Dujardin mérite cette avalanche de lauriers qui ne semblent pas alourdir sa tête mais il y a tout de même dans ce déferlement de prix une incroyable injustice : on a totalement oublié Bérénice Bejo, admirable partenaire de Dujardin et autant que lui responsable de ce succès planétaire.

***

La bataille sera de haute volée, les coups bas de triste vulgarité. Présidentielle oblige ! À cette heure les intentions de vote de François Hollande et Nicolas Sarkozy se resserrent au premier tour après l'entrée en campagne du second. L'homme du PS fait toujours la course en tête (29 %) devant son adversaire (27 %). Deux petits points de différence à l'orée du bois. Et nous ne sommes pas au bout de nos surprises. *Le Figaro* annonce que « 25 % des électeurs ne veulent pas dire pour qui ils voteront au second tour ». Les joyeusetés commencent.

***

David M. me conte l'humour juif qui est une façon de se moquer de ses semblables. « Il faut aller jusqu'au grotesque, c'est un défi à la mort, une manière d'en rire. »

***

Escapade à Pau où on me demande de parler de mon *Dictionnaire amoureux*. Froide douceur du Béarn, public chaleureux et toujours la même question : « Votre époque aura été celle de l'âge d'or de la télévision. Comment regardez-vous les téléréalités d'aujourd'hui ? » On amalgame, on juge vite, on ne sait plus choisir. Tout n'est pas mauvais sur le petit écran, je l'ai écrit cent fois, je ne me risque plus à répéter.

Marc Bélit, philosophe, essayiste, créateur du théâtre national « Le Parvis », dirige notre entretien. C'est pointu, intelligent, surtout très amical. Avec lui je sais pouvoir éviter le superficiel. Les spectateurs partis, nous poursuivons tous les deux notre conversation qui a pour fil rouge la culture sur laquelle il a publié un livre très remarquable. Dans sa grande maison dont le bureau s'offre à un désordre de véritable intello, il me tend aussitôt un ouvrage de Jean Dutourd, *Les Horreurs de l'amour*, publié en 1963, qui est d'une irrésistible drôlerie. Il m'ordonne d'aller à la page 107 pour, me dit-il, pouvoir en informer le président de la République. C'est un extrait de la conversation entre Lui – Dutourd – et Moi – Jean :

> « MOI : Minute, minute ! Je n'aime pas plus que toi *La Princesse de Clèves*. J'ai même écrit un poème sur cette personne. Tu veux que je te le dise ?
> MOI : *Je hais la princesse de Clèves.*
> *Et devant son imitateur*
> *Mon cœur*

Se lève.

LUI : C'est un peu mince.

MOI : Mais c'est catégorique. Cela coupe court aux contestations. *La Princesse de Clèves* nous emmerde et nous stérilise depuis trois siècles. Je l'enterre. Sais-tu pourquoi *La Princesse de Clèves* plaît tellement aux esprits médiocres ? C'est parce que c'est un mauvais roman, sommaire, empesé, qui ne suggère rien, qui n'émeut pas, où il n'y a rien de vrai. Pour ma part, je n'y vois aucun génie. Mais l'ouvrage laborieux d'une dame qui avait la chance d'avoir l'excellente éducation du XVIIe siècle et de bien connaître la langue. *La Princesse de Clèves*, c'est du Paul Bourget, mon vieux. C'est creux et distingué. Le contraire des gens que nous aimons. Le contraire de Saint-Simon, de Balzac, de Proust, du père Hugo, même de Mérimée et de Stendhal. C'est aussi écœurant que *Paul et Virginie*.

LUI : Il me semble que c'est toi, maintenant, qui t'écartes du sujet.

MOI : Avoue que c'est étonnant, quand même que *La Princesse de Clèves* ne soit pas oubliée depuis trois cents ans, qu'on n'ait pas, au moins, coupé la tête de cette salope à la Révolution. Mais non, elle est toujours là. Empaillée. Tenant la pose sans une crampe depuis trois siècles. C'est le plus bel ornement du musée Grévin de la littérature française. Elle trouve toujours une femme de ménage pour épousseter les toiles d'araignée de son vertugadin. Il y a toujours un imbécile de la Sorbonne pour expliquer qu'elle incarne "le subtil point d'équilibre de la grâce et de la mesure française". Ce qui, entre nous, est une monstruosité. C'est la personne la moins gracieuse et la moins raisonnable qu'on puisse trouver. Raide comme un manche à balai, dragon de vertu, rendant la chasteté ridicule à force d'exagération. Le genre de punaise de sacristie à faire damner un saint. Je serais curieux aussi de savoir pourquoi il y a toujours une demi-douzaine d'écrivains par génération qui éprouvent le besoin de refaire *La Princesse de Clèves*, c'est-à-dire d'écrire un petit roman sec, léché, insignifiant, “bien français”, où la noblesse des sentiments le dispute à la gravité du style. Pour qui cela se prend-il, ma parole ! Je hais ce genre de folklore !

LUI : Dis donc, tu es bien violent, tout d’un coup. L’homme de lettres est comme les loups : il ne dort que d’un œil. La littérature est-elle donc ta seule passion ? Je ne t’ai jamais vu te mettre en colère comme cela !

MOI : Que veux-tu, la littérature est mon métier. Je le connais bien et je l’exerce avec honnêteté. Il est bien normal, par conséquent, que je prenne à cœur les questions qui s’y rapportent. Parle de plomberie défectueuse à un plombier consciencieux, de vêtements mal coupés à un bon tailleur, de viande filandreuse à un boucher de luxe, de dentiers bâclés à un dentiste scrupuleux, tu trouveras les mêmes indignations. Rien n’est irritant pour le bon ouvrier comme d’assister au triomphe de la camelote. Une camelote qui a du succès pendant trois siècles, il y a bien là de quoi vous remuer la bile !

LUI : Écoute, moi je suis bien d’accord avec toi sur *La Princesse de Clèves*. Mais quand même, une camelote qui dure trois cents ans ! Le matériau ne devait pas être si mauvais.

[…]

MOI : … Nous sommes dans une basse époque, où l’on a oublié les trois quarts de la civilisation, et où l’on ne sait même plus parler français. À plus forte raison l’écrire. Les gens “ont des idées”. Des masses, des quantités, par tonnes. Mais comme ils les écrivent mal, ces pauvres idées crèvent en trois mois. Avoir des idées, c’est mettre la charrue avant les bœufs. N’importe quel artiste te dira cela, ou plutôt t’aurait dit cela il y a cent ans. Ce qu’il faut, c’est avoir une forme. Se sentir comme une gigantesque matrice, un moule fabuleux, où il n’y a plus qu’à couler du bronze, de l’or, de l’argent. Quand tu as la forme, tu peux être tranquille : les idées viennent toujours la remplir. Quand tu as en toi la machine à faire de la musique, le monde te fournit toutes les mélodies dont tu as besoin…

LUI : … C'était très amusant. Monsieur JD gesticulant dans la rue des Saints-Pères à cause de *La Princesse de Clèves*, cela valait le coup d'œil. Très sympathique. Il faut que les artistes soient féroces et odieux. L'indulgence, c'est notre lot, à nous, pauvres amateurs qui ne créons rien, ou pauvres critiques dont l'équité est le premier devoir. Vous autres, vous avez besoin de démesure. D'admirer avec exagération et de rejeter avec colère. Je suppose que, pour vous, c'est une question de vie ou de mort. Certaines œuvres sont du cordial et d'autres du poison pour vos délicats organismes. Quand tu vomis *La Princesse*, tu la vomis bel et bien. Tu l'ôtes de ta bouche ! Je t'envie ces réactions. Moi, rien ne peut me faire de mal, hélas ! »

Y aurait-il quelque chose à changer ?

***

À Miramont, devant la maison, le bonhomme de neige de ma petite-fille Philippine : haute statue, lunettes de soleil, pipe aux lèvres. Belle saison du blanc aux Pyrénées avec ciel bleu et tout autour ces couleurs d'argent qui frisent les sommets.

***

Les joueurs de Cézanne ont tiré la bonne carte. Ce magnifique tableau, propriété d'une famille grecque, vient d'être vendu à l'émir qui gouverne le monde cent quatre-vingts millions d'euros. À peine croyable ! À quoi tient un prix comme celui-là ? Je répondrai « au génie » pour n'avoir pas à commenter plus avant. Peu m'importe d'ailleurs cette explosion du fric. J'admire ces artistes qui nous prêtent de nouvelles couleurs. Je me demande si leur confiance en eux pouvait laisser croire semblable succès. Évidemment non ! Seul, peut-être, Picasso aura profité, vivant, de sa gloire. Je songe entre autres à Van Gogh, méprisé, miséreux et dans un autre domaine à Mozart retrouvé, par hasard, ce matin, à la télévision, dans son combat de jalousie et d'amour avec Salieri. Quel enchantement la musique !

***

Comment ai-je pu me passer de mon pays au cours de mes huit longues années d'adolescence vécues dans les ailleurs ? Il y fallait un ardent désir d'aventures. J'y pense en revenant de l'aéroport de Lourdes où j'ai conduit ma petite famille. Éblouissement à la seule vue de mes Pyrénées en robe blanche. Si la boulimie de connaître, de découvrir, m'accorde un jour une trêve, c'est ici que j'organiserai mes dernières expéditions. De très près, on peut voyager loin.

***

L'accumulation des sondages pourrait finir par tuer le vrai résultat de l'élection en cours. Ces courbes changeantes affichent du grotesque. Je n'irai pas jusqu'à dire qu'on les manipule mais on leur accorde bien trop d'importance et les partis en usent sans le moindre scrupule. La présidentielle n'est pas affaire de politiques, de sondeurs ou de médias. Ce sont les Français et eux seuls qui désigneront en mai le chef de l'État.

***

J'aime ces princes d'aujourd'hui qui s'épanouissent dans tous les secteurs de la création littéraire et audiovisuelle, j'entretiens avec la plupart d'entre eux les meilleures relations, la jeunesse leur va bien, elle est éclatante, je songe à Florian Zeller, Pierre-Antoine Capton, Jérôme Béglé, Frédéric Taddeï, François Busnel, Laurent Delahousse, Yves Calvi, Patrick Cohen, Bruce Toussaint. Bien sûr, j'en oublie ! C'est un clan qui n'a strictement rien à voir avec les bateleurs qui encombrent le petit écran et les ondes porteuses. Je me sens si proche d'eux, ils me font souvenir de mes commencements, ce sont des passants qui ont le talent de pouvoir, de savoir offrir le beau et le vrai de la manière la plus simple, avec clarté et intelligence. Sans effets de manche.

***

Marine Delterme – le juge Alice Nevers de TF1 – et Florian Zeller nous ont rejoints à Miramont avec le petit Roman (trois ans). Le Hautacam – 1 500 mètres –, qui est l'épouvantail des coureurs du Tour de France, est devenu leur terrain de jeux préféré. C'est dans la matinée de plein soleil que l'enchaînement des pics et des montagnes est splendide. Ce sont mes routes d'autrefois lorsque, avec mon père, nous allions jusqu'au Lac bleu, après une dizaine d'heures de marche. L'après-midi, descendus dans la vallée, j'entraîne Florian dans d'autres escapades, des sommets de moindre altitude, le lac d'Estaing, un peu de la route de l'Aubisque, et puis la voie royale qui passe par Cauterets, Luz-Saint-Sauveur, Gavarnie, étapes qui firent le bonheur de Victor Hugo, Chateaubriand, George Sand... J'en connais tous les itinéraires.

***

Que la politique est triste lorsqu'elle méprise le citoyen ! Les débats télévisés actuels sont, de ce point de vue, une photographie du temps : stupidités, vulgarité, tromperie. Je sors à l'instant d'un face-à-face mis en spectacle – car il y a scénographie – par France 2. On opposait ce soir Marine Le Pen à Jean-Luc Mélenchon. Celui-ci avait insulté la dame et la dame se piquait de ne pas lui répondre. Moment surréaliste, comédie de boulevard : du plus bas comique !

***

La beauté de la musique pour sauver le monde... Je me souviens du bonheur que m'avait procuré l'orchestre Simon Bolivar des Jeunes du Venezuela, gaillardement mené par une sorte de sorcier génial, Gustavo Dudamel. Il y avait de la folie dans chaque interprétation, une délicatesse aussi, une joie de vivre. Nous en parlons avec Fabrice Tourneur, écoutant l'un de leurs enregistrements. Fabrice vit à Caracas où il enseigne la philosophie : « Dans ce pays gangréné par le crime, me dit-il, une fondation créée par José Antonio Abreu propose un programme de promotion sociale par la musique classique dans les quartiers les plus défavorisés. Il existe déjà près de trois cents centres où passent trois cent cinquante mille enfants, portant cartable et instruments. L'association "El Sistema" imaginée en 1975 a pour but essentiel de soustraire les petits aux pièges de la pauvreté. La formation est gratuite, les instruments offerts, les grands compositeurs sont étudiés et replacés dans les événements de leur époque. C'est une sublime leçon de choses. Le maestro Dudamel puise dans ce vivier pour composer ses orchestres. » L'initiative est belle, le résultat magnifique, on pourrait s'en inspirer, ne pourrait-on pas éblouir nos banlieues d'une semblable trouvaille. Une idée peut-être. Une suggestion pour le prochain ministre de la Culture.

***

« Le temps présent n'existe déjà plus », disait Andy Warhol. Nécessité donc de le vivre pleinement à son passage.

***

Lire, mon beau souci… Dans ma bibliothèque pyrénéenne, je tiens le procès-verbal de toutes mes fuites au hasard du romanesque. J'y passe chaque soir en regagnant ma chambre, j'ai à main droite les inévitables, Dumas, Flaubert, Balzac, Proust, Michel Tournier disposés là pour m'offrir quelques pages de nuit. Lire est pour moi une joyeuse expédition, un abandon, une solitude encadrée. Je n'y cherche pas des réponses, j'apprends à poser des questions. J'ai ma propre manière d'aimer ou de rejeter et je ne suis sûr de rien. Je n'obéis jamais aux délires de certains critiques littéraires, organisés en réseaux, qui démolissent à tout-va ou encensent par nécessité de copinage, avec une dévotion rare. Lire, c'est ma chanson intime.

***

S'il avait été l'un de ces chanteurs sans talent qui triomphent dans les plus mauvaises émissions de la télévision il aurait eu à son départ les honneurs de la grande presse. Sa mort ne fait pas plus de bruit que celle d'Alexis Weissenberg. Ignorance des temps nouveaux. Maurice André qui était applaudi à tout rompre dans les cinq continents, sur des scènes mythiques, à la première place des orchestres les plus prestigieux, restera dans la légende de la musique. Il y dispose déjà d'un fauteuil royal sur lequel des anges ont déposé sa trompette d'or, « celle d'un Dieu » disait Dizzy Gillespie, l'autre souffleur de génie. Maurice fut souvent le compagnon du *Grand Échiquier* – « compagnon du devoir comme ton père », me faisait-il remarquer, jamais il ne fut infidèle à ses sources qu'il allait puiser au plus profond dans les mines d'Alès. Notre rencontre aux Buttes-Chaumont est l'un des beaux souvenirs de ma vie, car mieux qu'un musicien, je recevais un honnête homme, si proche des gens, si respectueux de l'autre, si transparent et dans le même temps si indifférent au succès, ce qui faisait dire à Karajan : « Maurice n'est pas de notre monde, il est d'ailleurs, il est un cortège d'étoiles que les autres recherchent en vain. »

On m'interroge ce matin sur cette disparition, je réponds aux radios, je n'entends pas encore le moindre commentaire sur les petits écrans. Ah, s'il s'était agi du cinquième suicide de Loana ! Et pourtant, debout, il bénéficiait d'une popularité incroyable, aux États-Unis ils étaient deux à pouvoir rassembler des foules, lui et Jean-Pierre Rampal, le flûtiste. Deux personnages de haut rang qui avaient donné à leur instrument une sonorité, une couleur inimitables. Ami Maurice, sacré bougre ! Il va me falloir maintenant écouter tes cent cinquante-cinq enregistrements. En aurai-je le temps ?

***

Six César, cinq Oscars et quelques autres babioles. Que demander de plus ? Enfin un ambassadeur qui sait offrir ses lettres de créances : *The Artist* honore le cinéma français, ses victoires sonnent comme un symbole, celui du retour des vrais créateurs. J'avais été enthousiasmé par ce noir et blanc, ce muet murmuré, à la première projection privée, à Canal +. Je voyais un succès, je n'imaginais pas un triomphe planétaire. Cette nuit, en grande pompe, les Américains ont couronné un film qui raconte leur propre histoire, qui rend Hollywood à sa gloire d'antan. C'est le sens de ce prix à Jean Dujardin « Meilleur acteur » – consécration suprême dans les ordres du septième art. J'aurais été furieux – ou du moins contrarié – s'il n'y avait eu auparavant un « César de la meilleure actrice » attribué à Bérénice Bejo. Elle mérite tout autant que son partenaire l'estime du public. Elle est remarquable. À la vérité, ils se complètent très bien : à Dujardin le cinéma, à Bejo la délicatesse…

***

Sur la route du Tourmalet halte obligée à Luz-Saint-Sauveur. Je m'attarde, comme d'habitude, à l'église des Templiers, lourde de ses hauts murs. Les historiens affirment que ce monument n'est pas du grand ordre mais c'est un rendez-vous que je tiens avec ma propre histoire depuis l'enfance. Un oncle m'avait persuadé que nous comptions dans nos ancêtres l'un de ces nobles chevaliers. Cela me suffit pour croire qu'il venait de cette forteresse qui a encore une sacrée allure. Les aventuriers de ce temps-là, avec leur aube blanche à grande croix rouge, premiers kamikazes à l'heure des croisades, m'ont toujours passionné parce qu'ils sont du registre du mystère. Ils ont mobilisé les chercheurs, on les considère comme soldats d'une incroyable secte qui aurait multiplié complots et hérésies, mêlant courage et gloire. Il m'est arrivé de rêver que j'étais avec eux dans les combats de Jérusalem, impatient de faire la paix avec les musulmans, ce qui pouvait paraître à l'époque du domaine de l'utopie. Le rêve est toujours une création, il matérialise des désirs secrets, il ajoute aux mystères de l'Histoire. Il faut y croire sachant que « ne plus croire à rien, c'est croire à tout ». Il n'est pas nécessaire de donner de la vérité aux événements. Il est préférable de leur accorder du sens. Ainsi, je ne suis pas sûr que Marco Polo ait fait sa grande expédition en Chine, en revanche il me permet de l'imaginer. Doit-on accepter ce que nous raconte Dan Brown dans le *Da Vinci Code* et en particulier cette aventure amoureuse entre Jésus et Marie Madeleine ? Une chose est sûre, le monde catholique se donne beaucoup de mal pour dénoncer ce livre qui me fait gamberger car il ne joue que sur la corde sensible du mystère. Et que dire d'Harry Potter dont on finira par croire qu'il a existé tant la magie a gagné les enfants. L'irréel pour brassard de survie.

***

L'ouverture d'*Egmont* nous appelait à poursuivre avec Beethoven. C'était à Pleyel où Bernard Haitink dirigeait l'Orchestre d'Europe. Nous étions là, impatients d'entendre une nouvelle interprétation du Triple Concerto confiée cette fois à la jeunesse : Renaud Capuçon (violon), Gautier Capuçon (violoncelle), Frank Braley (piano). Ne craignons pas les superlatifs, ce fut un moment magique où jouaient, ensemble, la technique, l'enthousiasme, une sorte de grandeur d'âme. Étienne Vatelot, le luthier légendaire, le chirurgien des cordes, me rejoignait à sa fin, euphorique : « J'en ai entendu des "Archiduc", c'est l'un des plus beaux. » Évoquant Maurice André qui venait de chausser ses ailes de voyageur de l'infini, il me conte cette anecdote : « Nous étions sur le *Mermoz* pour l'une de ces croisières musicales qui furent célèbres. Notre grand trompettiste croise un passager qui lui parle de beau temps, il engage la conversation, Maurice demande si la mer ne le dérange pas – "C'est un vrai bonheur" –, si les gens sont gentils – "Adorables" –, si la nourriture est bonne – "Parfaite." Il ose enfin la question : "Et la musique ?" Réponse immédiate : "Je vous le dis sincèrement, ça ne m'a pas gêné…" »

***

Cinq ans après, encore le Fouquet's, le yacht de Bolloré et tous les lieux communs. Les adversaires de Sarkozy, à bout d'arguments, puisent dans les vieilles casseroles. Cette présidentielle n'a aucun charme, elle est même nauséabonde, ce n'est pas un combat de gladiateurs en chambre, c'est un affichage sans apprêt, l'exposé d'une haine ordinaire. On voit naître dans les ruelles et jusque dans des boutiques bourgeoises des Robespierre fumeux qui croient pouvoir reprendre des guerres de Vendée. 1793 n'est plus si loin.

***

Un drop de François Trinh-Duc à la dernière seconde aurait pu donner la victoire au XV de France. Mais c'eût été un vol manifeste, on ne méritait pas de gagner. Les Anglais nous ont offert une leçon de vie, de jeunesse, d'efficacité. Gardons-nous maintenant de ne pas être ridiculisés par les Gallois à Cardiff.

***

Nous avions déjà beaucoup parlé, elle m'entretenait calmement de la difficulté des jours, mais ce soir, au téléphone, Pat me paraît très inquiète. Forte tout de même d'une lucidité à toute épreuve : « Viens voir ton copain, on ne lui donne plus que quelques heures à vivre. » Je fonce à l'hôpital Percy, j'y retrouve toute la famille, ses deux fils, sa fille, ses petits-enfants. Mauvais signe ! Pat me prend par la main, m'entraîne dans le quartier « Réanimation ». La porte est grande ouverte. Torturé de tuyaux qui lui couvrent le cou et le corps, Pierre Schœndœrffer m'accueille, heureux sans doute de revoir le vieux compagnon des chevauchées indochinoises, ses lèvres bougent, il semble me répondre mais aucun son ne vient, je lui assène des mots en rafales, j'aligne des souvenirs, il comprend et il rit. Pat me dira à la sortie que je lui ai donné « les derniers bons moments d'une vie plutôt agitée ».

Quarante minutes d'une conversation muette. Je quitte cette cellule de mort, je le regarde une fois encore à travers la vitre, je me souviens de nos vingt ans, ce temps où nous étions amoureux des causes perdues et qui nous voyait tristes d'une France indigne de son passé. Nous n'étions pas nostalgiques d'un vieil empire abandonné mais peinés du peu de souffle qu'ont aujourd'hui les mots : patriotisme, devoir, respect, honneur. J'étais arrivé au Sud-Est asiatique peu avant Pierre, j'étais l'ami de Georges Kowal, tué debout à Thaï Binh, caméra à l'épaule, et qu'il allait remplacer. Nous avons aimé ce pays sans être pour autant atteints du fameux « mal jaune » dont parlaient en romanciers nos complices, Bodard et Lartéguy.

***

Reçu par Michel Drucker dans son émission *Vivement dimanche*, j'avais invité Pierre à me rejoindre sur le plateau. Il s'était amusé à conter mes folies d'adolescent enflammé, nos marches dans les rizières et la jungle, il expliquait que nous étions allés jusqu'au bout de nos rêves. « Tu étais proche des grands chefs, me disait-il, moi je pactisais avec la troupe. » Ce fut sa dernière apparition publique. Nous avions déjeuné le lendemain. Nous nous souvenions d'avoir rencontré partout, sur les pitons et les plaines dévastées des hommes qui avaient été des héros de la résistance qu'à Paris, en toute impudence, critiquaient, jugeaient, méprisaient des lâches qui avaient été collaborateurs.

Je n'arrive pas à me détacher de ces heures de plénitude où nous étions vivants. J'ai noté toutefois deux moments particuliers : la soirée saïgonnaise partagée avec Schœndœrffer la veille de son départ pour Hanoi où il allait rejoindre le Dakota qui devait le jeter sur Diên Biên Phu et l'heure matinale, quelques mois après, où je l'accueillais à son retour de l'enfer. À cette époque terrible nous ne faisions pas la moindre place au lyrisme, la vérité toute crue nous suffisait. Vieillis sous le harnais nous ne parlions plus ensuite que d'un monde mort, d'une jeunesse sacrifiée – nos amis sont là-bas – d'un Vietnam que nous continuons d'aimer.

***

On me reproche déjà de ne pas comprendre qu'une victoire de la gauche peut totalement changer notre monde. Serais-je sourd, aveugle, ignorant ? Seulement lucide.

***

Cinquante pour cent des Français ne savent toujours pas pour qui ils voteront au premier tour, ça se jouera dans l'isoloir au dernier moment.

***

Deux jours après Percy et notre ultime traversée, Schœndœrffer en partance. Je le retrouve chez lui, rue Raynouard, allongé, au garde-à-vous : uniforme d'académicien des Beaux-arts, épée côté droit, cravate de la légion d'honneur, décorations déployées. Il y a quelques mois, ensemble, nous avions accompagné la dernière marche de Jean Lartéguy, aux Invalides. Pierre me rappelait à cette réalité : « Nous ne sommes plus que trois survivants de l'illustre troupe des correspondants de guerre en Indochine : Raoul Coutard, toi, moi. » Désormais, donc, nous serions deux.

***

Les Invalides. L'hommage de l'armée, des parachutistes, en souvenir du saut de Pierre dans l'enfer de Diên Biên Phu, la fanfare dans sa marche funèbre. Couvert du drapeau tricolore, le cercueil a été déposé dans la grande cour, à même le sol. Devant moi une bonne dizaine de généraux, des cinq étoiles. Pas mal pour un caporal-chef. Je songe à tous les camarades que nous avons laissés dans les rizières. J'entends la musique des mots – courage, respect, dignité – et la question qu'il posait à la fin de sa vie : « Qu'avons-nous fait de nos talents ? » Schœndœrffer, mon ami, cet homme d'honneur.

***

Le plus odieux d'un fou élevé dans la haine de l'autre. L'homme qui a déjà tué trois militaires à Montauban s'en prend aujourd'hui à des enfants juifs. Sept morts dans sa balade barbare. L'onde de choc est considérable, le verdict immédiat : Mohamed Merah est justement abattu. Ne lui cherchons pas des motivations, la réalité douloureuse est simple : c'est une crapule.

***

Pour la première fois depuis soixante ans, la médecine aura eu raison de mon calendrier. Une bronche défectueuse, cause d'une toux tonitruante et permanente, m'enlève à une expédition d'amitié aux Grenadines. Me voilà condamné à annuler mon voyage à Fort-de-France. On m'oblige à refuser les turbulences de l'avion. Je n'aurai donc pas le bonheur de rejoindre ma grande amie Monique sur son voilier *Roxane*. Inconvénient de l'âge dont je ne mesure pas encore les ravages. Toujours mon inconscience de jeune homme.

***

Roulements de tambours sous la coupole. Danièle Sallenave prend place parmi les membres de l'Académie française. Romancière, essayiste, traductrice, elle succède à Maurice Druon qui fut longtemps secrétaire perpétuel de cette noble assemblée et prononce, selon l'usage, son éloge. Fille et petite-fille d'instituteurs, elle conte son enfance dans un village des bords de la Loire. Elle évoque ses premiers maîtres, « ces instituteurs qui avaient l'amour du savoir, de la transmission et surtout l'amour d'une langue, la langue française ». Une manière discrète, courtoise, de dire que cet amour n'est plus le même, qu'il est souvent massacré. Je l'écoutais, l'attendais surtout, dans le cours des soixante minutes exigées, le portrait qu'elle allait faire de notre Maurice, devant Madeleine, sa femme, notre amie. Ce fut parfait, dans le récit, d'une vie ardente, d'une œuvre. Beau portrait, très exact, beau travail de cette nouvelle immortelle qui n'avait pas connu son sujet mais qui savait l'importance du *Chant des partisans*, des *Grandes Familles*, des *Rois maudits*. Il y manquait sans doute la part d'intime du personnage, celle que ses proches admiraient, son sens de l'amitié et du partage, sa fidélité aux valeurs profondes, son patriotisme exacerbé, sa relation particulière avec l'Angleterre et le Maroc, ses sublimes colères qu'il exprimait de sa voix de cathédrale. À l'issue de la cérémonie j'ai cru, une fois encore, que nous allions nous écarter de la foule pour allumer un cigare. Toujours le même feu.

***

Jean-Claude Simoën m'adresse le dernier volume de sa belle collection. La plume est de Jean Tulard, le personnage qu'elle trace fait encore grand bruit au XXIe siècle. L'homme, démesuré, a inspiré des générations d'écrivains, d'historiens, de cinéastes. Encore et toujours, Napoléon. Je me souviens de mes jeunes années et de mon initiation à Bonaparte décidée par mon père qui admirait le jeune général. Je me suis mis à m'interroger sur l'intelligence, le panache, l'héroïsme, la folie meurtrière de cet empereur pareil à Alexandre. J'ai même souffert, récemment, son exil à l'île d'Elbe. Ne négligeant aucun aspect de sa longue traversée, étudiant au plus près sa famille écrasée d'honneurs, ses fidèles dont il fit des maréchaux, Tulard ausculte les signes, les symboles : « Pourquoi diable voit-on apparaître le jour du sacre, sur le manteau de Napoléon, des abeilles cousues, brodées, peintes ? » Ce 2 décembre 1804 voit en effet le triomphe de l'abeille et c'est à Cambacérès que revient ce choix particulier. « Elles sont, dit-il, l'emblème de la situation de la France : une République qui a un chef. » Elles seraient à la fois l'aiguillon et le miel, elles feraient penser à Childéric, père de Clovis, héros du pouvoir royal franc. Déployées, les ailes de l'abeille donnent l'apparence d'une fleur de lys. « Napoléon n'était plus seulement l'héritier des Mérovingiens et des Carolingiens, mais aussi des Capétiens. » Personnellement je trouve l'aigle plus aérien que l'abeille !

***

Je n'aurais jamais pensé que les flibustiers de la téléréalité arriveraient un jour à me séduire par l'un de leurs programmes. J'ai toujours jeté aux orties les « produits » de la société Endemol, capables des pires turpitudes. Et puis voilà, *The Voice* est arrivé qui m'enchante par l'excellent déroulé d'un « crochet » de bonne facture qui jamais n'humilie des chanteurs anonymes, amateurs engagés dans la bataille d'un spectacle offert chaque samedi à huit millions de Français. À la vérité, il ne faudrait jamais désespérer.

Avril 2012

Si le duel était autorisé, les politiques seraient plus économes de leurs insultes. J'en connais peu qui sauraient jouer de leur rapière et aller courageusement sur le pré. La lâcheté est moins dangereuse. Aujourd'hui, on peut tuer de quelques mauvais mots n'importe quelle réputation. La parole – ce nouvel alibi – est devenue un luxe, les moins doués s'en gargarisent, la grossièreté fait office de culture. Et on en arrive à penser que la démocratie peut être une vitrine du pire lorsque des truands la violent à coups de bons sentiments. Dans cette situation plus tragique que romanesque, la présidentielle est le parfait préau d'école des enfants de la République. La peur de combattre interdit aux candidats de s'affronter. Chacun préfère se saouler seul de promesses auxquelles il ne croit même plus. La télévision ne devrait donner son temps d'antenne qu'à des débats à deux personnages, les yeux dans les yeux, le couteau à fleur de dents. Seule manière de réinventer le duel, comme blague tendre du 1er avril.

***

La passe de trois peut-elle réussir aux confins du tourbillon socialiste ? Le parti revient de loin qui n'aura eu qu'un troisième choix. Dominique Strauss-Kahn fut le héros du plan A, Martine Aubry la favorite du plan B, François Hollande exécute le plan C. Drôle d'itinéraire.

***

Remarquable enquête de Patrick Benquet sur France 3, « programmée », hélas, au-delà de 23 heures ! Le sujet ? Que reste-t-il, cinquante ans après, du Concile ordonné par Jean XXIII qui réunissait à Rome, en 1962, deux mille cinq cents évêques. On se souviendra de la guerre fratricide qui allait opposer réformateurs et traditionalistes et qui pèse lourd dans l'histoire de l'Église catholique. Je me souviens de ce que me disait le cardinal Etchegaray au cours de notre *Radioscopie* : « Jean XXIII qui approchait la sainteté fut, deux mille ans après, le négociateur d'une stratégie nouvelle. Il avait compris que l'Église s'endormait et il avait décidé de la réveiller en soufflant sur elle, affirmait-il, l'esprit de Dieu. » Ce document télévisuel qui est la parenthèse Vatican II rappelle à quel point la société a changé depuis le début du XXe siècle, au rythme de deux guerres mondiales, entre communisme et nazisme, dans le plein feu des progrès de la science. Il fallait, il faut encore, ouvrir l'Église au monde. Il convient de ne pas se satisfaire des ors du Vatican, loin des cardinaux installés dans leurs privilèges les simples veulent revenir à une Église pauvre mais la tradition est là qui veille et impose une ordonnance cérémoniale. Ce soir, j'entends des voix, souvent désaccordées, je n'entre pas dans les vaines querelles des théologiens qui ne savent plus recommander la prière, je me fiche au final de l'abandon du latin qui fut ma première langue, je crois à l'œcuménisme, au droit pour chacun de choisir sa religion, je ne m'abandonne pas aux dogmes, je suis à l'église en dehors des offices en toute méditation.

De l'enquête de Benquet, remarquablement fouillée, je retiens le temps d'explication consacré à l'Opus Dei et aux sectes qui, de mon point de vue, déshonorent la chrétienté. J'ai connu la première en Uruguay où de nombreux fidèles, bizarrement inspirés, se voulaient champions de l'intolérance et obéissaient à d'étranges gourous qui confondaient bas commerce et spiritualité. Les Légionnaires du Christ, eux, sont venus à moi par hasard, entraînés dans notre maison pyrénéenne par une amie qui les avait pilotés dans les méandres de la grotte de Lourdes. Je savais les roueries de l'inventeur de ce groupe, fort répandu dans les grandes villes du monde, propriétaire d'églises, d'écoles, de crèches, constamment alimenté par des milliardaires connus. Personne ne pouvait ignorer, il y a une douzaine d'années, que le prêtre-gourou de la secte se partageait entre son office sacré et une famille qu'il cachait, des enfants qu'il violait. Condamné par Benoît XVI, moralement excommunié, il fut heureusement abandonné à ses turpitudes. Il n'empêche toutefois que son souvenir hante encore beaucoup des légionnaires d'aujourd'hui. J'en ai eu la confirmation par mes invités d'un soir qui vantent sans sourciller « la qualité de leur mouvement, son harmonie ». Pourquoi, s'interroge un téléspectateur, tant de gens intelligents se laissent prendre par ces gredins. C'est tout le mystère d'une époque qui se cherche de nouveaux dieux.

***

François Bayrou ne saurait être jugé responsable de sa propre descente aux enfers. Comme il est loin de la moisson 2007, qu'il est cruel le temps des sondages qui défigure tout ! Homme d'expérience, personnalité politique la plus populaire, notre Béarnais aura eu le tort de continuer à naviguer au centre qui fut à une certaine époque le territoire de Giscard d'Estaing. Il aurait dû comprendre qu'il n'est plus de classe moyenne rejetant droite et gauche, les extrêmes les condamnent, l'indécision la paralyse. Bayrou sera-t-il dépassé par Mélenchon ?

***

Deux amis, deux vrais professionnels nommés à la tête de France 2. Jean Réveillon, proche collaborateur de Rémy Pflimlin, ancien patron des sports, parfait connaisseur de la marche des télévisions européennes, prend la direction générale de la chaîne publique où il sera épaulé par Philippe Vilamitjana, complice de Georges Pernoud à la création de *Thalassa* et de *Faut pas rêver*, ancien directeur heureux de France 5. On peut faire confiance à ce duo, nourri dans le sérail et par lui – onze mille salariés – totalement accepté. Réveillon a reçu « mission de conforter l'audience de la grande chaîne généraliste du service public ». L'idée d'audience ne me satisfait pas. J'eusse préféré que l'on parlât d'éthique, de nouveauté, de qualité. Mais, sans doute, cela va-t-il de soi ! De grâce, imaginez, inventez pour ne plus succomber sous le coup de l'artillerie des séries américaines.

***

Dans son journal *Le Point*, Franz-Oivier Giesbert nous signale un livre de Franck Maubert consacré à Caroline, l'égérie d'Alberto Giacometti. Gustave Thibon me parlait souvent de cet artiste qui avait eu les faveurs de la philosophe Simone Veil, incroyable personnage que l'ami Gustave avait longtemps hébergé dans sa ferme. Il me contait les drôles de manières de Giacometti, son peu d'envie de célébrité, ses petites perversions. « Seules, disait-il, les prostituées m'attirent et m'émerveillent. » J'aime à entendre FOG nous rapporter ses jugements sur ses confrères. Il en est trois que Giacometti définit en quelques mots : « Salvador Dalí m'a dit un jour : "Je serai le plus grand escroc de mon époque." Il a beau être cynique, c'est quand même un grand peintre. » À propos de Bernard Buffet : « C'est à la mode d'en dire du mal mais ce n'est pas parce qu'il est commercial, qu'il n'a pas de talent. On le réévaluera un jour. » Le coup de griffe, il le réserve à Pablo Picasso : « C'est un pervers et un destructeur. Alors qu'il se disait mon ami il a tout fait pour que je perde confiance en moi. Il brise tout, ses amis, ses femmes, ses modèles. » J'aurai tant voulu rencontrer cet homme.

***

Bien des candidats des joutes présidentielles d'aujourd'hui s'en prennent à la finance, au rôle dominateur du CAC 40, citent des chiffres qu'ils ne contrôlent pas, de dettes en tous genres. Ils devraient relire *Feu l'État* de Robert de Jouvenel. Le grand journaliste place, face à face, les industriels et l'État, fait parler les premiers : « Vous avez la puissance publique, mais nous seuls avons la compétence ; il est donc normal que vous nous prêtiez libéralement votre force, mais il serait absurde que vous prétendiez nous imposer le contrôle de votre ignorance. »

***

Sarkozy accélère le mouvement de possible reconquête, Hollande commande la mobilisation générale, Mélenchon reste le meilleur d'un spectacle obligé, Marine Le Pen se veut orgueilleusement seule contre tous, Bayrou tacle ses adversaires « tous abonnés au mensonge », Joly se croit encore justicière, Arthaud martèle à tout-va, Jacques Cheminade prépare sa prochaine rentrée à l'Olympia. C'est à pleurer.

***

Comme Paul Valéry, il m'amuse d'imaginer que « je m'abandonne à rêver la résurrection de quelques-uns de nos grands hommes de jadis ». C'est une douce occupation qui ne me prend que quelques minutes. Ainsi j'entends Voltaire traiter l'affaire DSK sur le ton de l'affaire Calas, je vois Chateaubriand réécrire *Le Génie du christianisme* affronté à la montée musulmane, Victor Hugo s'en prendre aux tristesses de la banlieue. Chacun d'entre nous peut compléter la liste.

***

Paris-Fort-de-France, huit heures de vol durant lesquelles j'aurai lu la *Mémoire espagnole* de Jean-Claude Carrière et vu le très beau film consacré à Mme Thatcher. Pas la moindre fatigue, un changement radical toutefois, on passe de trois degrés à quarante. Immédiatement après l'arrivée, un autre équipage, un saut de puce d'une quarantaine de minutes sur un petit avion à hélices qui nous dépose à Moustique où, si l'on en croit les gazettes, Margaret d'Angleterre fut si malheureuse. Piste très courte, minuscule aéroport tout en bois, pareil aux baraques de la conquête de l'Ouest aux Amériques. Petite balade en voiture dans les allées ombragées de l'île et nous voilà à l'abordage de *Roxane*, le magnifique voilier de notre grande amie Monique : la mer des Caraïbes s'offre à nous, un soleil d'enfer, partout des îlots comme montés du fond des eaux, des chapelets de petites terres, certaines habitées d'autres sauvages et puis, plus prestigieuses, Sainte-Lucie, avec ses deux rochers en forme de cône, d'une hauteur de 743 mètres, Saint-Bertrand et Canouan Island, un vrai paradis où, au-delà des plages brûlantes, un Italien, nous dit-on, a raflé les collines – église comprise – pour installer ses bungalows, un golf somptueux qui pousse les neuf premiers trous vers l'Atlantique, les neuf seconds vers la mer des Caraïbes et fait d'une ancienne broussaille un immense jardin. Je n'ai pas la moindre preuve, mais je soupçonne qu'il y a quelque part blanchiment d'argent. Mais ce n'est pas le propos.

Dix jours à naviguer toutes voiles dehors, dauphins et baleines pour compagnons de traversée, bonheur total loin des miasmes de la grande ville, excellence de l'amitié avec nos deux Monique, Solange, Jean-Paul, Willy. Comment pourrais-je oublier Martine, elle est de ma vie.

***

Le violoniste le plus marginal de la planète fête ses quatre-vingt-dix ans ce 16 avril. Je le croyais né un 25 août, c'est ce qu'il disait, mais cela n'a guère d'importance. Ivry Gitlis n'est pas un homme de dates, c'est un boulimique de vie qui n'a jamais consacré trop de temps aux conservatoires mais que la fréquentation des autres a ciselé. Que de souvenirs ! Ensemble nous avons couru le monde, nous parlions des orages, des civilisations, de philosophie. Il aura été pendant des années mon complice le plus assidu, le moins discipliné, le plus aimant. Turbulent, toujours en désordre, il défie le temps, se veut immortel. Bizarrement, nous ne nous voyons plus que par intermittence, serions-nous devenus des amis de passage ? De ces absences, je suis le seul coupable. Mais je n'oublie pas notre entrée en Israël, je l'avais fait jouer à Jérusalem devant le mur des Lamentations, je me souviens aussi de ce concert cocasse au cours de la dernière journée d'un Tour de France cycliste. Dans ma voiture, toit ouvert, debout, de son Stradivarius il sortait des sons magiques, devant tout le peloton, Hinault en tête. Le monde entier le connaît mais sa carrière eût été plus prestigieuse s'il s'était accordé aux dogmes musicaux en vogue. On se méfiait de lui, des libertés qu'il prend avec le répertoire, des relations douteuses qu'il entretient avec le cinéma et les variétés. Et pourtant, c'est ce dévergondage – allié à un immense talent – qui fait son charme. Demain, il jouera encore avec Martha Argerich dont il laisse croire qu'elle est son double.

***

Sauront-ils dire, les Français, quel avenir ils veulent pour le pays ? J'en connais des déçus qui n'ont plus confiance en personne, qui s'abstiendront, j'en croise des indécis qui se décideront à la dernière seconde. Pourtant il faut voter si l'on veut par la suite, en toute honnêteté, se plaindre encore et peut-être se réjouir. Le scrutin ne peut pas être la grande muette d'une époque pleine de bruits.

***

Bien sûr que je ne suis pas de la gauche-caviar – formule au demeurant totalement usée ! Je laisse cette vanité d'encore circonstance aux fâcheux intellos qui, en leur temps, ont choisi Staline, Mao, Hô Chi Minh, les Khmers rouges pour s'en désespérer ensuite dans des bouquins de repentance.

***

Un sociologue, spécialiste des comportements, étudiera sans doute, plus tard dans le siècle, les curieuses manières médiatiques de la présidentielle 2012. La façon d'interroger les candidats témoignerait assez peu de l'indépendance de certains de nos confrères. Haine à l'endroit de Sarkozy, indulgence face à Hollande. Ainsi ce questionnement à la veille du premier tour :

— Monsieur le candidat-président, si vous gagnez, retournerez-vous au Fouquet's ? Remonterez-vous sur le yacht de Bolloré ? Jouerez-vous encore de votre petite musique bling-bling ?

— Monsieur Hollande, puisque vous voilà assuré d'une nette victoire, quel premier ministre choisirez-vous ?

Le tout accompagné, pour le premier, de perfidies en cascades et pour le second de tendresses non dissimulées. Cruel dérapage des gens de notre métier : un journaliste a le droit d'avoir des convictions mais il lui est interdit de les manifester à l'antenne. Les médias et leurs sondages auront fait cette année le succès du socialisme.

***

Au *Grand Journal* de Canal +, plus détendu que jamais, orgueilleusement sûr de lui, fier d'afficher sa culture, François Bayrou, imitant Pompidou, termine son exposé sur un poème et séduit son public. Son indépendance qui le conduit à une certaine solitude le fait en revanche – il le croit – maître du jeu au second tour. Va-t-il se prononcer au lendemain du 22 avril ? Pourquoi ? Pour qui ? Allez donc savoir avec les Béarnais !

***

Malgré une campagne assez ennuyeuse la présidentielle reste la seule préoccupation actuelle des Français. Sarkozy et Hollande sont toujours au coude-à-coude à la veille du premier tour. On s'interroge sur la place du troisième : Marine Le Pen ou Jean-Luc Mélenchon ? Une candidate d'opérette peut être assurée, dès aujourd'hui, d'obtenir le « trophée de la stupidité » : Eva Joly ne nous laissera en souvenir que ses lunettes rouges et vertes. Les indécis, eux, en embuscade, feront la décision.

C'est l'avenir de la France qui est en question mais on ne semble pas s'en soucier tant les intérêts personnels dominent le jeu !

***

21 avril. Un jour avant. Les dix voix de l'apocalypse se sont tues. Pour vingt-quatre heures, le silence gomme la rumeur. Serait-ce pour l'électeur le temps de la réflexion ? Qui sera le troisième ? Sarkozy et Hollande jouent placés. Les amateurs de la présidentielle, eux, après un baroque tour de manège, ont rangé leurs oriflammes, ils reviendront dans cinq ans. La course des favoris est dans son dernier galop. Il y a possibilité d'un dépôt de bilan. Qu'elle fut étonnante cette campagne ponctuée par des sarcasmes, des approximations, des insultes !

À certains égards, qu'elle fut puérile aussi. De certains candidats on dira qu'ils étaient comme des enfants jouant dans des préaux d'école. Que penser enfin de cette règle établissant l'égalité du temps de parole ? Embellie démocratique, affirment certains. Je juge autrement, bêtise assumée, stupidité dangereuse.

***

Un bon point pour la démocratie et s'il faut garder quelque chose nous retiendrons ceci : en descendant sur la place publique la politique a pris de réelles couleurs, à la Bastille d'abord, avec Mélenchon, l'initiateur, à la Concorde ensuite avec Sarkozy, à Vincennes enfin avec Hollande. Certes ce ne sont pas les grand-messes qui organisent la victoire mais elles donnent le sentiment que l'on peut partager, à droite comme à gauche, une espérance.

***

Je le lis depuis toujours, je l'écoute lorsque mes confrères ont la bonne idée de le convier à un débat, nous avons partagé des jours tranquilles à Essaouira, au Maroc, guidés par l'ami André Azoulay, je le retrouve cette semaine dans un magnifique entretien que publie *Le Point*, interrogé par Franz-Olivier Giesbert et Christophe Ono-dit-Biot. À peine croyable : Jean Daniel a quatre-vingt-onze ans. « Ma vieillesse, dit-il, j'y ai toujours pensé, bien avant d'être vieux. » Il a pour lui, l'irrésistible envie de rester jeune, ce que révèlent sa parole et ses papiers. Il est mon aîné et je glisse trop vite sur ces sommets de la vie, son « discours » me fait m'interroger sur ma propre existence, ce que mon orgueil de petit « jeune homme » m'interdisait d'observer. Je n'avais jamais songé aux heures de crépuscule mais des réalités se font jour : je n'ai pas skié cette année. C'est un abandon, du moins une faute. Je me prends à disserter sur les années qui passent, à regarder le monde différemment, en installant une distance, j'entends, mieux qu'autrefois, tous ces gens qui parlent et qui ne savent pas. J'évoque seulement des sujets qui sont de ma compétence, sur les autres je me tais. Revenu aux Pyrénées pour une semaine, je suis en émotion devant nos montagnes si proches, je me plais à visiter nos villages haut perchés, je m'installe ensuite dans ma bibliothèque où j'écoute Brahms, ma passion du moment. Comme d'habitude, je repartirai demain sur mes routes d'enfance.

Jean Daniel revient sans cesse à la vieillesse, ce « naufrage » selon de Gaulle parlant de Pétain. Je suis délivré de cette tentation, sans doute parce que le naufrage, je l'ai subi très tôt, en Indochine, dans une nuit d'épouvante, qu'enfin j'oserai conter dans mon prochain livre. Cette tragédie d'un môme de vingt ans, affronté à la guerre, aura armé toute une vie dont je n'aurais jamais soupçonné qu'elle pût être si longue. Daniel parle aussi, et fort heureusement, des femmes précisant qu'il aura été un obsédé « sensuel ». J'apprécie la formule. Comme lui et comme Albert Camus qu'il cite, j'ai un sentiment de gratitude pour toutes celles que j'ai eu le bonheur de rencontrer… et de quitter parfois trop vite. Nous sommes très nombreux à être « plus Casanova que Don Juan ». Jean a plus de liberté que moi pour évoquer ses conquêtes, je ne sais pas parler de ces choses-là, cela relève trop de l'intime, si je dis que l'on peut être attendri par une dame de passage sans pour autant trahir sa femme on m'enverra aussitôt au gibet. Mais j'évoque là un temps évanoui, une belle rencontre vous délivre à jamais d'une épouvantable dispersion.

***

Il est minuit ce 22 avril. Jusqu'à l'annonce prévisible, sur les écrans des chaînes d'infos, toute une journée en direct pour ne rien dire. Mimétisme de l'espace médiatique. On savait les résultats par tous chuchotés en fin d'après-midi, mais il fallait attendre 20 heures pour être en accord avec la loi. À cet instant, la cacophonie commençait. En piste pour le second tour, François Hollande et Nicolas Sarkozy abandonnaient à leurs lieutenants la conduite des opérations, permettant ainsi aux duettistes de préparer leur propre discours. Le décor est planté : Hollande en tête, Sarkozy à un point et demi, Marine Le Pen en arbitre, Mélenchon en baisse, Bayrou en peine. Pourtant, tous auront leur mot à dire le 6 mai. Passionnant de voir tout un pays observer le même événement en même temps et partager des sentiments contraires. Le débat à venir devrait être décisif. Dans cette attente, nos confrères de la télévision, je parle des « envoyés spéciaux » sur les sites de campagne, auront à cœur de modérer leurs interventions. Qu'avons-nous à faire d'une parole murmurée aux portes du bureau de Hollande, d'un carnaval de voitures suiveuses encombrant le parcours des finalistes. De plus en plus grotesque.

***

Pleyel ou ma vieille maison de Bigorre, j'ai choisi celle-ci et raté le concert de Gustavo Dudamel à la tête du Philharmonique de Radio-France. J'aime l'espièglerie géniale du prodige vénézuélien, je souffre de n'avoir pas entendu les *Symphonies n° 2* et *4* de Brahms. Heureusement, j'en possède tous les enregistrements.

***

Avril 2012

Toujours dans *Le Point*, cette réflexion de Jean Daniel à laquelle j'adhère totalement : « Les romans que je n'ai pas écrits, je les ai vécus. »

***

Les vertiges du gauchisme agitent la campagne : les syndicats s'en mêlent, l'appel à voter contre Sarkozy divise ses responsables, cela est du plus haut comique car nous avons en France un syndicalisme sans syndiqués !

***

Au *Grand Échiquier*, j'accueillais souvent un virtuose turc de renommée internationale. J'appréciais ce pianiste qui avait une manière particulière de jouer, un souci de la mise en scène au clavier. Fazil Say que je n'ai pas revu depuis une vingtaine d'années est aujourd'hui accusé par les fous de son pays d'avoir « manifesté un athéisme certain en appelant à modérer l'appel à la prière des muezzins ». Le pouvoir estime que c'est là une insulte aux valeurs religieuses et contre lui les islamistes se mobilisent. Il risque un an de prison et se déclare en danger depuis 2007. Il se prépare donc à quitter Ankara, sa ville natale, pour trouver au Japon un vrai refuge. La religion, cette force dévastatrice !

Mai 2012

Du haut de ma fenêtre, avenue Georges-Mandel, je les regarde passer, drapeaux tricolores déployés. Ils sont des milliers – beaucoup de jeunes –, il vont au Trocadéro tenter d'allumer le dernier feu. Quelle erreur de calendrier ! Sarkozy aurait dû intervenir là il y a déjà trois mois : ses conseillers auront dérapé à chaque étape. J'observe aussi les chaînes d'information – i>Télé, LCI, BFM. On s'attarde place Denfert-Rochereau. Des drapeaux cette fois rouges, triste galère, hommage même pas réfléchi à Lénine et Staline, et des injures en cascade à l'égard du président, que Hollande, absent, ne saurait cautionner. Je me souviens de ce que nous disait Graham Greene à Saigon : « La haine est une défaite de l'imagination. »

***

Enfin, cinq jours avant l'élection, ce débat dont on nous parle depuis des semaines, que certains ont trouvé remarquable, où je me suis ennuyé. Un déluge de chiffres ne fait pas un discours, nous voilà « sonnés » par l'annonce de « milliards » qui tombent sur nos têtes. Trois heures à tenter de comprendre et une évidence : l'inattendu est arrivé, Hollande n'a rien dit mais il est donné vainqueur. Sa partition était plus facile que celle de son adversaire, il se présentait vierge de toute responsabilité au haut niveau de l'État. L'équation dès lors était simple : « Voici ce que je vais faire, voilà ce que vous avez fait. » Sarkozy devenait l'accusé, on discutait son bilan, on évitait d'évoquer la crise financière qui a pourri le monde. Tristes malentendus de la politique. La ligne d'arrivée se rapproche. Dimanche, les citoyens choisiront le président de la République. On dansera, on pleurera, dans les deux cas on oubliera les vertiges de l'avenir. Ce n'est pas ce 6 mai qui est en jeu, ce sont les cinq ans à venir. Je n'ai pas observé un grand dessein, je n'ai entendu que des mots et des piques.

***

Bayrou appelle à voter Hollande. De lui, plus rien ne m'étonne.

***

La tirade de Hollande au soir du grand débat, prononcée seize fois dans une forme de délire, a mis un mot à la mode : « anaphore », procédé rarement écrit dans un texte, peu utilisé pour un discours, aura surpris dix-huit millions de spectateurs qui n'avaient aucune idée de son existence. Ce fameux « Moi président… » de candidat socialiste, offert sans la moindre économie, est un fait de campagne. Qu'est-ce qu'une anaphore ? J'ai cherché dans le *Robert* : « Répétition d'un mot en tête de plusieurs membres de phrases pour retenir un effet de renforcement ou de symétrie. » On entend encore cette petite musique qui, d'évidence, avait été répétée devant un conseiller, remarquablement inspiré.

***

Dimanche 6 mai, 18 heures. Il faudra attendre l'annonce officielle de 20 heures mais on sait déjà que Nicolas Sarkozy a perdu. La gauche, après une longue attente, prend le pouvoir. François Hollande est désormais président de la République, honnêtement désigné : on ne peut rien contre les électeurs qui ont choisi en toute liberté. Ça ne se discute pas, ça doit même réjouir le traître Bayrou.

***

François Hollande, président de tous les Français. C'est une volonté majoritaire d'un peu plus d'un petit point. Les soubresauts d'un monde en turbulences, la crise et les marchés – qu'il avait su contenir – ont eu raison de Nicolas Sarkozy. Contrairement à ce qu'il a déclaré dans sa dernière interview, l'encore patron de l'Élysée n'est pas « le seul responsable d'une défaite » manœuvrée par une mauvaise humeur générale. Quelques-uns de ses conseillers trop pressants auront alimenté le malaise. Je connais bien le vaincu, je reste son ami, mais trop de petits faits sans importance ont compliqué son quinquennat. L'anecdote a embrumé l'essentiel. Il aura souffert d'une courtoisie qui l'a fait ne pas se souvenir des désordres de ses prédécesseurs. L'un d'entre eux avait en Égypte un refuge bien plus luxueux que le Fouquet's… je ne parle pas des bizarres relations des uns et des autres. Comment les médias ont-ils pu oublier ces fâcheux précédents ! Reste maintenant le troisième tour : celui des législatives.

***

Revenons à ce dimanche : le direct à la télévision est un miroir qui ne déforme rien. Les visages y apparaissent tels qu'ils sont. Et j'en veux pour preuve la dignité des deux adversaires. Rien à voir avec l'absurde vagabondage de tous ces reporters en charge des états-majors… et qui parlent pour ne rien dire. Ridicule aussi ce gymkhana des voitures et des motos montées par des envoyés spéciaux qui sur l'écran faisaient de la radio. L'image ne méritait pas de tels commentaires. Souvenons-nous de ce gros plan de Ségolène Royal, magnifique dans l'attendrissante écoute de son fils Thomas Hollande. C'est cela la télévision et non pas un débordement de paroles…

***

Le rejet acharné dont 51 % des électeurs ont accablé Nicolas Sarkozy a surpris toute la presse étrangère. François Hollande sait déjà qu'il n'aura pas beaucoup de temps pour profiter de l'état de grâce. L'alternance a toujours été un cadeau empoisonné. Des jeunes que j'entendais tout à l'heure dans un bistrot du Trocadéro parlaient déjà d'une victoire de la droite aux législatives. La raison ? Les Français ont, à chaque changement, un désir de cohabitation !

***

L'Histoire retiendra que Nicolas Sarkozy a magnifiquement réussi sa sortie, assurant, seul, avant l'heure, une continuité des institutions. La commémoration du 8 mai aura permis aux deux présidents d'aménager une entente républicaine, voulue, organisée par l'encore locataire de l'Élysée. Enfin, la paix retrouvée sous l'Arc de Triomphe. Un moment d'exception qui pourrait me réconcilier avec la politique. Ils étaient là à armes égales car François Hollande, de son côté, a réussi son entrée. Au-delà du tumulte de la campagne, la dignité de deux hommes d'État.

***

Je prends le risque de raconter les vingt-quatre premières années de ma longue vie. J'ai souvent annoncé ce projet pour n'avoir pas à l'écrire… mais, cette fois, je suis lié par une signature aux éditions Flammarion. « Parole d'honneur », ai-je dit à Guillaume Robert. Je compte profiter de juillet et d'août pour arriver au bout de cette nouvelle aventure. Mes petits-enfants m'en laisseront-ils le loisir ? Oui, je vais me gendarmer. Je l'ai dit cent fois, ce ne sont pas des Mémoires – je m'y refuse – seulement un retour d'adolescence, le court récit d'une déchirure qui aura donné force à mon existence, mon vagabondage dans le Sud-Est asiatique. Manière, sans doute tardive, de remercier les dieux qui m'ont accordé le privilège de ne pas mourir.

***

Le dernier face-à-face de deux hommes d'État. Nicolas Sarkozy aux marches de l'Élysée, pour la bienvenue au nouveau président et son adieu de circonstance. Passation sobre de pouvoirs, rigueur oblige, codification parfaite du relais imposé, rituel respecté. L'exigence du protocole conforte la tradition : « Ces rites prouvent que, désormais, il n'est plus un homme comme un autre. Il est nécessaire de maintenir une part de sacré », estime le général Georgelin qui lui remet le collier du grand maître de la Légion d'honneur. Devenu président de la République, François Hollande remonte les Champs-Élysées sous une pluie battante. Est-ce l'effet d'un orage désiré ? L'homme nouveau entre aussitôt en fonction. Une visite à Jules Ferry, une autre à Marie Curie, une dernière à Bertrand Delanoë, le bouquet final de la journée étant réservé à Angela Merkel. Tout commence, les prochains jours lui seront une épreuve, souhaitons que la droite si maladroite ne cède pas à son endroit à l'hystérie de l'invective dont la gauche en campagne a usé sans économie.

***

À la veille du Festival de Cannes quelques journaux ressuscitent Jean Cocteau qui en fut le premier président. Et reviennent en désordre les souvenirs de nos rencontres, nos visites du matin dans son appartement au Palais-Royal où il trônait majestueux, sortant de son bain, dans un peignoir blanc ou bleu, agrémenté d'une écharpe jaune, parfois rouge. J'avais appris à le connaître avant que de le voir. À Saigon, dans l'excellent cercle de l'Alliance française, mon ami Georges Toussaint nous faisait discuter sans fin sur l'étrange poésie du *Sang d'un poète*. Il parlait d'un chef-d'œuvre, je n'y apercevais que mystères, ce qui suscitait une irrésistible envie d'entendre sa parole. J'espérais un rendez-vous, à mon retour en France, Gérard Mourgue, poète et galeriste, en fut l'organisateur. J'étais intimidé à notre premier face-à-face, et sa première question me prit de court : « On me dit que vous avez sacrifié aux délices de l'opium. En êtes-vous sorti plus intelligent ? » Je tentai d'expliquer : « On se croit plus brillant. » Il savait un peu de mes folies, par Gérard sans doute. En effet, j'aurais pu perdre mon âme dans cette approche, heureusement tôt interrompue, de la drogue la plus perverse, car bellement offerte par des femmes superbes dans des décors somptueux, faisant d'une fumerie un boudoir paradisiaque. Cocteau me faisait raconter sans cesse les rites de cette appartenance, il pensait l'avoir lui-même partagée, je suis persuadé qu'il en avait seulement rêvé. Après ce préambule ordinaire, nous ne fûmes occupés que de littérature – l'essentiel étant apporté par « le lumineux talent » de Raymond Radiguet –, d'amitiés – Chanel, Stravinsky, Picasso –, de douces colères – « Oublions les surréalistes, ces pantins » – et de Jean Marais dont les absences l'effrayaient. Le samedi, j'allais le voir à Milly-la-Forêt, il était presque mon voisin, je tenais refuge à cette époque à Cély-en-Bière, à deux pas de Claude François. Souvent je lui demandais de me donner le bon tiercé de son œuvre. Toujours la même réponse : *Le Sang d'un poète*, *Orphée*, *Les Enfants terribles*.

L'image Cocteau m'a longtemps accompagné. Je l'avais retrouvé sur les murs, les portes, les placards de la villa azuréenne « Santo Sospir » où, pour Francine et Carole Weisweiller, il avait composé des fresques incroyables, tendres de fraîcheur et de naïveté, que nous avions filmées. Je n'ai pas revu Carole ces deux dernières années, je ne sais pas ce qu'est devenue sa maison. Je l'espère classée.

***

Je retrouve dans ma bibliothèque pyrénéenne le *Sur la route* de Kerouac que j'avais aimé, dont j'appréciais l'épouvante, incartades et dogmes confondus, que je lis différemment aujourd'hui et qui m'épate moins. Irai-je voir bientôt le traitement que lui réserve le cinéma ? Portés à l'écran, les livres me semblent le plus souvent trahis. Je reprends ma lecture. Nous sommes tous, à notre manière, sur la route, je me souviens de tous mes chemins buissonniers, d'une jeunesse qui était ardente, on partait alors au plus lointain du monde mais aussi à Venise, pour quelques heures, pour un lever de soleil, un café au « Florian ». Nous avions l'héroïsme du n'importe quoi, la sinistrose ne nous occupait guère, nous la dépassions, il n'y avait là pas le moindre frein à la vie.

Les années vont, la lumière peut s'éteindre à tout moment, mais la route m'est encore très ouverte, je cours la planète, je ne m'économise pas, simplement j'éloigne ce qui n'a pas d'importance, mes livres me font encore fréquenter les médias, je refuse désormais toute participation aux colloques, j'aime l'amitié, je ne donne pour conseil que celui de ne pas en donner ; l'expérience n'est pas un luxe de vieillesse. Ma chance tient à ce que je n'ai jamais cessé d'accepter la tentation, le désir, on me reproche le mot mais j'en abuse : tout m'est *gourmandise*, tout m'est interrogation. Mes émissions à la radio, trente (et même quarante) années durant, m'ont appris à entendre l'inattendu. Mes invités m'assuraient tous de la présence de Dieu, je le cherchais, je finis par y croire vraiment. On m'a aussi souvent parlé de la mort, sur elle on me demandait mon sentiment : je ne la crains pas, elle n'a pas voulu de moi en Indochine où la guerre m'avait éprouvé. Soixante ans après, je suis toujours en sursis !

***

Pour un livre à paraître aux éditions du Cherche Midi, son auteur, Bertrand Richard, me demande de lui parler de Raymond Devos, ce maître du non-sens.

Raymond Devos ? Pour moi, un frère. « Tu m'as ouvert ton cirque, j'accepte d'être ton clown. » Peut-on dire plus joliment une amitié… Nous nous sommes connus, comme souvent, à l'occasion d'une *Radioscopie*, en 1968. Face à moi, je découvre un grand artiste – mais des artistes, j'en ai rencontrés beaucoup – et un noyau brut de qualités humaines. Or, voilà ce qui m'importe au plus haut point : les qualités humaines. Raymond a été pour moi l'un des compagnons vraiment choisis de toutes mes aventures, à la radio, à la télévision. Combien de *Grand*

Échiquier en sa présence ? Dix, quinze ? C'était incroyable. Lorsque je choisissais de recevoir quelqu'un sur le plateau, je lui demandais de choisir des personnalités qu'il souhaitait rencontrer pour l'occasion. Eh bien, beaucoup de mes invités sollicitaient la présence de Raymond. Sa bienveillance et son génie touche-à-tout déclenchaient empathie et curiosité. Tant et si bien que je finissais par être un peu gêné, Raymond devant revenir sur le plateau tous les deux ou trois mois. Certains artistes étaient très réclamés – Yves Montand bien sûr, Yehudi Menuhin, Arthur Rubinstein –, mais seul Raymond manifestait toujours une disponibilité parfaite pour ces invitations répétées.

J'allais très régulièrement lui rendre visite chez lui, à Saint-Rémy-lès-Chevreuse. Nous passions l'essentiel de notre temps dans sa roulotte, son asile privé, au fond du jardin. Nous nous promenions, et parlions à bâtons rompus. De tout et de beaucoup d'autres choses. Comme moi, il était passionné de religion et de philosophie. Confucius et Lao Tseu, bouddhisme et soufisme, nous accompagnaient gaiement et enrichissaient une conversation où la mort, omniprésente, n'était pas un spectre hideux mais une exigence de vivre bien. Et puis nous discutions de poésie, car Raymond était avant tout un poète jouant avec les mots pour débusquer l'absurde, non par nihilisme mais bien parce qu'il était dans la pleine vie. Nous nous retrouvions également chez Georges Brassens, et l'on saucissonnait avec Lino Ventura, Yves Montand, César. Tous aimaient parler de la mort. Cela me surprit d'abord. Avant de voir qu'ils en parlaient en voisine, la mort ne leur faisant pas peur.

Il y a peu de personnages d'une telle honnêteté, d'une pareille lucidité et générosité. Évidemment, moi qui me suis toujours interdit, pour une *Radioscopie*, d'engager la conversation avec mon interlocuteur avant que les micros ne soient ouverts, j'étais, avec Raymond, dans une règle assez hétérodoxe. Comme nous nous connaissions sous tous les aspects, nous trouvions des angles d'attaque nouveaux. Il était d'une curiosité si peu commune que tout était motif à improvisation intelligente, à discussions passionnées. La politique, la société, les rapports humains… nous aurions pu nous rencontrer cinquante fois en direct pendant une heure et avoir toujours quelque chose à nous dire. D'ailleurs, c'est la marque des grandes personnalités : elles ont toujours à annoncer. Non pas le babil exaspérant et vain, mais quelque chose de substantiel. « Tout entre nous, ai-je écrit récemment, était prétexte à rendre le sérieux acceptable. » Et j'ajouterais peut-être : « à rendre l'absurde indispensable ».

***

Augustin, mon petit-fils, a un an aujourd'hui. C'est pour moi le magnifique cadeau d'une fin de vie. Ma petite-fille, Philippine, bientôt cinq ans, le prend dans ses bras. Sublime image. Que demander de plus ?

***

Ils s'installent à peu de frais, renouvellent leurs promesses, crient leurs certitudes, on pourrait croire que le bonheur est arrivé. C'est l'habituelle ronde des vaincus qui s'en vont, des vainqueurs qui s'incrustent. Le changement c'est maintenant. Mais pour demain ? La première mesure me semble anecdotique : la baisse de 30 % de la rémunération du président de la république et des ministres ne saurait embellir les caisses de l'État. On nous dit que c'est affaire de symbole ; le maintien des avantages de nos hauts dirigeants me paraît au contraire une question de panache. Je plaide pour des avions aux couleurs tricolores, des voitures rutilantes, des chauffeurs à casquette, des palais pour demeure. Aux yeux des étrangers, la grandeur de la France serait ainsi plus manifeste, car l'apparence l'emporte souvent sur l'essentiel. J'ai revisité Versailles tout à l'heure : chaque année huit millions de passants s'y sentent chez eux. Que restera-t-il des pauvres chaumières d'aujourd'hui ?

***

Il faudra du temps pour remplacer un tel homme. Pour l'instant, le moule est cassé. Gloire lyrique du XXe siècle, Dietrich

Fischer-Dieskau s'en va, à quatre-vingt-sept ans, fredonner les plus belles partitions aux dieux. Il ne fut pas seulement l'une des plus grandes voix d'une époque riche en interprètes de génie, il reste un exemple, une figure de proue, l'admirable professeur qui avait élevé le lied allemand à sa plus haute altitude. Il aura chanté les plus grandes œuvres, je me souviens du *Requiem* de Brahms, du *Don Carlos* de Verdi. Je l'avais écouté à Salzbourg dans *Les Noces de Figaro*. Il avait une élégance naturelle, un port de seigneur d'autrefois, une noblesse de sentiments. Il aimait les mots, il fréquentait les dictionnaires. Dans notre entretien radiophonique, nous avions parlé autant de littérature que de musique. Il me racontait Nietzsche et Goethe. Nous devions nous revoir il y a deux ans : j'en fus empêché. Encore un rendez-vous manqué !

***

Des censeurs, des moralistes, des affamés d'eux-mêmes. Le prêt-à-penser, cette caricature du sens, fait des ravages. Il faut être désormais dans la norme. La dernière élection aura été le triomphe absolu d'hommes et de femmes qui avaient plus de certitudes que de doutes. Tout cela n'aurait guère d'importance si le monde nous laissait à rêver. Mais nous sommes dans une prison dont nous ne voyons même plus les barreaux tant nous nous sommes habitués à l'encerclement. Nous voilà fichés, piégés, à la merci de milliers de gadgets de contrôle. Il nous faut nous méfier du portable, des révélations de l'Internet, d'un trop-plein de vitesse sur les routes, d'un prétendu nuage de fumée dans les lieux publics. La République est devenue celle des interdits, de la démagogie à outrance, d'une étrange absence de panache. Demain, la médiocrité sera élevée à hauteur d'institution, les nouveaux princes sont des bavards. Les paroliers de l'époque ne sont même plus inattendus, leurs voix paraissent atonales. Missionnaires de la politique ils aiguisent leurs sermons. Nous entendons François Hollande, reconnu tribun, que ses amis boudaient, Jean-Luc Mélenchon, Robespierre au petit pied, Eva Joly, l'inespérée, François Bayrou, charmant à ses débuts, maintenant faux et courtois, Stéphane Hessel, ancien héros, beau vieillard inutile, et tous les autres. Les temps sont incertains : Nicolas Sarkozy se force au silence !

***

William Leymergie me reçoit ce matin à l'occasion de la sortie du troisième CD *Radioscopie* consacré aux hommes politiques, coproduit par l'INA et Radio-France. Il imagine pour l'occasion un nouveau style de conversation, enregistré dans un studio comme abandonné dont le décor, strict, dépouillé, avec fauteuil à mon nom, genre cinéma, plairait à Woody Allen. William colle à l'actualité immédiate, celle de la présidentielle, celle du Festival de Cannes qui était le sujet de la deuxième édition de ma suite d'entretiens. Quel plaisir de parler avec un vrai professionnel qui ne fait pas de ses invitations un alibi pour affirmer son propre pouvoir, caresser son nombril. Trop nombreux à l'heure actuelle ceux qui pensent qu'ils peuvent briller seuls au hasard de leurs fiches-questions écrites par d'autres. J'évoque mon bonheur de partages, je mesure ma chance. *Radioscopie* aura embelli ma passion de l'échange en permettant l'exploration d'un nouveau continent, celui des grands personnages de l'époque, mais aussi celui des glorieux inconnus. Leymergie qui connaît bien son monde me demande toutefois mon sentiment : « Un politique peut-il oublier, dans un face-à-face comme le vôtre, de faire campagne ? » Oui, et je l'affirme. Une heure d'antenne sans publicité, sans accompagnement musical, sans volonté de détruire, les yeux dans les yeux, autorise la confidence, éloigne la langue de bois, permet à celui que l'on accueille d'être enfin lui-même. Ce troisième volume met en lumière vingt-quatre ténors de la chose publique. Je ne les réécoute jamais mais je me souviens de ce que me disaient André Malraux, Léopold Senghor, Pierre Mendès France, Shimon Peres, Norodom Sihanouk, Jacques Delors, Giscard, Chirac, tous les autres. J'aime que l'on retienne cette mémoire. Les deux prochains CD seront réservés aux philosophes et aux écrivains. Comme *Apostrophes*, *Radioscopie* laisse des traces.

***

Immédiatement après le départ de Nicolas Sarkozy, la France est entrée en état de béatitude. Les valets sont aux pieds du pouvoir, ce qui pourrait fâcher assez vite les médias : il leur faudra trouver un autre bouc-émissaire. Pour l'instant François Hollande bénéficie des bienfaits promis du changement, marche joyeusement sur les eaux, croit au miracle, succombe aux embrassades, caresse les mains, sourit à la face du monde. Reconnaissons qu'il n'a pas fait, depuis son couronnement, la moindre erreur. Seuls les commencements sont beaux (et parfois quand même détestables).

***

Délicate affirmation de l'âge. Dans le bus (encombré) qui nous conduit à l'avion – destination Lourdes – une élégante jeune femme se lève pour m'offrir sa place. Je remercie, je refuse, j'ai la faiblesse de m'étonner : c'est la première fois que l'on rend ainsi « hommage » à mes vieilles années !

***

Je l'avais souvent accueillie mais pour des raisons de calendrier je ne l'avais pas sacrée reine de notre *Échiquier*. Elle en fut fâchée. Aujourd'hui, à soixante dix-huit ans, elle nous quitte avec une discrétion qui l'honore mais condamne beaucoup de nos confrères. Peu de mots dans la presse pour parler d'elle, un beau papier tout de même d'Alain Lompech dans *Le Monde*. France Clidat, magnifique pianiste, technicienne de haut niveau, esprit singulier reste dans nos mémoires comme la merveilleuse interprète de Liszt et de Chopin. On se souviendra aussi qu'elle fut oubliée de son vivant.

***

Je ne blogue pas, je ne tweete pas, je ne fais pas de texto, l'ordinateur m'indiffère, seul le portable me rend de menus services. Libre de tout cet appareillage, j'ai donc le loisir de lire, de regarder et d'écouter l'autre, de me goinfrer de musiques, de vivre ma curiosité. Je plains nos prétendus modernes que le progrès tue à petit feu.

***

Des acrobates, des clowns, des filles style Barnum : ce n'est pas l'*Eurovision*, ce n'est pas de la chanson, c'est du cirque. La France, qui, depuis des années, se dresse péniblement aux toutes dernières places, s'est encore ridiculisée… et cela ne suscite aucun commentaire. On parle de désamour, j'écris, moi, médiocrité. Choisir, c'est éliminer. À France 3 de trouver enfin l'oiseau rare qui ne s'embarrassera plus d'un accompagnement guignolesque.

***

Elle s'est sauvée (dans les deux sens du terme). Elle ne pouvait plus, quatre ans après, accepter un tel climat autour d'elle, dans la fournaise de la rédaction de TF1, elle est donc partie. Laurence Ferrari a réussi sa sortie, gagné sa liberté (le 20 heures est une épreuve).

Juin 2012

Nous entrons dans le cycle des grandes confrontations sportives. À l'ordre de l'été : tennis, football, cyclisme, olympisme. Tout commence avec Roland-Garros qui fut pendant des années ma halte préférée, mon beau jardin ordonné par des amis proches. Philippe Chatrier d'abord et aujourd'hui Jean Gachassin, éternel complice, bigourdan comme moi, Peter Pan de légende. J'aime la grâce du tennis et je ne veux retenir à cette heure que deux moments. Celui où Paul-Henri Mathieu, cruellement blessé seize mois durant, a fait un retour en fanfare tenant sur le court près de cinq heures. Et puis s'effondrant à la dernière seconde, vaincu par le mauvais sort : une défaite qui sonne comme une victoire. Courage d'un mousquetaire. Autre rencontre qui ne cesse de nous émoustiller : Maria Sharapova, sa beauté bien sûr, mais, plus encore, son style, la manière, unique, noble, qu'elle a de développer son corps pour atteindre la balle. Oui, une vraie ballerine. J'attends les autres : Richard Gasquet est revenu à son meilleur niveau, Tsonga peut nous étonner.

***

Serais-je devenu sourd ? Je n'entends rien de ce nouveau gouvernement. On nage discrètement dans le bonheur et les silences étudiés. Est-ce délicatesse ou malignité ?

***

Ils sont des compagnies nos vieux complices des étranges lucarnes à vouloir monter aux hauts créneaux de la télévision publique. Profitant du changement de régime, aux aguets depuis toujours, ils abattent maladroitement leurs cartes, dénoncent les stupidités des écrans, flattent le pouvoir, appelant à une transformation totale des chaînes en place. Toujours les mêmes depuis des décades et de notre part toujours le même mépris.

***

Elle aura fait la preuve de la force des traditions, de leur nécessité… Quelle leçon aux fausses prétentions modernes des mondes d'ailleurs. Élisabeth II est la reine telle qu'on peut la raconter aux enfants, avec carrosses, princesses, trompettes et l'innombrable Cour. Rares les chefs d'État que l'on aime avec cette ferveur. À dire vrai, c'est anachronique. Je l'observe, son pas est lent, elle impose une grâce particulière sous un aspect qui n'est pas de grande prestance, l'âge a fait son effet, il n'est pas de plus bel exemple de dignité, elle sourit, elle se veut aimable mais la distance est là qui la rend inapprochable telle une icône. À la regarder, on oublie qu'elle porte les malheurs de sa famille, le divorce de Charles, la mort de Diana, les frasques de ses proches, son jubilé de diamant – soixante ans de règne – ne sauraient aujourd'hui effacer les épreuves qu'elle a subies. Ce qui frappe, bien plus que le trop long défilé sur la Tamise, c'est la passion du peuple pour lequel elle est signe d'unité. N'est pas britannique qui veut : ces gens-là sont à part.

***

La présentation des législatives à la télévision est affaire de tristes plaideurs. Chez les candidats tout est répété, lu dans la pénibilité, rien n'est dit, c'est un gargouillis de paroles puériles, une caricature de la démocratie.

***

Je lui disais : « Un jour vous serez célèbre. » Il me répondait : « Je suis déjà reconnu par les dieux. » Son sourire était lumineux, son ironie aimable. Il jouait de son béret, coquet, costume trois-pièces, toujours cravaté. Mon bon paysan-philosophe avec lequel je passais tant de nobles moments se moquait de la gloire qui lui était « une rumeur de la poussière ». Il se savait plus grand que « les intellectuels à la mode, tous perclus de suffisance ». Je l'avais découvert à *Radioscopie*. Comme Joseph Delteil, mon autre compagnon des ondes, Gustave Thibon est l'une des chances qui me permirent d'apprendre. Autodidacte, grand lecteur, écrivain subtil à la culture flamboyante, sociologue, humaniste, il m'offrait à chaque visite des soirées de fêtes embellies de poèmes qu'il chantait dans toutes les langues. La campagne, son mas de Libian, en Ardèche, l'avaient sauvé des « miasmes parisiens ». J'ai beaucoup parlé de lui dans de précédents livres, j'apprends aujourd'hui du *Figaro littéraire* qu'un ouvrage lui est consacré par Philippe Barthelet. Notre confrère Fabrice Hadjadj en fait la bonne critique et commence ainsi son papier : « À la mort de Gustave Thibon, en 2001 (né en 1903, il était presque centenaire), Jacques Chancel écrit dans son journal : “Dans cinquante ans, on lui fera des arcs de triomphe.” » Je le pense encore même si notre personnage haut en couleur se refusait à toute montée des marches de la renommée. L'hommage de Barthelet n'est qu'un début : demain on rappellera ce qu'il fut pour la philosophe Simone Weil qu'il protégeait de tout, on lira enfin leur correspondance, on s'attardera sur son « projet d'une réforme des institutions », des « mœurs par rapport à la prostitution », il n'y aura plus d'infâmes calomniateurs pour avoir laissé croire qu'il fut proche du régime de Vichy qui à la fin ne s'en excuseront. Il avait d'ailleurs écrit : « Les gens très loyaux sont souvent les pires des menteurs », on retiendra ses études éblouissantes sur Freud, Bergson, Valéry et Nietzsche. De sa vie il avait fait un cérémonial de sagesse, son style l'impose comme l'un de nos plus grands classiques. Avec un peu de vanité, je me persuade d'avoir été son ami.

***

Roland-Garros est le nouveau Colisée où s'affrontent des gladiateurs des deux sexes – époustouflants de couleurs et de coups francs. La raquette comme une épée. J'apprécie l'élégance de style, la force qui accompagne désormais les guerriers de la terre battue. Tenue légère et grâce féline. Du parme sur les épaules de Sara Errani, la petite Italienne, brillante souvent, si émouvante dans ses minutes de perdition, du noir moulant pour Maria Sharapova, la longue Russe, sublimement belle, délivrée de ses blessures, enfin revenue à elle-même : numéro un mondiale.

Les gens, encore en bonne santé, devraient choisir la solitude, seule chance de salut. Pour ne plus entendre les tristes litanies du n'importe quoi ! Ils sont pénibles, encombrants, désespérants tous ces politiques qui forcent leur talent à l'heure des élections : les législatives qui succèdent à la présidentielle sont devenues une épreuve. À croire que certains souhaitent mettre le pays en pièces. Que reste-t-il du trop d'optimisme d'autrefois ? L'Euro de football fera peut-être triompher une France qui a besoin de sourire ?

***

Un ami feuillette les pages manuscrites de mon prochain journal et s'étonne : « Tu as subi les assauts de quelques complications médicales qui t'auront tourmenté cette année durant… Je sais, tu n'en as pas interrompu pour autant tes activités. Pourquoi n'en parles-tu pas dans ce récit ? Vanité ? » Je dirais plutôt pudeur. Je n'ai jamais compris cette hardiesse des diaristes qui content par le menu leurs petits ennuis. Il y a tellement de souffrances dans le monde que l'on ne saurait sacrifier à un festival de plaintes. S'étaler est vulgaire. Et si j'osais cette vulgarité !

***

Gladiateur des courts, il porte à la ville un sourire d'enfant. Il a pour lui la tête, les jambes et un bras gauche qui déchire la balle : ferveur, allure, style, Rafael Nadal est devenu légende. Comme Federer.

***

Terre brûlée que celle défrichée par le socialisme nouveau : la compagne du président Hollande soutient publiquement l'adversaire de Ségolène Royal aux législatives. Clochemerle au meilleur de sa vie. Les psychanalystes parlent d'une « rivalité entre une nouvelle conjointe et une ancienne ». Un classique du plus bel effet. Mais hélas un croche-pied à l'Élysée. Ces déboires d'ordre privé abîment la posture de l'homme d'état. Drôles de dames : l'une, très digne, l'autre peu courtoise. On ne décrète pas qu'on est « une femme libre » : il faut savoir en mesurer les éclats.

***

Bien sûr elle n'a pas gagné… et pourtant elle paraît en parfait équilibre. À l'Euro de football, l'équipe de France, contre celle d'Angleterre, a eu des étincelles qui promettent une espérance.

***

Oubliée la crise de la Grèce, tenus de loin les futurs éclats du football, pardonnées les offenses d'une certaine vulgarité politique, on ne parle plus, dans les médias et dans la rue, que de Valérie, la dame de l'Élysée, qui tweete en toute liberté. La voilà critiquée, malmenée par les siens, décrédibilisée par une attitude jugée absurde. Pourquoi cette attaque en règle ? Enfin, avec la gauche, on s'amuse.

***

Je voudrais tant revoir mon vieux camarade, Gabriel Matzneff, pour faire un tour d'horizon de ces quarante dernières années et surtout évoquer Henry de Montherlant, revisité aujourd'hui dans *Le Figaro littéraire* par Christian Daudet et quinze auteurs choisis. Il méritait plus mais c'est mieux que rien pour un immense écrivain oublié.

J'ai déjà beaucoup écrit à son sujet dans mon journal, je passe souvent devant sa maison quai Voltaire qui me rappelle un fâcheux souvenir. Dois-je encore en parler ? Venu chez lui pour une *Radioscopie* en direct (comme toujours) j'avais, à mon arrivée, glissé dangereusement sur les planches de son parquet ciré et bousculé l'un de ses bustes antiques. Il m'avait soigné, ce n'était que petites éraflures, à peine quelques gouttes de sang qui nous permirent toutefois de devenir immédiatement complices. La conversation de ce jour-là qui nous faisait si proches a déjà retenu l'attention de l'INA pour mon prochain CD consacré aux écrivains. J'estimais cet homme qui se voulait libre, débarrassé de toutes les conventions, seulement fidèle à l'écriture et à quelques chevaux de bataille, les toros et l'athlétisme entre autres. Nous avions disserté pendant et après l'émission sur *La Reine morte*, *Le Maître de Santiago*, *La ville dont le prince est un enfant* et bien évidemment sur ses carnets. Pour beaucoup qui hésitaient à l'approcher, Montherlant passait pour un aristocrate méprisant, un personnage inabordable et sans chaleur humaine. J'en juge autrement, il était la courtoisie même, par délicatesse il s'imposait une distance. C'était un grand bourgeois qui se voulait gentilhomme. Je lui avais proposé de donner une réponse rapide à des mots qui lui collaient à la peau :

Méprisant ?

« Non… mais ennemi de la familiarité qui est vulgaire. »

Libertin ?

« Ma façon d'aimer le bonheur. »

Hédoniste ?

« Pourquoi se priver du plaisir de vivre avant de mourir ? »

Célèbre ?

« Simple fatalité de besogneux. »

Grand écrivain ?

« On le saura dans cinquante ans lorsque je serai complètement en miettes. »

À notre dernière rencontre, il m'avait dit, d'une voix douce : « Je saurai choisir l'heure de mon départ. »

***

Qui aurait pu douter d'un vrai changement ? Le Premier ministre, aujourd'hui, invite la première dame de France à une « nécessaire discrétion ». Nous sommes en plein vaudeville !

***

On n'est pas chaviré, c'est vrai, mais plus simplement on se trouve heureux. À l'Opéra Bastille, l'*Arabella* de Richard Strauss nous donne à entendre une musique magnifique, toute en délicatesse. J'y retrouve dans le rôle-titre la belle Renée Fleming qui fit défaut au *Grand Échiquier*. Elle n'était pas coupable, j'étais seul en faute. Au Plaza, avenue Montaigne, nous avions décidé d'une date, dressé la liste de ses invités, fait le choix de ses interprétations avec l'Orchestre national de France, tout était en place. Hélas, quarante-huit heures après cette rencontre, j'eus la faiblesse d'accepter la direction générale des programmes de France 3. Piégé, j'abandonnai toutes mes émissions et, peu galant, faisait faux bond à ma chère diva. Aujourd'hui encore, je porte le poids de ce ratage. Heureusement, ce soir, je l'écoute. Critiquée à tort pour une tessiture inégale, Renée Fleming offre une voix magnifique, raffinée dans ses aigus et son timbre velouté. Philippe Jordan et l'Orchestre de l'Opéra ont déjà fait la preuve d'une cohésion totale, ils encorbellent ici une œuvre de grande qualité, magnifiée par l'apparition de Michael Volle, ardent dans une plénitude vocale et une interprétation de véritable acteur.

***

Bonheur musical à la basilique-cathédrale de Saint-Denis où dorment les rois de France. Renaud Capuçon dirige l'Orchestre de chambre de Stuttgart et se donne dans le même temps au violon. Admirable concert au cours duquel nous avons pu entendre la *Polonaise* de Schubert, la *Sérénade pour cordes* de Dvorak et surtout – pour moi une révélation – le *Concerto* de Peteris Vasks. Une œuvre magnifique, acrobatique côté soliste, secouée de rebondissements multiples, galopante ou retenue. Pourquoi n'est-elle pas jouée plus souvent ? Mystère. Merci, Renaud.

***

Toujours cet éternel cortège des âmes errantes ! Ils sont quatre de ma compagnie, en ce mois de juin, à quitter un monde où ils furent les témoins d'une vie gourmande : un peintre, Georges Mathieu, un chantre du football, Thierry Roland, une pianiste, Brigitte Engerer, un écrivain, Robert Sabatier. Belle brochette de personnages qui auront marqué leur temps. À lire la presse, on remarque que le plus populaire reste l'ami Thierry qui n'aurait jamais pu soupçonner qu'il susciterait pareille émotion. Il était, il est vrai, du fameux triangle d'or – Robert Chapatte (cyclisme), Roger Couderc (rugby) – qui avait donné au sport, à la télévision, ses lettres de noblesse. Notre petit Poulbot jouait une proximité avec le public qu'il amusait de ses fréquents dérapages. Il me disait : « Si je me contrôle, je ne suis plus moi-même. » Jamais il ne sut tricher, il en est payé en retour, ses partenaires du bout du voyage n'auront pas reçu, eux, semblable hommage. Indifférence des médias à tout ce qui n'est pas produit d'un marché, triste refus de ce qui est la vraie qualité, abandon de ce qui ne fait pas audience.

Maître de l'abstraction lyrique, Georges Mathieu, embarrassé par ses idées plutôt aristocratiques, aura passé son existence à laisser croire qu'il était arrogant, d'ascendance supérieure, il n'était que timidité et délicatesse. Nous avons eu de grandes heures de partage. Je lui avais confié l'étude du sigle d'Antenne 2. Je fus vite dans une difficile réflexion. Il avait dessiné une centaine de motifs. Envolées superbes qu'il fallait maîtriser et rendre à un exercice plus simple d'une mise sur orbite. Je plaidais pour la simplicité : « Nous devons être visibles. » Il rétorquait ! « Une naissance impose de la grandeur. » J'eus à choisir, il comprit nos intentions, on sait ce qu'il en fut. J'aimais ses toiles portées par la fulgurance de ses pinceaux, ses traits de couleurs lancés comme des engins de guerre. Aurai-je la chance de revoir *La Bataille de Bouvines* ?

Brigitte Engerer qui s'en est allée après des années de souffrances se montrait plus passionnée des autres que d'elle-même. Elle avait donné toute sa vie au piano, l'exigence lui était une priorité, elle fut souvent mon invitée, je l'avais accompagnée à Moscou où elle avait été la pensionnaire du conservatoire Tchaïkovski. Une certaine critique fut parfois sévère avec elle, mais, curieusement, cette même critique aimait la femme qu'elle était. J'aurais dû assister à son dernier concert d'à peine quelques jours – elle était arrivée appuyée sur une canne –, mais je faisais ce soir-là une petite visite à l'Hôtel-Dieu. J'aurai donc raté son ultime concerto de Schumann. C'était une belle âme.

Nous avions dîné ensemble chez Jérôme Béglé au début de l'année. Le petit garçon des *Allumettes suédoises*, devenu grand écrivain, aura supporté six derniers mois difficiles, il promenait un peu d'amertume, lui qui fut toujours homme de plaisirs. « J'ai rêvé ma vie, disait-il, aujourd'hui je rêve ma mort. » Il voulait que de lui on retienne ses beaux ouvrages sur l'*Histoire de la poésie française*. On se souviendra qu'il fut, lui-même, poète.

Juillet 2012

Gracias… comme titre, en première page, *L'Équipe*. Du football en habits de lumière. Une Espagne qui resplendit et oublie (pour un temps) ses ennuis. Quel talent dans ce collectif majeur : une sorte de génie dans les passes courtes, précises, rapides, de l'intelligence, une solidarité à toute épreuve et surtout le respect de l'autre. L'Espagne a mérité son triomphe à l'Euro 2012, l'Italie a fait noblement son parcours. Autant de seigneurs sur une pelouse où ont cru régner quelques voyous.

***

Hubert Le Roux m'adresse le manuscrit de la biographie qu'il consacre à Jean Lartéguy, l'un des compagnons de notre aventure indochinoise. Je l'ai lu dans la nuit pour pouvoir écrire ce matin la préface qui m'est demandée et que j'inscris aussitôt dans ce journal de l'année 2012. Une manière bienheureuse de parler d'un personnage haut en couleur dont je fus proche et que, bizarrement, j'ai oublié dans mes précédents récits.

***

Je ne l'ai pas revu aux dernières années d'une existence mouvementée propre aux hommes d'exception. Il s'était réfugié aux Invalides dans une certaine solitude seulement habitée de ses souvenirs. La biographie d'Hubert Le Roux, très fouillée, amicale mais sans complaisance, me fait revisiter ce qu'avec lui nous avons vécu dans les ailleurs du Sud-Est asiatique, j'y découvre des aspects que nous ne connaissions pas. Jean Lartéguy, qui avait la parole facile, portée jusqu'au lyrisme, était à la vérité un taiseux. Notre centurion se voulait de caractère complexe, affichait un cynisme désarmant qu'il poussait dans des contours de drôlerie. En Indochine on glosait avantageusement à son sujet, il ne faisait rien pour appeler l'amitié, persuadé qu'une trop grande familiarité frisait le vulgaire. Ensemble, là-bas, avec Lucien Bodard, Louis Guilbert, Yves Desjacques, Georges Kowal, Raoul Coutard, Pierre Schœndœrffer, nous aurons pataugé dans les rizières, grimpé des collines. Nous nous perdions dans la jungle à la recherche de fortins où bataillaient des commandos de soldats promis au massacre. Jean avait, comme nous tous, son carnet de notes accroché à une petite sacoche – la seule arme que nous possédions – et le soir nous échangions nos secrets. Il lui arrivait de traiter son monde avec une certaine suffisance. Il répétait sans cesse, c'était son bréviaire, une réflexion de Corneille : « Quiconque écrit s'engage. » il s'étonnait de ma présence parmi les siens, je n'avais pas, il est vrai, son expérience des champs de bataille : « Comment, disait-il, un enfant comme toi peut-il se mêler à une pareille guerre ? À ton âge on s'invente une légèreté. » Le réel l'occupait, mais aussi très souvent l'utopie. Je me souviens d'une réunion d'information chez le colonel Leroy, un Eurasien frémissant, fier gourou des milices chrétiennes où paradaient, dans le burlesque et la cruauté, trente mille hommes. Une véritable secte pareille aux autres compagnies turbulentes, incontrôlables, toutes opposées au gouvernement vietnamien : les Binh Xuyen, les Hoahaos, les caodaïstes. Autant d'illuminés perdus par leur seule ambition personnelle. Ce soir-là, dans l'habituelle chaleur du cognac-soda, Leroy nous avait révélé le secret d'une opération qu'il avait minutieusement préparée : « D'une forêt qui est la nôtre, j'ai tiré des arbres et fait construire des bateaux pour transporter toute ma troupe à Madagascar. » Nous étions en plein délire. Raymond Cartier et Lucien Bodard s'en amusaient ; invité de la dernière heure, je me voulais attentif. Jean

Lartéguy, lui, offrait sa participation au colonel – « Riche idée, je serai du voyage. » Bodard fut toujours persuadé qu'il le pensait vraiment. Évidemment, la chose ne fut pas accomplie.

De son appartenance à un certain passé, Lartéguy faisait mystère, comme pour mieux nous impressionner. Bodard était persuadé qu'il était des services secrets, Jean Hougron, qui inaugurait sa série romanesque *La Nuit indochinoise* se moquait gentiment de sa propension à vouloir dépasser Joseph Kessel dans le domaine de l'écriture, Louis Guilbert de l'agence Reuter l'appelait Lucien Osty – son vrai nom – pour le « ramener, disait-il, à sa vraie vie ». Je fus un temps son confident, j'avais découvert l'Asie, en 1948, avant lui me semble-t-il, il souhaitait entendre mes « impressions de bébé ». Il avait participé à toutes les campagnes, il avait failli y perdre une jambe, mais à la gloire des armées il préférait la plume. Il me l'avait répété tout un soir de ripaille : « Je serai un grand écrivain, mieux que beaucoup d'autres je saurai dire que l'opération policière en Indochine est une guerre sale. »

Dans cette biographie, remarquablement construite, Hubert Le Roux conte avec justesse la folie des événements qui ont conduit notre magnifique Vietnam aux abîmes. Des exactions commises début 1945 par les troupes nippones jusqu'à la tragédie de Diên Biên Phu. Il rappelle la détermination de Hô Chi Minh, marqué par son appartenance au communisme, les efforts de Leclerc pour négocier avec lui, l'arrivée de Bao Daï, personnage fantasque, à la tête d'un « Vietnam unifié ». Je n'oublierai jamais la défaite de nos troupes à Cao Bang au cours de laquelle le premier bataillon étranger de parachutistes fut anéanti. Je mêle parfois les dates mais jamais les événements, les rencontres, les turbulences. J'étais avec son fils Bernard lorsque, en 1951, le Cao Bang fit son entrée à Saigon. Lucien Bodard contribuait à mon apprentissage journalistique, il m'obligeait à fréquenter tous les cercles d'influence, les pires et les meilleurs, nous fréquentions les fumeries d'opium où complotaient les affiliés bourgeois du Cao Bang.

Comme Jean Lartéguy, j'avais mon couvert dans les cantines de la Légion étrangère. J'y bénéficiais de la complicité du colonel de Massignac, admirateur de Flaubert et de Proust, qui nous entraînait souvent en patrouille dans des coups de main hasardeux. Jean appréciait cette dangerosité et plaisantait : « Nous sommes de la race des héros ! » Que retenir de toutes ces années vécues, si loin de la France ? Tous nous étions attachés au pays que nous avions choisi d'aimer, aux habitants surtout, leurs malheurs étaient les nôtres, on s'était pris à rêver d'une heureuse possibilité, une marche réussie « vers une fusion du monde jaune et du monde occidental ». Nos soldats n'ont pas été battus, ce sont les politiques français qui les ont massacrés. C'est une histoire qu'il faudra écrire plus tard dans sa vérité la plus sordide.

Nous nous sommes crus asiates, Lartéguy l'était vraiment, comme mon ami, le photographe André Lebon, qui avait donné là-bas l'une de ses jambes. Toute sa vie il aura été définitivement marqué par ce continent lointain. Il avait écrit : « On ne sait jamais quand on revient d'Extrême-Orient ni dans quel état. Moi je n'en suis jamais revenu. » J'y pense, bien sûr, moi aussi, mais avec un recul désiré. Trop de tragédies ont entamé notre résistance au plus cruel, la chute de Diên Biên Phu fut le plus atroce de mon adolescence, ce mai 1954 nous fait encore frissonner d'effroi. Nous étions dans l'enfer, la France dans des affections tardives, le communisme avait fait son sale boulot, beaucoup des nôtres enfin se réveillaient, Jean, pas du tout rassuré, écrivait : « Les Français ne pensent plus qu'à s'enfermer dans leur petit pays… comme des vieillards. Ils veulent leur retraite, toucher des pensions… La France capitule par égoïsme, par paresse. » Il répétait sans cesse : « Nos concitoyens s'endorment dans notre douillette décadence. La grandeur et l'honneur leur sont des valeurs de peu d'importance. »

Pris par Lucien Bodard sous ses ailes de vieux Chinois, protégé par Yves Desjacques mon compagnon de Radio-France-Asie qui se voulait mon maître, conseillé par Michel Frois qui m'avait fait écrire mes deux premiers romans, je suivais, sur tous les terrains, notre glorieuse troupe de correspondants de guerre. Jean Lartéguy m'avait prévenu : « N'écoute pas ce que nos amis se forcent à t'enseigner. Fais seul ton chemin. » Cette préface promise fait resurgir des fantômes, des moments de douleurs mais aussi d'intenses émotions. Nous étions tous dans le Nord pour accueillir le général de Castries, qui commandait le camp de Diên Biên Phu, enfin libéré après quatre mois de captivité. Je voyais des rescapés en souffrance, je cherchai et trouvai mon cher Pierre Schœndœrffer : l'un de mes plus beaux matins. Je vivais à plein ces heures bienheureuses, Bodard et Lartéguy recueillaient les récits des officiers qui leur confiaient leur expérience du quotidien de l'horreur. Lucien racontait, Jean tirait les premières leçons de l'effroyable aventure : « Nous recevons des héros en miettes. De tous côtés, notre armée a été trahie. »

Tout ce que décrit Hubert Le Roux nous l'avons partiellement vécu, dans des conditions tout de même moins cruelles que celles de nos soldats. Nous avons accompagné, après la chute, la guerre des sectes qui furent le réceptacle de toutes les luttes intestines du nouveau Vietnam, nous avons éprouvé les tristes subtilités des peuples de ce très lointain de l'Asie, les retournements de la politique parisienne, la bassesse des sentiments. De Lartéguy, il faut relire *L'Adieu à Saigon*, « cette ville sale que la corruption aura conduite au bord du gouffre ». J'avoue avoir été plus proche de Bodard que de Lartéguy que j'admirais mais qui nous inquiétait. Raymond Cartier s'en méfiait : « Notre confrère sait trop de choses, puise à des sources bizarres, ses informateurs ne me semblent pas recommandables. » Malgré ces critiques souvent formulées, le personnage m'impressionnait. J'appréciais son talent de voyant, son humeur ravageuse, sa facilité d'écriture, sa sincérité dans nos personnelles discussions sur la religion dont il aurait aimé défendre la cause : « Ce que l'on m'a appris au catéchisme s'est dilué dans le mauvais enseignement que l'on en fait. On m'a toujours caché dans l'enfance que Jésus était juif. J'aime trop la vie pour l'enfermer dans les nouveaux dogmes. Je voudrais comprendre les mouvements tortueux de l'église et je n'y arrive plus. Il me reste la prière pour être encore de France et oublier qu'elle est vérolée par la suffisance des notables. »

Il me faudra relire demain *La Guerre nue*, *Les Rois mendiants*, *Les Centurions*, *Les Prétoriens*, considérer que l'écrivain ne valait pas l'homme, me souvenir d'un temps où des folies maîtrisées illuminaient notre jeunesse. J'étais à ses funérailles aux Invalides avec Raoul Coutard et Pierre Schœndœrffer. Dans la cour où l'armée faisait hommage à Lartéguy, l'ami Pierre me confiait : « Nous sommes tous les trois les derniers survivants de la caste fiévreuse des correspondants de guerre en Asie. Nous aurons vécu et nous aurons aimé. »

Sans doute sommes-nous restés « asiates » !

***

Julien Green me disait : « Si dans un Journal on se trouve incapable de livrer le plus intime il est préférable de se consacrer au roman ou de philosopher sur un essai. » J'ai vite compris que cela s'adressait à moi. C'est vrai, j'écris la vie du monde plus que la mienne. Et pourtant, ce 2 juillet, date de mon anniversaire, un grave problème de vue me fait revenir à mon passé et m'oblige à refouler une certaine pudeur. Pourquoi se raconte-t-on ? Pour s'oublier sans doute ! Je jette des mots, des phrases, je n'arrive plus à me relire. Je ne peux m'empêcher d'évoquer mes vingt ans lorsque, en Indochine, défait par mes blessures, j'entrais dans le noir le plus total…

***

L'intelligence, le panache, la dignité dans tous ses compartiments, ce respect dans lequel il tient ses adversaires, j'admire cet homme. Roger Federer est entré dans la légende, Wimbledon lui accorde une nouvelle couronne, il redevient le numéro 1 mondial devant un Andy Murray qui n'aura pas démérité… Cet immense champion est un exemple pour la jeunesse qui, dans les disciplines sportives, cherche ses héros. Les bleus du ballon rond, auprès de lui, devraient retenir la leçon. Les voyous ne sont plus de saison.

***

On a pu croire longtemps que les pouvoirs de la politique et de la religion imposaient la seule architecture possible de la société. L'ignorance conduisait à une obéissance stricte des règles et des dogmes. Le plus souvent sans esprit de réflexion. Au vrai en est-on aujourd'hui tellement éloigné ? Nous devrions avoir une manière personnelle de diriger nos vies. Se connaître soi-même permet de comprendre le monde. Il importe d'aller au fond de soi, de ne rien attendre des autres pour mieux les aimer.

***

Huit jours déjà sans lire ni écrire. Je vois de loin, seulement des ombres ; sont-elles mes fantômes d'autrefois ? Ma terrible blessure m'aura tout de même laissé soixante années de pur bonheur. Ce qu'il me faut retenir pour calmer une impatience.

***

Éternel… C'est le mot choisi pour ce coffret de Virgin Classics qu'Alain Manceron me demande de préfacer. Éternel, oui, il ne pouvait en être d'autre. Je le vois, je l'entends encore en majesté tel un roi dans son art. Toujours Maurice André et pour les temps qui viennent. Au fil de nos rencontres, je lui avais promis l'éternité, il plaisantait sur cette aimable prétention mais n'était pas éloigné de croire qu'il avait fait le bon chemin. Sa vie fut un miracle. Mineur de fond à quatorze ans il avait affirmé ses dons jusqu'à devenir le plus grand trompettiste du monde. Parfait exemple d'une ascension unique, absolue. Notre *Échiquier* compte parmi les plus émouvants de ma longue série. Il y avait chez lui une dignité qui emportait tout. Cela tenait à sa sincérité, sa délicatesse, plus encore son humanité. Rares les soirées qui offrent des joies si fortes.

Monté du cœur de la terre, il savait ce que pauvreté veut dire, il s'étonnait chaque jour de sa réussite, jamais il n'eut conscience qu'il avait des dons exceptionnels. Herbert von Karajan me disait : « Maurice a du génie, mais il manque d'ambition. Son souffle vaut de l'or. C'est à nous de le faire grimper aux sommets de la célébrité. » À la vérité, il lui importait peu d'afficher une notoriété, elle lui était donnée d'évidence, pour son instrument il cherchait simplement les plus beaux accents. Il avait du mérite. Il faut savoir en effet qu'il n'est rien de plus difficile, de plus douloureux que le feu des lèvres sur une embouchure. À la télévision, nous étions en direct et il fut à sa trompette deux heures durant. L'ensemble orchestral de Paris, sous la direction de Jean-Pierre Wallez, l'accompagnait et il eut pour complice cette nuit-là l'immense Dizzy Gillespie. Il voulait prouver ainsi que le classique et le jazz pouvaient s'accorder.

Sa fidélité aux origines était touchante. Il gardait toujours près de lui sa lampe de mineur et le petit tonneau à café qu'à son adolescence il emportait avec lui : « Ce sont mes objets de plus grande valeur. » Il n'avait rien perdu de sa fraîcheur d'enfant, la naïveté lui était parfois un bouclier. On aura compris à quel point je l'admirais… mais autant l'homme que le musicien. Sa proximité avec le public se révélait terre de partage. L'humour qu'il pratiquait sans méchanceté illuminait souvent son visage poupin. Je lui avais un soir posé cette question : « Aimes-tu la musique contemporaine ? » Réponse : « Non, pas du tout. Ce sont des bruits qui me rappellent trop ceux de la mine. »

Quel merveilleux cadeau ce coffret qui regroupe à la fois les grands concerts du répertoire avec les chefs et les orchestres les plus prestigieux, les grandes transcriptions pour trompette. Un vrai bonheur cet hommage si hautement mérité.

***

Ma presque nuit de plein jour et ce sentiment étrange d'être revisité par le destin. Six décennies durant j'ai refusé de parler et d'écrire sur l'année horrible de mes vingt ans, en Indochine, sur cette explosion au sortir du pont de Khanh Hoï, un pont miné, sur mes mois de grande solitude. Et c'est aujourd'hui, en 2012, que j'entre à nouveau dans le noir d'un printemps pluvieux. Je crois, toutefois, avoir la force de rebondir.

***

Mourir ne serait rien s'il n'y avait tant à perdre : une relecture complète de Victor Hugo, des soirées Verdi et Puccini à l'opéra, une revisite des temples d'Angkor. J'y songe ce soir en écoutant, sur France 2, aux Chorégies d'Orange, la retransmission de *La Bohème* portée par les très belles voix d'Inva Mula et Vittorio Grigolo. Magnifique préambule à la nuit.

***

Les tableaux et les sculptures, aujourd'hui, se ressemblent tous, c'est le temps de l'imitation affirmait Picasso : « Vous copiez, vous copiez et puis un jour vous ratez votre copie et vous faites une œuvre originale. » Nous n'avons donc aucune raison de désespérer !

***

Très belle soirée des *Secrets de l'Histoire* présentés par Stéphane Bern sur France 2. Ce soir, Isabelle la Catholique, la plus étrange des souveraines de l'Europe, est mise à la question. J'entends bien qu'elle fut, dans les années 1500, à l'origine de la réunification de l'Espagne, que Christophe Colomb lui doit d'avoir pu découvrir les Amériques mais je ne retiens que sa barbarie aux heures tragiques de l'Inquisition lorsque, au nom de son Dieu chrétien, elle torturait les juifs, les tuait ou les jetait à la mer. Cette intolérance religieuse est une des hontes de l'Histoire. L'hommage qu'aujourd'hui certains oublieux veulent rendre à cette reine me paraît être une sorte de revendication des anciens crimes. Que doit-on penser de ces prêtres, de ces grands d'Espagne qui demandent au pape la béatification d'Isabelle ? Une sainte cette dame ? Non, un poison.

***

Pour les favoris du Tour de France, balade bigourdane entre Aubisque, Tourmalet, Aspin et Peyresourde. Absence totale de panache. Des besogneux qui protègent leurs privilèges. Heureusement, il y a les sans-grades, les audacieux qui jouent pour le gain d'une étape. Et les héros du jour. Je regarde passer Thomas Voeckler en bas de notre maison, il est en tête, il sera partout à cette place, nos quatre cols l'auront sacré roi de la montagne.

***

Vous avez bien tiré, messieurs les Anglais. La cible est atteinte. En plein cœur du Tour. Deux d'entre vous aux premières places. D'abord Thomas Voeckler irrésistible dans les « contre la montre ». Ensuite, Christopher Froome possible futur vainqueur. En général épreuve de triste intérêt, toutefois quelques pépites. Des noms pour demain. Peter Sagan, Tejav van Garderen, Pierre Rolland, Thibaud Pinot. On peut tout espérer de ces hommes. Pour l'heure, nous en avons fini, ce dimanche, avec la ronde de ce juillet 2012 qui aura marqué une fois encore la force de France Télévisions. Beauté des images, découverte du patrimoine, carnet d'histoires.

***

Le grand soleil bigourdan donne des couleurs à mes yeux. Du moins, je me porte à croire que j'y vois mieux. Paul de Baros m'entraîne sur les hauts alpages où l'on cousine avec le Pic du Midi, le Vignemale, le Viscos, le Néouvielle aux neiges éternelles ! Magnifique panorama sur les vallées que l'on regarde à plus de 2 000 mètres dans la compagnie des chevaux qui vivent ici leur liberté et lèchent nos mains de sel. Charmes pyrénéens. Mes amis m'ont pris en charge, je ne conduis pas, je respire la montagne au bout de nos routes, Michel Rigot me fait passer la frontière par le col du Pourtalet. Comme l'Espagne est belle loin de ses feux de forêts. Avec Hugues de Roquette-Buisson, je revisite un petit col de campagne, la Croix-Blanche, avant d'attaquer, par Bagnères-de-Bigorre, l'imposant Tourmalet. Je veux tout revoir en préambule à l'envol définitif.

***

L'équipe du *Jour du Seigneur*, la plus ancienne émission de la télévision, placée aujourd'hui sous la responsabilité du père Jeannin, est venue me surprendre en Bigorre pour entendre un peu du bruit de mes routes d'enfance. Je vais donc refaire des promenades qui me sont familières. J'en sais le prix. J'en ai été privé huit années durant, le Sud-Est asiatique m'avait enlevé, mais je ne cessais d'écouter la musique de mes sources, qui coulent en moi depuis des siècles. L'entretien que me propose France 2 est le prétexte, disons le préambule, d'un moment de simple spiritualité : le 26 août la messe du dimanche sera célébrée en direct de l'abbaye de Saint-Savin, à deux pas de notre maison, par mon ami André Lacrampe, archevêque de Besançon, mais, mieux encore, enfant de Bigorre. L'abbatiale, chef-d'œuvre du XIIe siècle, est, à chaque retour dans mes Pyrénées, mon premier rendez-vous avec les terres des ancêtres, maternels et paternels. De là, je monte vers la vallée d'Azun et l'Extrême de Salles. Je dois tout à ce pays qui m'aura appris à aimer et à admirer.

***

Pardon pour cette suite de mots flatteurs. Ils reflètent la réalité. Tout était poésie, intelligence, rigueur, légèreté, humour, délicatesse. Danny Boyle a le génie des mises en scène grandioses qui savent éviter la facilité. J'en ai vu des cérémonies olympiques, celle de Londres m'a paru la plus créatrice. Une cavalcade de chariots de feu. Avec des invités inattendus, Bradley Wiggins en maillot jaune, Daniel Graig en James Bond entraînant la reine d'Angleterre dans son sillage, des scènes superbes, la plus étonnante rassemblant sept cheminées pour une évocation de la révolution industrielle. Pas la moindre fausse note, des enchaînements impossibles, un rythme effréné, la joie et l'émotion mêlées. Dix mille athlètes, un milliard de spectateurs.

***

J'accompagne ce matin des amis à la grotte de Lourdes. Sur le petit chemin de ronde, au-dessus des piscines ; on a lu cette inscription gravée dans la pierre : *Retrouver la foi est plus que recouvrer la vue.* À voir !

***

Je ne lis toujours pas, j'ai de plus en plus de mal à me relire, mais je regarde encore avec bienveillance des ombres sur le petit écran.

Août 2012

Je ne cesse de m'interroger. Serais-je rattrapé par des courants mauvais ? J'ai refusé, soixante années durant, d'écrire mon aventure indochinoise, les ressorts de ma blessure, ce saut sur une mine qui me fit aveugle à mon adolescence. Et voilà qu'au moment où je signe chez Flammarion mon contrat mes yeux me jouent de nouveau un sale tour. Évidente cruauté d'un destin !

***

Je l'aperçois, en ombres chinoises, sur tous les écrans. Il est – de peu – mon aîné et je l'admire. Critique, consultant, chroniqueur, avec intelligence et drôlerie, Philippe Tesson fait feu de tout bois dans les déserts médiatiques. Il accepte tout, il ne craint pas l'affrontement, je refuse la plupart des sollicitations. Est-ce vanité de ma part ?

***

Bigourdan depuis les origines je me plais quand même à saluer le béarnais Tony Estanguet, médaille d'or en canoë monoplace, super héros aux trois titres olympiques et surtout homme de qualité. Après l'épreuve si difficile dans les courants contraires du bassin, l'analyse du champion : « J'avais rendez-vous avec moi-même. » Beau sujet pour les candidats à Normale Sup'…

***

On prend la route de Gavarnie, on passe Gèdre, puis on monte par Héas – et sa chapelle – jusqu'au cirque de Troumouse, au départ de cols à 3 000 mètres dans des jardins de gentianes, de chardons bleus, de rhododendrons. Là-haut sont les marmottes, les isards, l'aigle royal, le vautour fauve, le gypaète barbu, c'est grandiose, unique, à la portée de tous. J'y suis lorsque le soleil dore la montagne. Deux fois déjà cette semaine.

***

Journées partagées entre montagne et Jeux olympiques. Oubliés les changements qui installent les notables socialistes aux meilleures places, ce qui est une caractéristique française. Le mérite n'est plus récompensé, le copinage revient aux affaires. Réjouissons-nous, l'honneur du moment est essentiellement sportif. Le respect de l'adversaire accompagne chaque combat. Les champions nous font gommer la vulgarité chronique de quelques footballeurs en rupture de simple intelligence, ceux de ce vendredi sont d'or et admirables : Teddy Riner et Florent Manaudou n'ont pas manqué leur rendez-vous, le premier en judo, le second sur 50 mètres nage libre. Quatre années d'abnégation et de souffrances pour nous donner quelques minutes de bonheur.

***

L'accident de juillet qui voile mes yeux retarde singulièrement l'écriture du récit consacré à mon adolescence chahutée. Mon regard est en repos. Les balades et une solitude choisie m'autorisent à mettre de l'ordre dans mes souvenirs.

***

Est-ce une promesse ? Ma femme qui fait le ménage dans mes placards encombrés découvre un magnifique tableau en noir et blanc offert par l'ami Joseph Delteil. J'y vois un pronostic heureux ; une phrase en lettres majuscules inscrite dans un grand cercle écrase l'œuvre : « Ce matin, l'œil est le prince du monde. » Le document photographique est signé. Je n'arrive pas à en reconnaître l'auteur.

***

La perle noire des Jeux de Londres. Un pur-sang livré à la piste. Intelligence de la course, élégance du geste, drôlerie des altitudes. Une technique sans faille fruit d'un travail de plusieurs années d'esclavage. Usain Bolt conserve ce soir son titre olympique du 100 mètres en neuf secondes soixante-trois. Le plus émouvant de ce superbe moment : le silence absolu observé au départ par tout un stade en extase.

***

Toujours en promenade dans mes chères hautes Pyrénées. J'en connais tous les chemins, j'y retrouve mes lieux de mémoire, je m'attarde aux églises qui sont de vrais chefs-d'œuvre d'architecture, avec mon ami Michel Rigot je me plais à admirer les clochers de Sère, Geu, Boo-Silhen. Tant de beautés si peu visitées ! Grâce des villages que les touristes croisent sans savoir les regarder.

***

J'ai rêvé cette nuit d'un aboutissement. J'ai cru un moment que j'avais terminé ce récit de mes premières années asiatiques. Réveil brutal. La réalité est moins heureuse : je n'ai rien écrit de cette aventure, je devrais me forcer à oser commencer… mais je n'ai pas aujourd'hui le bon regard sur les gens et les choses. Reste ce journal où j'aligne des notes et me livre plus que d'habitude. Depuis un mois – je me répète sans doute ! –, je ne lis plus. Mes lunettes-loupe et une lampe à haut voltage frôlant mes pages n'y font rien. J'espère l'éclaircie ; j'ai sur mon bureau les romans de Florian Zeller, *La Jouissance*, et de Laurent Gaudé, *Pour seul cortège*. Ils me sont pour l'instant interdits, je les ai mis en attente. Vais-je savoir calmer mon impatience ?

***

Il m'a fallu répondre non aux sollicitations de la radio et de la télévision. On me demande de parler de Michel Polac que je connaissais mal et avec lequel il n'y eut jamais pacte d'amitié. De l'homme je ne saurais rien dire, du professionnel je peux vanter les audaces, les libertés d'esprit, un vrai talent de comédien qui fit de son *Droit de réponse* le grand forum de la provocation, un tableau exact de la comédie humaine. Pourtant de son aventure médiatique je retiendrai plutôt la création – avec François-Régis Bastide – du *Masque et la Plume* qui, aujourd'hui encore, réjouit les antennes nationales autour de Jérôme Garcin.

***

On ne lutte pas contre une telle légende. Tout a été dit à son sujet, les adjectifs ne suffiront plus. Usain Bolt est la parfaite incarnation des épreuves-reines des Jeux, le 100 mètres et le 200 mètres. Comme Jesse Owens et Carl Lewis en leur temps, il fait chanter une époque qui a bien besoin de rêver. Vive la Jamaïque.

***

Enfin du sport qui n'est pas pollué par l'argent, enfin des sportifs qui savent ce que respect veut dire, respect du public, courtoisie face à l'adversaire, noblesse des sentiments. Les Olympiades nous auront fait oublier les habituels jeux du cirque. Nous avons eu, nous Français, de splendides réussites, de glorieux échecs, nous retiendrons seulement la qualité de la participation, la beauté des images, les feux du spectacle. À la vérité, les médailles importent peu, ce qui séduit c'est la magnificence des gestes, ceux des naïades dans leurs ballets aquatiques, des gymnastes jonglant avec ballons et rubans, des plongeurs aux multiples cascades, des fous du trampoline et de la barre fixe, des coureurs à la jambe arabesque. Qui pourra nous donner cette extase quotidienne ?

***

Il y a quelque vanité à vouloir faire simple. Les préoccupations démagogiques de notre président ne sauraient éblouir personne. Prendre le train, le métro ou le bus ne devraient pas être du domaine d'un chef d'État. Demain se résoudra-t-il à l'auto-stop ? Absurde cette manière de croire qu'il se rapproche ainsi du peuple ? Surtout n'avançons pas qu'il y a dans sa geste entretenue une éclaircie financière, c'est tout le contraire : les services de sécurité sont obligés de doubler leurs moyens. La banalité coûte cher mais ce n'est pas notre obsession.

C'est l'image de la France qui est en berne. On peut regretter le manque de panache. Que souhaitons-nous ? Un homme au sommet qui n'est pas tout à fait comme les autres. À se commettre, on se condamne.

***

Toujours ces questions que la presse pose en août lorsqu'il n'y a rien à dire. Celle d'aujourd'hui : « Votre meilleur souvenir des Jeux ? » Réponse d'évidence : « La natation, la perche, les filles du basket, les hommes du hand-ball. » En prenant le temps de réfléchir, on devrait trouver plus encore, l'or féminin du VTT par exemple…

***

La montagne et la musique pour me sauver du clair-obscur. Ce matin deux cols au programme, ceux de Courraduc, possible arrivée d'un Tour de France après l'Aubisque et Bazès où ne vont que les courageux capables d'abîmer leur voiture, assez curieux pour garnir des panières de myrtilles. L'après-midi, dans mon bureau, retrouvailles avec Karajan, l'Orchestre philharmonique de Berlin et Anne-Sophie Mutter que le maître m'avait « offert » pour son *Échiquier*, elle avait alors quatorze ans. Je les écoute dans les deux Concertos rassemblés sur le même CD, ceux de Félix Mendelssohn et de Max Bruch. La grâce de la violoniste, le génie du chef, des moments d'éternité.

***

On n'en est pas encore revenu de ces déchirures, vieilles guerres fomentées par les religions, et on finit par s'étonner d'éventuelles réconciliations. On parle aujourd'hui d'un événement que certains qualifient d' « historique » : le patriarche de l'église orthodoxe de Russie rencontre le président de l'épiscopat catholique de Pologne. Serait-ce un prélude à un sommet au Vatican ou à Moscou ? Va-t-on enfin enterrer les dogmes ? Il faudra que les prophètes de tous les cultes s'unissent. L'érosion des valeurs chrétiennes, la montée des évangéliques, la folie des sectes, la force nouvelle de l'islamisme engagent à faire front commun. Il faut se méfier aussi de l'appel au plus haut lancé par un notable orthodoxe de Saint-Pétersbourg : « Le pouvoir vient de Dieu et si Poutine est au pouvoir c'est que Dieu le veut. »

***

Rediffusion sur Arte d'un document auquel j'ai participé et que j'avais raté à son premier passage à l'antenne. Marie-Claire Margossian souhaitant rendre hommage à Arthur Rubinstein a dessiné en une petite heure le plus éclatant des portraits. Vivant, amusé, craquant de drôlerie, avec en contre-point de merveilleuses interprétations du maître-pianiste. Mozart, Brahms, Haydn, qui de lui furent tant aimés. On me voit beaucoup, je parle longtemps, mais ai-je bien su dire l'admiration que je portais à cet homme. Il y a mille anecdotes qu'à son sujet on pourrait évoquer mais il y faudrait tout un livre. Je retiens ici seulement deux de ses « confidences » : « Il existe dans le monde une bonne centaine de pianistes bien meilleurs que moi. Mais il n'y a d'unique que Rubinstein… » ; « Une dame me disait après un concert : “Vous êtes un dieu.” Je lui répondis : “Hélas Dieu n'est pas pianiste.” Grâce à Marie-Claire Margossian, j'ai pu retrouver l'hôtel particulier de l'avenue Foch – qu'elle a acheté pour l'enlever aux prétentions des promoteurs et où j'ai passé des années durant de splendides soirées.

***

Les voyages seraient plus agréables s'il n'y avait pas pour les éprouver le passage obligé dans les aéroports, ces lieux de marches forcées, tout au long d'interminables couloirs, dans les contours de l'exode estival auquel nous participons tous. J'ai quitté mes montagnes, je rejoins la mer pour un périple qui croise Istanbul. Dalaman, Göcek où nous attend le magnifique voilier *Roxane* lancé par ma « petite sœur », Monique Pozzo di Borgo. Homme des sommets enneigés, je ne me vois pas moussaillon, mais je suis prêt à me laisser guider entre Turquie et Grèce. Nous frôlons des collines, de hauts rochers blancs, c'est comme un bout du monde qui s'offre en demi-teinte à mon regard voilé.

***

Aux approches de Fethiye, un grand dauphin noir nous fait les honneurs du port, glisse dans notre sillage, bondissant, pareil à un ami qui s'inviterait à bord.

***

Beauté sauvage des côtes turques où sur les rochers poussent des arbres qui vous tendent des branches comme on vous prend la main. Passivité des gens sur les ports. Plus de mini-jupes qui délivrent la jambe que de foulards qui encombrent la tête. À Fethiye, à Kas et partout ailleurs les ruines d'anciennes forteresses, des vestiges d'amphithéâtres surplombent le rivage. La trace dernière des plus folles aventures. Je nous crois un moment tels des croisés filant à Jérusalem.

***

Toujours incapable de me lancer dans de longs récits, mes yeux ne tiennent plus la distance, on me demande de patienter encore quelques mois ! Mon moral, heureusement, n'est pas atteint, je suis encore dévoré de gourmandises. La nature est belle comme la vie, je n'en perds pas une miette. Nous accostons à Kasteloriso, en Grèce, à une portée d'arquebuse de la Turquie. Des maisons en forme de cubes, une symphonie en blanc, une eau transparente. Et, pour comble de bonheur, une excursion dans l'île, par la mer, dans le creux d'un rocher où l'on entre par une ouverture invisible aux non-initiés. On y passe allongés dans la barque plate d'un guide. Ce qui nous est donné au-delà de cette limite est du domaine du merveilleux. Nous sommes dans la grotte bleue, sous un plafond de pierres sculptées par les siècles, une sorte de cirque, un petit lac tranquille aux eaux bleues à la Chagall, un vrai tableau de grand maître. Personne pour m'expliquer ce mystère, une diffraction de la lumière suppose ma femme, je m'interroge. À la vérité, j'aime bien ne pas comprendre.

***

La mer est un étrange pays, on ne lui connaît pas de frontière ; dans cet immense ailleurs, on n'appartient plus à personne, seulement au vent.

***

Le père Jeannin, patron du *Jour du Seigneur*, m'a fait l'amitié de choisir l'abbatiale de Saint-Savin, chef-d'œuvre du XIIe siècle, à deux pas de notre maison, pour lieu de Messe, ce dimanche de fin août. Nous avons ensemble défini les contours de la cérémonie, j'ai accepté la proposition de Laurence Chartier qui me demande de présenter mes chemins de Bigorre, mes routes d'enfance. Ce reportage où chantent mes montagnes précède l'office célébré par Monseigneur André Lacrampe, archevêque de Besançon mais mieux encore : mon ami. Nos naissances ont eu pour berceau deux villages voisins, nos pères étaient inséparables, il est prêtre, c'est un saint et moi je me cherche encore. Nous poursuivons depuis près d'un demi-siècle une conversation autour de cette affirmation, la mienne : « Les dogmes empoisonnent les religions. » Évidemment, il n'est pas d'accord mais nous n'arrivons pas à nous fâcher. Je plaide, né catholique, pour le soufisme et le bouddhisme qui sont des philosophies. Le premier prône une spiritualité qui développe les forces créatrices, le second oppose à la foi et à la croyance, le savoir et le souci de comprendre.

Sur l'écran de France 2, André fait une remarquable homélie, celle d'un homme de paix qui toujours aura enseigné la tolérance. Je le regarde de loin, dans un environnement de vagues où glissent les dauphins, devant Kekova, sur les côtes de Turquie. Je me crois, à l'entendre, sous les voûtes de mon abbaye préférée…

***

Cet abandon à la mer pour tout oublier, tenter d'apercevoir l'inconnu de nouveaux paysages, rêver de lectures, reposer mes yeux. Quand donc reviendra le temps qui m'offrait ses lumières ?

***

Au bout du voyage, à Antalya, j'apprends la mort de Jean-Luc Delarue. Je lui avais consacré trois pages de mon *Dictionnaire amoureux*. Il était prévisible que sa sortie serait malheureuse. Avant que de souffrir son dernier mal, il s'était brûlé au feu d'ardeurs démesurées. Parfait acrobate du faire-savoir, il eut des débuts prometteurs dans un genre promis à la légèreté. Il était à mes yeux de cette secte d'infiltrés qui, à la télévision, pensaient pouvoir apporter de nouvelles couleurs, offrir un langage nouveau. Il fut champion à sa manière, enfiévré puis absent. Je le croyais apaisé.

Septembre 2012

Cinq cent vingt-six romans en librairie pour cette rentrée de septembre. J'en entends les rumeurs. Hier – je serais tenté de dire autrefois –, je lisais une quarantaine de ces nouveautés qui faisaient le bonheur de mes vacances. Aujourd'hui plus un seul. Tristesse d'un presque noir qui pèse.

***

Heureusement, il y a la télévision, le seul horizon promis à mon regard de maintenant. L'image est floue, je distingue des formes, j'écoute de plus en plus, de mieux en mieux. Une nouvelle saison commence, peut-être celle d'un art de vivre où pour se défaire de la politique on pourra parler de choses légères comme le cinéma, le théâtre, la littérature autour d'un petit écran qu'on ne saurait me forcer à détester. Et pourtant ! Peu de programmes qui permettent d'apprendre plus encore, trop de bavardage, de jeux sans intérêt. Les émissions qui ont fait leurs preuves ces dernières années sont au rendez-vous. *Le Grand Journal* reste le plateau favori des petits soldats de l'actualité, des gens de pouvoir, c'est l'un des phares de Canal +, avec *Engrenages* qui en est déjà à sa quatrième saison. Je regrette la fin prochaine de *Secrets d'histoire*, *Des Racines et des Ailes*. J'attends un sursaut, je retrouve *La Grande Librairie* de François Busnel, *C à vous*, *Mots croisés*, j'espère une embellie des journaux télévisés abîmés par l'habitude. Que sera demain le miracle culturel dont on nous bassine, qui annoncera la nécessaire émission musicale que tout le monde attend, va-t-on encore sur les chaînes publiques sacrifier à l'audience ?

***

Soirée d'amitié avec Serge Kampf. J'admire cet homme qui, partant de zéro, avec son seul diplôme d'ingénieur, a bâti l'un des plus beaux empires de l'économie française : Capgemini, cent trente mille salariés, des satellites puissants en Inde et en Chine. Mécène du rugby, particulièrement attaché à Biarritz, à Grenoble, aux Barbarians, sa générosité est sans limite. Un livre de Tristan Gaston-Breton contera demain son exceptionnelle aventure, j'attends à cette heure les premières pages manuscrites, nombreux ceux qui parlent de lui mais saura-t-il se confier ? Sa pudeur est extrême, difficile à égratigner. J'aurais pu écrire sa biographie mais nous sommes trop proches. J'aurais trop à dire.

***

Comme d'habitude lorsqu'il revient de ses courses musicales, pause-cigare, chez moi, avec Renaud Capuçon, l'un des violonistes les plus doués de sa génération, adulé, citoyen du monde où il joue en permanence. Des succès sans doute et sur toutes les scènes… mais trop de concerts, une telle cadence, peuvent abîmer une vie familiale. Je lui en fais le reproche, mais sa jeunesse plaide contre moi. Aujourd'hui encore, chance d'une conversation où tous les sujets sont abordés, politique comprise (et il faut à cette heure du courage pour oser croire à sa nécessité). Je me réjouis d'aller l'entendre demain au Théâtre des Champs-Élysées où, avec l'Orchestre National, il donne le *Triple Concerto* de Beethoven.

***

Ils n'ont pas de jambes, pas de bras, ils sont aveugles, ils ont été touchés à la naissance ou par accident, ils sont admirables, leur courage fait des Jeux paralympiques l'épreuve reine du sport, entré enfin dans sa vraie dimension, celle de la reconquête. Les sprinters du 100, 200 et 400 mètres foncent sur leurs drôles de tiges pareilles à des pattes de pélican. Ils parlent de leur handicap avec un humour qui désarçonne. Ainsi Martine Wright, amputée des deux jambes à la suite d'un attentat en 2005 : « Si ça pue des pieds ici, ça ne vient pas de moi. » Elle seule peut le dire. J'admire cette volonté de résister jusqu'au bout. À les suivre on devrait hésiter à se plaindre.

***

C'est la simple et douloureuse histoire d'une poignée de survivants qui s'accrochent à leur terre natale. Nous sommes en Louisiane, sur fond de tragédie, Benh Zeitlin compose un acte poétique. Son film, *Les Bêtes du Sud sauvage*, met en scène une petite fille de six ans, lumineuse, dont on ne peut plus oublier le regard, qui est un pur éblouissement, rencontrée par hasard par le réalisateur. Elle s'appelle Quvenzhané Wallis, elle est d'ébène de cœur et de peau. Son père, sur l'écran, avec lequel elle entretient un amour désespéré, est lui aussi un amateur, boulanger de son état, promis sans doute à un autre métier : Dwight Henry est de la race des grands acteurs. L'histoire traite de ces espèces humaines en voie de disparition, de ces mondes que l'on raye de la carte, de pays que l'on sacrifie. L'œuvre est belle, célébrée ici au festival de Deauville par un public unanime dans l'éloge. Je m'en veux de n'avoir pas su en goûter l'excellence : des longueurs, du répétitif… Mais il y a la « petite », l'admirable.

***

Le Stade de France affichera complet la prochaine fois : les Bleus sont de retour. Après des années d'infortune, l'équipe de France de football semble avoir mesuré la distance qui la séparait de son public. Finis les chamailleries, les vulgarités, l'enfantillage entretenu ; la mauvaise graine n'a pas sa place dans le paysage. Contre la Biélorussie, dans la perspective de la Coupe du monde, nos joueurs ont fait preuve d'une belle honnêteté de terrain : cohésion, enthousiasme, disponibilité. Le résultat est excellent mais il m'importe moins que l'unité et l'éthique enfin reconquises.

***

J'avais publié dans ma collection « Idée fixe », chez Julliard, son livre *Les Moins de seize ans* qui fit scandale. Nous nous étions perdus de vue. Je le retrouve aujourd'hui et j'ai l'impression, après trois décennies d'absence, que nous ne nous sommes jamais quittés. Gabriel Matzneff, authentique écrivain du XXe siècle, a toujours, à soixante-dix-huit ans, cette allure de jeune homme qui plaisait tant aux jeunes filles. Nous revenons, par le souvenir, à nos chemins d'avant, bellement fréquentés, lorsque, avec Michel Lancelot et Henri Chapier, nous nous prenions pour des mousquetaires de la presse. Discussion quelque peu éparpillée. Nous évoquons la Russie, terre de ses ancêtres – il ne porte pas son titre de comte sauf en Italie qui respecte la tradition –, nous parlons évidemment littérature, des écrivains qui ne versent plus dans la folie mais s'échinent à la provocation, l'orthodoxie l'occupe encore et la grâce féminine lui est toujours de première nécessité. Nous sommes ensemble, comme autrefois : l'amitié résiste au temps.

***

Il suffit parfois d'un mot pour entrer dans l'histoire. Ainsi, l'agenda est au cœur des conversations de septembre. François Hollande en a fait son alibi. Ordonner des rencontres paraît plus aisé que de prendre des décisions.

***

Je les rencontre au hasard de mes promenades. Ils vivent au bout des vallées, en altitude, étrangers aux rumeurs de la ville, ils ne manifestent jamais, ils sont pauvres mais heureux. Leur richesse tient au cœur, au refus des belles manières hypocrites, à la tradition. Jamais ils n'ont perdu leurs repères, les turbulences d'une fausse modernité ne les occupent guère, ils ne subissent pas la pollution des vanités carriéristes, ils sont eux-mêmes. J'aime ces gens.

***

Quatre mois après une défaite imposée par les bobos, Nicolas Sarkozy occupe encore la une des conversations, convaincu que le silence fait du bruit. N'épousant jamais publiquement le rêve de ses partisans qui croient en son possible retour, il donne à son bastion de la rue Miromesnil des allures d'île d'Elbe. Aux premiers jours de son départ de l'Élysée, certains de ceux qui l'avaient élevé au rang de notables ont manifesté à son égard une élégante discrétion mais les temps ont changé. Alain Minc, son conseiller toujours aux aguets, le dit à sa manière : « Avant l'été les gens allaient voir Sarkozy par correction, maintenant ils y vont par intérêt. »

***

Pour la première fois, je ne suis pas au rendez-vous que l'édition me fixait. J'aurais dû remettre mon manuscrit *Hôtel Continental* ce 15 septembre à Flammarion. Je l'avais promis à Guillaume Robert mais les ennuis qui me tiennent depuis juillet – ce tremblement de la vue – m'interdisent l'écriture du récit de ma jeunesse asiatique. Mes yeux battent la chamade, je navigue dans un monde de nouvelles images, mon moral est intact, je « positive » comme on dit dans les mauvaises publicités. De mes amis pleuvent des recommandations : « Tu devrais dicter » devient leur leitmotiv. S'il s'agissait d'un simple article je pourrais sans doute, hélas ma mémoire a besoin d'une béquille et seul mon stylo-feutre a cette vertu. J'ai toujours aimé ce compagnon fidèle que je n'ai pas su tromper à l'heure où l'ordinateur faisait son entrée dans le monde. La longue chevauchée des mots m'est pour l'instant interdite. Je poursuis l'aventure de ce journal, par courtes observations, sans pouvoir me relire, Josette Kominek qui connaît mon étrange calligraphie saura, elle, y voir plus clair. Je me suis pris à accepter une situation aussi malencontreuse, l'Hôtel Continental qui fut à Saigon une terre promise assez baroque m'ouvrira bien ses portes un de ces prochains mois. L'espérance n'est pas un luxe.

Jamais je n'aurais pu penser dans mes aventures adolescentes que j'atteindrais et même dépasserais ce cap incroyable : quatre-vingts ans. Je n'arrive toujours pas à prendre la chose au sérieux car, par un mouvement de pure folie, je me crois encore jeune. Cela tient, malgré les ennuis, à une fabuleuse envie de vivre, à un enthousiasme jamais pris en défaut, à une permanente curiosité. Dans mon recueil de maximes – *Fugacités* –, j'écrivais il y a une dizaine d'années : « J'ai été vieux trop tôt, je suis jeune trop tard. » L'Indochine m'avait fait adulte, le XXe siècle me rend enfant. Je ne crains pas cette anomalie, au contraire elle me réconforte. Merci à celui qui a su me convaincre de ne pas encombrer mon nombril, d'estimer que l'autre mérite toute notre attention. Mon père, ma lumière.

***

Bien des chaînes thématiques – Jimmy et NRJ 12 entre autres – ont mis aujourd'hui leur écran en berne. Le juge Cordier y était chez lui, quasiment en continu, après avoir fréquenté les antennes nationales. Il s'éloigne au dernier épisode. Pierre Mondy était de toutes les aventures, empereur d'un *Austerlitz*, troufion dans *La Septième Compagnie*. Il aura tout joué, au cinéma, au théâtre, à la télévision, à la radio, auréolé de sa rondeur, de sa faconde et de ses doutes. Je ne l'ai pas revu depuis des années, un différend sentimental qui l'avait blessé et dont j'avais été le témoin nous avait séparés. J'aimais sa douce manière de se moquer de lui-même. « Au cours Simon, disait-il, le maître avait exigé que je change de nom, mon vrai patronyme, Pierre Cuq, passait mal dans les conversations. Pour me convaincre il m'avait servi l'une de ses phrases dont il avait le secret : “On ne devra pas plaisanter demain en affirmant que vous jouez comme votre nom l’indique”. » Tout lui était plaisanterie, mais il ne supportait pas la moindre critique.

***

Un copain retrouvé m’entraîne aux Bernardins où s’achève un colloque sur « la foi et la science ». Nous écoutons les derniers échos de la rencontre, c’est à la fois brillant et confus, puis, à la sortie, Stéphane B. me demande : « Qu’aurais-tu dit, brièvement, sur ce sujet ? » J’aurais été sans doute ridicule. Avec la foi et la science nous sommes entre révélation et démonstration. La foi peut illuminer des fragments de vie, la science a pour mission de changer le monde, de le faire progresser, mais elle l’abîme aussi, sacrifiant à la modernité qui est un leurre. Nous avons des savants, nous manquons de prophètes capables d’offrir des perceptions possibles, humaines. La spiritualité est la seule alternative, elle délivre de l’embrigadement qu’imposent les religions. Je souffre de cette avalanche de dogmes que partout on assène, j’entends plus volontiers les appels du chofar, de la cloche ou des muezzins, cette musique devrait suffire : les chants liturgiques me touchent plus que des paroles incompréhensibles. Comme toujours je m’en tiens aux mystères de la foi… L’irrationnel est une réalité.

***

La peur que laisse planer l’arrivée de Direct 8 – aujourd’hui D8 – sur les directions des chaînes généralistes me paraît inquiétante. La création d’un modèle nouveau serait-elle donc une insulte au vieillissement naturel des anciens réseaux ? Faudrait-il qu’un grand groupe comme Canal + s’interdise de trouver des relais pour résister aux influences venues d’ailleurs ? Je me suis toujours étonné de constater l’existence d’une « Autorité de la concurrence ». Que sont tous ces flics – CSA compris – acharnés à endormir de belles idées pour protéger des monopoles ? La concurrence devrait être un outil de progression et non pas une arme de dissuasion. On se trompe en politique sur les décisions à prendre. Bertrand Meheut, le PDG de Canal +, a réussi son coup de force à son arrivée en sauvant et en imposant une télé payante qui rassemble à cette heure dix millions d'abonnés. Direct 8 est une chaîne pour le paysage audiovisuel qui a enfanté ces dernières années des chaînes ringardes. L'ambition n'est pas un péché.

***

Ils sont une cinquantaine de braillards avenue Georges-Mandel considérée comme l'un des hauts lieux des beaux quartiers. Que font-ils là ? L'un d'entre eux, gêné d'être de cette compagnie hurlante, me prend à l'écart, m'affirme qu'ils tiennent à montrer « dans des endroits pour eux insolites », qu'on ne peut pas ridiculiser leur religion. Ces fanatiques ont déjà manifesté devant l'ambassade américaine. Ils se veulent justiciers, ils seraient manipulés par un imam de banlieue. C'est tout le problème. Les salafistes et autres sectaires font beaucoup de mal à la grande communauté française musulmane. Il importe de ne pas se laisser déborder par une minorité seulement armée par l'ignorance. La colère de ces jeunes vise un film nul et détestable que personne n'a vu. Mahomet dont on pense assurer la défense – il n'a aucun besoin de pareils supporters – est prétexte à ce déferlement. Les faux bigots sont partout insupportables.

***

La chaîne était prête depuis des mois. Il aura fallu attendre le bon vouloir du Conseil supérieur de l'audiovisuel pour qu'elle soit officiellement validée. Direct 8 devenue D8, rachetée à Vincent Bolloré par Bertrand Meheut et mise sur écran par Rodolphe Belmer, devra toutefois, pour ne point heurter les grands groupes généralistes, observer des « conditions rigoureuses » en matière de séries, de films et de sport. Absurde limitation imposée. Je n'entre pas dans cette querelle dont le Qatar n'a pas eu à souffrir. Canal + qui a tant œuvré pour la nouveauté, la recherche et le triomphe du cinéma n'a pas à recevoir des leçons d'un conclave de fonctionnaires dévoués.

***

Ils sont morts sur la route, au volant de leur voiture, à quelques jours d'intervalle, il y a cinquante ans. Roger Nimier et Jean-René Huguenin, écrivains en pleine ascension, enrageaient d'être nés trop tard dans un siècle trop vieux. Ils avaient fait leurs preuves, ils attendaient de donner leur grand livre. *Le Hussard bleu* ou *Les Enfants tristes* du premier, *La Côte sauvage* du second étaient des romans d'apprentissage. Que seraient-ils devenus si le grand âge leur avait été accordé ?

***

Dans *Secrets d'Histoire* sur France 2, je retrouve les Grimaldi, princes de Monaco, leur petit rocher que je ne fréquente plus depuis une quinzaine d'années. Et pourtant j'y ai fait tant de rencontres ! Rainier d'abord qui fut mon invité à *Radioscopie*, que j'accompagnai comme juré au festival du cirque, Grace ensuite, l'une des perles du *Grand Échiquier*, au Théâtre de Monte-Carlo, sublime de beauté, qui me touchait par sa courtoisie, sa drôlerie que l'on ne croyait pas évidente. Georges Prêtre et l'Orchestre de l'Opéra étaient de la fête, avec ma chère Joséphine Baker, ainsi que Serge Lifar dont les bavardages incontrôlables auraient pu abîmer l'émission si le prince et la princesse n'y avaient pas apporté une pointe d'humour. Il y eut aussi pour m'étourdir de séduction leur fille Caroline avec laquelle j'avais exploré le charme artistique de la principauté. Je me suis souvenu, en suivant le programme de Stéphane Bern, du film que j'avais réalisé là-bas avec la complicité de Nicolas Ribowski. La princesse Grace y était remarquable de simplicité et d'érudition. J'ignore ce qu'il est advenu de ce document. L'INA le délivrera peut-être de sa prison pour un prochain anniversaire…

***

Sur France 2 et France 3 tardive ballade chantée. Conflit de famille, concurrence stupide des deux chaînes publiques. La première affiche Julien Clerc, la seconde Michel Sardou. À la même heure, aux approches de la nuit. Sans commentaire.

***

Elle fut de notre combat, une confidente, lorsque, avec Marcel Jullian nous avions créé Antenne 2. Intelligente, cultivée, Sylvie Genevoix nous aidait à traverser les barbelés de la télévision, son sérieux avait toujours raison de notre légèreté. Nous l'avons connue ensuite journaliste, écrivain, éditeur, membre influent du Conseil supérieur de l'Audiovisuel. Elle m'avait écrit en janvier, nous nous étions rencontrés, elle tenait à un projet mené par un groupe d'intellectuels : il était alors question de transférer les cendres de Maurice Genevoix, son père, au Panthéon. En 2014, pour le centenaire de la Grande Guerre. L'idée est-elle abandonnée ? Ce serait rendre hommage à tous ces sacrifiés que de leur donner une place au Monument. Je pense particulièrement à mon père qui avait avec le secrétaire perpétuel de l'Académie française une complicité émouvante que parfois on moquait. Ils nous épuisaient en effet de leurs souvenirs de tranchées, souvenirs que j'aimerais réentendre aujourd'hui. Nous parlions avec Sylvie de ces moments privilégiés qui avaient pour cadre ma vieille maison pyrénéenne. Je les revis ce matin en pensant à elle qui s'en va.

***

Aussi absurde que cela puisse paraître nombre de petits bourgeois, depuis toujours adversaires de la gauche mais affamés de « modernité », ont voté François Hollande. Aujourd'hui, leur déception est à la mesure de leur inconscience. Peu de temps en effet après la présidentielle la donne a changé. Sarkozy pour eux a repris des couleurs, il leur arrive même de rêver son retour possible aux affaires. Je connais assez l'ancien pensionnaire de l'Élysée pour imaginer qu'il doit observer à cette heure les petitesses et les politesses mondaines de sa cour en désordre. Je le sais sans illusion à ce bal des tartuffes. Reviendra-t-il ? Je ne l'encourage pas en ce sens, mais je n'ai aucune expérience de la politique.

***

François Hollande et sa dame cheminaient à New York. Vint à passer – préciosité du hasard – Ségolène Royal. On eut pu imaginer un ménage à trois… ce qui est une affaire éminemment française. Il n'en fut rien. Dommage !

***

La véritable philosophie est celle des simples. J'apprends mieux en écoutant un berger des Pyrénées qu'en lisant les propos fumeux de prétendus penseurs.

***

Chaque rentrée littéraire m'était prétexte à voyages multiples. Septembre surtout me portait à l'errance. Mes yeux en sommeil m'enlèvent tout bonheur de déambulations. On ne dira jamais assez à quel point la lecture est un cadeau des dieux.

***

J'ai une tendresse particulière pour la collection du « Dictionnaire amoureux » où, d'ailleurs, j'ai commis une sorte d'hommage à la télévision. Le dernier livre de ce projet voyageur, publié en ce septembre, nous vient du tombeau ou du ciel ou des origines, comme vous voudrez. C'est la recherche, la pensée, l'écriture d'un baladin magnifique, grand vagabond des lettres, qui a eu la très mauvaise idée de nous quitter en 2005 après s'être donné une existence olympienne. Jacques Lacarrière aura vécu en effet dans le sillage des dieux et les six cents pages qu'il consacre ici à la mythologie sont un pur bonheur de découvertes, mais aussi le magnifique salut à un disparu fait par un vivant qui a puisé dans une œuvre foisonnante.

Jean-Claude Simoën est le héros profane de cette résurrection : « J'étais orphelin, dit-il, d'un projet de livre. J'ai tenu à ériger de manière abécédaire les étapes du grand œuvre de Lacarrière. J'ai aimé cet homme, ce livre est le cadeau d'un passeur adressé à tous, c'est du Lacarrière sans Lacarrière. Une forme de statue. » J'admire le travail, Simoën a tout relu, tout noté, reprenant l'essentiel des vagabondages de son auteur préféré. Mission de bénédictin. Sur Lacarrière que j'ai souvent reçu à *Radioscopie*, il écrit dans une courte préface : « Ce n'est pas du vin qu'il buvait, il se délectait par la pensée et l'évasion d'un nectar nommé ambroisie, de préférence en compagnie du Dionysos grec plutôt que du Bacchus romain. » Ce *Dictionnaire amoureux de la mythologie* est un trésor. On y croise toutes les aventures, les amours de Zeus, les querelles des Titans, les petites intrigues de l'Olympe.

***

Dans son livre *La liberté a-t-elle un avenir ?* dont Martine me lit les principaux passages, Édouard Balladur écrit : « Ma vie prendra fin au début du XXIe siècle ; de celui-ci je ne connaîtrai pas grand-chose. Ce que j'en vois m'inquiète. » Comme l'ex-Premier ministre je ne saurai rien de ce qui va se passer au-delà de cette prochaine décennie, mais je reste optimiste : la France est éternelle.

***

J'en demande humblement pardon à François Hollande. Je n'arrive pas à croire intéressante sa manière de gouverner. Je n'arrive pas non plus à retenir le nom de ses ministres. D'où vient cette indifférence ?

***

On veut nous faire croire que pour beaucoup la saison de l'exil est venue. Il ne serait pas bon de rester en France. Ce n'est que déception ! Ceux qui ont créé des emplois, des richesses, une raison de vivre n'en peuvent plus, en effet, de l'arrogance des roquets de la politique qui n'ont jamais rien fait pour leurs semblables. À les entendre, on devient sourd.

***

Jeune homme pressé il aura tout fait très tôt, comme s'il devait se méfier de l'avenir, des inattendus de l'existence. Ses doutes sont à la vérité son arme maîtresse. Florian Zeller brouille les cartes pour n'avoir pas à subir l'habituelle ordonnance des choses. Littérature et théâtre lui sont, à trente-trois ans, l'itinéraire rêvé, l'occasion d'observer le comportement humain dans ses dérapages. Ses romans et ses pièces constituent déjà un commencement d'œuvre. *La Jouissance* est son dernier envoi aux libraires, *Le Père* sa récente contribution à la comédie. Cette pièce vient après *La Mère* (avec Catherine Hiegel), *La Vérité* (avec Pierre Arditi) présentée au cours de la saison 2010-2011. Preuve d'une gourmandise d'écriture prolongée ce soir sur la scène d'Hébertot je retrouve les vrais ressorts du théâtre, cette mise en interrogations, une profondeur dans l'exploration de l'âme humaine, le déroulé savant du naufrage de la vieillesse. Il faut être jeune pour oser approcher le pire d'une vie. C'est l'histoire d'un homme assez odieux qui confond les êtres, les événements et offre une mémoire en défaut. C'est violent, passionné, surprenant… et porté par l'un des plus grands acteurs du siècle, Robert Hirsch, dans la gloire de ses quatre-vingt-sept ans. Il est juste, émouvant, magnifique. Son dernier rôle, notre dernière rencontre. Je n'ai jamais oublié qu'il fut dans mon émission à la Comédie-Française, pour les adieux de Louis Seigner, devant Jean Gabin et Belmondo, le plus farfelu des amuseurs aux côtés de Jacques Charon et Isabelle Adjani (qui devait avoir seize ans). Je suis admiratif de la performance de l'homme, heureux des épousailles d'un presque gamin – Florian Zeller – et d'un noble vieillard – Robert Hirsch. Je reviendrai voir *Le Père*, revoir Robert pour ne plus m'occuper que du jeu des comédiens appelés à approcher le « monstre ».

Octobre 2012

Tristan Gaston-Breton m'apporte les premières pages de la biographie qu'il consacre à Serge Kampf. J'y retrouve ce que je devine du plus intime de mon grand ami, ce que je sais, j'y découvre aussi des aspects que je ne connaissais pas, révélés par ses proches. J'aime à y lire la belle histoire de l'une des plus importantes sociétés françaises, de sa création à aujourd'hui. Remarquable itinéraire d'un homme parti seul à la conquête de l'informatique et devenu quatre décennies après, le patron d'une « armée » internationale de cent vingt mille collaborateurs. D'une petite boîte où dans le premier temps il pouvait compter jusqu'à sept ses salariés il a fait un empire.

J'imagine qu'à la sortie du livre sa pudeur, sa modestie seront mises à dure épreuve. Il est en effet le plus secret des princes du CAC 40. J'ai apporté ma mince contribution à l'élaboration de ce document très attendu, avec beaucoup d'autres. Ai-je bien su parler de Serge ? J'aurais voulu lui trouver des défauts, l'agacer, dire que son autorité naturelle impressionnait, en paralysait même quelques-uns, qu'il lui arrivait d'être cruel dans le choix des mots si on manquait à son éthique. Les mots, l'exact de leur signification, son exercice préféré. Et l'essentiel vers lequel, sans cesse, il s'engage. Les fondamentaux de la vie lui sont une exigence, ce qui peut s'appeler valeurs : la rigueur, la fidélité, la loyauté, la discrétion. J'y ajoute la générosité.

Je ne serai pas hélas à Toulouse où le Capitole ressuscite le *Rienzi* de Wagner que l'on joue très rarement ou peut-être même plus du tout. J'apprends de Christian Merlin que cet opéra n'a pas été donné en France en version scénique depuis 1869. Cette première du bicentenaire de la naissance du compositeur, encore accusé d'antisémitisme, va réveiller toutes les haines. Je me souviens de l'*Échiquier* que je consacrais à Daniel Barenboim et l'Orchestre de Paris en direct de Pleyel. Il y fut question de Wagner que Daniel défendait, aimait à jouer et qu'Élie Wiesel combattait de toutes ses forces, affirmant que « l'ennemi avait souhaité l'anéantissement des juifs ». Deux siècles n'auront donc pas suffi à gommer cette abomination qu'Israël traite en indifférence pour n'avoir pas à subir le scandale. J'ai personnellement le souvenir d'une approche différente. Pour des raisons que je ne saurais expliquer, chaque matin, en Indochine, j'écoutais un disque rayé à mon départ pour avoir trop servi : c'était l'ouverture de *Rienzi*, pompeuse sans doute mais roborative. Le Capitole de Toulouse m'oblige à ce retour en arrière.

***

Personne, dans le grand public, n'aurait pu croire que le golf était capable de déchaîner un tel enthousiasme. Retransmise dans le monde entier, la Ryder Cup, opposant la jeune Amérique à la vieille Europe, a été suivie par des millions de téléspectateurs. Les meilleurs « massacreurs » de la petite balle nous ont donné trois nuits de plein suspense. Les tribunes du parcours de Chicago vibraient de slogans tonitruants, les cris « USA » faisaient leurs ravages, nos amis de là-bas criaient victoire et les deux premières journées leur donnaient raison. Manque de chance, maladresses incroyables, l'Europe était en berne. Nous étions battus dans le jeu d'équipes. Puis vint l'aube nouvelle, celle du dernier jour, le face à face direct un contre un. Une remontée inattendue dans le score. Il fallait l'étincelle finale, elle fut l'œuvre de l'allemand Martin Kaymer qui n'avait pas été très heureux dans ses interventions de la veille. Deux puts sur le 18 pour apporter le point décisif. Le deuxième fut le bon. L'Europe l'emportait au bout d'un tournoi très exceptionnel. Le golf s'est donné de nouveaux fidèles en ce bel automne.

***

« Que manque-t-il à ce pays ? » me demande le gardien de l'immeuble, place des Vosges, où je planche devant trois cents femmes. Je réponds vite : « De la folie ! » Tout, la politique bien sûr mais aussi l'art tend vers une banalité, une uniformisation qui laisse peu de place à une création originale. Il faudrait un nouveau Cervantès pour lutter contre les moulins à vent de la mode. L'audace s'en est allée avec le siècle. Qu'il est loin le temps où triomphaient Ravel et Debussy, Picasso et Matisse, les Surréalistes d'André Breton, superbe canaille, les Hussards de Michel Déon rompant des flèches avec, petit marquis du gauchisme, les aventuriers du Nouveau Roman, cher à Nathalie Sarraute… Nous n'avons plus à cette heure que des réseaux alimentés par de vieux gamins qui croient pouvoir juger la littérature. Pour eux, le copinage est la seule étincelle du talent.

***

Le grand désastre national né des trente dernières années atteint aujourd'hui de plein fouet notre vieux pays. Le choc fiscal n'arrivera pas à réduire les inconséquences de l'État. Le choc nécessaire est affaire d'intelligence politique élyséenne. La compétitivité, seule solution possible, ne saurait se satisfaire des décisions maladroites prises par le gouvernement. Tout nous conduit à la démission mais heureusement la France se relève toujours des pires situations.

***

Les rues de Paris pourraient bien demain ressembler à celles de Pékin ou de Saigon. C'est l'immense désordre, organisé par les cyclistes qui croient faire du vélo alors qu'ils vont dangereusement à bicyclette, pas les motards – cette calamité urbaine – qui frôlent impunément le passant, les cars de toutes sortes qui encombrent les trottoirs et les chauffeurs du dimanche qui s'exercent désormais en semaine, et je ne parle pas des quais assassinés, livrés en toute démagogie à un public qui ne fait plus l'effort d'aller en campagne aux portes de Paris.

***

Le gouvernement va-t-il comprendre enfin que l'antisarkozisme entretenu n'est pas une politique ?

***

Je ne comprends rien au délire médiatique qui obscurcit le départ de Jean-Luc Delarue. C'est affaire, me dit-on, de journaleux people qui enterrent joyeusement leur victime après l'avoir encensée. Dans ces feuilles d'arrière-saison, on évoque une sorte de dieu des ondes. On parle de son ascension vers la gloire, de sa chevauchée fantastique, de sa fin lamentable, de son inquiétante famille. Autant de faux sanglots sous la plume. Pourquoi installer ainsi au pinacle ou clouer sur la croix les gens de télévision qui ne sont pas mieux que des éphémères ? Ils font simplement un métier.

***

Tard dans la nuit, zappant comme d'habitude, je tombe au beau milieu de *La Boum* et très précisément, coup d'œil du hasard, dans le temps incertain de ma coupable intervention. Claude Pinoteau m'avait en effet engagé pour ce film et confié un passage éclair à la Coupole où je rencontrai Denise Grey et Sophie Marceau. Je me souviens de mon texte, si facile à retenir, du beau regard de Denise : « Tu es mon invitée, jeudi au *Grand Échiquier.* » Large sourire : « Impossible, je me marie. » Je lui souhaitais aussitôt bien du bonheur. Cette intrusion furtive dans le cinéma est devenue « culte » dans le cercle familial. Pour amuser leurs amis à mes dépens, mes enfants projettent en boucle cette courte séquence.

***

Bizarrerie des circonstances ! Au lendemain de cette diffusion de *La Boum* j'apprends sur i>Télé la mort de Claude Pinoteau qui avait eu la faiblesse de faire de moi son éphémère interprète. Nous ne nous sommes vus qu'une seule fois, nous avions déjeuné au Globe, j'aimais sa pudeur, sa modestie, nous retiendrons qu'il fut le chantre des nouvelles générations. *La Gifle* et *La Boum* assurent son avenir.

***

Inécoutable le prêchi-prêcha de la gauche opposé aux turbulences de la droite. Nous sommes dans des temps incertains. Les boursouflures de la frime abîment tous les débats télévisés. Les grands privilégiés de notre société chantent sans vergogne la révolution citoyenne, se prononcent pour l'égalité, pleurent sur la pauvreté de la majorité de leurs semblables et, toute honte bue, rejoignent les appartements sublimes où, jamais, ils n'accueilleront ceux dont ils parlent. La pudeur ne les effleure même plus. Le silence prudent leur est terre étrangère.

***

Bertrand Meheut et Rodolphe Belmer devraient envoyer des corbeilles de fleurs à leurs meilleurs ennemis de l'automne. La colère entretenue, la hargne même de leurs rivaux, à TF1, France Télévisions, M6, auront donné à leur chaîne naissante une publicité que des millions de messages n'auraient jamais obtenue. Saluée par toute la presse penchée sur son berceau, D8 a pris ce soir ses marques au cours d'un lancement présenté par Laurence Ferrari enfin débarrassée du carcan du 20 heures.

Je regarde tous ceux qui seront désormais aux commandes du nouveau satellite de Canal + et ma pensée revient (presque) quarante années en arrière lorsque, avec Marcel Jullian, nous inventions Antenne 2. J'étais le maître de cérémonie de cet événement magnifiquement désordonné. Six heures d'antenne en direct des Buttes-Chaumont, cent animateurs sur le pied de guerre, des parlottes, des annonces tonitruantes concernant les programmes. Trop, c'est trop. Nous péchions par orgueil. Nos cadets de D8 ont évité cet écueil. Ils ont été joyeux mais rapides et sauvés par le « court ».

***

J'écoute une voix superbe, assurée, pure, celle d'un ténor plein d'expérience. L'artiste a trente-quatre ans, on ne le verra jamais sur la scène d'un opéra, on peut l'apercevoir à Assise, au monastère où l'ordre franciscain a été créé il y a huit cents ans. Il s'appelle Alessandro, il porte robe de bure et sandales de cuir. Son premier album nous offre une magnifique palette d'œuvres sacrées où passent triomphants le *Panis Angelicus* et l'*Ave Maria* de Schubert. Alessandro chante en toute sérénité, sans ostentation, persuadé de servir son dieu. Il ne souffre pas du doute comme le grand saint François, son maître, qui se trouvait sans cesse tiraillé par les tentations de ce monde. Il n'est que moine.

***

Invités par Jenny-Paule Carle nous nous retrouvons à Neuilly pour fêter les cent cinquante ans de l'Institution Saint-Dominique où la littérature est à l'honneur. J'ai près de moi Jean-Claude Carrière, Jean Tulard, le professeur Fabiani, Nicolas d'Estienne d'Orves, Jean-Claude Simoën, notre éditeur, avec lequel nous revenons sur un sujet de discorde. Jean-Claude estime que le titre « télévision » ne fait pas une première de couverture de sa collection en forme d'abécédaire, il aurait préféré pour mon livre *Dictionnaire amoureux des autres*. Je finis par croire qu'il avait raison, les autres, en effet, sont l'une de mes raisons de vivre.

***

Sur toute la terre, avec la même fièvre, la nouvelle est répercutée par l'ensemble des médias : « Après avoir sauté d'une capsule à trente-quatre kilomètres d'altitude, l'Autrichien Félix Baumgartner est devenu le premier homme à franchir le mur du son en chute libre. » Ce qui me plaît, ce n'est pas l'exploit, c'est la folie…

***

Les yeux, c'est l'ouverture au monde, le passage à la beauté, le luxe du regard. Ne plus voir c'est se condamner à la fuite, au silence. J'ai connu cet enfermement et je n'avais pas vingt ans, l'éloignement aura duré douze mois. J'avais oublié et puis, le 2 juillet, j'ai cru que le noir m'était à nouveau promis, le nerf optique montrait ses faiblesses. L'obscur du temps a pris tout l'été, me plaçant dans l'impossibilité de lire, mon quotidien de pur bonheur. Hier, reçu par mon ami, le professeur Pouliquen, j'ai senti percer une espérance. Il y aurait un léger mieux. On m'appareille : j'ai de nouvelles lunettes, de vraies loupes et sur mon bureau un projecteur de poche qui éclaire mes pages : ce soir, je pourrai enfin découvrir les inattendus de *La Jouissance*, le roman de Florian Zeller reçu le jour de mon épreuve, ce 2 juillet qui était aussi mon anniversaire. J'ai tenu mon journal tout au long de ces trois derniers mois par petites saccades. Vais-je demain pouvoir me consacrer au récit indochinois promis, *Hôtel Continental* ?

***

Chaque année, pour saluer l'automne, rencontre de vieilles amitiés chez Philippe Bouvard, mon compagnon d'un demi-siècle. Rares les complicités qui résistent au temps. Nous ne nous sommes jamais séparés, Philippe et moi, de petites colères aiguisaient même cette proximité. Reconstitution donc d'un cénacle agité : c'était ce midi au cours d'un déjeuner digne du Club des Cent, noblement arrosé. Belle affiche de table, une sorte de secte bavarde. Par ordre alphabétique : Jean-Loup Dabadie, Michel Drucker, Alain Duhamel, Philippe Labro, Christian Millau, Erik Orsenna, Bernard Pivot, Philippe, moi. Nous voilà loin des débats fumeux des soirées télévisuelles. Un directeur de chaîne inspiré pourrait trouver avec ce groupe une audience confortable, surtout aux libres heures de la nuit. Tous ont du beau, du drôle, du sévère à dire, sans langue de bois, parce que ne dépendant de personne.

***

Les Bleus enfin réveillés ! Divine surprise, nous croyons posséder cette fois une équipe de France de football. Que s'est-il passé ? Étaient-ils dopés nos internationaux ? Brûlaient-ils d'une passion retrouvée ? Contre l'Espagne ils ont été tout simplement admirables, surtout en deuxième mi-temps. Début prometteur : la participation à la Coupe du monde ne nous semble pas interdite. Les joueurs ont compris qu'ils portaient nos couleurs et non pas leurs fantasmes. Bilan : un match nul (1/1) et injustice flagrante, un autre but marqué mais étrangement refusé. Le résultat est là : nous ne sommes plus ridicules.

***

Je l'ai connu dans les années cinquante au palais de Phnom Penh où il trônait, rigolard, en tunique de brocard, étroitement serrée, tiare d'or vissée sur la tête, entouré de bonzes à genoux. Sa voix psalmodiait une parole étrange qu'il voulait poétique. Je me plaisais à ne pas le prendre au sérieux tant son attitude n'avait rien de royal hormis les fanfreluches. Norodom Sihanouk a été, pendant des années, mon « copain cambodgien » (il voulait que je le considère ainsi). Il me parlait souvent de ma tante – ma marraine, la sœur de ma mère – qui avait été son professeur au lycée Chasseloup-Laubat de Saigon. Il voulait que nous nous tutoyions, je me l'étais interdit. Avec un humour ravageur, il s'amusait des surnoms dont on l'affublait : « Néron asiatique », « Prince fantôme », « Chevalier d'opérette », « Don Juan de pacotille ». Pour la galerie il se voulait mystificateur, pour son peuple il était prêt à se sacrifier. Sa mort, à quatre-vingt-neuf ans, met un terme à une époque qui fut bienheureuse et aussi tragiquement tourmentée. Il aura tout au long de sa vie usé tous les défis, courtisé toutes les trahisons. Prince changeant il fut souverain, complice des Khmers rouges qui avaient pourtant assassiné ses enfants, chinois à ses heures malades. Que de souvenirs. J'étais près de lui – avec le photographe Raymond Cauchetier – le matin de son abdication en faveur de son père, le roi Suramarit, nous avions, ensemble, organisé la tournée du Comité français de l'élégance qui présentait en Asie des collections de haute couture. Nous avions, encore ensemble, des attentions pour les mannequins en exercice… et une tendresse particulière pour la superbe May Louise Flodin, Miss Monde, à laquelle Norodom promettait des épousailles grandioses. L'homme n'était jamais dupe de lui-même, il répétait à satiété : « Partout je fais de la figuration. » Il évoquait à tout moment le général de Gaulle, son « adoré » et considérait les complots, les coups d'État dont il fut victime comme des péripéties. Il était drôle et parfait pour porter couronne. Il aura été le « plus aimé » de son peuple. Notre dernier rendez-vous eut pour palais la maison de la Radio où je l'avais accueilli dans mon émission quotidienne. Pour lui, comme pour Jean-Paul Sartre, j'avais accepté que ses amis nous rejoignent en studio. Qu'il était amusant de constater la reconversion de ces courtisans d'autrefois exilés à Paris. Ils avaient été ministres, généraux, ambassadeurs. Ils étaient restaurateurs et chauffeurs de taxi. Mais toujours en génuflexion devant leur prince.

***

On veut nous persuader que le livre fait chavirer les femmes d'aujourd'hui. Vendu déjà dans le monde à cinquante millions d'exemplaires *Cinquante nuances de Grey* d'une incertaine Anglaise, E. L. James, s'annonce roman sadomasochiste et croit nous faire vivre un amour sulfureux, à coups de fouet et de martinet entre un milliardaire et une jeune vierge. La dame qui a commis le petit brûlot est ce soir l'invitée de François Busnel sur France 5 ; elle parle mais elle n'a rien à dire. A-t-elle vraiment écrit ? C'est sans importance et sans intérêt. Revenir le plus tôt possible à Anaïs Nin.

***

« Qui avez-vous oublié dans votre *Dictionnaire amoureux de la télévision* ? » La question m'a été posée au cours d'un entretien animé par Olivier Barrot, à l'INA. Je peux répondre car je me reproche de singulières absences, celles de collaborateurs, comme Jean-Marie Cavada, Paul Amar, Alain Duault et Ève Ruggiéri. J'en avais pourtant dessiné les portraits, ils ont curieusement disparu. Bizarre !

***

Sur Arte on ne craint pas de donner une œuvre musicale dans sa totalité. Ici pas de saucissonnage ! Ce midi d'un dimanche la *Symphonie espagnole* de Lalo avec l'Orchestre de Paris dirigé par Myung-Wung Chung… et Vadim Repin violoniste à la technique impeccable, élégant dans chaque mouvement, violent dans les attaques. Musique, la vraie, que l'on rencontre surtout dans le classique et le jazz. Tout le reste n'est que facilités.

***

Ken Follett, l'écrivain gallois aux cent trente millions d'ouvrages vendus fait une analyse réelle et romanesque du XXe siècle. Ce qu'il découvre dans son nouveau livre, *L'Hiver du monde* est d'importance : « Je n'avais jamais réalisé, dit-il, à quel point le communisme était proche du nazisme. » Une évidence.

***

Lance Armstrong toujours à la une de la presse. Mais, cette fois, pour de mauvaises raisons : le mur de mensonge serait enfin tombé. De longues années après ses triomphes partout célébrés des amnésiques découvrent « le programme de dopage le plus sophistiqué jamais vu dans l'histoire du sport ». L'homme est à terre et les attaques sont violentes, une sorte de haine s'en mêle comme si l'on pouvait enfin se défaire de celui qui fut, malgré tout, un champion hors normes, une figure mythique de sa discipline. Vainqueur de sept Tours de France, sans cesse habillé de jaune, couvert de lauriers par ceux qui aujourd'hui le piétinent, Lance subit l'assaut assassin du président de l'Union cycliste internationale qui n'avait rien vu, rien fait, qui tire désormais sur l'ambulance. Lâches tous ceux qui furent autrefois à genoux, quémandant entretien et amitié et qui s'inventent bourreaux. Une chose est sûre : plus personne n'est à l'abri parce que tout le monde est coupable. Il faudrait d'ailleurs, dès à présent, mettre en accusation les responsables du plus haut niveau, qui ont longtemps joué d'un silence dangereux. Plus que la « dope », ce sont les juges du dernier jour qui m'inquiètent !

***

On ne va pas en faire un drame… et pourtant. Oublier le Tourmalet et l'Aubisque en ce centième anniversaire du Tour de France me paraît être une erreur singulière. Je ne veux que m'étonner.

***

J'avais vu à Paris ce que la télévision nous montrait des inondations en Bigorre. J'attendais de constater moi-même les dégâts. Je ne suis pas allé à Lourdes où sanctuaires et hôtels ont souffert. Il m'a suffi de revisiter Pierrefitte-Nestalas, à deux pas de notre maison dominant heureusement la vallée. Il y eut grande peur. Le gave qui a calmé ses colères charrie encore des arbres et des planches de passerelles arrachées. Il gronde par endroits du côté de Cauterets. Deux jours de plus de mêmes pluies intenses et c'eût été le drame.

***

J'ai toujours ce malvenu désordre des yeux, mais des loupes et un projecteur de poche devraient me permettre de relire. Je n'ai jamais abandonné l'écriture de ce journal réduit à de courtes observations que Josette Kominek sait déchiffrer. Hélas je ne pouvais aller plus loin depuis ce fâcheux 2 juillet. Les choses sont-elles changées ? Je suis donc en Bigorre sur mes chemins d'enfance, un épais brouillard cache les montagnes, on annonce la neige pour demain, je prépare un grand feu dans la cheminée de mon bureau. Peut-être vais-je me lancer dans le récit de mes vingt-quatre premières années du bout du monde dans le mythique Hôtel Continental qui était le refuge de passage des correspondants de guerre en Indochine. Pour m'y préparer et aussi retrouver tous mes bonheurs j'ai déposé sur une petite table les romans qui m'étaient interdits depuis des mois : les *Oui mais quelle est la question ?* de Bernard Pivot, *La Jouissance* de Florian Zeller, *Sauve-toi, la vie t'appelle* de Boris Cyrulnik, *14* de Jean Echenoz, *La Vérité sur l'Affaire Harry Quebert* de Joël Dicker. Le temps nouveau serait-il venu ?

Balzac avait persuadé Delacroix de sa propre certitude : « La quête de l'artiste n'est pas dans l'observation du réel mais dans l'imagination de tout ce qui peut la dépasser. » Je me répète : le rêve est une création.

***

Dans sa chronique du *Journal du Dimanche*, Bernard Pivot nous engage à lire l'ouvrage de Robert Kopp sur *Un siècle de Goncourt.* Ce nom, depuis 1862, fait rêver des générations de romanciers en chasse de centaines de milliers d'exemplaires vendus. Un prix qui dépasse tous les autres, riche de magnifiques succès et de fâcheux ratages. Retenons les succès, celui de Marcel Proust, en 1919, pour ses *Jeunes filles en fleurs* qu'il sortait de l'ombre, les occasions manquées, les refus de Julien Gracq de laisser couronner un livre admirable : *Le Rivage des Syrtes*. J'aurais aimé qu'il y eût dans le catalogue Goncourt et Céline et Romain Gary et Joseph Kessel et Saint-Exupéry. Tant d'autres. Hélas, comme aujourd'hui, la jalousie et la politique fermaient la porte aux meilleurs, c'est le privilège souvent obscur de ces récompenses. Il faut y prendre garde, je me méfie de ces institutions animées par des écrivains qui jugent leurs confrères. Créé pour concurrencer l'Académie française, le cercle Goncourt ne doit rien, dans la possible erreur, à son ancêtre. On se souvient que, sous la Coupole, Émile Zola s'était présenté dix-neuf fois et avait été recalé dix-neuf fois. Qui peut reconnaître le vrai talent ?

Novembre 2012

Je suis allé une bonne vingtaine de fois aux États-Unis, je m'y trouve simplement de passage, une semaine par-ci, une semaine par-là, je ne sais pas grand-chose de cet immense pays. Je tente d'apprendre. J'aimais les Kennedy et au-delà de leurs triomphes jusqu'à leurs drames. Leur vie comme un roman à la russe. J'ai revu hier soir le magnifique document consacré à Martin Luther King, j'entendrai toujours sa petite musique : « J'ai fait un rêve » ; cet homme-là – comme Mandela – appartient à l'éternité. Aujourd'hui l'Amérique est à la veille d'une nouvelle grande histoire. Qui l'emportera ? Obama ou Romney ? Je vote volontiers pour le premier qui a (presque) réussi la réforme de la santé, qui a lutté pour que la crise ne nous laisse pas un champ de ruines, qui a relevé l'image de son pays. Plus que quelques jours à attendre !

***

Jorge Semprún. Bien sûr je l'ai connu à mon arrivée à Paris, évidemment nous nous sommes souvent rencontrés, je lui avais même consacré toute une semaine à France Inter en partage avec Yves Montand, je le retrouvais en Espagne lorsqu'il y était ministre de la Culture, j'étais un copain, pas un ami, privilège réservé à Bernard Pivot. J'ai souvent relu son magnifique ouvrage *Le Grand Voyage* qui nous fait vivre son calvaire de déporté, son périple en Allemagne, je découvre aujourd'hui, dans un texte posthume – *Exercices de survie* – les ombres et les lumières de son existence, ses parcours clandestins, sa force de résistance à tout. Une leçon de vie.

***

Elle se prête au silence, attendant d'intervenir, elle a la dignité de ceux qui ont eu à défendre leur vie, elle offre à l'écran un visage d'enfant, un sourire retenu, je l'observe, on aurait du mal à croire qu'elle est normalienne, agrégée de philosophie. Enfin elle parle : Mazarine Pingeot paraît s'obliger à dire le plus intime d'elle-même, son parcours de jeune fille cachée qui n'eut jamais à partager l'ascension de son père célébrissime, François Mitterrand. Elle livre l'essentiel de son histoire dans ce beau titre *Bon Petit Soldat*, on reconnaît l'héritière intellectuelle d'un homme cultivé qui veut être à la hauteur de son modèle, c'est une suite et la fin d'une confession commencée avec *Bouche cousue*. J'en aime le style, la sincérité, la délicatesse. Elle m'étonne à se livrer ainsi. Trois années durant, nous avons partagé chaque semaine, sur *Téléstar*, deux heures chaleureuses aux côtés de Thierry Chèze : nous y révélions les meilleurs et moins bons aspects de la culture. Nous parlions de tout au sortir de nos bavardages publics. Il ne fut jamais question de sa première vie.

***

Ai-je volé la formule, l'ai-je inventée, qu'importe. Écoutant la gauche de maintenant, je m'attriste de cette évidence : elle va dans le mur en klaxonnant.

***

Dans *La Lettre de la SCAM* d'octobre, pour saluer le grand prix que cette société d'auteurs m'a donné, Gabriel Matzneff me croque jusqu'aux limites d'un portrait trop élogieux qui nous fait revenir sur un demi-siècle en arrière. Il y est question des années 65 lorsque nous faisions alliance dans les coursives du festival du film de télévision de Monte-Carlo. Je m'amuse à lire les passages où il vante nos soirées en compagnie de « très belles jeunes filles peu farouches ». Je m'étonne à constater que je lui donnais alors « des conseils de stratégie donjuanesque » ; il a tout retenu de nos forfaits amoureux. Gabriel Matzneff note « l'importance intellectuelle, sociale, qu'avaient des émissions telles que *Radioscopie* et *Apostrophes*. De leur importance et de leur rayonnement ». À l'époque, nous ne nous rendions pas compte du rôle positif que nous nous plaisions à jouer. Gabriel m'observe de très près : « Chancel malicieux ? Chancel naïf ? Je parie pour le vrai malicieux et le faux naïf. » Allez donc savoir qui peut se flatter de se bien connaître ? Je suis d'accord en revanche avec ce qu'il écrit de mon travail : « Ce qu'il y avait de beau dans la façon dont Chancel interrogeait ses invités, principalement les jeunes, les timides, c'est qu'il ne forçait jamais le trait, étant vif mais jamais agressif, ne tâchait pas de les désarçonner, de les mettre dans l'embarras (comme c'est de mode aujourd'hui) mais au contraire les aidait à accoucher d'eux-mêmes, progressivement, par petites touches, en douceur. De la tendresse pour les petits, de l'insolence à l'égard des grands, je me souviens de Sartre. » Matzneff rappelle aussi le temps où je fus éditeur aux Presses de la Cité où, près de Marcel Jullian, j'avais lancé la collection « Idée fixe » (Julliard) où l'on peut retrouver Roland Dubillard, Georges Perec, Jean-Louis Bory, Julien Green, Michel Audiard (tant d'autres) et bien évidemment Gabriel Matzneff dont je connaissais le côté sulfureux des *Moins de seize ans*, que je décidai de publier et qui me fit éprouver le scandale. C'était en 1971, l'auteur démoniaque que nous considérons comme l'un des grands écrivains du XXe siècle n'y cachait rien de ses passions pour les petites filles. Gabriel fut accusé de tous les maux, je fus jugé pervers. Le livre, au même titre que son *Ivre du vin perdu*, figurera longtemps au catalogue de la littérature. L'ami parle de ma « fragilité à l'égard des institutions », de mon « amour de la liberté », de ma « juvénile aptitude à l'émerveillement ». Gabriel et moi, nous nous sommes perdus de vue pendant une trentaine d'années et ce long article, dans cette revue adressée au monde culturel, m'est particulièrement cher : c'est celui de l'ami retrouvé.

***

Afin de glisser un peu de soleil dans le morose du temps, Philippe Carle m'offre ce matin le dernier livre de l'économiste Michel Godet au titre encourageant : *La France des bonnes nouvelles.* Un recueil de faits et d'actes d'hommes et de femmes de terrain qui ont su rebondir à partir d'eux-mêmes. « La France, disent les conspirateurs du futur, est un pays merveilleux par sa variété et la richesse de son patrimoine. En effet, l'espérance de vie a augmenté de quarante ans depuis 1900 et continue de progresser, et le niveau de vie a décuplé en un siècle. Et pourtant les Français sont pessimistes face à l'avenir. » L'auteur toujours à contre-courant des idées reçues, se souvient sans doute de cette réflexion du général de Gaulle : « Les Français sont des apôtres du déclin et des nostalgiques de la décadence. » Peu enclin à la sinistrose d'aujourd'hui, ignorant les idées reçues qui sont devenues un sport passionnant, Michel Godet prend à contre-pied une mode nouvelle vouée au pessimisme. Je ne le connais pas, je le vois chez Frédéric Taddeï dans *Ce soir ou jamais* où il prend la parole, tel un mousquetaire du verbe, et ne la lâche plus. J'aime à l'entendre jusqu'à l'énervement que parfois il provoque. Il se dit inclassable, ce que je tends à être, il s'étonne à penser qu'appartenir à la franc-maçonnerie favorise une carrière, ce que je ne crois pas, je suis comme lui incapable d'entrer dans ces sortes de secte. On peut aller loin sans rejoindre de tels affiliés. Chacun trouve son propre chemin et il n'est pas urgent d'estimer que les loups chassent mieux en meute que seuls. La liberté ne supporte pas le carcan de règles édictées par de faux réseaux d'influence. Contrairement à ce qu'affirme Godet, pour être entendu il n'est pas nécessaire de faire partie d'une bande d'intellectuels bien-pensants et donc forcément de gauche. Écartons-nous des sentiers battus.

***

La vraie noblesse s'acquiert en vivant et non en naissant.

***

Du temps où nous prenions notre petit déjeuner au Flandrin, Bernard de Fallois, grand éditeur, nous répétait ce mot de saint Jean : « Travaillez quand vous avez encore la lumière. » Récemment, j'ai donné un autre sens à la lumière : je croyais m'enfoncer une seconde fois dans le noir.

***

Pour la première fois depuis cinq décennies je n'aurai pas lu un seul des ouvrages couronnés par les prix littéraires de novembre. Quand vais-je pouvoir me rattraper ?

***

Personnage singulier, bavard impénitent, persuadé d'un presque génie, Philippe Sollers me fait penser, lorsque je l'aperçois (et l'entends) sur le petit écran, à un clown blanc qui s'amuse de ses propres provocations. L'intelligence et la culture lui sont des armes ciselées avec lesquelles il joue en funambule averti. Véritable écrivain – je pourrais dire « grand » –, il fait sans cesse « la guerre du goût » et prononce en croisé de ce siècle l'éloge de l'infini. J'ai mis hier de côté son dernier ouvrage *Fugues* où il doit, en homme libre, explorer tous les sentiers buissonniers. Le titre est explicite : « Sollers est aujourd'hui encore, et sous toutes les latitudes, un enfant fugueur. Nous avions fait pas mal de route ensemble à la télévision et surtout à la radio où je lui avais consacré toute une semaine pour évoquer la grandeur des femmes. il se voulait alors à la totale disposition de ses lecteurs. Je lui avais rappelé l'exigence de Kennedy : « Ne demandez pas ce que votre pays peut faire pour vous, demandez ce que vous pouvez faire pour votre pays. »

Philippe Sollers y était allé aussitôt d'une petite phrase que bien évidemment je prévoyais : « Je peux répondre : mon talent je le donne à la France, avouez que c'est un beau cadeau. »

***

Immédiatement après notre séance cigare, j'écoute le dernier CD de Renaud Capuçon, cadeau d'automne qu'il m'apporte au retour d'une série de concerts aux États-Unis. Magnifique ce *Concerto* de Brahms que notre jeune violoniste, inventeur de rêves, interprète avec l'Orchestre philharmonique de Vienne dirigé par Daniel Harding. Bonheur de la musique qui un temps m'a fait oublier mon incapacité à lire. Somptuosité du coup d'archet, admirable technique, finesse des sentiments ; j'aime le son de l'instrument qui fut celui de l'ami Isaac Stern, l'un de mes complices sur l'*Échiquier*. Passage réussi.

***

Plus que la beauté, la grâce, un charme qui vous prend et ne lâche rien. Anouk Aimée encore resplendissante tant de décennies après. Je la vois et l'admire dans *Empreintes*, l'une des meilleures émissions de la télévision, elle est pétillante, drôle, sans artifice, du plus élégant naturel. Je m'amuse de ses premiers pas sur les chemins de la notoriété, elle a quatorze ans, dans la rue un homme s'approche : « Voulez-vous faire du cinéma ? » Elle dit oui, on la découvre dans un film d'Henri Calef, *La Maison sous la mer*. Au hasard de ses aventures sur grand écran, choisie par Lelouch, Brando, Fellini, Mastroianni, Trintignant, l'enfant sauvage que j'avais croisée un soir est devenue féline. Une icône dont je ne cherche pas à percer le mystère.

***

Tous les poilus sont partis, dans chaque famille ne paradent plus que des fantômes. En cet autre 11 Novembre, au tournant de ma propre vie, je pense à mon père, quatre fois blessé, à ses trois frères morts au massacre. On ne saurait oublier, mais tout avec nous s'effacera si vite.

***

On attendait tout de lui depuis Sidney où, comme pour le tuer, *L'Équipe* titrait : « Un génie. » Frédéric Michalak, dans une contribution exemplaire, a gommé à tout jamais, devant l'Australie, la petitesse, pour ne pas dire la bêtise, de ceux qui, en 2006, le sifflaient pour un France-Irlande où il ne fut pas à son affaire, oubliant, pervers, leurs propres ratages. J'ai toujours défendu – Jean-Pierre Rives, Serge Blanco peuvent en témoigner – cet extraordinaire guerrier de l'ovale, affirmant haut et fort que nous tenions là un immense joueur aux multiples élégances dans ses fulgurantes traversées. Face aux Australiens, au Stade de France, portant le rugby en altitude, Michalak a su relancer une équipe de gaillards qui me paraissent armés pour les prochaines aventures. Victoire exemplaire : 33 à 6. Marquée par l'excellence. Une heure avant la rencontre, débattant avec mon ami Serge Kampf, j'avais pronostiqué ce succès – j'accordais 35 points à la France – et affirmé que Frédéric Michalak serait l'étoile du match, le garant du triomphe. Ce qui en fin d'exercice me valut cette réflexion du même Serge : « Pas de doute, tu avais déjà vu le match. »

***

Dans l'un de mes carnets, ces petits papiers de l'instant, je retrouve une phrase inscrite dans les années cinquante, probablement après l'épreuve qui devait coûter la vie à deux de mes camarades et me mettre en péril : « Je n'ai jamais réussi à être vraiment malheureux. » Cet optimisme je le revendique, il est une politesse, mais il faudra que je le resitue dans nos temps de turbulences. Le récit – promis mais tristement interrompu – de mes vingt-quatre premières années en Indochine me permettra d'y voir plus clair. Et voir, pour le moment, est un vrai problème. Heureusement, des signes me laissent croire que la lumière reviendra en 2013. Le professeur Yves Pouliquen promet que ce sera mon cadeau de Noël. Je voudrais écrire dans ce livre à venir ce que fut la jeunesse de quelques fous transportés au bout du monde, dans la mystérieuse Asie, et confondant tragédie et comédie. La tâche n'est pas facile. Comment vais-je transgresser les règles qui me sont habituelles, comment, en effet, vais-je me défaire d'une pudeur exagérée ?

***

À la veille du scrutin interne de l'UMP, François Fillon et Jean-François Copé accélèrent le rythme, s'étourdissent de petits compliments, saillies banales et sans intérêt. La radio me demande de faire un pronostic. Je n'ai rien à voir avec cette agitation politicienne. Les partis désormais m'indiffèrent.

***

Convié par le professeur Yves Pouliquen à un colloque sur Igor Stravinsky dans la somptueuse demeure de la Fondation Singer-Polignac, j'admire encore le petit théâtre à la française, lourd de ses dorures, qui a été imaginé, là, avenue Georges-Mandel. Beau cadeau des machines à coudre, superbe initiative d'une princesse de Polignac qui fut, au début du siècle, la protectrice des plus grands artistes. De cette Fondation, Pouliquen a fait le refuge des jeunes musiciens les plus doués : ils y jouent en permanence devant un public de passionnés. En cette fin de matinée, en introduction, à l'hommage, à la discussion, Benoît Duteurtre, très inspiré, fixe l'itinéraire de Stravinski, homme-phare du XXe siècle, à cheval (galopant) sur trois pays – La Russie, la France, l'Amérique –, complice de toute une génération de créateurs – Picasso, Cocteau, Satie, Chanel, Nadia Boulanger –, inspirateur des Ballets russes. On se souvient encore de *L'Oiseau de feu*, réglé par Serge de Diaghilev, compositeur d'une œuvre monumentale où trônent *Petrouchka*, *Le Sacre du printemps* et d'admirables pages pour piano et violon. De ce révolutionnaire de la musique des années trente une jeune dame a su parler avec des mots tendres : son arrière-petite-fille, Marie Stravinsky. Elle ne l'a pas connu, elle avait trois ans à sa mort, mais elle a en mémoire des trésors de famille. L'entendre raconter les siens aura été le meilleur, le plus sensible de ce colloque, quelque peu embrumé par les analyses de deux musicologues trop savants pour être éblouis.

***

François Hollande cultive l'anaphore comme d'autres les drogues les plus douces. Le candidat avait répété à seize reprises « Moi, président », six mois après le pensionnaire de l'Élysée martèle le « Moi, je ». L'homme a pris conscience de la situation, affirmant désormais qu'il est le maître. « Je serai, dit-il, le vrai tenant du rassemblement des Français. » Je suis avec intérêt sa première conférence de presse qui trace un long boulevard : deux heures vingt-quatre minutes ! On ne saurait me taxer d'esprit partisan, je ne suis pas de sa famille, mais l'honnêteté commande. C'est une vraie surprise. Au-delà des justifications, des promesses, j'entends pour la première fois la voix d'un président.

***

La Revue européenne des médias qu'anime Francis Balle publie une fiche particulière bien inscrite dans l'air du temps : celle de la population qui n'a jamais utilisé Internet en 2011. En numéro 1, championne du moment, la Roumanie, 54 % des siens boudent le monstre moderne. Viennent ensuite la Grèce (45 %), le Portugal (41 %), l'Irlande (21 %). La France s'affiche en 18e position avec 18 % (ce n'est pas si mal et je n'y suis pour rien, je reste réfractaire). La Suède est la plus touchée par l'addiction à Internet. 5 % seulement la négligent !

***

Sur Arte, Daniel Barenboim en direct de Berlin. Avec cet immense pianiste, ce chef enthousiaste, « la musique éveille le temps ». J'ai souvent fréquenté cet homme exceptionnel, nous avons partagé de grands moments à la radio, à la télévision, je le vois plus rarement aujourd'hui, mais j'accompagne de loin toutes ses tentatives pour lutter contre l'ignorance, pour rapprocher les peuples, pour qu'ils chantent d'une même voix (difficile ambition, cruelle épreuve). Il aura partout donné l'exemple : son orchestre, le West-Eastern Divan Orchestra, est le symbole de cette volonté de paix qui permet à des musiciens israéliens et arabes de jouer ensemble. Je l'ai déjà écrit, je le redis. Ce soir au programme, le Concerto n° 3 de Beethoven, le Concerto n° 1 de Tchaïkovski et d'heureuses retrouvailles : l'orchestre est dirigé par Zubin Mehta, l'Indien qui fut mon complice à l'heure de l'*Échiquier* à Jérusalem et avec lequel, en 1960, il avait enregistré une version héroïque du quintette de *La Truite* de Schubert où s'affirmait une remarquable violoncelliste, Jacqueline du Pré, la femme de Daniel, qui allait disparaître en pleine jeunesse. Le concert comme un lieu de mémoire.

***

J'avais vu l'exposition de 1979 qui fut un triomphe. L'effervescent revient à la charge au centre Pompidou. À travers son œuvre je refais mon plein de dalinisme, j'entre dans ses délires, je retrouve ses fantômes, je comprends mieux ses rêves. Tout Salvador Dali est là, en majesté : des huiles, des collages, des dessins, des sculptures. Les plus ignorants vont encore parler de ses pitreries, d'autres – et ils auront raison – estimeront qu'il défendait l'indépendance de l'art. Observant son carnaval d'images, je le revois conquistador, Don Quichotte, l'œil revolver, d'une élégance extrême. Je m'aperçois qu'il me manque. Au-delà de la folie, qui était son alibi extrême, il affirmait en toutes circonstances une liberté totale. J'admirais son imagination mais – par vanité sans doute –, je ne m'étais jamais laissé prendre à son cinéma. Notre dernière conversation nous l'avions tenue dans son appartement de l'hôtel Meurice où il trônait tel un hidalgo échappé de son cirque, faussement aristocratique.

L'INA édite cette semaine un CD spécial consacré à notre *Radioscopie* que je jugeais alors surréaliste. La préparation de ce direct n'avait pas été simple, l'ingénieur du son avait installé un micro sur pied qui allait déplaire souverainement au cher Dalí.

— Enlevez-moi vite cette horreur, c'est inesthétique, c'est une insulte à mon prestige. Demandez à votre assistante de se mettre à genoux devant moi, elle tiendra à portée de mes lèvres votre boîte à paroles.

La situation était si cocasse que nous étions prêts à tout accepter, il eût fallu une caméra pour mieux décrire cet instant de pure comédie, nous avions décidé d'en rire, nous n'étions plus qu'à cinq minutes de la prise d'antenne. J'avais prévu une présentation rapide, je n'ai pas réécouté la bande, mais je me souviens d'avoir dit à peu près ceci :

— J'ai tellement d'admiration pour vous, votre talent, que je ne saurais vous permettre de moquer votre monde. Arrêtez vos enfantillages, délivrez-vous de la gare de Perpignan dont nous n'avons rien à faire. Prouvez-nous que vous n'êtes grotesque que par provocation.

C'était, je le reconnais aujourd'hui, mal commencer une discussion, pour la première fois j'égratignais aux premières secondes. La réponse fut cinglante :

— Je vous interdis, monsieur, de me parler de la sorte, un génie n'a pas à s'expliquer sur des broutilles. Si vous devez poursuivre sur le même ton autant nous arrêter tout de suite.

J'enchaînai aussitôt je ne sais plus sur quoi ! Et nous fûmes une heure ensemble dans le délire le plus heureux. On doit pouvoir le vérifier sur ce CD qui vient à point. À la fin de l'émission, détendu, rigolard, digne dans sa posture de flamboyant, Salvador Dalí me priait de passer par sa chambre seigneuriale où, sur un chevalet, un drap dissimulait un tableau dont il me fit vite les honneurs : un couple de magnifiques girafes.

— Avant notre conversation, pour saluer notre rencontre, j'avais décidé de vous offrir cette œuvre. Après ce bavardage qui nous a trop opposés je décide de n'en rien faire.

Je souris, il s'en offusqua, nous parlâmes une minute de plus, il me fallait conclure :

— Maître, pourquoi tricher, mentir encore. Avouez que vous n'avez jamais songé à m'offrir cette toile. De toute manière, je l'aurais refusée !

Drapé à son tour dans une supercherie de circonstance, Salvador Dalí frappait fort le tapis du bout de sa canne à pommeau d'or. Il eut une dernière saillie.

— Si vous en êtes d'accord, nous pouvons être amis.

Je ne l'ai pas revu. L'exposition à Pompidou aura réveillé mes souvenirs.

***

Le ridicule cette fois aura tué. Jean-François Copé et François Fillon ne sortiront pas indemnes de leur comédie de boulevard, de leurs chamailleries enfantines. L'épilogue de l'élection à la présidence de l'UMP est venu après vingt-quatre heures d'un grotesque achevé entre insultes même pas retenues et pagaille organisée. Les anomalies découvertes dans quelques bureaux importent peu, elles sont l'épouvante entretenue et l'alibi de chaque confrontation ou nationale ou régionale. Le pire est ailleurs, c'est une vieille rivalité qui embrume le débat et coupe en deux la droite. Copé chante victoire, Fillon parle d'une fracture politique et morale. Leurs troupes, demain, retrouveront les tristes accents de la langue de bois pour jurer de leur union nouvelle. Personne n'y croit.

***

Aurélie Filippetti et Vincent Peillon présentent un plan en faveur de l'enseignement artistique : une loi de plus qui n'aura pas le moindre effet. Que ces responsables de haut niveau prouvent d'abord leur intérêt personnel pour une saine découverte du beau. Comme leurs confrères de toutes tendances, ministres et parlementaires confondus, ils me paraissent curieusement absents de nos rendez-vous. Je ne les vois jamais dans les musées, les salles de concert, à l'opéra. Ils ne sont pas un exemple.

***

Je note une dernière fois l'incroyable carnaval de l'UMP, ridicule imbroglio : juré, je n'en parlerai plus au-delà de ces lignes. Si j'étais de ce mouvement, j'aurais déjà jeté ma carte aux orties. Je pensais le vaudeville achevé, tout reprend. Selon Fillon, on n'aurait pas comptabilisé les voix de trois territoires d'outre-mer. Clochemerle des temps nouveaux le spectacle joue à guichets ouverts. Sur scène, Hollande, Borloo, Marine Le Pen. Dans la fosse, une droite en déshérence. Des branquignols en miettes !

***

Seule sa tête bouge. Son corps épouse le cancan d'un fauteuil roulant. Le destin ne lui a même pas accordé la faveur de pouvoir appuyer sur un bouton pour aller son chemin. Une infirmière le pousse. Je le rencontre au Trocadéro où, presque quotidiennement, il s'installe sur la terrasse très courtisée du salon de thé Carette. J'oublie son handicap. La joie est son viatique, « mon essence », dit-il. Nos conversations empruntent le plus souvent les chemins d'une même interrogation. Pourquoi les personnes en excellente santé, libres de bien vivre, offrent-elles un visage si triste, aux couleurs de sinistrose ? Pourquoi les plus démunis sont-ils si heureux ? J'ai su un temps ce qu'était l'effacement d'une vie, je comprends mieux Vincent : « La joie, assure-t-il, est le fruit d'un enfer vécu, assumé, dépassé, c'est une ascèse, on l'obtient par un oubli de soi-même, une spiritualité que chacun peut ordonner à sa manière. De ma berline à deux roues j'entends les rumeurs mauvaises. Beaucoup prônent la révolution pour changer le monde. Ils se trompent de stratégie. Les vrais révolutionnaires sont ceux qui, demain, sauront ouvrir leur porte à l'autre. »

***

C'était un midi dans son appartement de Buenos Aires, nous préparions notre semaine radiophonique, Jorge Luis Borges, comme toujours, était d'une élégance rare, costume bleu, gilet blanc, cravate sombre. J'avais près de moi ses ouvrages, il me regardait, il y avait une lueur dans ses yeux morts, je me sentais observé, je lui parlais longuement de *Fictions*, du *Livre de sable* et de sa propension à vouloir à tout prix « changer l'imaginaire ». À la fin de chaque séance, nous prenions un verre de lait, je me souviens de notre dernier jour en Argentine, il avait déposé sur ma soucoupe un carton, petit mot tapé à la machine, en français, ainsi libellé : « Vous avez su me lire, retenez donc ceci : les bons lecteurs sont des oiseaux rares, encore plus ténébreux et singuliers que les bons auteurs. » Peu à peu, je redeviens ce lecteur...

***

Le rugby a ses chevaliers qui portent les valeurs du sport : l'audace, l'honnêteté, la générosité. On les appelle « Barbarians » – la barbarie est leur contresens – ils sont passeurs de tradition, de beau jeu, ils ont la jeunesse, l'affrontement est leur propre épanouissement, le respect une nécessité. Je me vante d'être de cette secte amoureuse – nous sommes quatre cent cinquante – sans avoir été pour autant international dans un XV de France. Ce dimanche, nous nous retrouvons au Havre – magnifique stade – où notre équipe rencontre le Japon qui nous surprend par sa rapidité, son adresse, son courage. Le score importe peu, nous avons eu du mal à les battre mais l'essentiel résidait noblement dans cet échange souhaité entre deux cultures si différentes. La prochaine aventure des Barbarians se déroulera en Afrique du Sud où les adversaires sont particulièrement pugnaces.

Ce que j'apprécie le plus dans cette alchimie sport-amitié ce sont les soleils d'un partage poussé jusqu'à l'ascèse et dont nous devons la possibilité à Serge Kampf, mainteneur des nobles traditions, soutenu par ses mousquetaires, Jean-Pierre Rives, Serge Blanco, Denis Charvet, de sacrés guerriers de l'ovale !

***

« Quelle idée vous faites-vous de la ville ? » demande l'un de mes copains récemment monté de sa province. On lui répond vite : la ville est un enfer où l'on brûle à petit feu, seul compte le village qui est proche de la nature, loin de la pollution et vivable tant il entretient les conversations. Dans cet espace privilégié où l'on trouve réunis la mairie, l'école et l'église – et de moins en moins le bistrot –, on se parle enfin sans portable ni bouchon dans les oreilles.

***

Kijno, mon cher Lad, s'en est allé rejoindre ses vieux territoires de l'Est, peut-être passera-t-il par Varsovie avant de grimper vers ce qui est inatteignable. Toute sa vie il fut épris de liberté, démesuré, insoumis. Belle figure du XXe siècle, peintre flamboyant, créateur des papiers froissés, je le voyais surtout champion des ruptures de style. La célébrité lui paraissait vulgaire, l'homme fut toujours sa grande affaire, les îles et Gauguin son petit paradis. Immense artiste, il souffrait toutefois d'un malentendu : il se croyait philosophe et poète, je n'ai jamais su le démentir.

Décembre 2012

Un virus ou quelque chose qui y ressemble me porte à une température exagérée. Notre médecin affirme qu'à 40 degrés on se terre... Je ne serai pas aux obsèques de l'ami Kijno où je devais prendre la parole avec Martine Aubry, Dominique de Villepin, Jean-Claude Casadesus. À la demande de Malou, je rédige un petit texte que Martine saura lire. Tout est tristesse dans ce départ.

Il était de partout, de Chine, de Russie, de Pologne, de Varsovie où il était né, mais surtout de France et plus encore de cette palette glorieuse où s'accrochent les plus grands peintres. Il était si haut dans la hiérarchie de l'art que les médias obligés au bruit n'ont pas entendu son départ silencieux. Pas une ligne dans la presse sur le départ de Ladislas Kijno, pas le moindre rappel à la radio et à la télévision pour un homme exposé dans le monde entier, qui a sa place dans les musées, dont les « papiers froissés » furent partout célébrés. Il n'y a plus d'espace disponible à la reconnaissance du vrai talent tant nos confrères accordent d'importance à tous les médiocres de passage... heureusement à ce moment de ma déception m'est adressé l'article du *Monde*, l'hommage à l'ami Lad.

***

Tout n'est plus que pleurs, cris, grincements de mots. Notre cher pays sans cesse en transes est donné comme le plus pessimiste du monde (même l'Afghanistan serait plus heureux). On nous bassine avec toutes les crises, les mauvaises nouvelles autorisent les rassemblements les plus farfelus, les bulletins du 20 heures sont épuisants, la politique voudrait nous pousser au vertige, le numéro de haute voltige Copé-Fillon est pareil aux petits meurtres d'Agatha Christie, l'attaque de la jeune Duflot contre le patrimoine de l'église témoigne d'une ignorance totale des bienfaits de cette institution envers les nécessiteux – que ne ferait-on pas pour exister ! –, la peur des écologistes est devenue une maladie chronique, j'en passe et des plus cruelles. Je n'en peux plus des grincheux qui pataugent dans leurs privilèges, je m'étonne que les salariés de plein emploi descendus dans la rue ne pestent jamais contre les misères des nouveaux chômeurs. Aujourd'hui, seuls les plus déshérités ne se plaignent jamais, affaire de noblesse de sentiments. Haut les cœurs il y a une France qui croit en elle-même, qui peut dénoncer les coupables. Dans son excellent éditorial du *Point*, Franz-Olivier Giesbert rapporte ce mot de Charles de Gaulle à propos d'Albert Lebrun, dernier président de la IIIe République : « Au fond comme chef d'État, deux choses lui avaient manqué : qu'il fut un chef et qu'il y eut un État ! »

***

Les Mayas qui s'y connaissent en mystères annoncent la fin du monde pour ce 21 décembre. Balivernes pour la grande majorité, prémonition pour Copé-Fillon qui auront signé définitivement la fin de leur monde et l'épuisement de nos politiques.

***

Les années passent, ma petite-fille Philippine a cinq ans, mon petit-fils Augustin fête ses dix-huit mois, je compte mes jours, j'aurais tant voulu les découvrir à leur vingtième année lorsque les jeux sont presque faits. J'ai vécu si tôt, si intensément, que le siècle m'a englouti, que j'ai vieilli en croyant rester très jeune, que j'ai rêvé ma vie en la réalisant. Nos bambins sont mes cadeaux de Noël sans doute mais de chaque matin sûrement…

***

Jean-Loup Dabadie, mon vieux complice, aujourd'hui directeur en exercice à l'Académie française, me prie d'assister sous la Coupole à la présentation des livres couronnés par sa compagnie : soixante-six ouvrages en majesté ; c'est trop, beaucoup trop, cela finit par ne ressembler à rien. Mais Jean-Loup subit l'épreuve avec précision, intelligence, drôlerie. A-t-il vraiment tout lu ? Peu importe, on oubliera vite, hélas, les lauréats… On se souviendra en revanche de Michel Serres qui planche sur « la vertu ». Belle performance d'un ancien normalien : « La vertu, dit-il, est une vertu de retenue. »

***

On peut prendre de bonnes décisions, encore faut-il qu'elles soient tenues. Je tente enfin l'exercice, je souhaite mettre en chantier ce prochain janvier 2013 le récit de mes vingt-quatre premières années, huit d'entre elles partagées dans les jours et les nuits du bout du monde sur fond de Sud-Est asiatique. Je l'annonce une nouvelle fois comme pour m'en délivrer. Ce quarante-deuxième livre déposé sous le titre *Hôtel Continental* devrait pouvoir porter les bonheurs et les cruautés d'une adolescence turbulente, chahutée. Vais-je savoir en parler tant l'histoire m'est personnelle et à certains égards douloureuse ? Préoccupé d'avenir, je jure de ne plus laisser mes souvenirs en attente.

***

Je l'ai connu à *Radioscopie* où il accompagnait mon invité Jacques Duhamel, ministre des Affaires culturelles, à ce moment-là déjà miné par la maladie. J'avais apprécié sa manière douce mais efficace de soutenir son patron. Je l'ai revu régulièrement des années durant, dans les salles de concert, à l'opéra surtout où son nœud papillon faisait merveille. Jacques Rigaud qui à son tour s'en va sans crier gare, restera comme le type parfait de l'homme de culture soucieux de vivre partout en esthète. Il avait inventé le mécénat d'entreprise en France, il aimait la radio – il fut à la tête de RTL – et la télévision dont « les mauvaises manières l'offusquaient ».

***

Comme lui, avec moins d'assiduité quand même, j'ai écumé bien des salles lyriques à la recherche de voix à découvrir, de livrets à reconnaître, de musique à réentendre. Comme Alain Duault, j'aime l'opéra, je n'ai jamais été lassé par notre vagabondage dans tous les pays du monde et j'en apprécie d'autant plus son *Dictionnaire amoureux* où il fait le choix du meilleur de son bel canto. Une somme très remarquable des inventions multiples de l'opéra. J'aime ce livre pour une autre raison qui est d'importance : j'ai pu lire enfin, après cinq mois d'absence, le premier ouvrage qui témoigne d'un peu du retour de mes yeux.

***

France Télévisions, mon ancienne maison, faisant peu de cas du temps qu'il convient d'accorder aux nouvelles émissions pour qu'elles trouvent le rythme d'un possible succès massacre en ce décembre ce qui nous fut annoncé comme royal cadeau en septembre. Ainsi, le programme du vendredi sur France 2 – *Vous trouvez ça normal ?* – présenté par Bruce Toussaint est poussé hors de l'écran sans ménagement aucun, *C'est pas sorcier* quitte également les antennes, les jeux sont amputés de la moitié de leur heure – il eût été plus simple de les éliminer tant ils sont sans éclat –, Frédéric Taddeï passe de la trois à la deux, une fois par semaine, alors que nous aurions pu espérer le retrouver quotidiennement, deux cases sont supprimées – documents et cinéma –, on élague en toute tranquillité. Je ne comprends rien à cet abus de transmutations qui marquent l'évident esclavage : celui de l'audience et de la pénurie. « Question de budget », me dit l'ami Rémy Pflimlin. À pleurer !

C'est étonnant d'avoir conscience du grand âge et de ne pas se voir vieillir. J'en reviens toujours à ma maxime favorite : « J'ai été vieux trop tôt, je suis jeune trop tard. » Mes blessures d'adolescent m'auront été bénéfiques, je suis devenu adulte en peu de mois, j'ai appris très vite à mépriser la mort, seule manière de la vaincre. Ensuite sont venus les mille épisodes d'une existence remuante qui n'ont pas réussi à casser ma joie de vivre. Aujourd'hui encore, je suis plus attentif à demain que plein d'hier. Je suis toujours aux affaires.

Mes complices d'antan s'en vont en bataillons serrés, rares ceux qui persistent à piétiner nos routes – Serge Kampf, Michel Déon, Alain Decaux, Gabriel Matzneff, Philippe Tesson, Philippe Bouvard, Bernard Pivot. J'ai la jeunesse en amitié – ma garde en ascension, Renaud Capuçon, Florian Zeller, François Busnel, Frédéric Taddeï, Jérôme Béglé, Pierre-Antoine Capton. Tous me font le cadeau de me considérer comme l'un des leurs et pourtant je les dépasse de quatre générations. Grâce à ces nouveaux hussards, j'ai l'intime conviction de ne pas être un vieillard. Je songe avec gourmandise aux prochaines coupes du monde – football et rugby. Je serai sur le col de Peyresourde au juillet du Tour de France, je reviendrai en Australie et au Brésil en juin, j'ai la prétention de pouvoir oser quelques folies, je n'en finirai jamais de regarder, d'admirer les femmes. Avec Martine, ma femme, nous préparons le prochain banquet : l'installation du haut arbre de Noël à Miramont. Je veux lire tout le bonheur du monde sur le visage de mes petits-enfants, Philippine et Augustin. Ils sont beaux les derniers feux !

***

Floryse Grimaud qui anime le Grand Prix Palatine du Roman historique où je siège à titre de juré m'adresse une photo de Louis Monier qui me touche. Nous sommes trois, éblouis par le flash, Jorge Semprún, Yves Montand, moi. Je reconnais le Studio de France Inter ; je leur avais consacré toute une semaine de conversations. C'était en 1983. Je venais de rencontrer Martine, elle assistait à notre débat sur « Littérature et cinéma ».

***

Un imbroglio de plus qui n'aurait guère d'importance si la politique ne s'en mêlait pas. Mais dans cette affaire, clame-t-on, il y aurait atteinte à la séparation des pouvoirs. Un homme défend sa femme et c'est scandale, hélas il est aussi président de la République. Et si maladroit ! Le « citoyen » Hollande a eu l'impertinence d'écrire au tribunal de grande instance de Paris pour soutenir sa Valérie en procès contre les auteurs d'une biographie de la dame où il est question d'une liaison supposée, antérieure. C'est le fait du prince selon l'UMP, une bagatelle pour le parti socialiste qui ne se soucie plus de telles broutilles. Que n'aurait-on pas dit à gauche s'il s'était agi de Sarkozy ! Il n'empêche que je suis pour une protection assidue de toute vie privée…

***

Nous avions passé quarante-huit heures ensemble au palais de l'Aurore, à Brasilia, où Jorge Amado m'avait entraîné pour me faire connaître son grand ami, le président Sarney. L'homme que j'y rencontrai se voulait séducteur. Je crois me souvenir qu'il était petit, sec, voix chantante comme tout Brésilien, disert. Il n'était pas utile de lui poser des questions, il parlait, un traducteur ne me laissait rien perdre de ses mots. J'apprends sa mort ce matin. Il avait cent quatre ans, âge canonique, si peu fréquenté. Oscar Niemeyer aura été – avec Le Corbusier – l'architecte du XXe siècle, l'avant-gardiste parfait qui aura inventé un nouveau style, magnifié le béton comme outil de construction. Son œuvre est considérable qui va du siège de l'ONU à New York au siège du parti communiste français à Paris, la part la plus importante de son génie étant réservée à Brasilia où sa griffe s'inscrit en de multiples audaces. C'était un magicien des envolées acrobatiques, ses immeubles étaient (sont) comme des cathédrales. Je l'écoutais, émerveillé. Il s'enflammait à vanter son art, il se plaisait à refuser « le pénible d'une ligne droite » et s'épuisait à réinventer la courbe qui était à ses yeux un prolongement des formes de la femme brésilienne. Je lui demandai : « S'il fallait d'une phrase résumer votre travail ? — Facile, c'est affaire de sensibilité, mieux encore une approche sensuelle. »

***

Un mot pour dire que l'ubuesque tintamarre de l'UMP est toujours assourdissant. De grâce que ces idiots se taisent ! Et moi j'avais promis de me taire.

***

Je ne voudrais pas que ce journal prenne l'aspect d'un cimetière et pourtant comment pourrais-je oublier ces moments de grâce avec Ravi Shankar qui nous quitte à son tour, mais au bel âge. Je pense particulièrement à un soir de magie, à Bombay où Yehudi Menuhin, l'immense violoniste, était venu rejoindre le prince du sitar. De mes errances, j'aurai tiré du moins des bonheurs rares.

***

Je n'ai pas les moyens de quitter notre pays, je ne le pourrais pas d'ailleurs, tant je suis intensément français, mais il m'arrive tout de même de rêver que vivre en autarcie dans ma Bigorre serait une solution, loin d'un État qui accumule les conneries, les jalousies de clan. Le président Hollande n'aime pas les riches, moi j'ai toujours pensé qu'il fallait les protéger, les exploiter même parce qu'ils sont un trésor pour notre économie. Les contraindre à fuir est une faute. Le départ de Gérard Depardieu pour la Belgique ajoute au désordre surtout lorsqu'il est commenté par un drôle d'individu, en recherche de notoriété, un certain Yann Galut, député du Cher, qui suggère de punir « les fuyards par une déchéance de la nationalité ». Stupide et sans effet puisque contraire à la tradition. Comment peut-on s'en prendre ainsi à un grand acteur qui honore la France, à ce personnage balzacien, démesuré sans doute mais superbe dans ses délires, drôle et humain. Qui se souviendra demain de Galut ?

***

Aurélie Filippetti, ministre de la Culture, qui n'en est pas à une maladresse près, dénonce le flou de la stratégie de France Télévisions et met la pression sur les programmes de ses chaînes. On peut s'étonner de l'intervention du pouvoir dans la ligne éditoriale de Rémy Pflimlin. Serions-nous revenus aux ordonnances d'Alain Peyrefitte ? À dire vrai, ce gouvernement est amusant !

***

Le luxe consiste à aller vers des choses simples… Est-ce bien de moi… ou de quelqu'un d'autre ? En tout cas, j'approuve.

***

Patrick de Carolis est bien à son affaire depuis son départ de France Télévisions. On l'imagine heureux, comblé, prenant son petit déjeuner à Saint-Pétersbourg, son souper à Florence. Il voyage et doit se mettre en frais d'uniforme dans les lieux de mémoire du monde puisqu'il est désormais de l'Institut. J'ai suivi, sur France 3, son *Grand Tour*, superbe vagabondage dans trois villes de tradition : Istanbul, Vienne, Buenos Aires. C'était pur enchantement. Mélopées, valses et tangos en alternance, monuments du passé que l'on visitera encore dans les siècles à venir, beau travail d'un vrai professionnel, d'un esthète qui sait notre curiosité, notre bonheur d'apprendre.

***

Newtown n'était pas préparée à cette célébrité funeste, le Connecticut semblait loin de la fureur et des bruits, l'Amérique n'imaginait pas cette nouvelle horreur. Nous sommes bouleversés, on ne sait, on ne peut que pleurer. Il est insupportable le récit de ce carnage voulu par un jeune homme de vingt ans que l'on disait intelligent et qui n'était que fou : Adam Lanza. Dans une autre circonstance on l'eût pris, vu son nom, pour un ténor, il n'est qu'une référence de l'abominable. Il lui fallait sa dose d'épouvante : vingt-six enfants, six adultes abattus. Comment peut-on résister à un pareil chagrin, on ne surmonte pas une telle douleur, la mort d'un enfant, la fin d'un monde. Dans son papier du *Figaro*, Anthony Palou rappelle cette étrange phrase de Heidegger : « Dès qu'un être est né, il est assez vieux pour mourir. »

***

L'interventionnisme de l'État, cette façon stupide, indigne, de désespérer les talents, ces créateurs que l'on pointe du doigt dès lors qu'ils passent les frontières. La dénonciation renaît comme au temps de l'occupation, les moralistes du moment veulent entacher de culpabilité des citoyens en mal du pays. À propos de Gérard Depardieu, le « fuyard », cette déclaration d'Aurélie Filippetti après le coup de sang de l'acteur : « On regrette qu'il ne revienne pas au cinéma muet » n'est pas réjouissant.

***

La pièce de Florian Zeller, *Le Père*, triomphe chaque soir au théâtre Hébertot (où je reviendrai en janvier). Très beau texte, subtil, démoniaque, étrangeté d'un personnage en perte de mémoire, magnifique interprétation de Robert Hirsch, quatre-vingt-sept ans, l'éternité d'un talent rare. Le souvenir que je garde de ce dernier héroïque parcours sur scène – j'y étais tout au début – m'aide à répondre à une question de France 2 : « Quel a été le moment le plus étonnant de vos émissions à la télévision ? » Il faut répondre vite. Inspiré par Florian Zeller avec lequel j'ai dîné hier, je reviens à une ancienne soirée diffusée en direct de la Comédie-Française. Je célébrais alors les adieux de Louis Seigner. Pour lui, devant Jean Gabin, Belmondo et une brillante cohorte d'acteurs, nous avions, avec Jacques Charon, imaginé un sketch où sur l'air de *L'École des femmes*, Robert Hirsch se tortillait en vieille sociétaire devant la très jeune Isabelle Adjani, délicieuse Agnès. Du grand art, du comique à l'état pur, que ce diable de Hirsch avait prolongé par une tirade loufoque de « La cigale et la fourmi » du bon La Fontaine. Cette séquence est souvent reprise. La reverra-t-on en cette fin d'année ?

***

On m'a souvent demandé de venir lire en scène de grands textes, j'ai toujours refusé par peur de ne pas être à la hauteur d'une proposition aussi flatteuse. En revanche, j'aime à entendre ceux qui se prêtent à l'exercice et c'est l'Opéra-Comique qui nous donne ce soir le meilleur du divertissement. Pour la quatrième fois, François Busnel, le passeur de *La Grande Librairie*, sur France 5, invite les comédiens à présenter des extraits d'un livre qu'ils ont choisi. Il s'agit de réveiller le lecteur qui sommeille en nous. Il y a quelque chose de magique dans ce cadeau d'avant Noël. Ils sont treize à nous offrir le léger et le grave. Guillaume Gallienne, jubilatoire, vante l'humour de Le Tellier, Brigitte Fossey joue un poème de Prévert, Jean Rochefort nous fait souvenir de Louis Calaferte, Laurent Lafitte, comique à souhait, conte un voyage en train avec un enfant de l'Américain Robert Benchley. Au total, de la télévision comme on l'aime.

***

Comme prévu, nous sommes toujours vivants. Ce canular de la fin du monde fixée par les Mayas au 21 décembre aura permis aux médias de faire une récolte d'audience en nous amusant. Les sectes de toutes origines sensibles à cette apocalypse ont été un instant réveillées. C'est le pire de l'histoire.

***

Le départ de Gérard Depardieu pour la Belgique – cette broutille – fait encore grincer les dents usées de quelques notables de la gauche gonflés de privilèges. Le plus abject dans cette affaire c'est la dénonciation d'un « camarade », par ailleurs excellent comédien, le sieur Philippe Torreton, coupable d'une triste forfaiture, qu'à la grande époque on eût pu provoquer en duel, et que Catherine Deneuve, avec drôlerie et courage, ridiculise par une déclaration cinglante. Tristesse des idéologues grimpants !

***

Je retrouve ma vieille maison des Pyrénées en ce décembre bizarre. Il fait 22 degrés, on pourrait se croire au printemps, heureusement la neige couvre les sommets, les enfants sont au ski, je suis en balade et comme toujours sur mes routes d'enfance. Hier j'ai repris le cours de mes lectures interrompu en juillet, bizarrement le premier ouvrage à ma portée est une curieuse biographie : celle d'Arnaud Lagardère par Jacqueline Rémy. J'ai connu assez tard l'héritier de Jean-Luc. Nous nous sommes beaucoup vus à une certaine époque, pour lui difficile, il avait besoin de moi ; à la demande de Jean-René Fourtou je l'ai aidé en le réconciliant avec une personnalité politique ; la paix revenue je n'ai plus eu de lui la moindre nouvelle. J'en ai été étonné sans en être déçu, je le découvre vraiment dans ce livre qui est un étrange mélo. Les premiers chapitres qui jugent l'homme d'affaires ne m'intéressent guère, je préfère m'interroger sur sa personnalité qui est aujourd'hui une énigme. Le petit Arnaud, pris par les démons de la cinquantaine, fait feu de tout cœur pour une mignonne de vingt-deux ans dont on dit qu'elle fut mannequin en Belgique. J'aime les belles histoires, celle-ci pourrait me combler si elle n'était épouvantée par une impudeur inattendue. Comment peut-on se confier de la sorte à la télévision, à Internet, roucoulant avec gourmandise et stupidité. Les salariés de son groupe ne méritaient pas ça. Peut-être faudrait-il croire sa mère : « Il se fiche de tout. » Ce n'est pourtant pas dans les normes d'un patron du CAC 40. Mais comme dit la biographe : « Voilà un héritier qui veut vivre sa vie et l'exhibe. » Peut-on changer à ce point ?

***

La télévision invente ses personnages. Certains ne durent qu'un temps, d'autres passent joyeusement les décennies et c'est justice. Nous avons découvert ce mois-ci deux bons ouvriers de l'écran, deux compagnons du devoir – je pense à mon père – différents et pourtant semblables : Michel Drucker et Laurent Ruquier. Deux bosseurs qui se remettent sans cesse en question et ne rechignent pas à l'ouvrage. Au début de leur errance sur les ondes ils ne s'aimaient pas, chacun portait son lot d'angoisses, de doutes (ce qui fait avancer). Je les regarde, ils ont cinquante ans et plus, pour moi ce sont des jeunots. Ils ont réussi mais cela importe peu. C'est la fidélité, la générosité, la pudeur aussi qui composent ce qu'ils sont.

***

Au cœur de l'hommage qui lui est consacré sur France Télévisions, une dame demande à Rudolf Noureev : « Pourquoi n'êtes-vous pas marié ? » L'époustouflant danseur – si tôt disparu – s'étonne de cette ignorance et puis souverain, annonce : « Pour être grand, il faut être seul. »

***

C'était il y a cent ans, c'est l'épisode d'un étrange refus que Michel Erman nous conte dans *Libération.* À l'automne 1912, Marcel Proust vient d'achever la rédaction d'un gros roman qu'il voudrait publier en deux ou trois volumes. Le monde des livres s'étonne de cette prétention. *Du côté de chez Swan* subit l'épreuve de l'humiliation. Fasquelle l'ignore, comme les censeurs de la NRF, les éditeurs dans leur ensemble refusent le manuscrit. Certaines notes de lecture sont éprouvantes, celle de la maison Ollendorff entre autres : « Je suis peut-être bouché à l'émeri mais je ne puis comprendre qu'un monsieur puisse employer trente pages à décrire comment il se tourne et se retourne dans son lit. » On trouve aussi que ce livre est « trop plein de duchesses ». Il faudra attendre le 13 mars 1913 pour qu'un éditeur avisé lui signe enfin un contrat. Bernard Grasset, qui pourtant n'a rien lu, aura eu le nez creux. *Du côté de chez Swann* paraît le 14 novembre 1913. Proust est aux anges : deux mille exemplaires sont vendus en deux mois. C'est l'envolée d'une légende. C'est aussi, aujourd'hui, une sorte de réconfort, de possible attente, pour tous ceux qui n'ont pas encore reçu, pour leur roman, l'acceptation d'un éditeur. Puis-je ajouter que je peux comprendre les premiers refus : Proust que j'aime ne m'avait pas convaincu à la première lecture.

***

J'aime les arbres, tous me racontent une histoire, certains, dans notre parc, face au Pic du Midi, ont trois cents ans, d'autres – trois précisément – plus vieux encore, totalement déplumés, exhibent des troncs morts que je regarde comme des sculptures et que je garde, toutes sortes d'espèces font un bois autour de la maison, il y a aussi les sapins de Noël que l'on replante à la Saint-Sylvestre, délivrés de leurs guirlandes de fêtes et qui repoussent. Il y a enfin l'immense séquoia que de partout on vient visiter, qui nous accueille à chaque arrivée. Les arbres comme permanent trésor.

***

Il fait grand soleil dans ma Bigorre à ce midi où je m'en vais. La maison est pleine d'enfants, je m'éblouis de leurs facéties qui poussent Florian Zeller, notre invité, à l'interrogation : « Que seront-ils demain ? » Seul aujourd'hui compte.

***

Une très belle demeure à trente kilomètres de Marrakech. Notre refuge pour quelques jours, accueillis ici par Anne-Marie et Arnold de Contades. L'incertain du temps : 25 degrés à midi, 7 degrés à 18 heures. Un 31 décembre de plus que nous partageons avec Xavier Guerrand-Hermès dans son palais de la Médina. 2012, une année que je veux oublier.

Janvier 2013

Encore une année prise à l'ennemie. Pensons aux exilés. Plus que jamais il faudra accueillir et recueillir. Nous avons un compte à régler avec la désespérance.

***

On ne saurait commencer 2013 sous de meilleurs soleils. J'ai glissé dans mon bagage le *Dictionnaire amoureux* de Jean-Loup Chiflet que je déguste face à l'Atlas en m'amusant à croire qu'on ne badine pas avec l'humour. Mes yeux pas encore tout à fait retrouvés, impatients, s'enchantent de ces 704 pages consacrées aux diableries du rire, aux éclats d'un monde jubilatoire qui est cité parfois comme un « excès de sérieux ». Plus qu'un dictionnaire l'ouvrage de Chiflet est une anthologie où les persiflages et les saillies s'en donnent à cœur joie, sous la plume des plus grands auteurs, de Montesquieu à Émile Zola et Coluche et Cocteau et Sainte-Beuve. Je me plais d'entrée à citer Michel Audiard : « Faut pas parler aux cons, on les instruit. »

Chiflet puise dans les réserves et rappelle quelques épisodes savoureux. Entre autres ce magnifique canular de Roland Dorgelès : « Dans les années 1900, l'écrivain exposa au Salon des Indépendants un tableau qu'il avait fait peindre par Lolo, l'âne du patron du Lapin agile, en lui attachant un pinceau à la queue. » La toile fut nommée *Soleil devant l'Adriatique*. Les amateurs d'art furent séduits par l'originalité de cette œuvre que l'on disait d'un jeune peintre italien. Elle ne devait pas être très différente de quelques-unes des compositions désastreuses de la peinture contemporaine, célébrée par les gogos.

Dans ce *Dictionnaire de l'humour* où tous les mots ont un sens – exemple : félicitations : politesse de la jalousie –, Jean-Loup Chiflet prend un malin plaisir à reprendre les critiques de grands auteurs sur leurs confrères qui leur font de l'ombre. Ainsi…

– Émile Zola sur Alexandre Dumas : « Ce n'est ni un penseur ni un écrivain original. Il a un style absolument factice manquant de véritable haleine. »

– Jean Cocteau sur Paul Claudel : « Bête, œil de plâtre, il fait la grimace des enfants sur le pot et qui poussent. »

– Sainte-Beuve sur Balzac : « Monsieur de Balzac a tout l'air préoccupé à finir comme il a commencé, par cent volumes que personne ne lira. »

– Jacques Prévert sur Montherlant : « Un bas de cul qui se prend pour un grand d'Espagne. »

– Jean Cocteau sur Proust : « Dire qu'un asthmatique comme Proust veut élaborer une œuvre de longue haleine. »

Je retrouve dans ce dictionnaire, qui est un vrai cadeau de début d'année, des réflexions que l'on pourrait oublier. Celle d'Antoine Blondin qu'il m'avait confiée un soir sur la route du Tour de France : « Je m'absinthe un moment… » De Courteline : « L'alcool tue lentement, on s'en fout, on n'est pas pressés… » De Paul Morand : « Elle était belle comme la femme d'un autre… » De Romain Gary : « Il ne faut pas avoir peur du bonheur. C'est seulement un bon moment à passer. »

***

Paul Lombard, maître de son état, beau parleur, mon compagnon de passage au Maroc, nous conte cette brève conversation entre Marcel Pagnol et Raimu. L'auteur dit à l'acteur :

— Jules, arrête de te prendre pour Napoléon ou Alexandre Le Grand. Tu ferais mieux de te prendre pour Raimu.

Et celui-ci de répondre :

— Ça, j'oserai jamais.

***

Arnold de Contades qui nous amuse de ses récits se souvient de l'entrée en fanfare d'une chanteuse à l'Alcazar de Marseille. Le présentateur annonce :

— Et maintenant, pour la première fois ici, une artiste que le monde s'arrache : Clara Tambour.

À cet instant une voix lance son cri du troisième balcon :

— C'est une peste !

Imperturbable, l'aboyeur persiste...

— Quoi qu'il en soit : Clara Tambour !

Un pays froid où le soleil est chaud ! Tout le Maroc est dans cette réflexion de Lyautey. Dix-huit degrés de différence entre le mIdi brûlant et le soir frileux.

***

À vingt-cinq kilomètres de Marrakech, dans la maison où nous sommes, en pleine campagne, on ne subit plus le poids de la ville, son expansion démesurée, permanente, ce danger tentaculaire d'une cité magique offerte aux pires démons du modernisme. Les hôtels y poussent comme des plantes grasses, les retraités de partout s'y croient milliardaires, je ne reconnais plus les sentiers de mes errances d'autrefois mais j'aime les gens du cru qui eux n'ont pas changé. Triste consolation, je réalise qu'il en est ainsi pour chaque beauté du monde défigurée par ce que l'on appelle le progrès : Saigon, déjà, m'avait désespéré.

***

Le camouflet ne met pas en péril la République mais c'est tout de même un pied de nez adressé à François Hollande par Vladimir Poutine : le Kremlin publie un décret présidentiel spécial octroyant la nationalité russe à Gérard Depardieu.

Raspoutine par la grâce du cinéma notre acteur au meilleur de sa forme devient moujik… au titre de « personne méritante ». Poutine a donc signé un oukase qui rappelle les édits du Tsar. Au-delà de la fanfaronnade de circonstance bien orchestrée par un homme qui ne saurait supporter d'être traité de « minable » par son Premier ministre, je vois se dessiner là une passe d'armes quelque peu frivole du « tsar » russe contre l'Occident.

***

Une dernière visite à l'Atlas avant de rejoindre Paris. Beautés sauvages de la vallée de l'Ourika où alternent plaines et collines dans un exceptionnel déploiement de couleurs. Ici le soleil, là-haut la neige. Partout des villages qui ne sont pas encore rongés par le progrès, qui laissent l'homme démuni mais libre. Quelques paraboles pourtant qui annoncent le pire.

***

Rangeant de vieux papiers dans un placard déjà en désordre, je vois surgir une lettre jaunie dont je reconnais aussitôt l'écriture. Celle de Georges. Me revient en mémoire la place essentielle qu'aura tenue Georges Toussaint à mon arrivée à Saigon. *Le Sang d'un poète* fut le cœur de notre complicité, la rencontre avec Sri Aurobindo à Pondichéry, où il m'avait entraîné, notre arche d'alliance. Je relis ce message daté de mars 1949 : *Jacques, en Inde tu as vu un sage, regarde maintenant l'autre Asie, sache t'en nourrir pour n'en pas désespérer. L'Indochine si belle est devenue une poubelle, elle va au massacre. Ce naufrage inévitable me fait souvenir d'une longue étude que j'avais réalisée sur la dynastie chinoise des Ming qui, aux XIVe et XVe siècles, fut si riche, si débordante de progrès et ensuite victime de sa suffisance, de son ordre implacable, barbare. Une dynastie superbe peut mourir de ses débordements, et pourrir à petit feu. La France, notre cher empire, devrait comprendre qu'elle fait fausse route en Indochine à la manière des Ming, que cette guerre finira mal. Le bouillonnement d'un peuple qui se veut libre ne peut pas être passager, nous sommes ici de trop. Que faire ? me diras-tu ! La juste solution impose de partir, sauve-toi avant l'anéantissement total, rejoins la vraie zone de réflexion, la montagne, redeviens pyrénéen et si tu en as le courage choisis la solitude. Moi je suis déjà loin. Adieu.*

Je ne l'ai pas revu, c'était un désespéré, je le savais détruit par une souffrance atroce, la mort de son enfant de deux ans, assassiné à Hanoi par les Japonais. Je ne l'ai pas écouté, je suis resté, l'atroce est venu, il y a eu Diên Biên Phu. Georges Toussaint avait raison !

***

Depardieu encore, on ne cesse d'en parler, je réponds aux médias qui me demandent de lui dire mon estime. J'apprécie la liberté qu'il se donne, je comprends sa haine des interdits, je m'amuse de ses moqueries à l'égard des courtisans du pouvoir. Démesuré, oui, il l'est. Il s'en vante. Je le reconnais sur cent registres de carrière qui font mille vies. Quelques détracteurs, gourmands de publicité, persuadés de leur allégeance à la gauche du jour, voudraient faire croire qu'il ne mérite plus d'afficher sa nationalité française. Broutilles. Il est bien plus de chez nous que les jaloux qui pensent l'agacer. Peu m'importe la couleur de son passeport, il est acteur, d'autres sont comédiens, c'est notre langue qui lui tient lieu de bréviaire. Il détonne en provoquant à tout-va, il séduit parce qu'il enjolive sa propre folie. Son esclandre de janvier donne au monde une amusante et exacte image de notre pays, peuple turbulent. Le Premier ministre, si maladroit, ne saurait l'atteindre. Il est insaisissable. Jean-Marc Ayrault est Javert lorsque Gérard Depardieu se veut Jean Valjean.

Quand nous découvrirons-nous ? Dans toute notre vie, nous n'aurons eu ensemble qu'une heure de bavardage sur France Inter. Comme j'aurais aimé, pour lui, reprendre *Radioscopie*.

***

Qu'aurais-je fait si le goût de l'aventure ne m'avait pas porté au bout du monde ? La question m'est souvent posée par des jeunes qui suivent le peu de rencontres publiques qu'aujourd'hui je m'autorise. Je suis bien incapable de répondre, l'avenir peut être un hasard, mais je me plais à me souvenir et je m'étonne de me livrer ainsi dans ce journal. Avant mon départ pour l'Indochine, je rêvais d'entrer à Santé Navale qui m'aurait donné l'occasion de voyager loin en pratiquant la médecine et tout autant à Normale supérieure qui m'a toujours paru la plus éblouissante des grandes écoles. Ce n'était que chimères ! Saurais-je en dire plus un jour ?

***

Autour de moi le mot « cancer », terrible bruit, fait son effroyable besogne. Que de proches en tourment ! Et nous aurions le culot de nous plaindre. Rien n'est plus atroce que ce mal implacable. Je n'ose plus parler de mes yeux en berne que l'on annonce pour demain, peut-être, ressuscités !

***

La politique ne m'aura jamais tant ennuyé, j'avais juré de n'en plus parler mais une cascade de mots maladroits, d'affrontements stupides nous poussent à haïr cette haine que l'on invente pour diviser les Français. Certains de nos gouvernants voudraient rétablir la lutte des classes à la condition toutefois qu'elle n'abîme pas leurs privilèges, d'autres, heureusement moins nombreux, plaident pour une vraie révolution qui leur assurerait un avenir très personnel. Ce monde est fou qui est dominé par des pervers.

***

Il est de bon ton dans les dîners en ville de proclamer que la télévision n'est plus ce qu'elle était. On avance – et j'y prends un malin plaisir – qu'il y avait autrefois *Apostrophes* et *Le Grand*

Échiquier pour informer et distraire. C'est sans doute faire peu de cas de la possibilité que nous avons aujourd'hui de choisir sur toutes les chaînes des émissions remarquables. En ce début d'année, je vérifie cette réalité. Pour la seule actualité, i>Télé, BFM, LCI font la somme des événements et parfois, c'est vrai, jusqu'à l'étouffement tant le meilleur et le pire tournent en boucle.

L'écran est un foyer de diversités. Je retiens *Des racines et des ailes*, *Le Grand Tour*, *Secrets d'Histoire*, *La Grande Librairie*, *Empreintes*, *Ce soir ou jamais*, *Le Grand Journal*, *L'Ombre d'un doute*, *Spécial investigation*, *Grand Public*, les documents d'Arte, la saga sportive de Canal + – rugby, football, tennis – qui est l'un de mes moments préférés, son cycle de séries inédites et – pour être complet – les beaux films d'autrefois que diffusent « Action » et « Ciné Polar ». Zappeur professionnel, j'ai encore beaucoup à découvrir… et les nuits sont longues.

***

Lucien Jerphagnon, dans un livre posthume, nous invite à réfléchir sur un écrit de saint Augustin : « Chercher comme si nous devions trouver et trouver pour chercher encore. »

***

Ce sera demain le grand désert et on n'y peut rien. Les amis s'en vont ! Je ne sais où mais pour toujours. Pierre Veilletet, mon confident des années 70, prend à son tour le chemin des étoiles avec sa charge vivante de mots d'esprit, de phrases définitives, de formules cinglantes. La liberté lui était un luxe. J'étais à *Paris Jour*, il était à *Sud-Ouest*, nous étions des journalistes du quotidien, il venait chez moi en voisin, l'amour des Pyrénées avait scellé notre amitié. Lauréat du Prix Albert-Londres, éditorialiste, grand reporter, écrivain, Pierre imposait une élégance si british qu'elle installait une distance avec « le commun des mortels ». On ne le voyait guère dans les cénacles mondains – « ces puits de vanités » –, il ne se voulait qu'homme de culture, ce qui l'avait conduit, avec Jean-Claude Guillebaud, à créer les Éditions Arléa. Je l'aimais, c'était un hussard.

***

Trente-huit ans déjà. Nous étions en 1975. Avec Marcel Jullian, nous venions de créer Antenne 2 et, chez moi, dans les Pyrénées, nous avions imaginé une saga historique qui avait la prétention de raconter le XXe siècle. Jean-Paul Sartre avait accepté d'en être l'ordonnateur mais ses amis-geôliers allaient le persuader d'en abandonner l'idée (ils auraient voulu être les partenaires de l'opération). Je porte encore la déception de ce temps et pour m'en souvenir je suggère une envolée différente mais de même nature puisqu'elle s'adresse également aux philosophes, aux sociologues, aux artistes, aux scientifiques, qui pensent le monde. Et plutôt que de regarder les années 1900-2000 nous pourrions anticiper et fixer 2050. Que seront nos sociétés à cette date ? Rémy Pflimlin avait été enthousiasmé par cette promesse, hélas la chose est restée à l'état de projet. J'en ai reparlé récemment avec Mathieu Gallet, le jeune président de l'INA et Pierre-Antoine Capton, l'un des hommes-liges de la production en France, qui ont aussitôt compris l'intérêt de cette aventure nouvelle. Si nous devions la mettre en chantier, j'aimerais en confier l'animation à Michel Serres, l'écrivain inspiré de *Petite Poucette*, titre en référence aux deux pouces qu'il utilise sur son portable, merveilleux et dangereux outil des temps modernes. Avec notre philosophe émérite nous pourrions, dépassant les crises d'aujourd'hui, croire à un monde nouveau où l'individu aurait la priorité, où l'appartenance serait bannie. Que restera-t-il dans un demi-siècle des penseurs du jour, des écrivains, des artistes, des modes de vie ? Ce pourrait être « Demain peut-être ».

***

Il importe d'exciter les braises, il faut un souffle pour rallumer le feu, celui de la vie.

***

Je les vois de mon balcon, ils défilent quatre heures durant avenue Georges-Mandel, ils marchent en famille, avec bébés – pauvres enfants – dans leurs poussettes, l'ambiance est plutôt joyeuse, des banderoles condamnent le « mariage pour tous », certains groupes crient fort « la nécessité pour un couple d'avoir un papa et une maman ». Combien sont-ils ? Il y aura dispute sur le nombre. C'est trop de bruit, les médias consacrent trop de commentaires à cette mobilisation, laissons les homosexuels décider seuls de leur avenir, les événements du Mali, les menaces terroristes sont bien plus angoissantes. De grâce, ne divisons pas les Français.

***

Il est le seul à savoir nous offrir à la télévision des fêtes de minuit. Frédéric Taddeï partageait ce soir (ce matin !) une heure-miracle avec Fabrice Luchini. De cet homme, acteur au théâtre, comédien au cinéma, il y a tout à dire mais il y faudrait une bible. Il est unique, brillant, fantasque, puits de mémoire, forcément marginal. Mieux qu'un génie, une intelligence.

***

Les petits coureurs qui, sans la moindre confraternité et dans une fausse innocence, tirent à boulets rouges sur Lance Armstrong devraient savoir que même dopés à mort ils ne gagneront jamais le Tour de France. L'étonnant cycliste nous aura fait rêver des années durant. Je prétends aujourd'hui que totalement pur, sans poudre magique, il aurait sans problème gagné toutes les compétitions, car c'est d'abord son talent de pédaleur qui le portait aux victoires. Il a hélas succombé à je ne sais quelles passions…, souffert quelles médecines ! À cette heure, il parle et la bêtise d'avant rejaillit dans sa confession. Tristesse. Cet immense champion est donc un immense tricheur.

***

Je n'aime pas les menteries gouvernementales, cette manière absurde de voiler le vrai. À la suite du rassemblement contre « le mariage pour tous » dont notre élite politique voulait minimiser le succès, le général Bruno Dary, ancien gouverneur militaire de Paris, expert en manifestations de tout genre, a rendu publiques ses conclusions. Il s'étonne du chiffre annoncé par la police. Il y aurait eu, selon elle, trois cent quarante mille participants. On ne fait pas mieux dans l'impertinence. « Ils étaient, dit le général, au moins huit cent mille. Je regardais les images à la télé aux alentours de 15 heures : le Champ-de-Mars qui peut accueillir sept cent mille personnes était comble. » Et sous mes fenêtres, avenue Georges-Mandel, passaient encore à 18 h 30 des milliers de marcheurs…

***

Je me suis peu occupé du temps qui passe. J'aurai traversé le siècle dans une réelle allégresse oubliant presque que dans ma vingtième année j'avais subi le pire, ce que j'écris à cette heure pour le livre promis. L'âge est venu, des amis sont tombés, c'est un cortège d'ombres, je m'étonne de tant durer, je remercie la vie, j'ai toujours la gourmandise de faire, d'inventer. Tout change, vérité simple, un nouveau monde est en train de naître, je souffre adorablement l'époque, le progrès des technologies dominantes me dépasse, l'ordinateur est désormais l'outil du plus grand nombre, je ne suis pas fait pour lui, le texto interdit la correspondance, la plume est ce qu'il reste d'érotisme.

***

Il fallait cette poussée dangereuse de l'armée française dans les affaires du Mali, livré à la folie meurtrière des islamistes. On ne peut pas composer avec le terrorisme, fût-il l'occasion d'actions vengeresses. La prise d'otages sur le site gazier d'In Amenas en Algérie par ces desperados est sans aucun doute leur manière de répondre. Je crains que nous n'ayons à souffrir demain d'attaques encore plus cruelles.

***

Je l'ai attendue jusqu'aux petites heures du matin, l'œil vissé à l'écran, il n'y avait pas d'image sauf une porte qui ne s'ouvrait pas, celle de la prison, dans la banlieue de Mexico. Des reporters répétaient à satiété : « Elle sera libre dans un instant. » Et l'attente durait. Enfin, on vit une voiture dont on nous disait qu'elle était la sienne. Florence Cassez qui avait tenu bon sept années durant affrontait la lumière en ce mercredi 23 janvier qui est désormais, selon les défenseurs, « une date historique pour la justice mexicaine ». Celle-ci, point toutefois à l'unanimité, a reconnu les fautes de l'État et l'innocence de cette Française accusée à tort d'enlèvement et de détention à la suite de témoignages imposés. Au sortir d'une longue nuit, transportée dans un avion de ligne, elle fait une entrée triomphale à Roissy, saluée comme une héroïne. Nous devons respect à cette femme de caractère qui aura résisté au plus douloureux de l'enfer carcéral. Il n'empêche que la rumeur mauvaise la suivra longtemps : « Est-elle vraiment innocente ? » dit-on dans les couloirs.

***

Vingt-quatre heures à Rabat – un aller-retour – pour le Conseil de l'Université d'Ifrane dont je suis l'un des administrateurs. Temps maussade, excellence de mes confrères, annonce des très bons résultats de notre grande école qui forme les futurs cadres du Maroc. Remarquables moments contrariés hélas par l'arrivée à Paris, en fin de journée : trente minutes de marche forcée entre la descente d'avion et l'entrée dans le hall des bagages. Un long parcours dans les couloirs sans fin, par des escaliers difficiles, ponctué par un voyage en train qui nous conduit à d'autres couloirs toujours interminables. Le Terminal 2 de Roissy est un enfer. Qui a conçu cette horreur ?

***

C'est la saison du blanc à l'Académie française. Encore une élection pour rien. Les immortels retiennent leur voix et ne savent plus à quel saint candidat se vouer. Ils n'en finissent plus d'hésiter sur le choix de ceux qui pourraient devenir leurs compagnons. Des boules noires pour une élection blanche. Et pourtant il reste cinq fauteuils à pourvoir. Les successeurs de Jean Dutourd, Pierre-Jean Rémy, Hector Bianciotti, Félicien Marceau, Michel Mohrt voient encore de très loin les lumières de la Coupole. Les derniers postulants, Sylvie Germain et Alain-Gérard Slama, n'ont pas réussi à passer les barrières du château des honneurs. Les bicornes bloquent désormais les votes, s'amusent des renvois à répétition, n'arrivent plus à séduire les meilleurs. Il nous semble que cette célébrissime confrérie n'a plus le prestige d'autrefois : les grands écrivains ne se bousculent pas pour y entrer. Si j'avais écouté Maurice Rheims et Maurice Druon – qui me sollicitaient –, je serais allé moi-même au massacre. Il ne faut plus provoquer ces gens-là.

***

Un bonheur de récréation dans ma journée d'écriture. À 13 heures, au Majestic-Passy, nous sommes une cinquantaine à avoir choisi le film de Philippe Le Guay, *Alceste à bicyclette*. Que l'intelligence est belle ! C'est délicat, drôle, ciselé dans le texte, amoureusement joué par Fabrice Luchini et Lambert Wilson qui, à l'île de Ré, sous la pluie, répètent *Le Misanthrope*. Cette production simple, en forme de petit chef-d'œuvre, nous change des médiocrités habituelles du ménage à trois (ou à plusieurs) et des grandes envolées sociétales qui gâchent la pellicule ! Le septième art gagnerait à ne pas en faire trop dans le discours moraliste.

***

Une loupe et un projecteur de poche juste au-dessus de la page blanche m'aident à reprendre – toujours au stylo-feutre –

les chemins de mon adolescence agitée dans le Sud-Est asiatique. J'ai pris du retard, je serai fidèle à la parole donnée. J'affronte depuis une semaine les difficultés du souvenir. Je m'égare encore dans les dates, mais ma mémoire est intacte. Je n'ai rien oublié de nos plaisirs, de nos souffrances mais comment parler de tout, de tous, il y faudrait un millier de pages et je m'empêche de vouloir un livre trop long. De toute manière, son « importance » dépendra de ma condition de voyant contrarié. Je refais le voyage de Sète à Saigon, cinquante-sept jours de turbulences dans un vieux rafiot *Le Sontay*, je tente de mieux comprendre la réalité de notre exil, les cruautés d'une guerre perdue d'avance ; je m'étonne d'avoir vécu tant de vies en une seule existence et un temps si court. À vingt-quatre ans, je pensais que tout était fini. Vais-je savoir dire le plus simplement du monde combien j'ai aimé le meilleur et le pire de ce parcours hasardeux !

Février 2013

Il faut le croire. François Hollande a vraiment vécu au Mali la « plus importante journée de sa vie politique ». Il n'était plus hésitant, mais guerrier, gaullien à sa manière. Il a prouvé qu'avec courage il pouvait s'exposer à des situations dangereuses, il a eu des mots justes pour rappeler combien la France et l'Afrique devaient accentuer leurs efforts de rapprochement, leurs rapports. En tous points il a été habile jusqu'à paraître nouveau premier flingueur du terrorisme. Ce voyage qui a mobilisé tous les médias lui aura fait oublier quelques tracasseries. Un temps – très court –, la France s'est défaite de ses graves problèmes intérieurs, on n'avait plus d'attentions que pour les militaires engagés là-bas. Hélas, pour Hollande, le Mali ne saurait faire tout un quinquennat. C'est ce que l'on souhaite d'ailleurs à ce si beau pays… Je me promets de revenir à Tombouctou.

***

Tous les jaloux de la place forcent leur talent : David Beckham serait trop beau, trop riche, trop vieux. À trente-sept ans, il est vrai, on fait au football figure de retraité. Mais David est différent parce que génial. Il lui suffira de quelques coups magiques pour soulever les foules et séduire les supporters du PSG. Tristes balourds tous ceux qui le critiquent pour la seule et bonne raison qu'auprès de lui ils n'existent plus. Il est de plus en plus répandu en France que l'on n'aime pas les premiers de la classe.

***

Pour une claque c'est une claque ! Le rugby français se met en berne au premier tour du Tournoi des Six Nations. Février frileux. Peu m'importe à la vérité la défaite de notre équipe. Il n'y a pas de honte à être battu par plus fort que soi. L'Italie a prouvé qu'elle appartient désormais à la grande confédération de l'ovalie, ses progrès sont spectaculaires, les joueurs ont de l'enthousiasme, de l'ambition, ils ajoutent du plaisir à leur sérieux. Il nous reste, à nous, la suffisance.

***

On avance au Mali, on pacifie, on piétine en Syrie, du moins par esprit. Faut-il y aller ? Regarder de loin est plus rassurant, qu'importent les massacres ! La diplomatie internationale s'interroge : abattre Assad de plein fouet pourrait ouvrir de nouvelles portes à l'islamisme, comment passer sous les fourches caudines d'un régime abject protégé par la Chine et la Russie, où est le courage politique de ce que l'on veut bien appeler encore l'Europe ? On massacre à Damas, à Alep. Le monde est en attente.

***

On annonce pour avril le coup d'envoi d'une année de commémoration du deux cent vingtième anniversaire des guerres de Vendée… sous le signe de l'apaisement et du pardon. Il était temps. Les manuels d'histoire de mon adolescence ne mentionnaient pas les trois cent mille morts de cette abomination. On évitait, par respect pour la révolution, de rappeler ce génocide. La Vendée, région martyre qui, pour réapprendre à vivre, n'a pas choisi la vengeance.

***

Les dérives du « printemps arabe » finiront par inquiéter le monde confronté à la violence des islamistes. Il est plus juste de faire une révolution salutaire, encore faut-il savoir l'organiser. Il n'y aura pas eu de transition pacifique en Tunisie, berceau d'une assurance de paix après des années de dictature. L'assassinat d'un dirigeant de l'opposition témoigne de l'intolérance criarde d'un pouvoir nouveau, volé par des notables, et bienveillant à l'égard des salafistes radicaux. Doit-on craindre, en Égypte également, une embellie funeste des fous de Dieu ? Nous finirons de nous défaire de toute religion !

***

Le ski français à l'honneur. Marion Rolland, devenue championne du monde de descente quarante-sept ans après Marielle Goitschel (et ma chère Isabelle Mir), efface en beauté, en dignité, la nouvelle défaite de notre rugby. Les Italiens hier, les Gallois aujourd'hui, méritent leur victoire. C'est l'enthousiasme et un esprit de fête qui les méritent. Les nôtres sont dans l'analyse et un individualisme forcené ; on ne tire pas sur une ambulance.

***

Le grand théologien Benoît XVI est enfin devenu pape à la seconde exacte de sa démission. En abandonnant les ors du Vatican par un acte courageux cet homme remarquable engage le renouveau de l'Église. Un autre pontife, plus jeune, moins conservateur, saura secouer les piliers du temple, libérer les voiles du plus grand navire planétaire. Intellectuel éminent, porteur de discours de très grande élévation, Benoît aura poussé l'humilité jusqu'à vouloir se fondre dans l'anonymat pour cause de vieillesse. Il faut une exceptionnelle force de caractère, de la sainteté, pour renoncer (avec panache) au trône de Pierre, évêque de Rome. Le prochain conclave devra juger de la grandeur du partant et choisir le successeur sans parti-pris, avec honnêteté. L'Église, si malvenue, a besoin d'un berger exemplaire.

***

Mes nouvelles lunettes-loupe, mon projecteur de poche, me permettent aujourd'hui de mieux renouer avec la lecture et l'écriture. Je n'ai jamais cessé de prendre des notes, de tenir ce journal, mais toute rencontre avec le livre m'était interdite. Mes yeux ne suivaient plus. Je retrouve, je revois même, le bonheur d'une page, celle d'un Flaubert, d'un Chateaubriand. J'ai tiré de ma bibliothèque le *Jeanne d'Arc* de Joseph Delteil, un texte de Satprem, le disciple de Sri Aurobindo, aperçu en 1949 à Pondichéry. Il me disait déjà : « C'est la barbarie. On n'est pas dans une crise morale, on n'est pas dans une crise politique, financière, religieuse, on est dans rien de tout ça, on est dans une crise évolutive, on est en train de mourir à l'humanité pour naître à autre chose. Un homme ne commence à être que quand il arrive au rien total de ce qu'il est, de ce qu'il croit, de ce qu'il pense, de ce qu'il aime. Quand on arrive à ce rien complet, alors, il faut que quelque chose soit. » Il faut du talent et de l'humilité pour parvenir au rien dans un monde où les vivants veulent tout. N'est-ce pas ce que nous recherchions, dans nos jeunesses turbulentes, au bout de l'Asie. Je fais en ce moment l'inventaire des chemins qui m'ont permis d'atteindre ma vingt-quatrième année. Revenu à la lumière, j'engage le récit promis à Guillaume Robert qui a su me convaincre de reprendre le cours de mon adolescence, mais seulement elle, j'ai toujours refusé de me laisser aller aux Mémoires qui sont trop souvent un mensonge.

***

L'Institut national de l'audiovisuel publie un CD consacré à l'entretien que j'ai eu la chance de tenir, il y a plus de trente ans, avec Marc Chagall. Cette *Radioscopie* fut le premier motif de ma complicité avec ce peintre-enfant de quatre-vingt-dix ans qui souhaitait devenir centenaire et qui a (presque) réalisé son rêve, à vingt-quatre mois près. Ce retour à notre conversation vient à point nommé puisque le Musée du Luxembourg présente en ce moment plusieurs tableaux qui illustrent les chemins du grand artiste figuratif, sa naissance en Russie, son exil à Paris, son passage à New York, son parcours de piéton du XXe siècle qui lui aura fait traverser deux guerres, une révolution, le retour accéléré de l'antisémitisme, l'écroulement d'un monde. Je me souviens de ses ânes bleus, de ses violonistes perchés, de ses anges volant, d'un petit chef-d'œuvre, *Les Amoureux en vert*, de nos bavardages dans sa propriété du Midi, d'un tableau qu'il m'avait offert et que j'ai dû refuser. Mais j'ai déjà parlé de tout cela. L'exposition d'aujourd'hui touche à ce qui lui était essentiel : le refus de l'oubli : « J'ai toujours été, me disait-il, entre guerre et paix, j'ai subi toutes les secousses d'une époque meurtrie, je me suis cogné à tous les vertiges. » Ses villages en flammes, les pogroms qu'il traduit en images, son langage onirique sont toujours les éléments de sa fidélité à la tradition juive.

***

Après la mort de Maurice Druon – comme j'ai pleuré ce départ –, Madeleine, sa femme, qui était aussi sa collaboratrice, m'apportait un des derniers articles de l'ex-secrétaire perpétuel de l'Académie française. « J'ai deux regrets, écrivait-il, le premier d'avoir laissé entrer Giscard sous la Coupole, le second de n'avoir pas su convaincre Jacques Chancel de s'y présenter. » Peut-être ai-je déjà raconté cette déclaration mais si j'y pense aujourd'hui c'est que la Coupole s'est trouvé un nouveau pensionnaire… Je croyais au succès de Jean-Noël Jeanneney, l'historien qui fut mon patron à Radio-France. Il n'aura obtenu que six voix face à un inconnu qui en totalise seize. Un camouflet ! Le successeur au fauteuil de Jean Dutourd s'appelle Michael Edwards, c'est un franco-anglais de bonne facture qui écrit dans les deux langues et dont on peut lire les ouvrages consacrés à Molière, Racine, Rimbaud. La patience lui est une excellente médecine : il aurait été refusé trois fois avant que ne s'ouvre la grande porte. Je n'aurais pas supporté pareil affront.

***

Je ne sais pas si la victime a apprécié la boutade, je suis persuadé en revanche qu'elle est indigne d'un président. Au Salon de l'agriculture, à un enfant qui lui confiait n'avoir jamais vu Nicolas Sarkozy, François Hollande a répondu du tac au tac, avec un large sourire de satisfaction sournoise : « Ah, non, lui, tu ne le reverras plus. » Chacun appréciera, la délicatesse est devenue une denrée rare !

***

Marrakech à trois heures de Paris, un voisinage et pourtant un dépaysement total. Loin des hôtels et étapes de passage qui poussent comme des champignons, je retrouve, dans la vallée de l'Ourika, les splendeurs du Maroc dont je finis par connaître les plus belles régions, du nord au sud. Je m'attarde dans les petits villages que le touriste ne sait plus voir, j'admire toute une jeunesse qui, hors les grandes cités, semble découvrir une liberté de vivre, j'aime ces visages d'enfants que la montagne protège, les pics de l'Atlas sont les autres Pyrénées. Ici les populations sont heureuses. Je n'irai pas jusqu'à dire que la pauvreté leur est une chance mais je suis persuadé que les progrès d'ailleurs pourraient les tuer.

***

Dans le jardin de l'hôtel Saadi, une jeune femme marocaine qui semble tout connaître de ma vie me demande de répondre à une dernière question :

— Vous avez vécu l'aventure, voyagé jusqu'au bout des mondes, partagé la folie médiatique. Que doit-on garder de votre passage dans nos vies ?

Difficile interrogation. Je botte en touche et emprunte à Oscar Wilde :

— « De toute manière, le public ne retient que la dernière réplique. »

Et celle-là, il me faudra la trouver !

***

La prise de parole c'est comme une prise d'habit chez des moines de toutes confessions. C'est un engagement. J'ai pu le constater au cours du long fleuve des 6 826 *Radioscopie*. Il y avait ceux qui se livraient, ceux qui trichaient (pas longtemps !), ceux qui disaient tout et vrai. La parole est un pouvoir, elle peut être ou sublimée ou assassinée. Elle est une responsabilité. On s'y reconnaît ou on s'y perd. J'ai toujours été heurté par la parole des politiques, celle des promesses non tenues. Et le silence intérieur de ceux qui, pour n'avoir pas osé se prononcer, ont encouragé des massacres.

La parole des simples est généreuse, le discours des prophètes dangereux. Les fanatiques gouverneront le monde si la majorité pacifique n'a pas réagi, par des mots violents, avant qu'il ne soit trop tard. La passivité est un crime. L'indifférence entretient le massacre. Il conviendrait d'inscrire en majuscules cette réflexion d'Albert Einstein : « Le monde est dangereux à vivre non pas tant à cause de ceux qui font le mal, mais à cause de ceux qui regardent et laissent faire. » Un pasteur allemand qui fut, quatre années entières dans les camps de concentration d'Hitler, écrivait peu de temps avant sa mort : « Peu de gens étaient de vrais nazis mais nombreux se réjouissaient du retour de la fierté allemande. » Il devait en être de même en Russie, en Chine, au Cambodge, au Rwanda. La peur remplaçait alors une parole absente, l'égoïsme prenait le pouvoir. Depuis toujours, j'ai dans un carnet une exemplaire constatation faite par je ne sais qui : « Quand ils sont venus chercher les communistes, je n'ai pas protesté parce que je ne suis pas communiste, quand ils sont venus chercher les juifs, je n'ai pas protesté parce que je ne suis pas juif, quand ils sont venus chercher les catholiques, je n'ai pas protesté parce que je ne suis pas catholique. Et lorsqu'ils sont venus me chercher, il n'y avait plus personne pour protester. » La parole peut être une arme, elle est bien plus éloquente que le silence qui est toujours coupable.

***

Totalement d'accord avec Pierre Bellemare. Autrefois faire de la télévision était un plaisir, aujourd'hui c'est un boulot.

***

Je crois avoir bien servi la chanson française lorsqu'elle était portée par Brassens, Brel, Trenet, Ferré, Ferrat, Nougaro, Aznavour, Julien Clerc, Lama, Montand, Félix Leclerc, ma chère Barbara, Gilles Vigneault, Guy Béart, d'autres encore, que la jeunesse à cette heure fredonne toujours. Il y avait de la mélodie en ces temps-là et une intelligence du texte. Je tente de retrouver ce bonheur dans les interprétations d'aujourd'hui, j'y arrive trop rarement – merci tout de même Bashung, Goldman –, je ne suis pas sûr que ce soit une question de génération ; dans ma jeunesse je suis passé sans effroi du classique au jazz. Il me semble qu'au contraire d'hier, où il fallait en baver pour réussir, n'importe qui, désormais, peut prétendre à un flou de célébrité en faisant n'importe quoi. Les modes nouvelles ont engagé la facilité, il nous reste heureusement l'éternité d'un Art. Debussy, Ravel, Mozart, Brahms, Rachmaninov nous font oublier la banalité de l'époque. L'exigence de perfection demandée à tous les pupitres d'un grand orchestre d'un nécessite un long travail, une expérience. On ne pardonne rien à un musicien de style classique, la moindre faute est sanctionnée, la critique est assassine. Qu'ils sont heureux nos artistes de variétés qui de leurs erreurs font des succès. Ce soir, devant mon poste, j'écoute le talent, nous sommes à Bordeaux, ce sont les Victoires de la Musique. C'est un beau cortège de révélations remarquablement présentées par Frédéric Lodéon, l'historien des belles œuvres du patrimoine, qui nous parle de Rossini, de Verdi, de Puccini, de Massenet comme s'il s'agissait de ses amis les plus proches. Passent là des ténors, des sopranos, des pianistes, des violoncellistes et, cher à mon cœur, comme une parenthèse enchantée, Renaud Capuçon qui fait revivre le violon d'Isaac Stern et nous invite au festival de Pâques d'Aix-en-Provence qu'il vient de créer. Oui, je le constate au fil des années, il y a dans ce XXIe siècle une embellie de ce qui honore la musique.

***

On le disait incapable de jouer au plus haut niveau. La valetaille des jaloux qui n'ont jamais eu la moindre parcelle de notoriété y allait bêtement de ses railleries. On riait de ses trente-sept ans. David Beckham, cette semaine au parc des Princes, a fait la preuve d'un talent qui, c'est vrai, peut désespérer les besogneux du ballon rond. Il est professionnel, élégant, courtois, seigneur des pelouses. Pour l'éprouver, quelques-uns – pas les plus doués – ont tenté de le caricaturer, l'un des beaux arts français, celui d'une France souffrante.

***

C'était comme un grand aigle blanc qui volait sur Rome, à l'ultime lumière du jour. L'hélicoptère se sauvait du Vatican. Un milliard de catholiques pleurent un abandon, il y aurait abandon de poste. Benoît XVI devient, ce soir à 20 heures, l'illustrissime retraité des églises, un moine des temps modernes rattrapé par la théologie. Ce fut inattendu, le monde en a été secoué, je ne m'interroge pas sur les raisons de ce départ spectaculaire que seule l'émotion retient. Il fut prêcheur, souvent utile, parfois maladroit et surtout mal accompagné par un état-major dont certains, à travers le monde, basculaient dans le sordide. Je note ses dernières paroles : « Je vous demande de vous souvenir de moi devant Dieu … je ne serai plus pape mais pèlerin… » J'attends maintenant le Conclave qui devra décider d'une nomination hasardeuse au trône de saint Pierre. On aura, c'est sûr, un crêpage de calottes : les cardinaux ne sont pas des gens ordinaires.

Mars 2013

Une semaine explosive mais vécue, au Vatican, dans le secret le plus total. Jusqu'au conclave ce ne seront que discussions acharnées, querelles discrètes, arrangements sournois. Nos hommes de robe auront des affrontements rouge sang. Qui poser sur le trône de saint Pierre ? Les candidats sont si nombreux que la nomination se fera à l'arraché. Pour l'instant la flamme est noire.

***

Florian Zeller m'avait prévenu : « Tu ne vas pas me reconnaître dans cette pièce qui est un pur vaudeville. » Il m'en avait déjà raconté la trame. Son *Heure de tranquillité* a le rythme d'une comédie, on y rit aux éclats, mais j'y retrouve tout de même, en profondeur, les états d'âme d'un très jeune auteur qui ne voulait pas être pris dans les filets d'un narcissisme exacerbé. L'histoire est celle d'un monomaniaque torturé, empêché par des infortunes d'écouter le disque de jazz qu'il vient enfin de trouver après des mois de recherche. Il y a là une richesse de situations portées par des dialogues et une belle capacité à distraire. Il fallait un grand acteur pour habiter un tel rôle. Fabrice Luchini réhabilite un genre populaire dont quelques-uns disaient avec un peu de mépris : « C'est du boulevard. »

Florian Zeller a eu raison de prendre le parti de la légèreté. Il n'avait évidemment rien à craindre, il a déjà fait ses preuves.

Avec Catherine Hiegel dans *La Mère*, Pierre Arditi dans *La Vérité*, Robert Hirsch dans *Le Père*, il avait accompli ces dernières années un parcours sans faute. Son talent est d'aborder tous les genres dans une totale maîtrise des situations et des dialogues.

***

Il y a cinquante ans, celui que l'on appelait trop généreusement « petit père du peuple », sans doute en souvenir des tsars, disparaissait dans un torrent de larmes. L'architecte du communisme, Joseph Staline, s'en allait en héros absolu. L'ignorance avait fait son sale boulot, la bêtise avait protégé le pire. Tristement, les intellectuels s'étaient faits complices du mensonge le plus odieux de l'histoire. Les illuminés du temps vantaient son « regard bienveillant, son sourire plein de bonté ». Je me souviens de ce temps de l'obscurantisme glorieux lorsque les idéologues du Parti agressaient les blessés d'Indochine à leur descente des bateaux à Marseille. Je n'ai pas oublié non plus mes conversations avec Jacques Duclos, bigourdan comme moi, lorsque je le visitais dans son petit village, à Louey. J'appréciais cet homme avec lequel pourtant je me trouvais sans cesse en querelle. Il voulait me convaincre de la grandeur de son maître : « Staline, disait-il, est un géant de la pensée. » Un bourreau plutôt, qui aura sacrifié vingt millions de Russes.

***

L'album que je prépare pour le centenaire du Tour de France me fait revenir aux épreuves d'autrefois, à ces guerriers d'antan que l'on appelait « forçats » et qui furent les défricheurs de l'un des trois événements sportifs planétaires, les deux autres étant les Jeux olympiques et la Coupe du monde de football. Je me plais à découvrir les images jaunies, prises entre 1903 et 1930, et qui témoignent d'une époque que l'on dirait moyenâgeuse. Les coureurs de ce temps-là qui ne disposaient d'aucune assistance, qui n'avaient pas le moindre petit sou mais de l'enthousiasme à revendre, devraient inspirer les champions d'aujourd'hui, devenus au bout d'un siècle des fonctionnaires du vélo pour lesquels des foules encore se rassemblent. On a seulement changé d'époque.

***

Nicolas Sarkozy en dit trop ou pas assez. De ses confidences à la revue *Valeurs actuelles*, il ressort qu'il se mettrait dès aujourd'hui en réserve de la République. La petite phrase révélatrice passe en boucle sur les chaînes d'information : « Si je suis obligé de me présenter en 2017 ce sera par devoir. » Il est mon ami, hors toute action politique. Je ne me suis jamais permis de lui prodiguer des conseils qu'il n'aurait d'ailleurs pas écoutés, je suis persuadé en revanche qu'il aurait intérêt à se faire rare.

***

Jérôme Guerrand-Hermès dont la presse n'aura jamais parlé était pourtant l'un des plus sûrs esthètes de notre temps. Je l'admirais. Nous avions, avant sa terrible maladie, des discussions enflammées sur les inquiétantes amours de Stendhal, sur l'exil en Angleterre de Chateaubriand, nous nous amusions à préférer Raymond Aron à Jean-Paul Sartre ; ce qui importait c'était la passion des livres. Collectionneur acharné il en possédait trois cent mille, ce qui l'avait forcé à acheter deux maisons pour en assurer le classement. Pour son dernier voyage, je l'accompagne au temple réformé de l'Étoile, cérémonie d'action de grâce qui met un terme à nos amicaux affrontements sur catholicisme et protestantisme. Il me disait, perfide, que sa foi était plus profonde que la mienne. Le pasteur qui lui rend hommage rappelle l'ordonnance sacrée des cavaliers de Dieu : « Jette ton cœur au-delà de l'obstacle, ton cheval ira le chercher. »

***

Du grand cinéma comme on n'en fait plus à Hollywood. Du péplum à l'antique. Des gardes comme on en voit dans les opérettes, un décor somptueux, la chapelle Sixtine dans toute sa splendeur, Michel-Ange au plus près des confidences, et cent quinze cardinaux, à la marche lente, qui glissent dans le divin. Le protocole est observé au détail près, la fine « cheminée » a été ramonée pour laisser s'échapper la flamme blanche. Au Vatican on espère le fameux *Habemus Papam* au plus tôt. Nous ne sommes plus de la fête pendant le conclave : *« Extra omnes »*, nous dit-on.

***

Au carrefour d'initiatives très heureuses, Arte s'offre depuis quelques mois un nouveau public ; j'apprécie son intelligente manière d'ordonner les programmes, ce n'est plus seulement un objet culturel, nous avons désormais une grande chaîne de télévision. Ce qu'il y a de mieux dans le monde des arts et le plus curieux de la société y trouvent leur place, les mauvaises « variétés » ne viennent jamais troubler nos soirées, la musique y est magnifiée et souvent dans ce qu'elle a de plus populaire. J'en ai la confirmation dans cette douce nuit avec la captation de *La Traviata* de Verdi enregistrée à Aix-en-Provence. Décors somptueux, orchestration rêvée, interprétation exemplaire. Je retrouve Nathalie Dessay dans l'un de ses meilleurs rôles, elle campe une magnifique Violetta, femme légère métamorphosée par un grand amour. Il y a dans sa voix une passion intérieure, une appartenance à la douleur, et sur son visage, à l'approche de la mort, une transformation qui touche au tragique. C'est toute la beauté de l'abandon, dramatiquement vécu par Alfredo (Charles Castronovo) et Germont (Ludovic Tézier) exceptionnel par son jeu et sa présence. Le succès de cet opéra tient à la remarquable réalisation de Don Kent qui, de ses caméras, balaye toute la scène et s'attarde justement sur les gros plans.

***

Habemus Papam… La cheminée du Vatican chante son premier psaume. La grande tradition millénaire est observée. Religieux et laïques présentent les armes au nouveau chef d'État et cela dans les plus beaux atours. Pour une surprise c'est une surprise ! À l'annonce, personne n'entend le nom, il faudra une bonne heure pour inscrire sur nos tablettes l'Argentin Jorge Mario Bergoglio. On l'écoute, aux premiers mots il séduit, il paraît homme de l'espérance. Premier souverain pontife venu des Amériques, premier jésuite au trône de saint Pierre, il relève deux sceptres qui décoiffent. Dépositaire d'un héritage, il lui faudra surtout réformer le gouvernement de l'Église. Quel boulot !

***

Que font les services secrets ? Que sont devenus les espions ? On ne ferait donc plus confiance aux combattants de l'ombre pour faire le ménage. Plutôt que de supprimer des dictateurs, ce qui est relativement facile, des hommes sont entraînés pour ça, l'Amérique et l'Occident engagent des guerres sur les terres de leur peuple. Saddam Hussein qu'un commando aurait pu enlever a résisté dans les conditions que l'on sait et transformé l'Irak en champ de bataille. Bachar el-Assad fait depuis deux ans la sale besogne et personne n'a jamais osé l'éloigner, un simple coup de main eût suffi. C'est à désespérer des grandes nations engagées dans les combats d'aujourd'hui. Pour abattre le tyran Bachar, la France décide d'armer les rebelles dont on ne sait plus de quels clans ils sont. Minoritaires, les salafistes sont quand même maîtres du jeu. L'islamisme guerrier fait sa longue marche et pourra compter demain sur des équipements sophistiqués. Ainsi va le monde des attentistes.

***

Je le découvre, image après image, sur les écrans où, seul, il fait toute l'actualité du moment. Il est simple, jovial, son style est décapant, il n'est pas Dieu, simplement homme. Le pape

François, que l'on pourrait appeler à son tour d'Assise, imprime à ses premières paroles le rythme sage et rigoureux qu'il entend donner à sa fonction. On l'a vu rire aux éclats, embrasser de jeunes prêtres, s'asseoir au deuxième rang d'un minibus encombré de cardinaux, marcher en blanc au milieu de la foule, sans les ors d'une cape traditionnelle. Le Vatican ne nous avait pas habitués à une telle décontraction, son talent a trouvé sa véritable expression au cours de la conférence de presse tenue devant quatre mille journalistes. Il a donné avec profondeur et légèreté un exemple de communication qui manquait singulièrement à l'exercice jusqu'ici pompeux de l'Église. Mieux qu'un pape, nous avons un pasteur.

***

La France est accablée de tristesse. Elle pleure tout au long de l'année, elle n'attend plus que des vacances du pouvoir. Car celui-ci est à désespérer. Est-ce lassitude (déjà), incompétence, peur de mal faire ? Si je n'aimais pas autant mon pays, je serais depuis longtemps en Bigorre, loin des promesses et des mensonges, sur ma terre. Je ne m'inquiète pas, toutefois, j'ai une faiblesse, je suis heureux de vivre. C'est une manière de résister au dérisoire !

Avril 2013

Pour le président de la République, Jérôme Cahuzac est le poison d'avril. Le notable distingué, de bonne culture, de parfaite vilénie, aura précipité sa chute en retardant l'aveu d'une vérité pénible. Il avait un compte en Suisse, c'est son affaire, mais il était ministre, et le mensonge à ce titre, « les yeux dans les yeux », est un parjure. Pourquoi devrais-je entrer dans le cirque médiatique qui en fait des tonnes sur cette triste comédie du pouvoir, aussi ridicule que l'étrange vagabondage du « mariage pour tous » ? La vraie liberté ne s'encombre pas de lois !

***

La maladie l'avait éloigné de son atelier parisien où j'aimais à le visiter. Je retiens de notre rencontre tardive – quinze ans tout de même – nos longues conversations sur la Chine des empereurs et quelques parties de golf où son apparente douceur et son mauvais caractère faisaient merveille. Né à Pékin, prince à sa manière, descendant d'une illustre lignée de nobles mandarins, Zao Wou-Ki se flattait d'être plus français que nous tous. Nous nous étions revus – et ce fut la dernière fois – aux obsèques de Claude Pompidou où l'on nous avait placés côte à côte. J'en garde un souvenir attristé. Je le découvrais en désordre, riant fort au cœur de l'église, s'échappant dans l'allée centrale à la recherche de petits papiers tombés. Il était joyeux et déjà ailleurs. Peintre de l'indicible, amoureux de Cézanne et de Matisse, il faisait revivre sur la toile ce qu'il appelait ses chemins de l'infini, grands éclairs noirs et rouges, images bousculées des fleuves de son pays natal pourtant presque oublié, d'un ciel d'enfance. Ce qui me frappait chez lui était son imaginaire indéchiffrable, me séduisait plus encore son goût du mystère.

***

Hubert le Roux m'apporte l'un des premiers exemplaires sortis des presses, une excellente biographie de trois cent quarante-sept pages consacrée à Jean Lartéguy, notre centurion très énigmatique. L'auteur m'avait demandé, il y a déjà un an, d'en écrire la préface, j'avais alors proposé à Pierre Schœndœrffer de participer à cette présentation, il avait refusé prétextant que l'homme était « trop enveloppé de mystères ». La mort m'a pris ces deux compagnons, plus d'un demi-siècle après nos longues marches asiatiques.

***

Danièle Thompson a déniché le bon patriarche pour son film au titre bizarre, *Des gens qui s'embrassent*. Il lui fallait une sorte de Guignol, un fantasque à l'intelligence débridée. Je retrouve l'ami, ce soir, sur l'écran, je ne vois que lui, mon vieux complice, quatre-vingt-dix ans, passeur de drôleries. Il n'y a pas dans la musique de vie plus ardente que la sienne. Ivry Gitlis, grand violoniste, a été de toutes mes aventures à la télévision, j'aime son indépendance qui parfois lui aura joué des tours, il a pris une telle liberté avec son art qu'il en a inquiété plus d'un. Les intégristes de la critique lui ont souvent reproché de « chahuter la partition ». Et pourtant, mieux qu'un musicien, il est la musique. Deux images de lui me font me souvenir de ce que nous avons vécu ensemble : notre expédition à Jérusalem où je lui avais demandé d'interpréter un Bach et un Kreisler devant le Mur, notre commune folie à l'arrivée du Tour de

Avril 2013

France à Paris, lorsque sortant de ma voiture, par le toit ouvert, il avait offert une panoplie d'airs tziganes, sur son Stradivarius, au peloton que menait Bernard Hinault. Ivry le diable a tous les dons ; on le croit désordonné, il n'est qu'ivre de vie.

Mai 2013

À l'évidence, du tonus, de l'emphase, un esprit de combattant prêt pour l'offensive, un tempérament de marathonien qui court deux heures durant devant les caméras. À la vérité, sur le plan sportif, une opération plutôt réussie. J'ai cru un moment que le changement était maintenant, j'ai tout écouté, je n'ai rien entendu. Mais avec satisfaction tout de même. Hollande paraissait si heureux.

***

Il fut de passage dans *Le Grand Journal* de Canal +. Je le trouvais étrangement lointain dans sa manière peu aimable de présenter les livres, qu'il ne savait pas faire aimer, il paraissait méprisant, il avait à cœur de montrer qu'il était normalien et agrégé de philosophie. Largué après une saison de mauvais services, Ollivier Pourriol dévoile dans un livre marchand les « perversités » de l'émission qui eut la faiblesse de l'accueillir. Je n'ai jamais aimé que l'on crache dans la soupe.

Muriel Frat et Anthony Palou ont saisi cette occasion, dans *Le Figaro*, pour dresser la liste de ceux qui sont devenus « les intellos » du PAF et qui croient fermement que le savoir peut passer par l'image. Ces animateurs, souvent agrégés, anciens normaliens, formés aux grandes écoles, ont réussi leur entrée en notoriété. Il me plaît de constater que j'aurais pu faire le même bilan. Parmi les incontournables figurent Frédéric Taddeï – *Ce soir ou jamais* – qui a la faiblesse de me considérer comme un « exemple », Raphaël Enthoven – merveilleux essayiste sur Arte –, Ali Baddou qui rend plus agréable à entendre la triste actualité – *Édition spéciale* –, Éric Naulleau, le vrai flingueur du temps – *Ça balance à Paris* –, Augustin Trapenard, épatant, instruit de tout, convivial – *Le Grand Journal.* Manque à ce tableau d'honneur de l'intelligence magnifiée François Busnel qui, avec *La Grande Librairie,* a donné, sur l'écran, sa vraie place à la littérature.

***

Il est moins prudent qu'autrefois, plus bavard, il ne craint plus de dire l'intime de sa vie, hier il questionnait, aujourd'hui il se répond. Bernard Pivot, l'ami fidèle, s'offre une nouvelle vie et nous étonne de sa gourmandise à pénétrer d'autres planètes. À notre dernier déjeuner, surpris, je l'avais écouté me parler de sa passion nouvelle, de sa manière personnelle de faire danser le « tweet », cette valse de mots, cursive et sèche, qui vous fait développer une idée en moins de cent quarante caractères, et qui pour beaucoup est devenu une drogue. Je ne suis pas sensible à cette déferlante des temps modernes. Bernard, curieux, en a fait un livre, *Les tweets sont des chats.* Pourquoi des chats ? « Parce qu'ils partent en silence, circulent en silence et arrivent en silence. » Ce sont des éclairs, des raccourcis, des inventions, la naissance de perles d'aujourd'hui : « mélanchoner », par exemple, ce qui signifie pousser une gueulante. Tweeter n'est pas mon genre, mais Pivot me rend la chose acceptable.

***

Le grand prix de l'Eurovision, grand foutoir de la chanson, gueuloir des basses œuvres, cirque vulgaire où les effets de gestes des danseurs et acrobates effacent totalement textes et musiques (tant mieux d'ailleurs). Dans la perspective d'un avenir triomphant, la France devrait refuser toute participation à ce carrousel du n'importe quoi. Depuis des années, classés bons derniers, nous nous enfermons dans le ridicule.

***

Il avait apprivoisé son art à *Combat*, puis fréquenté les meilleures gazettes avant de s'installer définitivement dans les colonnes du *Figaro*. Expert en grilles de mots croisés, il avait rejoint Max Favalelli et Robert Scipion dans cet exercice délicat où l'humour le dispute à l'imagination. Michel Laclos qui en a terminé avec ses jongleries aura creusé bien des sillons dans l'espace littéraire. À *Paris Jour*, qu'avec Cino Del Duca nous venions de créer, il fut des années durant l'un de mes proches collaborateurs. J'aimais son enthousiasme teinté d'un peu de cynisme, sa drôlerie face aux pires événements. Je lui avais confié la rubrique « culture », ce qui lui permettait de croiser les meilleurs mots entendus. Nous étions ensemble chaque soir, au théâtre, à l'opéra, au music-hall. Parfois Antoine Blondin nous faisait la surprise d'une visite au « vieux Gaulois », le bistrot de *L'Équipe*. Michel affirmait à tout instant qu'il était venu trop tard dans son siècle. Il eût aimé participer à l'aventure surréaliste, il se voulait proche de Philippe Soupault, André Breton, Joseph Delteil. Peut-être les a-t-il enfin retrouvés !

***

Arte consacre sa soirée au bicentenaire de la naissance de Richard Wagner. Moments magnifiques où l'on entend l'ouverture de *Rienzi*, des extraits de *Tristan et Isolde*, surtout le grand air de la mort d'Isolde, magnifique désespérance. Il aurait suffi de s'en tenir là. Hélas, on a cru devoir nous imposer une première partie – documentaire qui abîme quelque peu l'existence contrariée de ce compositeur génial. Pourquoi avoir alourdi le récit d'une vie par des scènes d'aujourd'hui, entre deux personnages, des comédiens censés incarner Richard et Cosima. Cette transposition à l'époque moderne et cet emprunt au téléphone me paraissent caricaturaux. On n'écoute plus la musique, ce sont les paroles de soi-disant experts qui prennent le pouvoir. Wagner que j'aime est pour moi une énigme. Pourquoi cette haine contre les juifs qu'il considère comme « une race abjecte » ? J'ai sans cesse posé la question, on ne sait pas me répondre...

***

Il a dû rejoindre ceux qu'il avait tant admirés, Debussy, Ravel, dont il fut l'héritier. À trente-six mois près, il aurait pu être centenaire. Henri Dutilleux laissera la marque du dernier musicien classique de la deuxième moitié du XXe siècle. Compositeur d'exception, il ne visait que le chef-d'œuvre, la rareté était sa priorité, la discrétion sa nécessité. Je l'avais reçu à *Radioscopie* puis accompagné chez Rostropovitch pour lequel il avait écrit le concerto pour violoncelle, *Tout un monde lointain*. Nous nous étions retrouvés un soir au théâtre des Champs-Élysées avec Isaac Stern qui lui avait fait commande du concerto pour violon, *L'Arbre des songes*. J'aimais sa manière courtoise de parler de son art, sa modestie. « L'avenir, me confiait-il, ne retiendra pas grand-chose de mon passage sur cette terre. Mais j'y aurai été très heureux, fier d'avoir cultivé la lenteur qui convient aux travaux de qualité. »

***

Depuis un certain temps, il vivait avec un cœur froissé. Il s'était éloigné de tout, persuadé qu'il n'avait plus rien à offrir. Georges Moustaki, on le sait, a composé quelques-unes des chansons majeures du XXe siècle. *Le Métèque* pour lui-même, *Milord* pour Édith Piaf, *La Dame brune* pour Barbara. Nous parlions ensemble poésie avec Brassens mais c'est au Brésil que nous fîmes alliance. Jorge Amado, l'immense écrivain, nous avait adoptés, Bahia était devenue notre terre d'accueil, je n'oublie pas nos soirées partagées avec Vinícius de Moraes et Chico Buarque. Il y avait là toute la mélancolie d'un peuple aux racines africaines. Bonheurs de la nostalgie.

***

Est-ce un effet du hasard ou un avertissement ? Depuis un demi-siècle je refusais d'écrire le récit de la tragédie de mes vingt ans que Lucien Bodard avait révélé dans *France Soir* et qui avait attiré l'attention d'Yves Berger, chez Grasset. D'ailleurs, mauvais souvenir, il m'en a toujours tenu rigueur. Il espérait mon livre. Puis, en juin 2012, pressé par la jeunesse, la fougue de Florian Zeller et Guillaume Robert qui prêtaient grand intérêt à mon histoire, je promettais de conter l'épisode de cette plongée dans l'abîme au passage d'un pont miné, au cours d'un reportage et qui me fit aveugle. Je disais hasard ou avertissement, je m'explique : j'aurai vécu des circonstances bizarres. Ayant signé mon contrat chez Flammarion, je me suis mis au travail, le 2 juillet 2012, jour de mon anniversaire, il était 20 heures. À minuit, soudain, tout me parut plus sombre, je ressentais la lourdeur d'yeux éteints. Le lendemain, mon ami le professeur Yves Pouliquen diagnostiquait une névrite optique ischémique, m'interdisant de partir pour les Pyrénées. Une semaine plus tard, après des examens minutieux on m'imposait des lunettes-loupes que Martine, ma femme, eut l'intelligence de prolonger par un projecteur de poche fixé au-dessus de mes pages blanches. J'étais décidé à ne pas me laisser envahir par cette misère. En trois mois, j'écrivis une bonne moitié de l'ouvrage. Jusqu'à ce matin de mars 2013 où l'inquiétude le disputait à l'étonnement. Ma main qui pourtant ne tremblait pas ne savait plus offrir qu'une écriture tremblée. Scanner. Séjour à Sainte-Anne. Révélation du professeur Roux : hématome du cerveau. Pas d'opération, on attend, ma bonne nature sera la meilleure médecine, mon enthousiasme aucunement effrité, ma chance de rebond. Je tenterai cet été de revenir aux affaires mais mon interrogation est vive. Mon accident est arrivé au chapitre 14 de mon bouquin, celui très précisément où je me préparais à écrire (avec difficulté) mon saut dans l'inconnu. Faut-il voir là un signe ? Et si mon inconscient me commandait de ne pas publier ce livre ?

Mai 2013

***

En 1956, revenant de Pékin, j'acceptai, orgueilleusement, de parler de mes voyages au Sud-Est Asiatique, devant un millier d'invités, dans mon petit bourg de Bigorre. Au chapitre « Chine », je révélai – vigoureusement – les ambiguïtés des aventures supposées de Marco Polo dans ce bout du monde, au XIIIe siècle. L'homme m'avait tellement passionné, ses récits étaient si mystérieux, que je n'en finissais pas de poser des questions sur son périple. J'admirais cette équipée à travers le Moyen-Orient, la Perse, les territoires mongols, jusqu'à la cour impériale. Et partout on s'amusait de mon enthousiasme, certains disaient de mon ignorance. Deux mois durant je poursuivais mon enquête, à la fin j'étais persuadé que Marco Polo n'était jamais allé en Chine, que l'expédition était un mythe, ses rencontres un mensonge. Donc, à Argelès-Gazost, j'avais confié à mes auditeurs ce que j'avais appris à Pékin. Le lendemain, dans *La Petite Gironde*, je me faisais allumer par un soi-disant sinologue qui écrivait ceci : « Ce gosse écoute n'importe qui et raconte n'importe quoi. »

Je reviens, ce soir, à ce temps-là, j'y suis ramené par la remarquable émission de Franck Ferrand, *L'Ombre d'un doute* (France 3), consacrée à Venise. Il y est évidemment question de Marco Polo, ce commerçant d'épices de la Sérénissime. Des historiens ont observé de près ces « merveilles du monde » et tous confirment ce qu'autrefois je laissais supposer. Il est vrai que j'étais instrumentalisé par les certitudes de mon ami Lou Hui Bon Hoa, fils de mandarin, descendant de la famille impériale, richissime mais exilé à Saigon. « Celui disait-il, qui n'a pas vu, en arrivant à la cour, les tortures infligées aux filles de l'aristocratie, ces petits pieds, serrés à la naissance et signe de noblesse, ne peut pas prétendre avoir découvert la Chine. » Restons-en là, je ne sais pas grand-chose des exploits et des menteries de Marco Polo. Mais j'entends sa légende.

Juin 2013

J'en conviens, il s'agit désormais de maîtriser la langue anglaise qui devient un passeport universel. Je peste toutefois d'entendre à Paris, dans les grandes réunions, l'importance que l'on donne à cet héritage de Shakespeare. La question est depuis longtemps posée : y a-t-il déclin de notre propre langue ? J'ai fait partie, un temps, du Haut Conseil de la Francophonie, j'étais alors le complice de François Cheng et de l'actuel roi du Cambodge. Nous n'avons rien sauvé du plus riche de nos patrimoines, il arrivait même que certains membres de notre noble assemblée parlent, dans les rangs, en anglais. Nous sommes coupables, il y a pire que le désamour : l'indifférence. C'est à l'école maternelle qu'il faut entrer dans la bonne pratique du français telle qu'elle était enseignée autrefois par nos remarquables instituteurs. La langue française, aujourd'hui, est massacrée par les notables qui parlent et les médias qui assurent le relais. Exemples : « C'est un espèce… » « Par contre… » « Nous avons convenu… » je vous laisse trouver les autres monstruosités !

***

Le sport a des vertus particulières, il fait oublier les turpitudes de la politique. Enfin un printemps qui commence. Football, rugby, cyclisme, tennis mènent la danse. Sur les chemins que je préfère, ceux de l'ovalie, à l'ultime phase du Top 14 j'imaginais Toulouse contrer Clermont et ce fut Toulon-Castres, avec pour ce dernier un Bouclier fièrement porté.

Et maintenant Roland-Garros où, près de Jean Gachassin, je prends position avec Jean-Loup Dabadie et André Boniface. Constatation heureuse, les Français de la petite balle ne sont plus ridicules : Gaël Monfils, Gilles Simon, Richard Gasquet ont perdu, sans doute, mais avec panache… Tout à l'heure, j'ai souffert pour Federer torpillé par un magnifique Tsonga dont on espère trop. Attendons demain.

***

Je reçois à l'instant le nouveau livre de Josy Eisenberg dont, chaque dimanche, je suis le téléspectateur le plus assidu. *À Bible ouverte* est pour le chrétien que je tente de rester un enseignement obligé. Après de nombreux essais sur l'histoire du peuple juif, Eisenberg publie avec Adin Steinsaltz *L'Alphabet sacré*, un des plus anciens du monde : les vingt-deux lettres qui le composent définissent la loi hébraïque. Je voudrais que mes yeux abîmés puissent me permettre quand même une lecture profonde. Dès à présent, je retiens la première ligne : « La plus noble conquête de l'homme n'est pas le cheval, c'est l'écriture. »

***

Bernard-Henri Lévy publie *Les Aventures de la vérité* qui soutient par l'écrit l'exposition picturale de Saint-Paul-de-Vence dont il a la charge. La grande question : y a-t-il complicité entre la peinture et la philosophie ? Voilà qui ouvre de longs débats dans les cercles de l'intelligentsia mondiale. Si j'en crois BHL la question posée par l'art serait moins celle de la beauté que de la vérité. Simplement, loin des discussions profondes, je plaide pour l'émotion. Pour appuyer sa thèse le philosophe présente chez Adrien Maeght une centaine d'œuvres, anciennes et contemporaines. Il faudra les voir pour en juger, mais déjà je suis persuadé de l'intérêt de ce dangereux pari. Le projet me passionne car l'homme qui le porte a toujours été en avance sur son temps. J'accompagne Bernard-Henri Lévy depuis ses débuts. Je n'ai jamais été déçu et je m'étonne encore de la jalousie qu'il provoque chez ses confrères et l'univers médiatique. Lui s'en amuse !

***

La preuve est faite : un politicien ne peut pas être un homme d'État. Charles de Gaulle était la France, nos chefs de partis ne sont qu'eux-mêmes.

***

Une émission c'est très simple : un projet, un animateur. Encore faut-il que le projet soit original et l'animateur de bonne culture. La télévision n'est pas faite pour les chroniqueurs. Dans le cycle des choses légères on fait des arcs de triomphe aux humoristes (il y a d'ailleurs de l'enflure dans le mot). Hier on s'amusait des chansonniers, *La Boîte à sel* débordait de talents, *Samedi soir* avait toute l'impertinence de Philippe Bouvard, il n'était pas question de promotion pour le n'importe quoi, on n'y paraissait pas en représentation commerciale. Le pire, c'est la prétention. Dans certains programmes il en est qui s'érigent en juges sans se douter qu'ils sont victimes de bêtise.

L'avant-journal de vingt heures est devenu plateforme de combats. On s'y bat avec les mêmes armes, la même ambition : faire de l'audience. Ce que l'on nous annonce ne nous laisse pas rêver un monde nouveau, on ne peut compter que sur des sources qui ne sont pas encore taries. Canal + a gagné la partie depuis belle lurette avec *Le Grand Journal* qui subit aujourd'hui un toilettage de saison. L'annonce du départ de Michel Denisot aiguise les appétits. *C'est à vous*, *Touche pas à mon poste*, tirent leur épingle du jeu. Des nouvelles grilles on attend une différence, le mimétisme est une mauvaise affaire. Le mercato du moment fait sourire. Qui peut-on engager pour tenir l'antenne et retenir le public ? Deux ou trois noms reviennent en permanence. Souhaitons que la rareté soit bénéfique.

***

Trois jours de plein soleil en Sologne, sur un territoire préservé de mille hectares, une solitude choisie seulement troublée à certaines heures, heureux instants, par les conversations feutrées de Monique Pozzo di Borgo, propriétaire des lieux, et de mon épouse Martine. Beautés, je dirai même splendeurs, d'une fabuleuse nature, d'un monde de forêts, d'étangs, d'immenses champs de maïs protégés par des hêtres, des bouleaux et surtout des chênes aux énormes troncs et dont les branches s'étendent au loin, pareilles à des sculptures d'un artiste adepte de Bouddha.

Je marche sur les sentiers remarquablement dessinés où passent faisans, chevreuils, biches et cerfs. Ici, les bruits sont comme un silence.

***

Tsonga a perdu, normal, Nadal a gagné, évidence.

***

Quelle galère ! Une tournée des Bleus du football en Amérique du Sud, deux défaites – contre l'Uruguay et le Brésil –, une inquiétante entrée en matière avant la Coupe du monde ! Du talent sans doute mais une absence d'énergie, d'enthousiasme, de partage. Nous avons des joueurs, il n'y a pas d'équipe. Du moins pas encore.

***

Depuis quelques années le plagiat est devenu un genre littéraire, une imposture de toujours qu'un dramaturge américain – je le lis dans *Le Figaro* – juge à sa manière : « Qu'est-ce qu'une œuvre originale ? Un plagiat non encore détecté ! » On ne peut pas tout de même y croire tout à fait !

***

Normale Sup' célèbre l'anniversaire de la parution des *Mots* de Sartre. Quel écrivain, quelle force de vertu, mais aussi quelle énergie dans l'expression d'une pensée faussée par l'idéologie ! Voilà l'exemple pitoyable d'un intellectuel qui, dans l'exercice politique, se sera trompé sur tout, tout au long de sa vie.

***

Dans un entretien sans langue de bois au *Figaro magazine*, Michel Legrand, grand musicien devant l'Eternel, compositeur éclairé du XXe siècle, juge sévèrement ses confrères, ceux, surtout, qui se croient gourous d'un art contemporain. Entre autres amabilités, il dit : « Nous avons vécu quarante ans sous la dictature de Pierre Boulez. » Celui-ci, en effet, protégé par les notables de tous bords, prophète d'un genre inécoutable, a longtemps torturé les tenants d'un genre populaire qui n'étaient pour lui que des « mélodistes ». Puccini et Verdi auraient plié sous sa baguette. Que restera-t-il de Boulez ? Il fut un grand chef d'orchestre.

***

Je l'ai reçu à la radio, à ses débuts, mais pourquoi ne lui ai-je pas consacré un *Grand Échiquier* ? Il est vrai que dans ces hautes années, Brassens, Rubinstein, Ferré, Menuhin, Montand, Karajan, Barbara, Jessie Norman et l'immense galerie des jeunes solistes classiques prenaient tout mon temps. Ce n'était pas mépris pour la chanson à la mode du jour, simplement indifférence. Je ne saurai jamais si Johnny Hallyday s'en est indigné. Je le regarde ce soir sur l'écran de la télévision, on fête ses soixante-dix ans, il en paraît cinquante. Son visage buriné est celui d'un corsaire, sa tenue de cuir noir celle d'un jeune loup des anciennes traques. Sur la scène de Bercy, escorté par sa brillante fanfare, il déambule joyeux, désinvolte, jeunot, tel un dieu frivole que des milliers de fidèles viennent prier à genoux. Étonnante cette foule dont les mains levées au ciel font un parterre de vie qui allume le feu. Je l'avoue je suis séduit, cet homme est un cas, une exception. Je ne vois pas qui pourrait tenir trois heures dans ce déferlement de musique. Johnny maîtrise la folie, tous ses problèmes l'ont ragaillardi. Aujourd'hui, quel merveilleux invité il serait pour moi !

***

Reviendra, reviendra pas ? Toutes les gazettes évoquent le possible retour de Nicolas Sarkozy aux affaires. De grâce, que tous se taisent. Il sera toujours temps de rallumer le feu.

***

D8, la nouvelle chaîne de Canal +, lui doit beaucoup. Son émission *Touche pas à mon poste* l'a installé sur les hauteurs du paysage audiovisuel. L'homme en question est petit, sans grâce, mais émerveillé, tonique, à la vérité, reconnaissons-le, talentueux. Cyril Hanouna me rappelle Arthur à ses débuts. Comme lui, il se déclare « con ». Manière vaniteuse d'appeler le compliment. Le public lui fait un triomphe – un million de spectateurs, sur la TNT, en moins de six mois –, on fait, dans les officines, semblant de s'étonner de sa « vulgarité », il ose les blagues les plus basses, mais fier sacripant de quarante ans, il désamorce tout d'un sourire, je devrais dire d'un rire tonitruant. Je l'observe, je note sa folie communicative mais il n'est pas ce qu'il paraît. Feu follet pour un temps assez court il s'amuse avant d'oser le bond qui lui permettra de sauter sur des aventures plus sérieuses. Dans le désert actuel des animateurs possibles, Cyril, que je ne connais pas, est le petit puits où vieux et jeunes ont, bizarrement, choisi de s'abreuver.

***

Sous ce titre énigmatique *Séraphin, c'est la fin*, emprunté à *L'Aiglon* d'Edmond Rostand, mon vieux complice Gabriel Matzneff publie à la Table Ronde une compilation d'articles de presse. C'est pur bonheur que de le relire. Nous nous sommes connus il y a un demi-siècle, nous avons vécu ensemble une jeunesse folle, puis, un temps trop long, nous nous sommes perdus de vue. Les retrouvailles n'en ont été que plus belles. J'avais l'impression que je ne l'avais jamais quitté, ses soixante-quatorze ans n'avaient pas pris une ride, il a toujours cette allure de dandy, ce côté séducteur qui impressionnait les adolescentes et qui peut encore faire des ravages. Je le considère comme l'un des plus grands écrivains de notre époque troublée. Je l'aime jusque dans ses déviances. Il est libertin mais aussi religieux, orthodoxe, partagé entre Épicure et Jésus-Christ. C'est aussi un solitaire qui reprend souvent cette réflexion de Pascal : Le seul malheur d'un homme c'est de ne pas savoir rester seul dans une chambre. Sa chambre, il est vrai, est un cabinet de curiosités. À la vérité, *Séraphin* est l'autoportrait qu'il a lui-même dessiné.

***

Dans quelque temps, le plus tard possible, après ma disparition, des amis dévoués seront tentés d'écrire des mots aimables à mon sujet, sur les fulgurances d'une vie. Je leur conseille de s'inspirer du papier que m'a consacré Gabriel Matzneff il y a deux ans à l'occasion du Grand Prix que la SCAM a eu l'élégance de me remettre. Gabriel m'autorise à le publier dans mon propre journal, c'est une tendre manière d'être encore ensemble :

Ce ne fut ni dans une rédaction ni chez un éditeur que je fis connaissance et me liai d'amitié avec deux journalistes littéraires qui allaient jouer un rôle déterminant tout au long de ma vie d'écrivain : ce fut avec l'un, Bernard Pivot, le 5 janvier 1964, sur le champ de courses de Vincennes, et avec l'autre, Jacques Chancel, à la piscine de l'Hôtel de Paris, à Monte-Carlo, le 21 janvier 1965.

Rencontres sportives, donc. Bernard Pivot, ce fut grâce à Léon Zitrone, l'éléphant sacré de la télévision française, qui – sans doute stimulé par la silhouette de jockey du jeune

Bernard et les victoires au concours hippique du jeune Gabriel – avait tenté de nous transformer en champions de trot attelé. Bernard et moi, nous acceptâmes avec enthousiasme, mais lorsque nous sûmes que nous devions nous lever à quatre heures du matin pour, en plein hiver, nous rendre à l'entraînement sur des pistes glacées, nous déclarâmes forfait, préférant nos couettes à nos sulkys. Jacques Chancel, lui, ce fut grâce à Philippe Tesson qui, rédacteur en chef de Combat *où depuis novembre 1963 je tenais la rubrique du petit écran, me fit inviter au festival du film de télévision de Monte-Carlo. À l'époque, Jacques Chancel dirigeait les pages artistiques de* Paris Jour *et sa présence à ces festivités monégasques était toute naturelle. Très vite, nous sympathisâmes. Ensemble, nous barbotions dans la magnifique piscine de l'Hôtel de Paris ; ensemble, au casino, nous perdions sans sourciller l'argent que nous avions, et surtout celui que nous n'avions pas ; ensemble, nous sortions en boîte ; ensemble nous y draguions des créatures de rêve peu farouches. Il nous arrivait même d'assister aux projections…*

Leurs Altesses Sérénissimes Grace et Rainier ne se contentaient pas de nous recevoir princièrement. Elles étaient également soucieuses de faire du bien à nos âmes, raison pour laquelle le Festival de télévision coïncidait avec la fête de sainte Dévote, patronne de la Principauté. Aussi, le 26 janvier, nous fûmes invités au salut du Saint-Sacrement, ce qui faisait très Le Carrosse d'or *de Renoir, et comme nous étions, Jacques et moi, des cinglés du cinéma, de vrais zinzins d'Hollywood, nous fûmes aux anges.*

Le même jour, nous eûmes le privilège de prendre part à un événement historique : une demi-heure de télévision en couleur selon le procédé français Secam. Nous fûmes spécialement charmés par les bleus, les oranges. Le lendemain, nous rendîmes grâce à sainte Dévote de nous avoir permis d'assister à la naissance de la fée couleur lors d'une messe célébrée par le cardinal Albareda, en couleur lui aussi, tout rouge, un vrai diable. Il ne fallait pas moins que cet heureux événement pour nous consoler de nos pertes à la roulette et au baccara qui, chaque soir, s'additionnaient de façon inquiétante.

J'étais tombé amoureux d'une Italienne, mariée, malheureuse, intelligente et passionnée. Jacques Chancel, qui était de huit ans mon aîné, me donnait des conseils de stratégie donjuanesque. Ceux-ci furent couronnés de succès : je conquis mon Italienne. Il faut dire qu'alors nous étions, Jacques et moi, très jolis garçons. Ceci facilite cela. Combat a disparu, Paris Jour a disparu, et leurs atypiques directeurs, Henri Smadja et Cino Del Duca, appartenaient à une espèce elle aussi menacée d'extinction, celle des mécènes farfelus, courageux, épris de presse écrite, qui, au lieu de placer leur argent dans des entreprises de père de famille, créent des journaux, prennent des risques. Ce fut à France Inter que, dès mon entrée dans la vie littéraire, je retrouvai Jacques Chancel. En 2012, où les innombrables chaînes de radio et de télévision, ainsi qu'Internet, multiplient les sources d'information, les jeunes gens ont peut-être des difficultés à se rendre compte de l'importance intellectuelle, sociale, qu'avaient des émissions telles que Radioscopie de Jacques Chancel et Apostrophes de Bernard Pivot. De leur importance et de leur rayonnement.

Je fus un des écrivains le plus souvent invités sur le plateau d'Apostrophes et je ne pense pas que nous soyons nombreux à avoir été conviés trois fois au micro de Radioscopie. Je le fus en 1969, 1974 et 1981, et chaque fois je fus mêmement captivé par ce tête-à-tête d'une heure en direct où, pour répondre aux incisives questions de Jacques Chancel, il fallait être attentif, avoir l'esprit de répartie et le sens de l'humour.

Je me tiendrai la bride courte sur mes propres interviews qui, en raison de notre amitié, se déroulèrent toujours dans un climat décontracté, enjoué. Celle des autres invités, j'en ai écouté un bon nombre. Je garde un souvenir particulier de celles de Vladimir Jankélévitch, dont je fus l'élève à la Sorbonne (son captivant cours sur la mort et sur l'immortalité) et de Jean-Paul Sartre.

La voix de Jankélévitch était un bonbon pour l'esprit. Une voix d'acteur chantante, tantôt grave, tantôt flûtée, tout en inflexions, en arpèges. Elle amusait, fascinait ses étudiants qui se pressaient sur les inconfortables banquettes de l'amphithéâtre Louis Liard. À France Inter, elle charma aussi les heureux auditeurs de Jacques Chancel.

Le jour où Jean-Paul Sartre se présenta au micro de Radioscopie, *Jacques Chancel devait être d'humeur malicieuse. Sartre était une institution, une gloire nationale ; c'était notre Voltaire, et Jacques Chancel, qui n'a jamais eu de goût particulier pour les institutions, se permit de mettre discrètement en boîte le vénéré Maître. Du moins, ce fut l'impression que j'eus cet après-midi-là. Je n'ai jamais réentendu l'entretien, mais je me rappelle le silence interloqué, puis la réponse faite sur un ton légèrement agacé, de Sartre, lorsque Chancel, pensif, lui fit cette demande :*

— Ne pourrions-nous pas dire que, d'une certaine façon, l'existentialisme est un humanisme ?

L'existentialisme est un humanisme *était son titre le plus fameux, en tout cas le plus connu du grand public. Jean-Paul Sartre s'est sans doute demandé pendant un quart de seconde si c'était du lard ou du cochon, si ce célèbre journaliste le mettait, oui ou non, en boîte ; mais l'émission était en direct, le direct a ses exigences, et Sartre, passant outre l'insolence feutrée de Chancel, maugréa une réponse. Ce fut fort divertissant.*

Chancel malicieux ? Chancel naïf ? Je parie pour le vrai malicieux et le faux naïf, mais chacun de ceux qui écoutèrent cette mémorable émission put se forger sa propre opinion sur ce point. Ce qu'il y avait de beau dans la façon dont Jacques Chancel interrogeait ses invités, principalement les jeunes, les intimidés, c'est qu'il ne forçait jamais le trait, c'était vif mais jamais agressif, il ne tâchait pas de les désarçonner, de les mettre dans l'embarras (comme c'est de mode aujourd'hui), mais au contraire les aidait à accoucher d'eux-mêmes progressivement, par petites touches, en douceur.

De cette bénignité, Jacques Chancel donna un exemple qui me frappa lors de la Radioscopie *de Siné. Admirateur de Siné (de ses succulentes illustrations du livre d'Ado Kyrou,* Manuel du parfait petit spectateur*), je n'aurais pas voulu manquer sa conversation avec Jacques. Assurément, Siné ignorait que Chancel avait, à dix-sept ans, connu les épreuves de la guerre d'Indochine, subi de graves blessures aux yeux. Quoi qu'il en fût, le dessinateur eut des réflexions virulentes sur les guerres coloniales, sur l'armée. J'en ai oublié le détail, mais je me souviens que, les entendant, j'avais admiré la maîtrise de soi de Jacques Chancel, et songé : « À sa place, j'eusse été incapable d'un tel flegme, j'aurais foutu ma main dans la gueule de Siné. » La main dans la gueule n'est pas le genre de Jacques Chancel, stoïcien courtois, affable épicurien, sceptique dont la fougue est toujours modérée, jugulée, par la lucidité. Non seulement il ne réagit pas à la phrase insultante de Siné, mais il passa à la question suivante, mine de rien. Une leçon de style. La très grande classe. J'évoque ci-devant la voix de Vladimir Jankélévitch* à Radioscopie. *Il y a une autre voix que Jacques Chancel, au* Grand Échiquier, *fit découvrir à des millions de téléspectateurs : celle de Luciano Pavarotti. Les archives de l'INA nous permettent de revivre ce précieux moment où, aux côtés de Chancel, sur le plateau du* Grand Échiquier, *en 1985, le ténor chante* Una furtiva lagrima. *Lors d'un déjeuner (était-ce au Jules Verne, le restaurant de la tour Eiffel ? Ma foi, c'est possible, Chancel et moi, nous sommes gourmets et affectionnons les hauteurs, mais peut-être était-ce au Fouquet's), je lui avais fait remarquer que, comparés aux Italiens, aux Russes, aux Espagnols, les Français ne sont pas un peuple musical. Mettez cinq Italiens ensemble et aussitôt ils se mettent à chanter des chansons traditionnelles, napolitaine ou autres, qu'ils connaissent tous par cœur. En France, nous en sommes incapables, et le savent ceux qui ont connu la vie de caserne où, sauf la première strophe d'une chanson paillarde style* Trois orfèvres, à la Saint-Eloi, *les soldats, le soir, au coin du feu, sont infoutus* *de chanter quoi que ce soit. De même, lorsque, dans une manifestation d'extrême gauche, l'orateur demande à l'assistance d'entonner* L'Internationale, *les Italiens se mettent à chanter avec une ferveur qui émeut le plus fieffé des réactionnaires ; en France, le résultat est quasi toujours lamentable. Ce n'est pas que les marxistes français chantent faux, c'est qu'ils ne connaissent pas les paroles, n'ont pas l'habitude de chanter. Or un peuple qui ne chante pas ne peut pas faire la révolution. Sous l'Ancien Régime, les Français chantaient, à l'église, sur les champs de bataille, dans les rues. Ils chantaient en prenant la Bastille. Sinon, assurément, ils ne l'auraient pas prise. Jacques opina, puis m'annonça qu'il avait l'intention de faire découvrir, et surtout aimer, la musique au public français. Ce fut* Le Grand Échiquier, *une émission qui eut, durant des années, un immense succès. Un succès dû à l'art de Jacques Chancel, mais aussi au temps dont celui-ci disposait pour dérouler son programme, présenter ses invités, leur permettre d'exprimer leurs divers talents. Chaque transmission télévisée du* Grand Échiquier *durait en effet plusieurs heures, comme jadis, lorsque j'étais lycéen, l'émission de Pierre Sipriot,* L'Analyse spectrale de l'Occident, *à France Culture, durait la journée entière du samedi. Ces longues plages étaient un privilège dont aujourd'hui ne jouissent plus les successeurs de Chancel et de Sipriot, de même que dans la presse écrite les jeunes écrivains ne disposent plus de la place qui y était offerte à ceux de ma génération. D'où peut-être le grandissant succès d'Internet où l'espace et le temps sont offerts à tout un chacun, où, dans le bien et dans le mal, la libre expression nous est rendue. Un des aspects les plus importants de la vie professionnelle de Jacques fut son activité d'éditeur, aux Presses de la Cité, qui regroupaient les Éditions Plon, Julliard, Christian Bourgois, Perrin, du Rocher. Dans leur majestueux hôtel particulier de la rue Garancière, les Presses de la Cité, en particulier Plon, étaient, comme Sartre, mais dans un genre plus chamarré, une des institutions de la République : c'était l'éditeur du général de Gaulle et les photos qui constellaient* *les murs des couloirs étaient celles de généraux, de colonels, d'académiciens, seuls auteurs qui semblaient compter aux yeux du patron, Sven Nielsen. Ce n'était d'ailleurs qu'une apparence, car cet élégant vieux monsieur danois était aussi l'éditeur de Peter Cheney, de Simenon, et surtout de Giacomo Casanova dont, en coédition avec Brockhaus, son confrère de Wiesbaden, il fut le premier en France à publier le véritable texte d'*Histoire de ma vie*. Son directeur général se nommait Marcel Jullian, homme libre, passionné de poésie. Ce fut sous l'autorité de ce dernier que Jacques Chancel (quelques années avant de fonder avec lui Antenne 2) créa, chez Julliard, la collection Idée Fixe, dont il définit ainsi l'objet : « La collection Idée Fixe donne l'occasion à des écrivains d'énoncer sans détour le secret dont ils ont nourri jusqu'ici sournoisement leurs livres. » Un titre ambitieux, magnifique, car, en vérité, seuls méritent d'être écrits et seuls valent d'être lus les livres nés d'une idée fixe, les livres qui jaillissent à la fois du cerveau, du cœur et des tripes. Lorsqu'on consulte le catalogue d'Idée Fixe (Roland Dubillard, Georges Perec, René Fallet, Jean-Louis Bory, Louis Nucéra, Michel Audiard, Julien Green, Gabriel Matzneff, entre autres), on est frappé par la diversité des auteurs que Jacques Chancel avait su regrouper et, plus encore, par l'extraordinaire liberté qui régnait alors dans l'édition française.* Les Moins de seize ans, *publié en 1974, régulièrement réédité, est sans doute, avec mon roman* Ivre du vin perdu, *le plus notoire de mes livres, mais si c'était un inédit et si je le proposais aujourd'hui à un éditeur, je suis prêt à parier qu'il ne serait pas accueilli avec la joie que témoigna Jacques Chancel quand je déposai le manuscrit sur son bureau. En 2012, l'éditeur ferait la grimace, confierait le texte à ses avocats pour qu'ils le couchent sur le lit de Procuste et coupent tout ce qui dépasse, tenterait de me convaincre de renoncer à le publier. « Vous allez vous faire du tort, c'est pour votre bien que je vous dis ça. » Je l'entends d'ici. Certes, des esprits libres, il en existe aujourd'hui comme hier, mais c'est l'époque qui est moins libre que celle où Jacques Chancel* *et moi nous eûmes la chance de travailler, de faire fructifier notre talent (si l'on me permet cette parabole évangélique). Le néo-puritanisme venu d'Outre-Atlantique s'est désormais largement diffusé en Europe, notamment en France, et les psychiatres de droite comme les quakeresses de gauche ne cessent de distribuer les bons et les mauvais points, prétendent nous dicter ce que nous devons croire, penser, écrire, manger (« Cinq fruits et légumes par jour »), fumer, aimer, et surtout ce que nous n'avons pas le droit de croire, de penser, d'écrire, de manger, de fumer et d'aimer. On raille les talibans qui avaient institué à Kaboul un ministère des Vices et des Vertus, mais à Paris est-ce si différent ? Je conçois que les jeunes gens qui veulent devenir journalistes rêvent d'une carrière aussi brillante que celle de Jacques Chancel. C'est naturel, légitime. Je voudrais néanmoins qu'ils comprennent que l'important, chez Chancel, ce ne sont pas les succès, les distinctions (il est commandeur de la Légion d'honneur), mais son amour de la liberté, sa générosité, sa juvénile aptitude à l'émerveillement, sa fidélité à ses amis, même aux plus sulfureux d'entre eux, son indépendance d'esprit, son courage.*

***

C'est le retour d'une impertinence élégante et joyeuse. Antoine de Caunes remplace Michel Denizot au *Grand Journal* de Canal +.

***

Mon pays sacrifié par la fin d'un printemps qui n'ose pas se rendre à l'été. Les neiges des hauts sommets étant devenues de grands fleuves, nos gaves ont quitté les rives, inondé nos villages, semé la panique. C'est la désolation la plus totale : maisons écroulées, routes trouées. De notre Miramont figé en hauteur on voit toute la plaine pareille à une immense piscine… de boue. À Lourdes, les hôtels et les sanctuaires ont subi l'assaut des eaux. Je pense surtout, avec l'affection que l'on sait, à mes cités englouties, Pierrefitte, Cauterets, Luz et Barèges dont on me dit le tragique de la situation. Que peut-on attendre de demain ?

***

Étonnant ! C'est donc le Sénat qui serait l'accusateur dans une nouvelle affaire de dopage vieille de quinze ans. Je ne sais plus quel est l'allongé du palais du Luxembourg qui a confirmé la rumeur. Les âges sont imprévisibles, les voilà complices des agences d'analyses qui conservent des échantillons urinaires dans leurs frigos : Laurent Jalabert serait donc coupable d'avoir eu recours à l'EPO en 1998. Cette substance, il est vrai, était indétectable avant 2001. Est-ce suffisant pour mettre, une fois encore, le cyclisme en quarantaine ? Je suis évidemment contre cette tricherie et ce danger mais pourquoi s'en prendre constamment aux « forçats » du vélo, et cela à la veille du Tour de France qui est l'événement le plus populaire en Europe et essaime dans le monde entier ? Dans le sport, cette déviance est un secret de Polichinelle. Les censeurs devraient, plutôt que de condamner, s'attaquer au fléau, à la source. Pour l'heure Laurent Jalabert, champion reconnu et excellent commentateur à la télévision et à la radio, se trouve dans le nouvel état d'une réputation entachée.

***

Les exclus de la politique, pervers avertis, finissent pas devenir les héros d'une actualité qui n'a plus de repères. Convoqué par la commission d'enquête de l'Assemblée nationale, Jérôme Cahuzac, ancien ministre du Budget, n'a pas levé la moindre zone d'ombre sur son affaire. Ses silences sont la preuve de sa forfaiture, son physique d'acteur américain emballe les médias. Un peu plus loin, au Sénat, Dominique Strauss-Kahn donne un cours de finances aux sages du Luxembourg. Et tout le monde en parle. Les bienfaiteurs de l'humanité, eux, n'ont jamais la parole.

***

Les temps ont changé ! Autrefois nous quittions l'antenne sur un simple au revoir, c'était notre manière de prendre congé. Aujourd'hui on fait des fêtes grandioses – du moins beaucoup de bruit – autour d'un départ. Tristounet ce monde de paillettes fanées.

***

Guillaume Robert, directeur littéraire chez Flammarion, me suggère de remettre mon manuscrit en septembre, pour parution en novembre. Mon été est tellement pris par des voyages que je m'inquiète du forcé de ces dates. Je vais tenter l'impossible. Je dépasse ce matin mon cinq-centième feuillet, je m'interroge sur le titre : *Hôtel Continental* ou *Nuit d'Asie* ? L'hôtel fut le refuge de notre compagnie de correspondants de guerre en Indochine, la nuit fut la mienne après un saut sur un pont miné aux portes de Saigon. J'écris sans note, au rythme de ma mémoire qui réveille des moments évanouis. Je n'avais pas vingt ans, je conte cette seule période qui fut un bonheur et un enfer. La mort de mes jeunes amis court à travers les pages… une génération sacrifiée. Et puis, il y a aussi, qui resplendit, cette folie qui fut la sauvegarde de quelques-uns !

***

Petit Algérien devenu grand de France, Alain Mimoun fait, à quatre-vingt-douze ans, sa dernière course. Le champion hors norme – quatre médailles olympiques, l'une d'or au marathon de Melbourne en 1956 – n'aura songé toute sa vie qu'à se battre pour son pays choisi : l'argent lui importait peu, c'est le drapeau tricolore qu'il voulait brandir et *La Marseillaise* qu'il voulait entendre. Il fut, à *Radioscopie,* mon invité le plus bavard, le plus reposant. Je lui avais posé une question au tout début de l'émission : « Quel citoyen du monde êtes-vous ? » La réponse avait duré une heure entière.

***

Bonheurs du dimanche, à dix-neuf heures, sur Arte. Chance d'entendre les plus belles musiques. Ce soir, le *Concerto* de Brahms, cette merveille interprétée par la violoniste Midori, fragile et fougueuse. J'observe le chef : Zubin Mehta qui fut mon invité et mon complice à Jérusalem à la tête du grand Orchestre d'Israël, pour un *Échiquier* que je cite parmi les plus accomplis. Zubin, l'Indien, surprend par son côté polyglotte, il parle toutes les langues, même l'hébreu ou plus précisément le yiddish. Il n'a pas changé : beau, précis, fervent.

***

Que la Corse est belle, ses villages perchés, ses vieilles églises, ses citadelles, ses calanques, son maquis, sa mer d'un divin bleu, ses cités-phares, Porto Vecchio, Ajaccio, Bastia, Calvi. On est séduit, on rêve de faire le tour de l'île, ce sont des paysages en majesté que Jean-Paul Ollivier sur France Télévisions commente à la manière d'un historien brillant qui aurait étudié la moindre parcelle de ce pays particulier où les vendettas se font au soleil. Pardonnez-moi, je n'ai pas vu le Tour de France, j'ai regardé la Corse.

Juillet 2013

Comment peut-on laisser souffrir un tel homme, champion de la lutte anti-apartheid, icône d'une Afrique du Sud qui lui doit sa liberté ? Ses quatre-vingt-quatorze ans auront déjà supporté un mois de souffrances, l'état végétatif permanent qui l'étouffe devrait convaincre la médecine de ne plus le maintenir artificiellement en vie. Et comme si cette fin ne suffisait pas au héros, sa famille se déchire sur son lieu de sépulture. Elle devrait savoir pourtant que Nelson Mandela appartient d'abord à son peuple.

***

Sa décision assez stupide de n'obéir qu'à son père l'aura longtemps éloignée des succès que son talent méritait. Délivrée d'un carcan qui fut au départ sa chance, Marion Bartoli donne au tennis français des éclairs de lumière et réalise ses rêves d'enfance. Après Yannick Noah, Marie Pierce et Amélie Mauresmo, elle remporte, à Wimbledon, un titre du Grand Schlem qui est la récompense suprême. C'est un conte de fées, sans doute, mais elle a su le construire, lui donner les plus belles couleurs. Que fera-t-elle demain de cette ascension dans la blanche Angleterre ?

***

Nicolas Sarkozy prononce son premier discours depuis quatorze mois. Poussé par l'enthousiasme de ses partisans il va à leur rencontre, tel un chef d'État. Tel un Socrate, il prétend que ce n'est pas un retour en politique. Particulier euphémisme qui sonne comme une feuille de route, une ouverture à l'avenir. Je l'ai souvent dit : il n'est pas bon de parler trop tôt.

***

Que François Fillon et Jean-François Copé dans cette grande affaire d'un possible retour de Nicolas Sarkozy. À leur arrivée au siège de l'UMP, l'accueil ne leur était pas favorable. On n'entendait que des « Nicolas, Nicolas », propres à désespérer tous les prétendants voués à la fonction suprême. Tristesses de la politique.

***

Le titre n'est pas encore définitivement choisi. On hésite entre *Hôtel Continental* qui fut notre poste d'observation à Saigon et *Nuit d'Asie* qui me met personnellement en cause. Ce livre est l'œuvre la plus chère à mon cœur et la plus difficile à mettre en mots. Je me refuse au « mélo » mais comment parler d'un saut sur un pont miné, comment raconter une souffrance que, paradoxalement, j'ai voulue « joyeuse » ! À ce moment particulier de juillet, dans le bleu de mes Pyrénées, j'ai enfin dépassé l'épisode fâcheux de mon séjour à l'hôpital de Gia Dinh, aux portes de Saigon. Il me reste à rappeler les mois affreux de 1954, dans l'enfer de Diên Biên Phu, où mon ami Pierre Schœndœrffer fut précipité et aussi le temps heureux de ma « retraite » à Angkor.

***

Tristesse en Haute Bigorre. Arrivé au matin je vais aussitôt sur les lieux du sinistre. C'est une véritable tragédie pour les petits villages des sommets, sur la route du col du Tourmalet.

La crue du 18 juin, alimentée par les six mètres de neige de l'hiver et du printemps, a fait s'effondrer les ponts, sapé les fondations des maisons. Notre gave si beau, d'ordinaire si tranquille, est devenu un immense fleuve qui charrie des pierres d'une tonne et des arbres arrachés aux berges. Les stations de Cauterets et de Barèges sont toujours interdites. Il n'y aura pas cette année de saison touristique…

***

Il aura été mon complice bienveillant quarante années durant. Je lui ai consacré plusieurs pages dans mon *Dictionnaire amoureux de la télévision*, je suis heureux de l'avoir fait de son vivant. Étienne Vatelot, le premier des luthiers européens, le plus écouté au monde pour ses « diagnostics », s'envole à quatre-vingt-huit ans accompagné par l'âme de milliers de violons, de violoncelles, dont il était le protecteur, le génial chirurgien. Il avait une connaissance intime des instruments, ses qualités humaines le faisaient irréprochable. Il rejoint aujourd'hui, sur une scène de haute altitude, ses grands amis, Yehudi Menuhin, Isaac Stern, Slava Rostropovitch. Je me souviens de notre *Échiquier*, de son bonheur à raconter l'école de Mirecourt qu'il avait fondée, d'entendre Stern et Yo-Yo Ma, de son émotion lorsque lui fut présenté un morceau retrouvé du violon de Ginette Neveu disparue dans un accident d'avion où était également Marcel Cerdan. Nous nous étions retrouvés il y a quelques mois, chez lui, à Neuilly. Un immense bouquet de fleurs trônait au centre du salon. C'était un cadeau d'Anne-Sophie Mutter, arrivée le matin même. Que dire encore d'Étienne ? Il a été aimé de tous.

***

C'est mon seul point d'accord avec François Hollande qui déclare à la télévision : « Le peuple français est le plus pessimiste d'Europe, peut-être même du monde. » C'est vrai, tout le monde se plaint, surtout les riches.

***

Tristesse des étapes où les « sprinters » du Tour de France se font oublier au sein d'un peloton groupé, serré, pour s'élancer au dernier kilomètre condamnant ainsi les échappées de coureurs plus héroïques. Je trouve désolant ce long serpent qui se traîne sur la route… à quarante kilomètres-heure tout de même de moyenne. Heureusement, il y a la France dont Jean Maurice Hooghe et Jean-Paul Ollivier nous montrent la diversité, avec ses châteaux, ses citadelles, ses églises, ses fermes. Splendeurs de l'histoire et de la géographie. Bientôt, enfin, la montagne. Le Ventoux et L'Alpe-d'Huez après les Pyrénées…

***

Balade dans notre Haute Bigorre avec Michel R. mon ami, montagnard éclairé, hier encore général trois étoiles. Le Tourmalet nous étant interdit – route coupée avant Barèges par la terrible crue du 18 juin –, l'Aubisque nous éloignant trop du côté du Béarn, nous optons pour une visite des petits villages égarés dans les collines, sur les sentiers des sommets. Par un chemin étroit – on ne peut pas se croiser –, nous montons à Ourdon où, dans un environnement de vieilles maisons aux volets fermés vivent encore… huit habitants qui ont leur église et leur mairie. Nous rencontrons l'un d'entre eux descendant le chemin avec son chien. Il n'a plus que trois dents qui laissent passer un bon sourire, son béret est troué, sa mise très convenable. Je lui demande :

— Vous êtes d'ici ?

Il se redresse :

— Natif d'ici, monsieur. Je fais partie du conseil municipal, nous sommes trois.

Il me semble qu'il est heureux de parler, enfin, personne ne vient dans ce coin perdu. Le dernier orage le prive de lumière depuis huit jours, il n'en est pas troublé :

— Mes deux cents moutons occupent tout mon temps.

Je pose une dernière question :

— Vous êtes donc huit à vivre ici. Vous passez, j'imagine, toutes vos soirées ensemble.

— Pour quoi faire ?

Son rire en dit long.

***

Qu'il est difficile de revenir en arrière ! J'ai souvent considéré que seul le présent est acceptable, pourquoi en effet courtiser la nostalgie ? Pourquoi me suis-je laissé entraîner à raconter mes vingt-quatre premières années ? Serai-je exact au rendez-vous de septembre, date prévue de la remise de mon manuscrit ? Mes petits-enfants, Philippine et Augustin, me prennent un peu de mon temps d'écriture. J'ai terminé cette nuit les deux chapitres les plus douloureux, celui de mon séjour si long à l'hôpital de Gia Dinh, la tragédie de Diên Biên Phu qui m'aura dégoûté à jamais de la politique politicienne…

***

Christopher Froome aura gagné ce centième Tour de France aux premières étapes. Après ce ne furent que péripéties. Avec quelques moments de grand bonheur. Le plus émouvant nous a été offert par Christophe Riblon, un Français de trente-deux ans, qui, dans un sursaut extrême au dernier kilomètre, a passé en magnifique vainqueur la ligne d'arrivée à L'Alpe-d'Huez. C'était l'hommage souhaité d'un valeureux coureur à son leader, Jean-Christophe Péraud, victime d'une chute, contraint à l'abandon. Huit millions de téléspectateurs ont suivi chaque jour le parcours des Alpes. C'est assez dire la magie de l'événement qui n'a rien perdu de son prestige, que les affaires de dopage n'ont pas ruiné. Immenses les foules sur le bord des routes, avec hélas ses fous, caricatures d'hommes sauvages, qui courent en tous sens brandissant des oriflammes dérisoires. Le meilleur de ce grand show de juillet nous aura, une fois encore, été donné par la télévision qui, au-delà de l'épreuve, nous a permis de faire le tour de la France.

***

Je ne pourrais pas être des leurs mais seuls les moines et sœurs cloîtrés, les ermites peuvent revendiquer la liberté. Les autres sont condamnés à obéir à des chefs, à subir la loi assassine des idéologues. La liberté est donc une utopie sauf si elle naît de valeurs essentiellement culturelles. Dostoïevski affirmait que la beauté sauverait le monde. À la condition que la culture aussi s'en mêle.

***

Dans ce temps de crise, de malheurs bigourdans provoqués par une crue gigantesque, impossible à maîtriser, je reprends cette réflexion de Cioran : « Nous sommes tous au fond d'un enfer dont chaque instant est un miracle. »

***

Le Tour me manque déjà ! Jean-Paul Ollivier, l'historien-géographe de la télévision, m'a donné l'envie de revisiter la Corse, la Bretagne, le Mont-Saint-Michel, les Alpes, d'admirer de plus près des abbayes, des monastères, des châteaux, des fermes, des moulins que je ne connais pas. Des Pyrénées, incontournables pourtant, je n'aurai rien vu. Ce sera pour l'an prochain. Le Tour de France restera, en 2013, comme une magnifique randonnée. Une embellie chaque jour recommencée. Cette course aura eu le privilège de constater l'immense talent de Christopher Froome, la désespérance de Contador et de Valverde, incapables de mettre en péril l'Anglais, les efforts de Péraud, de Romain Bardet, de Pierre Rolland, le panache du jeune Colombien Quintana, l'extraordinaire montée de L'Alpe d'Huez magnifiée par le courageux Christophe Riblon. Mais c'est au directeur Christian Prudhomme qu'il convient de rendre hommage, pour le choix des villes de départ, de l'itinéraire, d'une organisation sans faille. Avec en bouquets, au dessert, le final nocturne, grandiose, sur les Champs-Élysées. Une féerie de couleurs sur l'Arc de Triomphe. Triomphal en effet.

***

Le bon pape François a véritablement pris son envol au Brésil en ce juillet 2013. On le croit, on le suit même, lorsqu'il dit vouloir accélérer la reconquête du monde pour l'église catholique C'est la simplicité qui guide cet homme, qui fait oublier les ors du Vatican et la vieille garde des cardinaux conservateurs.

***

Hors-d'œuvre d'événements estivaux dans le style Prévert :

Magnifique Tour de la France avec Jean-Paul Ollivier sur France Télévisions. Frustration à l'issue du match de football féminin contre le Danemark, défaite immédiate qui sonne pourtant comme une victoire. Les frères Nahmad, collectionneurs libanais, exposent à Moscou cent de leurs trois cents tableaux de Picasso. La Syrie se fait oublier mais ne désarme pas. L'Égypte au bord de la guerre civile. Partout des accidents ferroviaires : y a-t-il un pilote dans les trains ? Après le froid souffle le chaud : quarante degrés dans ma maison pyrénéenne. Un homme en pointe en ce juillet de rediffusions-télé : Stéphane Bern que l'on voit presque quotidiennement sur nos écrans. Quatre Français dans le bassin de Barcelone pour un cent mètres de légende. Yannick Agnel, même métal sur deux cents mètres. Et Hollande qui toujours promet et Sarkozy qui encore revient. Avec, pour couronnement du Tour, le pape François qui réussit à rassembler trois millions de fidèles au Brésil dans un même lieu, la plage de Copacabana. Et la duchesse de Cambridge qui donne à l'Angleterre un nouveau prince.

Août 2013

Le Figaro annonce la relance, à un rythme trimestriel, de *Jours de France* dont j'ai été le président jusqu'à son sabordage. Si le Havas de l'époque avait montré un peu plus d'audace, l'hebdomadaire de Marcel Dassault aurait pu poursuivre sa course au succès. Hélas, les nouveaux conseillers de Pierre Dauzier, se croyant mis à l'écart, devaient faire leur sale besogne. Rebonjour donc à ce porteur de « la joie de vivre » qui, s'il avait été mensuel, aurait pu faire de l'ombre à *Point de vue*. Les *people* auront désormais une autre tribune.

***

Entendu à la télévision : « Qu'est-ce qu'un vieux ? » demande-t-on. Réponse : « Quelqu'un qui a cinq ans de plus que vous. »

***

Balade au cirque de Troumouse que je crois plus mystérieux et beau que celui de Gavarnie aux parois imposantes où une jeune compagnie présentait hier soir *La Belle et la Bête* de Jean Cocteau. Il y a dans ce site, à plus de 2 000 mètres, au-dessus de la belle chapelle de Héas, une incroyable intensité de la lumière qui dans le soleil est éblouissante. L'appel des cimes y est une évidence. Les années passent et je suis de plus en plus amoureux de ma Bigorre.

***

Mercredi 7 août. J'ai mis aujourd'hui, à 12 h 30, la dernière ligne à mon récit sur les vingt-quatre premières années de ma vie, sur les bonheurs et les échecs de mon aventure indochinoise. Je crains de me relire.

***

Je monte chaque jour, dans l'après-midi, vers Cauterets et Barèges constater les travaux de remise en route de ces stations sacrifiées au bon vouloir de la nature. La tragédie du 18 juin, lorsque les gaves gonflés par les orages et la fonte des neiges ont dévasté ces hauts lieux de ma Bigorre, a laissé un goût amer aux habitants qui se demandent pourquoi on n'a pas su prévoir cette effroyable montée des eaux. Aujourd'hui encore, presque deux mois après, des cellules de crise – comme à Lourdes également touchée – sont quotidiennement informées de possibles accidents. Il faut avoir vu ces amas de pierres énormes charriées par le courant, ces gaves agrandis au triple de leur espace ordinaire, ces maisons détruites ou défoncées pour comprendre ce que fut la peur des riverains.

***

Lu dans *Le Monde* un long article – une page – sur ce qui fera toujours polémique et qui commence ainsi : « Dès que l'on évoque le mot culture à la télévision on entend la même rengaine, s'y mêle la déploration nostalgique d'un âge d'or où le service public remplissait sa mission à travers de grands rendez-vous fédérateurs – *Le Grand Échiquier*, *Apostrophes* – et le constat erroné d'une culture qui serait aujourd'hui remise dans deux ghettos, l'un spatial avec Arte, l'autre temporel avec des programmations en troisième partie de soirée. »

Puisque, comme Bernard, je suis de cet « âge d'or », je peux donner un sentiment personnel. Lorsque j'ai imaginé *Le Grand Échiquier*, à aucun moment je ne me suis senti occupé par le mot culture, on ne le prononçait jamais, je pensais plutôt curiosité, émotion, partage, je n'avais qu'un seul désir : rapprocher de la musique, dite grande, un public qui ne la connaissait pas. Je ne veux pas parler à la place de Pivot qui fut au commencement d'Antenne 2 la recrue la plus prestigieuse que nous eûmes, avec Marcel Jullian, le bonheur d'engager, mais lui aussi n'avait qu'une idée : faire aimer la lecture, sans se noyer dans ce mot alibi nommé culture parce qu'il est employé dans tous les sens et forcément à contre-sens. Ce mot superbe, à défaut d'éblouir, engage les débats les plus stupides et entretient le malentendu. Il y aurait les « cultivés » et les « incultes ». Aux premiers, on offre ce qu'ils savent déjà (et qu'ils ne regardent jamais), aux seconds ce qu'ils n'apprendront jamais, les troisièmes parties de soirée leur étant interdites par leur occupation du lendemain. Quelques-uns – Busnel, Taddeï, Bern, et Arte évidemment – respectent ceux auxquels ils s'adressent en les informant simplement, d'autres estiment qu'il faut faire « emmerdant » pour séduire une certaine élite. La télévision, de ce fait, sombre dans une confusion totale. Il n'est pas inutile de rappeler que nous sommes d'une époque où les humoristes, les comiques de bas étage, les chanteurs sans voix, écrasent de leur médiocrité les messagers du beau. D'un côté le n'importe quoi, du grand carnaval, nommé « divertissement », de l'autre la vanité du « tout culturel ». Une seule ambition devrait guider les futurs animateurs, enfin délivrés de ces guenilles : aimer et faire aimer !

***

Je le savais comique dans ses numéros de cabaret, sa manière de parler, saccadée, drolatique, je n'aurais jamais imaginé qu'il put être aussi grand comédien. Dans *Les Affaires sont les affaires* d'Octave Mirbeau, sur France 3, Régis Laspalès réalise une véritable performance : rendre encore plus ignoble que dans le texte ce personnage d'Isidore, vulgaire, sans foi ni loi, industriel, enrichi par son côté crapule, fou d'argent et tyrannique. Nous observons dans cette pièce en images, autrefois illustrée sur scène par Charles Vanel et Pierre Dux, la face noire de l'être humain, un ridicule qui heureusement nous engage à rire. Voilà une soirée qui répond parfaitement à la mission des chaînes publiques. Un chef-d'œuvre d'intelligence accessible à tous les publics.

***

De tous mes livres, c'est celui qui m'aura valu le plus de tourments. Je l'ai écrit d'un trait, après maintes hésitations, sans compulser mes carnets de notes, me fiant à ma seule mémoire. On ne cache pas impunément une histoire d'il y a soixante ans, il a fallu l'insistance de mon éditeur chez Flammarion, Guillaume Robert, de mon ami Florian Zeller pour que je me défasse de ce temps de l'adolescence, de cette longue nuit à l'hôpital de Gia Dinh, dans la banlieue de Saigon, lorsque je pouvais croire sans en souffrir que je n'aurai pas d'avenir. Cette Indochine rêvée vécue, assumée, me collait à la peau. Elle aura au final émerveillé ma vie. J'ai grandi dans un monde en guerre, au contact de combattants de mon âge qui ne savaient pas pour quelle cause ils venaient y mourir. J'ai souvent donné leur vrai nom aux personnages qui m'accompagnaient dans cette traversée, parfois j'ai accordé à d'autres, sans tricher avec la réalité, le mérite de quelques-uns qui souhaitaient garder l'anonymat. Ces épisodes d'un adolescent arrivé en Asie à dix-huit ans m'auront permis de ne pas succomber à la pression d'éditeurs qui voulaient publier mes Mémoires, exercice fastidieux. Pour ce qui concerne les autres années de ma longue vie, il suffit de se reporter à mon journal où je laisse s'échapper des fragments de mes rencontres. Pour ce qui est de la publication des Mémoires – j'y reviens –, je les crois intéressants, nécessaires, si l'auteur s'appelle ou Churchill ou de Gaulle !

***

De Palerme en Sicile aux îles éoliennes en beautés, sept heures de navigation sur le magnifique voilier de Monique notre amie de toujours, ma petite sœur. Mer d'huile, pas un souffle d'air, arrivée tranquille à Lipari, nuit de douceur au mouillage, puis, au matin, départ pour le cap Perciato dans un dédale de pitons rocheux et de falaises qui se jettent, sauvages, dans les eaux. C'est d'une splendeur que l'on ne saurait décrire. Uniques ces flèches de pierre de trente mètres de haut, surgies de la mer et comme sculptées par César ou Arman. Le voyage n'est que surprises autour de Panarelli, de Basiluzzo, dans des paysages magnifiques de roches volcaniques, de collines irréelles, désertiques, à l'intérieur de grottes naturelles dessinées à coups de couteau. Le tout accompagné d'escales turbulentes, avec défilé de jolies filles et musiques assourdissantes. En résumé, une balade rêvée dans la féerie du vrai et comme cadeau final les fumées des volcans et du Stromboli.

***

L'Autre Karajan, ce soir sur Arte. Pourquoi « l'autre » ? Sans doute pour qu'on ne le confonde pas avec la caricature qu'ont fort mal dessinée les médias et les ignorants, abusant de tous les clichés, il aurait été trop grand seigneur, trop arrogant, trop préoccupé de son image. J'ai eu la chance de l'accompagner, de le bien connaître. Il était dans sa vie privée, avec ses proches, plutôt timide, élégamment réservé et chaleureux et drôle. J'ai déjà raconté cent fois ce que fut la préparation du *Grand Échiquier* avec l'Orchestre de Berlin que je retrouve, toujours magnifique, sur l'écran. Toute la soirée fut celle du souvenir ; j'avais d'ailleurs l'impression, en suivant les explications des enregistrements-disques, de revivre des moments épiques où l'on discutait de chaque note. Je me revoyais à la régie de la Philharmonie de Berlin près de mon cher Michel Glotz qui en surveillait tous les mouvements. Quel bonheur aussi d'admirer les belles paroles de présentation de Anne-Sophie Mutter, l'une des plus grandes violonistes de notre époque, qui fut à quinze ans mon invitée et qui avait fait pleurer Rostropovitch dans son interprétation de *La Méditation de Thaïs*. Tous, musiciens, compositeurs, ingénieurs du son, célèbrent le maître avec des mots choisis – l'éloge parfait – et je les comprends. Herbert von Karajan, par son sérieux, sa rigueur, son immense talent, sa gestuelle, son invention, aura été le plus grand chef d'orchestre du XXe siècle. Je persiste et je signe.

***

J'entends à la radio des choses étranges. Dans dix ans on travaillera partout debout pour éviter l'engourdissement, beaucoup d'entre nous ne feront rien, réservant leur activité aux seuls plaisirs, les nouvelles trouvailles de l'informatique nous empêcheront de penser, le papier des journaux sera totalement remplacé par les signes fallacieux d'Internet, nous serons tellement perturbés par le bruit continu des oreillettes que nous n'aurons plus le temps de rêver. Je ne suis pas sûr d'accepter de vivre cette monstruosité.

***

Épatante cette tournée de fin de saison... Il n'empêche que notre été éblouissant ne nous fera pas oublier la tragédie du 18 juin en Bigorre. Aujourd'hui encore – et pour longtemps –, les villages d'en haut en portent les traces, les gaves grossis par la fonte des neiges charrient des milliers de tonnes de pierres, ajoutant à la désolation du paysage heureusement retravaillé d'une manière admirable par les ouvriers présents sur cent chantiers.

Piloté par mon ami Michel R. qui fut général et qui est devenu montagnard des plus difficiles sommets, j'ai refait mes sentiers d'enfance, les cols de l'Aubisque et du Tourmalet, le Pic du Midi, les chemins interdits qui conduisent aux altitudes les plus secrètes.

Septembre 2013

J'avais promis de rendre mon manuscrit au premier jour de septembre, j'ai tenu mon pari, mon éditeur chez Flammarion va pouvoir juger de mon travail et décider de la date de parution, sans doute en novembre. Le final de cet exercice m'aura paru plus difficile que d'habitude. Autant l'écriture peut être un bonheur, autant le corrigé des épreuves est une souffrance. Au départ j'avais choisi ce titre *Hôtel Continental*, lieu d'étrangeté, qui fut notre poste d'observation durant la guerre d'Indochine. Ensuite, je glissai mon souvenir sur *Nuit d'Asie* qui me paraissait plus romanesque mais que j'abandonnai assez vite. Le titre définitif m'est inspiré par la dernière ligne de mon récit – *La Nuit attendra* – qui est conforme à ce que j'ai vécu à mes vingt ans. Mes yeux s'étaient endormis, je sortais de la nuit, je me souhaitais de ne plus y revenir. Ce nouveau livre est celui d'une adolescence chahutée.

***

Mes Pyrénées sous le soleil, Paris au plus chaud de ses trente-cinq degrés, Deauville aux matins lumineux. Et tout cela en une seule semaine, comme un point final à un merveilleux été. Sacrifiant à l'heureuse tradition qui me fait normand depuis trente-neuf ans je suis, cette saison encore, le spectateur attentif du festival du film américain qui, pareil aux manifestations de Venise et Toronto, accueille son cortège de grands comédiens sur les écrans et les planches : Cate Blanchett, Michael Douglas, Nicolas Cage, John Travolta. Les cinéphiles n'ont pas ici la moindre minute de repos, tout s'enchaîne, les superproductions, les essais, les documents, les hommages. Celui rendu à Danny Kaye aura été le plus émouvant parce que prononcé par sa fille en français impeccable et avec un humour irrésistible. Dans cette avalanche de films en compétition – quatorze – j'ai apprécié *Parkland* qui nous ouvre les coulisses de l'assassinat du président Kennedy, et ne nous épargne pas. On force un peu trop sur le spectaculaire qui n'ajoute rien à la qualité du récit. Ainsi, la tentative de sauvetage dans le bloc opératoire de l'hôpital de Dallas est plus une boucherie qu'une chirurgie. Comment peut-on verser dans une telle vulgarité ?

Bruno Barde, une fois encore, aura composé un audacieux programme d'esthète de l'image, d'amoureux de la nouveauté. Dans cette fête des Amériques, près de Robert De Niro et John Travolta, magnifiques acteurs, je retiens le nom d'un Français, Guillaume Gallienne, Prix Michel d'Ornano 2013, qui, dans son film, *Les Garçons et Guillaume, à table*, nous porte à croire qu'un chef-d'œuvre au cinéma est encore possible. J'avais vu cette très intelligente réalisation en juin, en projection privée à Canal +, je la revois à Deauville, je la verrai encore en novembre à Paris.

***

J'attendais sans impatience la réunion de Saint-Pétersbourg, je savais qu'elle ne pourrait pas aboutir, même pas à un compromis, je m'empêche encore de rêver à un arrangement possible avec la Syrie. Aujourd'hui, par la faute des politiques qui ne sont pas de vrais chefs d'État, le monde est en pleine confusion, écartelé par des courants contraires. Nous ne sommes plus très loin d'une guerre de religions. Obama et Hollande se veulent maîtres de l'univers, prêts à en découdre. Notre président, en cette triste affaire, ne se rend pas compte qu'il fait office de caniche de l'Amérique. Le drame de ces hauts responsables vient de leur coupable vanité, ils se croient professeurs de morale, ils s'affichent colonisateurs nouveaux ! Situation tragique. El-Assad est le pire des dictateurs modernes. Les rebelles obéissent aux commandements furieux et souterrains des islamistes. Quelle différence entre les va-t-en-guerre et les assoupis ? Deux formes de lâchetés anciennes.

***

Réflexion d'un ami au lendemain d'un échec : « Maintenant que j'ai cru exister, il me faut à tout prix vivre. »

***

Guillaume Robert, mon éditeur, paraît enthousiaste à la lecture de mon livre *La Nuit attendra* qui, à défaut de Mémoires que je n'écrirai jamais, ose le récit de mes vingt-quatre premières années, celles d'un adolescent confronté à la guerre d'Indochine. Période excitante et dramatique à la fois, que je n'ai voulue ni trop joyeuse, ni trop pleureuse. C'est l'histoire de milliers de jeunes gens de vingt ans qui avaient choisi de délivrer tout un peuple de l'emprise communiste et qui me fut un temps funeste : au cours d'un reportage aux approches de Saigon, j'avais fait ce grand bond sur un pont miné qui me fit aveugle. Il m'est arrivé dans de précédents ouvrages de parler de ce noir de ma vie, sans en dire plus. J'ai gardé le silence sur cette période de mon adolescence chahutée. Lucien Bodard – mon « père » chez les correspondants de guerre – dans l'un de ses papiers, l'avait confiée à notre retour avec la fièvre de son talent et un abus d'adjectifs : je lui en avais fait reproche, ayant décidé de n'en parler jamais moi-même. À la vérité, j'avais honte d'être vivant, les autres occupants de notre Jeep, au centre d'un territoire de rizières occupé par le vietminh, y avaient abandonné leur existence. J'ai observé un silence de soixante ans et puis, un jour, Florian Zeller a su me convaincre de publier ce récit.

***

La Fondation Claude Pompidou, présidée par Bernadette Chirac, ouvre ce soir la saison parisienne, comme chaque année, en septembre, et présente sa manifestation de prestige au cours de laquelle Bertrand Tavernier permet la projection, en première mondiale, de son dernier film *Quai d'Orsay*, baroque, burlesque et sans doute exact. Le scénario nous entraîne au ministère des Affaires étrangères où Dominique de Villepin, haut en couleur, diable forçant son talent, mène la danse dans un fracas de saillies, d'insultes, de portes qui claquent. La désinvolture de l'homme d'État est-elle réelle ? Ses mots insolents ont-ils été prononcés dans l'exercice du pouvoir ? Est-ce une caricature ? Dans le rôle de Villepin, le bouillant Thierry Lhermitte nous donne à vivre un parcours haletant, à la limite du déraisonnable. Les entrées et les sorties du personnage sont plus théâtrales que cinématographiques. Il n'empêche que le grand homme de ce film est Niels Arestrup, directeur du cabinet du ministre, époustouflant, grand comédien.

***

J'ai souvent déploré la mauvaise acoustique des opéras de plein air et, dans le même temps, estimé que les œuvres du catalogue lyrique, présentées dans ces lieux historiques, pouvaient attirer des publics nouveaux. J'étais ce soir aux Invalides, magnifique décor, dans la superbe cour, pour écouter *La Flûte enchantée* de Mozart proposée par Francis Huster. Les interprètes, libres, marchant en tous sens, perdus dans l'espace d'un immense plateau allaient tels des fantômes ; je n'ai jamais trouvé sur la scène le chanteur qui y donnait de la voix. La nuit était venue, on grelotait sur place, les micros crachaient leurs clapotis, les baffles dénaturaient le son. Une soirée de froidure.

***

Dans un amas de documents en piles sur mon bureau, ma femme tire un manuscrit de 2010 que l'on a glissé là sans m'en prévenir et qui, me semble-t-il, n'a pas encore été publié. Je m'en veux de n'avoir pas répondu à l'auteur de cet envoi, je me rattraperai ce soir. Il s'agit des Mémoires de Jean Laur qui fut le conservateur des temples d'Angkor et qui, à la page 43, donne l'aimable récit de notre première rencontre. Je m'amuse à découvrir ce qu'il écrit sur ce moment privilégié qui révèle l'intime de mon journal.

Lundi 5 septembre 1955. Un doigt léger frappait de bonne heure à la porte de mon bureau. Je pensais que M. Mok Tourn, le secrétaire, n'était pas encore arrivé pour recevoir le visiteur matinal. Dès que j'eus crié que la porte était ouverte, un des battants de la porte-fenêtre s'entrebâilla pour laisser passer une tête penchée d'où sortit une belle voix grave qui demanda : « Je désirerais voir monsieur le Conservateur. » Ayant fait connaître que j'étais celui que l'on cherchait, la porte s'ouvrit en grand et une silhouette se découpa dans l'encadrement de la baie. L'air réservé, un peu confus, du personnage que j'avais devant moi, dénotait une urbanité de bon aloi.

L'homme était jeune, peut-être vingt-deux ans, de taille moyenne et mince : ses cheveux blond vénitien mettaient en valeur ses yeux malicieux couleur noisette s'étirant en amande et qui clignaient un peu. Il s'avança vers moi en souriant, tendant une main déjà amicale et dit : « Je m'appelle Jacques Chancel, je suis reporter à Radio-Saigon, je viens d'arriver à Siem Reap avec mon confrère Abeille de l'hebdomadaire Paris Match. »

Je le priai de s'asseoir et lui demandai s'il avait l'intention d'écrire un article sur Angkor. Il répondit qu'il était seulement venu à titre privé pour visiter les monuments et se reposer un peu de la vie étouffante et trépidante qu'il menait à Saigon. Je l'interrogeai plus avant sur ses activités, lui-même me posant des questions sur le fonctionnement de la Conservation. Au cours de ce bref entretien, nous avions découvert que nous étions presque compatriotes, lui-même étant originaire des Pyrénées.

En 1955, la découverte d'un nouveau monument, fût-il d'importance modeste, n'était pas chose courante ; c'est pourquoi j'avais été surpris et excité lorsqu'un ouvrier de la Conservation habitant le village de Srah, situé au nord-est d'Angkor, était venu me trouver pour me signaler une ruine qui se trouvait sur le Phnom Veak, la colline du Cobra. Malgré toutes mes recherches, je n'arrivais pas à en trouver trace dans « l'inventaire des monuments du Cambodge ». Cet hypothétique vestige situé à seulement dix-neuf kilomètres du centre d'Angkor Thom, aurait-il échappé aux prospections archéologiques menées dans la région depuis plus de cinquante ans ? Ce qui paraissait invraisemblable. Si le parc d'Angkor et ses alentours sont truffés de ruines au ras du sol, comme par exemple les terrasses bouddhiques ou, encore, les fondations de quelques temples à jamais disparus, les superstructures ont rarement échappé à l'œil exercé des archéologues, aussi, je devais considérer que la découverte d'un seul monument pouvait constituer une aubaine rare.

Je m'étais rendu sur les lieux une première fois, simplement pour vérifier les dires de l'ouvrier. J'avais retrouvé une colline basse entièrement recouverte de jungle. Après avoir ouvert au coupe-coupe un chemin étroit parmi les « prik », ces petits bambous très serrés qui constituent une véritable muraille, j'avais atteint le haut de la colline pour découvrir au milieu de grands arbres et d'un maillage de lianes, une tour dégradée entièrement prise par la végétation et quelques annexes. Construit de façon hétéroclite de blocs de grès et de latérite, avec certaines parties garnies de briques, le bâtiment central était entouré de constructions basses en pierre. L'ensemble, peu étendu, m'avait semblé à cette première exploration, d'époque tardive.

Ayant prévu de me rendre à nouveau sur place, je proposai à Jacques Chancel de m'accompagner dans ma seconde visite, ce qu'il accepta avec enthousiasme. Arrivés sur les lieux, il fut le premier à sauter de la Jeep et à s'enfoncer dans l'épaisse frondaison. Lorsque je le rejoignis, il passait ses deux mains sur le grès de la tour, la caressant comme s'il venait de retrouver un ami perdu depuis longtemps. Après avoir visité le site plus en détail, nous avions découvert des restes de colonnes et de corniches tombées à terre, et, beaucoup plus intéressant, émergeant du sol, des statues de grès dont il était difficile au premier abord de déterminer les caractéristiques.

Pour l'instant, mon compagnon assis sur un bloc de latérite, semblait rêver aux futures trouvailles. Quant à moi, décamètre en main, je combinais la façon dont j'allais pouvoir organiser ce chantier de fouille, toute reconstruction du monument étant exclue.

Pour cette visite à Angkor, Jacques Chancel ne devait rester que quelques jours, ce qui fut peut-être une chance pour lui car, peu après son départ, une épidémie se déclara dans la région. Des hommes et des femmes, avec une forte fièvre délirante et des spasmes violents, mouraient rapidement par étouffement après avoir craché du sang. Phnom Penh alerté, dépêcha à Siem Reap une équipe de médecins qui, après analyse, annonça que la peste pulmonaire venait de faire son apparition ! Un vent de panique se leva aussitôt dans la petite ville, les gens n'osaient plus s'aborder par peur de contagion, et les rues se vidaient. Des chasses aux rats s'organisèrent. Les murs des maisons furent passés à la chaux, et on fit des distributions de « steptomycine ». Un mois plus tard, le fléau sembla s'éloigner mais, en fin de compte, on eut à déplorer de nombreux morts, dont deux « caporaux » de la Conservation.

***

Il est intéressant de constater comment on a pu juger le jeune homme que j'étais il y a soixante ans. Je ne savais pas que mes cheveux étaient alors d'un blond vénitien et mes yeux noisette (ils sont bleus, du moins je le crois). Jean Laur qui partage son temps entre la Corse, Marseille et Paris habite à deux pas de chez nous, du côté du Trocadéro. Je l'ai souvent appelé, il ne me répondait pas, j'ai appris qu'il était devenu sourd, nous nous écrivons, nous nous verrons. Je n'oublie pas qu'il fut à Angkor un hôte parfait, c'est sur son territoire, sur les marches du Bayon que j'ai repris vie, mon livre *La Nuit attendra* en témoigne.

***

Sur la chaîne Action, j'ai revu deux fois cette semaine le plus beau film de Pierre Schœndœrffer, Diên Biên Phu, cet atroce combat dont le général de Lattre disait : « Des batailles aussi désintéressées il n'y en a pas eu depuis les croisades. » C'était un temps où l'on faisait le sacrifice de sa vie et plus encore celui de l'honneur. Beaucoup des nôtres, sur des pitons aux prénoms de femmes, sont morts naïvement pour la France mais aussi pour le Vietnam. Cette année funeste de 1954, Pierre a su la reconstituer, un demi-siècle après, avec la collaboration des Vietnamiens. Je n'étais pas au feu des batailles, j'avais visité ce qui allait devenir un enfer deux mois auparavant, je m'autorise à dire que j'avais jugé, bien mieux que les stratèges de l'armée, les dangers à venir : choisir pareille cuvette, exposée de tous côtés aux troupes de Giap, était une folie, au final un crime. Trois mille morts dans nos rangs, des milliers de prisonniers, peu de revenants. Pierre S. était de ceux-là, comme le sergent-chef de la Légion, Édouard Ordino, d'origine hongroise, qui se voulait catégorique : « Le massacre de Diên Biên Phu est bien la preuve de la non-existence de Dieu. Il n'y a plus dans nos vies la moindre chance d'infini. »

***

Le corps n'est rien, le cœur, lui, peut être jeune à tout âge.

***

Il n'y a pas d'intelligence sans ironie.

***

Aux hommes politiques qui s'échinent à vouloir séduire : gouverner c'est souvent déplaire.

***

Je tente désespérément de mettre de l'ordre dans mes carnets, entassés par centaines dans une vieille malle. Je vais au hasard, je pique ici et là, j'arrive à m'attarder sur certaines pages, celle-ci par exemple écrite en 1948, à Sète, au moment de mon départ pour l'Indochine et bizarrement rédigée comme s'il s'agissait d'une mort annoncée :

Nous n'avions pas vingt ans, nous cultivions la révolte et le plaisir, nous avions dépassé l'âge des premiers bilans, nous étions persuadés d'avoir déjà connu des vies multiples, nous avions perdu l'innocence, la guerre asiatique qui nous attendait ne nous laissait pas insouciants, le romantisme s'en mêlait, mourir ne nous était pas une épreuve. Nous savions ce que nous n'accepterions jamais d'être : des Français ronds-de-cuir, attachés à de ridicules privilèges. Nous n'avions pas à enterrer notre adolescence, elle s'était évanouie d'elle-même.

Ce texte retrouvé pourrait paraître désespérant, je ne me souviens pas à quel moment particulier il fut écrit. Je sais seulement qu'il reflète un esprit de vie qui ne m'aura jamais quitté tout au long de ces années du grand autrefois.

***

Depuis toujours mes nuits sont courtes. Il suffit de cinq heures pour saisir le rêve et s'inventer des mondes. Le rêve – l'ai-je assez dit ! – est une création qui permet d'effacer les scories de la troublante actualité. Il importe de s'extraire du quotidien pour aller à l'essentiel. Ainsi réussir n'a aucun sens, la priorité est vivre. J'ai appris à me méfier des modes qui encombrent les sociétés et l'aujourd'hui est encore si décevant :

l'imposture est devenue sport national. Je m'autorise à être bienveillant. La bienveillance est un chemin. On me demande parfois si les épreuves de mon aventure asiatique me poussent à craindre la mort. Non… mais la souffrance, oui ! Après tant d'années, j'aime encore les plaisirs, je cherche la lumière, je vois une espérance. Au final, j'aurai passé toute une vie à dire, à témoigner, surtout à faire dire. C'est ma confession matinale ?

***

J'écoute, il m'arrive même d'entendre des paroles de foi qui amenuisent mes doutes par la simplicité de leur expression. Il faut se défaire des dogmatismes. Les théologiens compliquent toutes choses… comme les musicologues abîment la musique.

***

J'ai créé, présenté, lancé sur l'écran de très nombreuses émissions et dans tous les domaines. Parmi celles-ci *Le Cercle de Minuit* que Pascal Josèphe avait su encourager et dont, bizarrement, je ne parle pas dans mon *Dictionnaire amoureux*. Nous avions choisi pour l'animer Michel Field avec lequel il me fallut combattre pour imposer le titre. Il était déterminé à croire que le mot « cercle » ferme l'horizon, « met des barbelés à l'imagination ». J'eus à le convaincre et à lui faire admettre que le cercle est plutôt une envolée vers l'infini. Et il fit si bien, avant de passer le relais à Laure Adler qu'aujourd'hui, les programmes d'après minuit, tous débats confondus, ne sont que des copies de ce qu'on a bien voulu appeler « l'âge d'or » de la télévision.

***

La reconnaissance lui était désormais acquise. Le basket tricolore, en une seule semaine, a pris rang dans le cercle des grands sports populaires. Magnifiques Français devenus champions d'Europe après une série de rencontres dont la talentueuse Espagne devait faire les frais ce soir. La Slovénie n'a pas pu tenir devant la fougue de la bande à Tony. Voilà un titre majeur pour une équipe bleue qui attendait pareil exploit depuis 1935. Tous ont été admirables, mais c'est à Tony Parker que revient le meilleur de la couronne de laurier. Plus que joueur, il est meneur. Un héros combattant à l'esprit français.

***

Pour la première fois, je suis allé au cinéma… à la Comédie-Française. Cela me faisait tout drôle de voir un immense écran sur la scène. Muriel Mayette-Holtz, administrateur général de cette notable maison, nous en donnait vite la raison : « Le cinéma et l'audiovisuel offrent un nouveau visage à notre répertoire. » Et ce visage est de belle allure, de pure tradition. C'est la troupe elle-même de l'illustre tréteau qui interprète le film de Claude Mouriéras, *Meurtre en trois actes*, thriller haletant tourné dans les locaux du Palais-Royal au plus près de l'intime des acteurs du Français qui, seuls, pouvaient imposer une fiction comme celle-là. Car il y a de l'autodérision dans tout ce canevas, un feu de critiques acerbes et malgré tout souriantes, des mœurs de cette vieille compagnie où, souvent, la jalousie mène la danse, un jeu de rôle qui toutefois ne va pas jusqu'au meurtre. Film épatant que nous verrons bientôt sur France 2, belle soirée qui m'aura permis de retrouver mon ami Gabriel Matzneff.

***

Des lecteurs me renvoient souvent à ce que j'écris depuis quarante ans. Des centaines de lettres, peut-être des milliers, auscultent mon journal, le dissèquent et me font parfois reproche. « Parlez un peu plus de vous, me dit-on. Ne vous réfugiez pas dans la vie des autres, c'est une fuite. » Sans doute un égarement, pas une fuite. Les commentaires après chaque *Radioscopie* sont vifs, constructifs, chaleureux, mais sans complaisance. Il m'arrive d'avoir du mal à suivre le discours de quelques-uns lorsqu'ils m'adressent un boulet de trente pages.

L'un d'entre eux dont je n'ai pas noté le nom – se reconnaîtra-t-il ? – analyse toutes mes rencontres. Ainsi, il me rappelle ce que je proclamais en 1977 : « Personne n'a le secret de la cité radieuse. Ce serait trop beau et s'il était trouvé, criminels seraient ceux qui n'auraient pas su l'imposer. » Partant de là mon confident décortique chaque mot : « secret », « cité radieuse », « criminels ». J'imagine qu'il se plaît à nous accueillir, mon invité et moi, dans l'intime de notre conversation. J'aime assez cette façon d'aimer. Auditeur fidèle, lecteur attentif puis écrivain de passage, il m'oblige à retenir tout ce que j'ai pu dire. Paroles en l'air qui ont peut-être leur signification. Deux exemples :

« Je me reconnais une seule qualité : je sais écouter. »

Toujours exact.

« Dans toutes les églises, qu'elles appartiennent à Dieu ou aux saintetés de la politique, on devrait inscrire en lettres majuscules : le vrai pauvre, le grand désespéré, c'est celui que personne n'écoute. »

Je le pense encore mais en précisant que dans les temps d'aujourd'hui on écoute n'importe quoi.

***

Je reçois ce matin les épreuves de mon livre *La Nuit attendra*. Dernières corrections avant le fatal « bon à tirer ». J'apprécie peu ce genre de relecture où on se découvre en souffrance, et en peine d'effacer quelques coquilles. Que sera ce nouvel ouvrage qui est au plus intime de ma vie, sera-t-il accueilli, ai-je raison de le publier ? J'ai fait silence soixante années durant, je me délivre enfin du fâcheux souvenir de mes yeux éteints, j'ai donné vie à l'obscurité.

***

Pas l'ombre ou plutôt pas le plus petit soleil d'un espoir de paix en Syrie. El-Assad fait toujours son sale boulot de dictateur et l'armée rebelle ne sait plus à quel chef obéir. Les islamistes pourraient être demain plus brutaux que les barbares du pouvoir actuel.

***

Je ne comprends plus ! Les exégètes du sport veulent tout compliquer. Le rugby, surtout, est leur terrain de recherche. Ainsi, ils imaginent de nouvelles règles qui paraissent aussitôt dérisoires, incompréhensibles. La bêtise leur sert de paravent. Le jeu, par leur faute, n'a plus la même fluidité, s'enfonce dans des mêlées confuses, perd en virtuosité. Où sont les mousquetaires d'antan ? Les arbitres eux-mêmes ne savent plus à quel ballon se vouer, leurs erreurs défrayant la chronique. J'en veux pour preuve l'affrontement de deux clubs amis (et adversaires), Biarritz et Bayonne. Un essai étrangement refusé au premier, un essai généreusement accordé au second. Faut-il voir là une décision qui viserait à contrarier Serge Blanco ? Car l'incident n'est pas nouveau, il y a des précédents. Il n'est pas concevable de tenter de désespérer l'ami Serge qui a donné sa vie au rugby, qui a su le faire triompher partout dans le monde. C'est non seulement injuste, c'est idiot !

***

Quel est ce tourbillon infernal qui agite désormais les princes qui nous gouvernent, étonnantes marionnettes du temps ? Que faut-il penser de l'attelage bizarre de ces deux hommes, au sommet de l'État, qui semblent ne pas entendre la déferlante des mauvaises humeurs ? Le président fait silence sur l'essentiel, le Premier ministre est totalement dépassé, on se déchire au plus haut du parti, la cacophonie est devenue l'incroyable musique de notre gouvernement.

***

Il m'a d'abord laissé un message, puis, le même soir, profitant d'une invitation de Rodolphe Belmer, nous nous sommes retrouvés au Chalet des Îles. Florian Zeller, auquel j'avais tenu que soient remises les épreuves de mon livre, m'en fit aussitôt la critique. Florian est un formidable lecteur, avisé et mordant, il me fallait son verdict, je savais qu'il oublierait notre amitié pour ne s'intéresser qu'à mon récit. « J'ai eu beaucoup de joie à te suivre, je ne t'ai plus quitté pendant trois cent quarante pages, je suis enthousiaste, je te trouve habile dans le déroulé de ton aventure, l'Indochine aurait pu te pousser à l'érotisme, tu n'es pas tombé dans ce piège. » Nous avons parlé une heure entière, il m'a raconté tout l'ouvrage dans le moindre détail, il savait ce que j'avais éprouvé lorsque, blessé à vingt ans, je n'avais plus qu'une canne blanche pour sceptre, il semble aussi s'être amusé de quelques épisodes aventureux. Me voilà rassuré, son avis m'était une priorité. Des autres j'attends qu'ils sachent me lire.

Octobre 2013

J'aurai été un jeune homme jusqu'au grand âge, mes quatre-vingts ans triomphants ! Après, c'est vrai, tout se complique. Il suffit de passer la ligne du temps pour constater que l'on a le pied moins léger, mais bizarrement, heureusement, le cœur toujours espiègle. Je remercie le ciel de m'avoir donné ce bonheur de vivre, cette gourmandise qui m'a fait découvrir des mondes et qui, aujourd'hui encore, ne me laisse jamais en repos. J'aurai profité de tout, même du pire. Le professeur Pouliquen qui est le gardien de mes yeux, de ce qu'il y reste de lumière, me faisait remarquer, hier, chez l'ami Xavier Darcos, que j'étais un miraculé. « Soixante ans après ta blessure en Indochine qui t'avait rendu aveugle, tu as failli retomber dans le noir complet. Je te l'avoue maintenant parce que tu es sauvé des eaux. » Je l'avais deviné, je ne posais pas la moindre question, je savais, comme toujours, que les anges qui ont présidé à mon existence ne me laisseraient pas tomber. Et s'il doit y avoir chute un jour, qu'elle soit brutale.

***

Sur l'insistance de mes amis Chantal et Michel Rigot, j'écris ce matin une courte préface pour un livre qui raconte l'histoire de mon Lavedan, belle province en Bigorre :

De ma fenêtre, à Miramont, au-dessus du village d'Adast, j'observe les belles ruines du château de Beaucens que j'avais fait désherber, il y a près d'un demi-siècle, par la troupe de scouts du jeune Labouly de Pierrefitte. Aujourd'hui, le donjon des aigles, magnifique réserve de grands oiseaux, attire sur la colline des milliers de visiteurs. Je connais depuis toujours ce haut lieu de notre Bigorre mais à la vérité je ne savais rien de lui. Marie-Bernard Hourtané vient à mon secours en nous contant dans ce livre les cent épisodes d'une légende qu'elle écrit dans un genre romanesque. Le style est léger, la recherche historique bien menée, le récit riche en découvertes. J'étais fort éloigné des aventures du seigneur de Fort Ané et des autres nobles compagnons qui ont dessiné les contours de notre région dans les années 1200. Je devine ici ce que furent ces hommes et ces femmes affrontés aux difficultés du temps, sur les sentiers de nos montagnes, errant sans cesse « dans les flancs abrupts du Cabaliros ou du Mouné, jusqu'au Balaïtous ». J'aime les descriptions de Marie-Bernard qui se plaît à peindre ses personnages avec justesse et délicatesse. Il y a là une qualité d'écriture qui séduit le lecteur. Il est rare que l'on sache bien raconter nos anciens, regarder de si près notre pays, avec une acuité qui est d'une historienne doublée d'une romancière, mieux encore d'une chroniqueuse. J'ai beaucoup appris.

***

J'avais noté dans l'un de mes carnets tenus à Hanoi en avril 1954 : « Ici tant de jeunes gens meurent debout alors qu'ailleurs tant d'autres vivent à genoux ou couchés. » Chacun d'entre nous peut, à sa manière, comprendre ou discuter cette réflexion.

***

Près de Miramont, assis sur un muret de la chapelle de Piétat qui regarde d'en haut la vallée du Lavedan, j'attends que passent les palombes pour simplement admirer leur vol gracieux. Le soleil rosit les feuilles des arbres qui ne veulent pas mourir. Je suis seul, j'observe la montagne, je me prends à réfléchir sur mon étrange et inattendu parcours. La fuite aura été ma chance. J'ai couru le monde, l'ai passionnément aimé, j'ai pris tous les risques, avec, je l'avoue, quelque inconvenance. J'ai accepté mes ennuis comme des annonces de bonheurs différents, j'ai tenté de laisser une trace, j'ai toujours considéré que l'autre méritait la meilleure attention, je ne me suis jamais trahi et malgré le grand âge je me veux toujours en chemin. Nomade, je suis prêt à affronter le voyage… fût-il le dernier. J'ai la gaieté pour excuse et l'impatience pour tout bagage !

***

J'ai raté, pour cause de football, la première projection, à Deauville, du film de Lee Daniels, *Le Majordome*, je le vois au Majestic Passy et j'en sors bouleversé. Il y a bien sûr l'histoire, dont on nous dit qu'elle est vraie, celle de Cecil Gaines, majordome noir à la Maison-Blanche pendant plus de trente ans, au service de sept présidents. Cette magnifique réalisation témoigne des évolutions de la vie politique américaine, rappelle l'assassinat de Kennedy, la mort de Martin Luther-King, et plus encore, sans esprit de vengeance, sans emphase, avec sensibilité montrée (et démontrée) ce que fut la folie raciste aux États-Unis au début du XXe siècle. On se prend à vivre au rythme de ce majordome, serviteur des lois, ennemi de la guerre entre Noirs et Blancs, père d'un jeune homme en colère devenu Black Panther, un terroriste. Et, là encore, on évite les clichés auxquels Hollywood nous a habitués. C'est rigoureux et pas du tout théâtral. On a les larmes aux yeux lorsque, à la fin, le vieux majordome noir assiste au couronnement d'Obama. Le film doit beaucoup à l'exceptionnelle interprétation de Forest Whitaker (Cecil) et de Oprah Winfrey (Gloria). À montrer dans les écoles de France.

***

Retenu ce cri du cœur de l'ami Olivier de Kersauson : « J'essaie de m'enchanter chaque jour. » J'avoue, j'y arrive.

***

Pourquoi certains beaux esprits échouent-ils dans leur vie professionnelle ? Simplement parce qu'ils ont décidé d'un plan de carrière, ce qui est la pire des maladresses.

***

Mon dogme de toujours : Ne pas ressasser le passé, ne pas penser l'avenir, vivre le présent.

***

Je ne connais pas Thomas Sotto qui présente la matinale d'Europe 1 mais ce qu'il déclare au *Figaro Magazine* n'est pas fait pour me déplaire. À la question : Quelle est l'émission de télévision qui vous manque ?, il répond : *Le Grand Échiquier.* Bizarrement, vingt-trois ans après l'arrêt de ce programme, je reçois quotidiennement des signes d'amitié, ce qui ne surprend pas. André Azoulay m'accompagne aujourd'hui dans ma petite promenade avenue Georges-Mandel. Ce sont des inconnus, des jeunes qui m'arrêtent et interrogent. Je suis sensible à tous ces mercis qui rappellent de si vieux souvenirs. Et je m'étonne.

***

À Saigon, au sortir d'une longue nuit, j'avais inscrit sur un tableau, au-dessus de mon lit : « Il est interdit de vieillir », ce qui, dans mon esprit, à l'époque, voulait dire que l'on n'a pas le droit de vivre si quelque mal vous met en péril. Cette interdiction de jeune homme je ne sais pas comment l'entendre aujourd'hui !

***

Sur le petit écran, je vois un bateau en perdition. J'ai peu fréquenté la mer mais j'ai été bouleversé par ses vagues hautes qui sont comme des collines agitées.

J'admire encore.

J'ai toujours su dire « J'aime », à une femme, à un paysage, à un rêve, parfois même à une douleur.

Je me défends de perdre l'infini.

Je ne tente jamais de saisir un mystère, l'inconnu me suffit. Je sais que je ne sais rien.

Mais pourquoi écrire tout ça en pleine nuit.

***

D'autres diront l'importance de son œuvre. Je me souviens seulement de notre rencontre. Je ne l'aurai vu qu'une fois mais pendant une heure, face à face, dans un studio à France Inter. J'avais été frappé par ses yeux fureteurs, qui me fixaient et m'amusaient car, d'évidence, il souhaitait me déshabiller. Patrice Chéreau me paraissait alors tendre, rêveur et cruel. Je savais la perfection qu'il exigeait d'un acteur, j'avais assisté, de loin, au fond de la salle, au Théâtre des Amandiers, à l'une de ses répétitions qui étaient plutôt un cours de comédien. Sa voix était lente, placée : « Dites n'importe quoi, je devinerai votre talent. » Il aimait mettre ses interprètes en danger pour les forcer à se dépasser. Il possédait, au plus intime, tout ce qui fait un répertoire, il était acteur, directeur de scène, réalisateur, grand lecteur devant l'éternel. À la radio nous avions parlé de Stendhal, de Nerval et de Dumas. J'étais préparé à le recevoir. Au cours d'un entretien, quelques années auparavant, Giorgio Strehler me l'avait chaudement recommandé : « Chéreau nous dépassera tous, il a plus de cordes chantantes que Vilar. » Le théâtre et l'opéra semblaient avoir été créés pour lui ; il était d'un monde que l'on dit intello mais il connaissait tous les ressorts du genre populaire. Il avait fait ses armes avec Youssef Chahine dans *Adieu Bonaparte* et donné son plus beau rôle à Isabelle Adjani dans *La Reine Margot*. Patrice Chéreau avait encore tant à faire mais on se réjouit qu'il ait pu s'offrir un dernier triomphe avec *Elektra* de Richard Strauss, à Aix-en-Provence. Les dieux lui auront permis de partir en beauté.

***

Dans son très beau roman, *Plonger*, Christophe Ono-dit-Biot cite en exergue ce proverbe arabe : « Je ne mourrai pas : j'ai un fils. » Les enfants, en effet : la seule raison de vivre.

***

Partage d'un soir avec Erik Orsenna. L'écrivain est remarquable, l'homme est brillant. Nous paraissons si proches que l'on pourrait penser que nous avons fait des pâtés ensemble. Son œil sous sa lunette pétille de tendre intelligence. Il a la lèvre gourmande pour distribuer gentiment l'ironie. On l'imagine, à l'entendre, voyageur du temps, on peut le croire à chaque moment sur ses chemins du bout du monde, j'aimerais le retrouver sur la route de la soie. Pour l'heure, j'attends sont *Mali, ô Mali*...

***

Il n'aura pas été suivi ce cher Dostoïevski qui écrivait : « Seule la beauté sauvera le monde. » Or le monde s'enlaidit, victime des modes. Il est bien fini le temps des cathédrales, des châteaux, des moulins, des humbles maisons de campagne, hier même la pauvreté avait du talent. Notre siècle est à la frime, à la vulgarité, au mauvais goût. Comment entendre désormais la réflexion du philosophe chinois Lao Tseu : « La façade d'une maison n'appartient pas à celui qui la possède, elle appartient à celui qui la regarde. » Aujourd'hui, sur quoi porte notre regard ? Le vrai massacre a commencé dans les années cinquante lorsque les architectes voulaient à tout prix exposer l'absence du talent ; j'en observais les épaves lorsque je prenais la vieille route vers Fontainebleau. Monstrueuses ces cages à lapins que l'on disait immeubles, refuges de vies, et qui ne pouvaient, au final, qu'entretenir une révolte. Honte à tous les promoteurs qui se sont enrichis sur cette laideur, qui ont construit des horreurs où bien sûr ils n'auraient jamais pu vivre. Imaginer de tels tombeaux c'est mépriser le peuple. Les riches quartiers n'échappent pas non plus au brouillard du laid. Sur certaines avenues de Paris, le sordide côtoie la beauté. Qui donc a autorisé la construction de ces nouvelles cages à lapins pour milliardaires qui collent aux murs superbes des derniers siècles ? On mêle tout. Il n'est plus de cohérence. Pour marquer les jours nouveaux, il serait temps de bâtir des villes qui refléteraient les tendances d'aujourd'hui. Nous n'aurions plus à craindre les mauvais cousinages.

***

Il y eut Montaigne et La Boétie, voilà qu'arrive un autre duo romanesque, Proust et Cocteau, confortés dans leur légende par Claude Arnaud. Je n'ai pas eu la chance de rencontrer Proust venu trop tôt, je me souviens d'une première lecture éprouvante de la *Recherche* qui annonçait pourtant une passion qui ne m'a jamais quitté, pour toute son œuvre. Comme j'aurais voulu seulement l'approcher ! En revanche, trois années durant, j'ai visité Jean Cocteau, chaque semaine, au Palais-Royal, accueilli par Madeleine qui me laissait croire que j'étais de la famille. J'aimais la spontanéité de cet homme, sa drôlerie, son immense talent qui lui faisait épouser tous les genres, théâtre, cinéma, peinture, poésie. Nous ne parlions que très rarement de littérature, notre conversation avait des figures de proue, Picasso et Marais. Un sujet l'excitait à mon propos : la prise d'opium. Jean Hougron lui avait conté quelques balivernes, insistant surtout sur mes « fréquentations douteuses dans les fumeries de l'Indochine ». J'avais, il est vrai, goûté à ce miel mais pas en drogué, seulement et peu de temps en curieux. Il me posait cent questions et, semaine après semaine, je comprenais mieux que sur l'opium il avait su écrire sans pour autant s'en être enivré. Ma coquetterie, disons mon ironie, sur ce sujet, l'agaçait et dans le même temps nous faisait complices souvent le samedi, nous prolongions nos bavardages, nous étions voisins, il tenait refuge à Milly-la-Forêt, j'avais maison à Cély-en-Bière.

Nous nous retrouvions à la Chapelle Saint-Blaise-des-Simples qu'il avait décorée.

Hier on célébrait Piaf sur toutes les chaînes, dans tous les journaux, quelques lignes seulement à l'adresse de Jean Cocteau, qui aura eu la maladresse de mourir le même jour que la Môme.

***

Tout me ramène à Angkor, mon prochain livre d'abord qui tente de montrer à quel point ce lieu magique a joué un rôle étincelant au lendemain de ma longue nuit, le musée Guimet ensuite qui présente le plus bel ensemble de chefs-d'œuvre du glorieux empire Khmer, mon ami Jean Laur enfin qui fut le dernier conservateur de ce somptueux paysage de deux cents kilomètres carrés, où il m'avait affectueusement accueilli. L'histoire de cette ville grandiose aux centaines de temples m'a toujours passionné. Au bout de douze siècles, nous n'en aurons pas perdu le souvenir grâce à la jungle, aux grands arbres qui l'avaient emprisonnée pour mieux la protéger. J'aurais voulu être Louis Delaporte qui, en 1866, découvrait cette merveille, toutes ces sculptures taillées dans la pierre, ces bas-reliefs sur les murs, ces apsaras, mes chères divinités, ces édifices dont le gigantisme étonne. Sur la terrasse des Éléphants, on peut imaginer les cortèges d'autrefois, le monde des courtisans, les mandarins sur leur palanquin, les moines bouddhistes s'en allant saluer l'empereur tout-puissant. Angkor est une terre de fantasmes et de raffinements.

***

Le novembre qui s'annonce me rapproche de mes parents. Leur joyeux enseignement aura donné du nerf à mon existence. De mon père j'ai retenu deux recommandations. La première, « N'oublie pas de vivre », m'aura permis de décider du titre de mon précédent journal, la seconde, je la considère comme le seul dogme auquel je sais obéir : « Il faut que tu vives pour autrui si tu veux vivre pour toi-même. »

***

Il allait droit, le pied léger, la mine distante, on eût dit un modèle échappé de sa cabine d'essayage. L'élégance, l'humour, l'œil fureteur lui étaient des outils de nécessité. Nous fumes amis j'avais aimé l'Arsène Lupin de Maurice Leblanc, je découvrais, voilà quarante ans, un gentleman cambrioleur nommé Georges Descrières. Il avait été doyen de la Comédie-Française, il appartenait à cette génération fastueuse qui compte dans ses rangs Jean Piat et Robert Hirsch, il n'était pas désespéré mais il se « sentait » de trop dans un monde promis à la vulgarité. Georges, qui avait trouvé refuge dans le Midi, s'en est allé rejoindre aujourd'hui d'autres scènes accompagné par un Jacques Dutronc chantant.

La télévision s'honorerait de reprendre toute la série des Lupin où la roublardise l'emportait sur la violence. On n'a jamais su faire mieux dans la drôlerie des situations. Il y avait de l'intelligence dans ce temps-là !

***

Heureusement, il y a Arte. À chaque moment du jour et de la nuit, on y trouve du bonheur à prendre. Intelligence des émissions, architecture parfaite de la programmation. Toute l'émotion ce soir d'une heure pleine : le *Requiem* de Verdi dirigé par Daniel Barenboim à la tête de l'Orchestre de la Scala de Milan. Beauté de la musique sans doute – l'un des plus riches chefs-d'œuvre du répertoire –, mais aussi admirable précision de la gestuelle du Maestro. Pas besoin de pupitre où glissent les notes, l'âme seule qui porte à l'extase cent musiciens de haute qualité.

***

Un séjour imprévu à l'hôpital Pompidou après une anesthésie générale qui égratigne un temps l'énergie m'oblige à me tenir loin de l'actualité immédiate. Tenu à ne pas prendre en compte les misères du monde, je cherche des papillons sur le plafond de ma chambre. L'égarement est comme une thérapie. Au professeur qui me visite je demande : « Quelles nouvelles ? — Rien ne change, me répond-il. La cote de popularité de notre président descend à pas feutrés. » Je n'aurai donc rien manqué !

***

Les années passent, les derniers mois n'ont plus le bleu d'autrefois mais c'est une exceptionnelle palette de couleurs que m'offrent mes petits-enfants. Philippine, six ans, Augustin, deux ans et demi, occupent les meilleurs moments de mon itinéraire bousculé, illuminent un ciel à leur passage. Je les regarde grandir, j'envisage leur avenir, je n'ose plus prévoir le mien. Je ne serai pas là à leurs dix-huit ans, c'est la loi de la vie.

***

Toute l'émotion d'un retour après trois ans d'enfer. Sur i>Télé, j'observe leur attitude, cette dignité retrouvée à la descente de la passerelle de l'avion présidentiel qui est leur première coquille de totale liberté. Victimes de la folie de prétendus islamistes, plutôt bandits de grand chemin, nos quatre otages libérés auront subi l'horreur du désert du Niger. J'inscris leur nom au martyrologue du temps – Daniel Larribe, Marc Féret, Thierry Dol, Pierre Legrand. J'admire leur courage, leur extrême résistance, leur pudeur à l'arrivée. Des héros ordinaires et d'autant plus estimables, et lorsqu'on dit héros on est forcément dans la tragédie. J'entends se lever un vent de polémique. « Il y aurait eu rançon versée », dit-on dans les médias. Qu'importe, foutaises. Ils sont là et bien là.

***

J'ai reçu ce matin *La Nuit attendra*. C'est un bel objet sur lequel aura veillé avec bienveillance Guillaume Robert, mon éditeur. On ne peut rien prévoir de la marche d'un livre, de l'espace qu'il saura occuper, de l'intérêt qu'il suscitera. J'aurai mis six décennies avant d'oser l'écrire. Voilà, c'est fait, le lecteur jugera.

***

À la fin du magnifique récital donné par Renaud Capuçon aux Invalides, nous avions rejoint ensemble le général Baptiste, directeur du musée de l'armée, qui explore en ce moment un siècle de présence militaire française en Asie du Sud-Est. L'affaire ne suscite aucune polémique. Il est donc possible aujourd'hui de conter la dernière histoire d'une époque coloniale voulue par des gouvernements de gauche et de droite. La chronologie des événements est respectée, tout commence au XVIIe siècle avec l'arrivée des missionnaires catholiques européens puis, en 1858, c'est la première intervention des Français pour la conquête de la Cochinchine, province historique au sud de l'actuel Vietnam, ma terre d'apprentissage, près d'un siècle après. Tout est montré de cette obscurité, affiches, photos, films et objets. On aurait pu insister un peu plus sur les apports de notre pays à ce lointain du monde, mais les querelles multiples ont effacé cette vérité-là. Ce fut une suite de concours fâcheux qui nous auront conduits au désastre de Diên Biên Phu. J'ai vécu cette traversée de l'horreur, l'exposition ne m'apporte pas grand-chose, mais elle a le mérite d'exister !

NOVEMBRE 2013

Ces derniers mois que j'ai voulus heureux malgré plusieurs traversées hospitalières, m'auront permis de revisiter un peu de mon long parcours, à cheval sur deux siècles. Aurais-je pu, à vingt ans, dans les désordres de l'Indochine, rêver une telle durée ! Le jeune sprinter qui foulait autrefois les pelouses des stades se sera révélé coureur de fond et même pas essoufflé. Privé de voyage aux Pyrénées, je n'ai pu saluer, comme il convient, mes parents restés en terre natale. Mais il n'y a pas que la Toussaint pour reprendre vie avec les morts. Ce 1er novembre que j'aurais dû passer à Miramont avec les enfants, je l'aurai consacré à une vieille amitié, à l'ombre du Trocadéro. Soirée de fête avec le professeur Yves Pouliquen qui, depuis quatre décennies, a des bontés pour mon regard un temps dévasté. Le meilleur de cet aujourd'hui tient à la sortie de mon livre *La Nuit attendra*. Je m'étais toujours interdit de parler du désarroi dans lequel m'avaient plongé mes blessures après notre saut sur un pont miné, à Khanh Hoï, aux portes de Saigon. J'ai eu honte, soixante années durant, d'en être sorti vivant, ce qui ne fut pas le cas de mes autres compagnons abandonnés pour toujours aux rizières de ce lointain de la France.

Que vaut ce témoignage qui vient en librairie dans quatre jours ? C'est celui d'une adolescence chahutée – j'aime bien ce mot – d'années douloureuses et éblouissantes que j'offre en hommage à ma génération sacrifiée, à tous ces enfants de vingt ans qui croyaient combattre le communisme au plus profond de l'Asie et que des gouvernements sans foi ni loi envoyaient au casse-pipe dans l'innocence de leur bêtise. J'ai tant parlé de tout cela avec Pierre Schœndœrffer qui aura partagé jusqu'au bout l'absolu de son engagement, nous en avons si souvent débattu – mais seuls – que je ne veux plus rien en dire sinon rappeler la traîtrise des politiques. J'ai le sentiment d'avoir vécu la plus belle période de mon existence avant mes vingt-quatre ans. Ces moments auront été le fondement de ma vie d'après. J'aurai appris à comprendre, à toujours douter, à admirer, à toujours aimer jusque dans la souffrance.

Bien sûr, il y a eu ce long parcours médiatique qui m'aura permis de réaliser 6 826 *Radioscopie*, un millier d'émissions dont *Le Grand Échiquier* et m'aura donné, plus encore, le vrai bonheur de créer Antenne 2 avec mon frère de toujours, Marcel Jullian. On me demande, aujourd'hui encore, d'écrire mes Mémoires, à quoi bon, j'ai déjà tout conté dans mon Journal.

En aurai-je le temps ? Je voudrais reprendre mon bâton de pèlerin et retrouver les temples d'Angkor, les dieux de Bali, la beauté de Hué, l'impériale cité, les pelouses de l'Australie, de la Nouvelle Zélande où se pratique le meilleur rugby. Israël et Saint-Pétersbourg. Le rêve est une création. Je peux tout aussi bien choisir les Pyrénées pour imaginer de nouvelles courses. Comment pourrais-je remercier pour tant de bienfaits ?

***

De Françoise Héritier, l'anthropologue, la grande dame du Collège de France : « Je vois les mots écrits autant que je les entends. Je crée sans cesse pour mon propre usage une surreprésentation du réel. »

***

Devant un cercle de femmes cultivées, curieuses – ces réunions sont nombreuses en France –, je tente de répondre à une avalanche de questions sur la beauté qui peut sauver le monde, la traîtrise des politiques, mes bonheurs littéraires et musicaux.

J'aligne quelques vérités de La Palice qui font tout de même une conversation. Dès le début de la rencontre, au premier rang, une jeune femme brune, belle (et qui le sait) me fixe avec une attention presque dérangeante. J'attends l'intervention qu'elle a mijotée dans sa tête, ce pourrait être une vacherie !

Après une trentaine de minutes, elle consent enfin à parler d'une voix qui lui ressemble. Pur snobisme !

— Dans vos livres vous écrivez, comme pour nous en persuader, que le rêve est une création.

Je confirme, c'est l'une de mes obsessions. Je ne comprends pas ceux qui assurent « ne jamais rêver », comme s'ils étaient prisonniers à toujours de leur vie endormie, de l'éveil qu'ils voudraient rigoureux, de leurs petites vanités terrestres. Le rêve est une évasion, une occasion de grands voyages, je ne le crois pas prémonitoire mais je le sais inventif, capable d'offrir des mondes qui nous emportent. Ceux qui rêvent sont promis à l'espérance. Ces fuites nocturnes n'ont rien à voir avec une imagination contrôlée, elles sont incontrôlables. Dans cette échappatoire nous n'avons plus à armer au plus près le processus de la pensée.

***

J'arrive encore à lire les titres des journaux, à déchiffrer quelques ouvrages à gros caractères. L'endormissement des yeux est un naufrage ! Un stylo-feutre à l'encre épaisse, un projecteur de poche penché au plus près de ma page blanche me permettent de noter des impressions. Charles Juliet, le diariste le mieux inspiré, me disait hier :

— Tout au long de ma quête, l'écriture m'aura été un outil indispensable.

Malgré tout, j'en suis aujourd'hui persuadé !

***

Dans son émission *Salut les Terriens* (Canal +), Thierry Ardisson fait la preuve, chaque samedi, d'un talent de questionneur qui manque à tant d'animateurs d'aujourd'hui. Au final d'un fracas de facilités de langage, il arrive à nous émouvoir lorsqu'il se met en quête de découvrir son grand invité.

***

J'ai perdu tant de camarades, correspondants de guerre en Indochine, que je sais la douleur que l'on éprouve à la mort des héros de notre métier. Nous ne prenons pas de risques inconsidérés dans nos chasses à l'événement, nous comprenons simplement qu'il y a danger. C'est là toute la noblesse de ceux qui partent en expédition d'information, jusqu'aux limites du possible. À l'heure de nos vingt ans, des amis sont morts, j'ai été touché, mais c'était dans l'exercice du journalisme le plus engagé. Je pleure aujourd'hui deux confrères que je ne connaissais pas, qui sont de ma famille, qui avaient couru les mondes où l'on s'affronte, qui, cette fois, ne sont pas tués mais assassinés par des fous de Dieu ou du diable en barbarie au Mali.

Habitués des terrains dangereux, Ghislaine Dupont et Claude Verlon, envoyés spéciaux de RFI, ont subi la loi des lâches : kidnappés et abattus sur place. Ce que l'on souffre va au-delà du chagrin, la colère l'emporte. On ne crie pas vengeance, on demande justice. Ces bandits n'ont aucun droit à la vie.

***

Plus rien ne va. Les médias chantent la crise sur tous les tons. Le président est jugé inexistant. Les Bretons sont désespérés et en colère. D'autres qui ne le sont pas moins se taisent. Les écoliers qui ne doivent avoir rien à étudier manifestent pour Leonarda. Des otages reviennent, des journalistes meurent au désert. Partout on s'émeut mais c'est l'indifférence qui domine. Les partis politiques hurlent le changement mais n'apportent pas la moindre solution. Et toujours debout notre chère France !

***

J'aime ces réunions où de jeunes étudiants m'accordent quelque intérêt. Ils souhaitent parler ce matin de l'importance des relations humaines. Je les écoute. Ils sont critiques, ardents, drôles, je m'étonne de leur optimisme. Au final de notre conversation, ils me demandent de choisir les mots que j'aime. Je cite vite « élégance », « gourmandise » et « amitié ». Sur lequel j'insiste. L'amitié est un commandement qui exige une fidélité totale. C'est le fruit d'un partage, le point de rencontre d'affinités singulières. Aimer, je me répète, est la meilleure manière de célébrer la vie, on peut trahir un amour, on ne trahit pas une amitié. La trahison, d'ailleurs, est un luxe que seuls les pervers peuvent se permettre.

***

La Nuit attendra, mon quarantième livre, si différent des autres, où pour la première fois je me trouve dans l'obligation de parler de moi, vient aujourd'hui, 6 novembre, en librairie. Les éditions Flammarion avaient envoyé la semaine dernière des épreuves à quelques personnes avisées, averties du moins, du monde de la littérature. Les échos sont bons, enflammés même chez certains. Dois-je les croire ? Erik Orsenna a demandé et obtenu d'en assurer la critique au *Point*, Jean-Marie Rouart aurait déjà fait son papier pour *Match*. Prémices de cette sortie, j'ai été invité hier par François Busnel dans sa *Grande Librairie*, sur France 5, où je me sens bien parce qu'il n'y est question que d'amour des livres. Chance d'y avoir retrouvé une dame lumineuse, Françoise Héritier, célèbre anthropologue, Philippe Labro qui nous raconte l'assassinat de Kennedy il y a juste cinquante ans, Charles Juliet, diariste du siècle, que j'avais reçu à *Radioscopie* à mes débuts, toujours aussi pudique, réservé, lointain. Nos propos bavards ont pour cause les mots. Une heure, pour nous du moins, passionnante.

***

Je passe pour un homme de paroles. Je bavarde depuis plus d'un demi-siècle sur toutes les ondes. Et cela ressemble si peu à une année particulière, un séjour de dix mois à l'hôpital de Gia Dinh, en Indochine, qui m'avait enlevé toute joie de converser, où le silence était devenu mon seul refuge. Ai-je su le raconter dans *La Nuit attendra* sans m'enfoncer dans le mélo ?

***

Je voudrais rendre justice à la beauté des choses, du monde, de certains êtres. En ai-je encore le temps ?

***

J'ai déjeuné hier avec la femme de Pierre, mon grand ami disparu. Elle s'est amusée de certains de mes récits, d'une vie d'avant qu'elle ne connaissait pas. Je lui ai redit quel jeune homme exceptionnel avait été son mari, si beau, toujours réservé, et déjà, à vingt ans, cinéaste des batailles reconnu. Pat me demande :

— Dans quel état d'esprit était-il lorsque, au dernier moment, il a sauté sur Diên Biên Phu ?

Facile de répondre. Je me souviens puisque je l'avais accompagné jusqu'à l'aéroport de Hanoi où je tentais une dernière fois de le dissuader de sa décision stupide :

— Pierre, fidèle à lui-même, avait soif d'absolu et pensait que la paix viendrait après cet affrontement. Il me disait sans cesse : « Je veux retenir au bout de ma caméra le visage de nos homme sacrifiés, je n'ai pas d'autre talent que de témoigner. »

Nous parlons ensuite de Raoul Coutard, le maître d'images, survivant comme moi de cette noble confrérie des correspondants de guerre en Asie. Raoul que je veux revoir.

***

L'ancienne UDF reprendrait-elle des couleurs ? Toute cette agitation ne serait-elle pas un simple feu de paille ? Bayrou et

Borloo, les deux centristes, ont recollé les morceaux de leur vieux parcours et confirment leur « alliance dans l'opposition au président de la République ». Je ne comprendrais jamais le côté Clochemerle de la politique. Voici deux hommes que je croyais définitivement éloignés l'un de l'autre, Borloo avait voté Sarkozy, Bayrou… Hollande. Notre confrère béarnais s'est-il interrogé au plus profond ? Peut-on changer de cap sans se trahir ? J'avoue mon admiration pour ces leaders d'opinion qui ne craignent jamais d'affronter l'inacceptable.

***

Au musée des Invalides où je visite l'exposition « Indochine », un monsieur très digne, hautement décoré me pose une question directe :

— Comme moi vous êtes aux portes de la vieillesse. Comment envisagez-vous votre mort ?

Stupéfaction dans mon entourage, de ma part simple interrogation du temps prononcée fièrement par un homme sans doute angoissé par son proche avenir :

— Je n'y pense jamais, dis-je, je l'ai déjà, très tôt, approchée.

Elle ne me fait pas peur mais je ne serai pas sans doute très courageux face à la souffrance. Si elle doit venir, qu'elle vienne vite. Oui, partir, mais d'un seul coup.

***

Je l'écris sans tristesse, plutôt dans une mélancolie joyeuse pour ne pas ajouter à la difficulté du moment. Il y a à peine un an, je poursuivais encore ma quête des livres, cette fois je n'aurais même pas ouvert le dernier Goncourt ou le dernier Renaudot. Pierre Lemaitre et Yann Moix me sont devenus étrangers. La lecture m'est interdite, le nouvel endormissement de mes yeux est prévisible. J'ai, heureusement, fort d'un projecteur de poche, la possibilité d'écrire. Pour combien de temps ? J'ai tant de souvenirs que je vois grands mes bonheurs d'autrefois, êtres et paysages confondus.

***

Je suis arrivé trop tard, il est mort trop tôt. D'Albert Camus je n'aurai connu que ses livres. Il eût été pourtant un personnage d'exception pour *Radioscopie*. Ce soir, sur France 5, dans sa très belle émission *La Grande Librairie*, François Busnel célèbre le centenaire de la naissance du grand écrivain né en 1913 à Alger, prix Nobel à quarante-quatre ans. Il y a là, sur le plateau d'Aix-en-Provence, sa fille Catherine qui semble étrangère au débat, trop proche sans doute, pour oser parler fièrement de son père. La parole des autres invités, heureusement, est pur enchantement. Camus m'a toujours paru un exemple d'honnêteté, de dignité, de courage et de trop grande pudeur. Ses ouvrages ne sont jamais loin de ma table de chevet : *L'Étranger* dont Malraux proclamait que c'était un chef-d'œuvre, *La Peste*, *Les Justes* et *Le Premier Homme* qui m'a fait prendre conscience de ses doutes. Il se plaisait à dire que ce monde n'était pas le sien, qu'il y avait chez lui une partie cachée qu'il n'arrivait pas à exprimer. Il était un compagnon de lecture et, pour Jean Daniel, plus encore : « Un bonheur et un honneur, l'homme le mieux engagé dans l'histoire du peuple. » Il avait été touché par la pauvreté dans son enfance, il avait souffert de la tuberculose, il avait grandi dans le silence, il se voulait à l'abri de la célébrité. La langue française avait été sa conquête.

Près de François Busnel, ils sont nombreux à lui rendre hommage, à s'interroger, à s'étonner d'une si courte présence parmi les hommes. Michel Navides, son ami à New York, Virgil Tanase, André Brink, Philippe Forest le trouvent vivant, ardent même, chaleureux, généreux, peu épris de lui-même. Il n'avait jamais su ce qu'il représentait auprès d'un monde qui l'admirait. Louis Guilloux, sur France Inter, m'avait convaincu de sa « stature d'immense écrivain ». J'avais noté, il y a des années, quelques-unes de ses réflexions : « La gloire ce sont les médiocres qui vous la donnent », « Ce sont les lecteurs qui font le succès d'un livre », « On vit tous dans un monde qui n'est pas le nôtre », « On apprend à vivre à partir du moment où on a été confronté à la mort », « L'écrivain porte en lui une lumière qu'il ne voit pas. » Peut-être... mais je sais que Camus nous a éclairés. Vive la télévision lorsqu'elle nous offre de tels moments.

***

Gilles Martin-Chauffier me propose de faire pour *Match* – dans la journée – le papier d'adieu à Gérard de Villiers qui vient de rompre avec le prince Malko, son héros favori. J'ai subi une légère intervention, je sors de l'hôpital, je n'en ai pas la force aujourd'hui. Je le regrette. J'aurais pu raconter les débuts de « SAS », célébrissime édition qui nous aura donné près de cent trente ouvrages, tirés à cent millions d'exemplaires. À l'époque, il y a cinquante ans, le patron des Presses de la Cité, Claude Nielsen, m'avait demandé d'analyser le premier manuscrit de la série et d'en décider, avec Marcel Jullian, de la publication. Nous fûmes d'accord tous les deux à cette première lecture : « Ce sera un succès populaire. » Gérard avait mijoté tous les ingrédients qui créent et développent un suspense : l'espionnage, l'érotisme poussé au paroxysme, la découverte d'un complot. D'un aristocrate perdu dans l'Europe de l'Est, il avait fait un seigneur qui enquête, tue, se vautre dans le vulgaire élégant pour, après chaque mission, restaurer un peu de son château. Ce qui m'avait séduit, au départ, c'était la précision géographique des pays qu'il mettait en scène.

De l'auteur, du personnage lui-même, il y aurait beaucoup à dire. Énigmatique, insondable, provocateur, il aimait à s'inventer un mystère qui pouvait le faire passer pour un bluffeur de génie. Il faisait croire qu'il faisait partie, en indépendant, de la CIA, du KGB, du clan des barbouzes françaises. On l'aimait pour toutes ses imperfections. Je m'autorisais à sourire de ses « n'importe quoi ». Après un séjour à Téhéran, il se vantait d'avoir « glissé dans son lit la sœur du shah ». Cette dernière, que je rencontrai un peu plus tard, dans son appartement de l'avenue Montaigne, m'avait juré ne pas le connaître. Vérité ou élégance !

***

Je songe à mon père en cette période du souvenir. Je sais tout, pour l'avoir étudié, de ce qu'il a vécu dans les tranchées et les plaines dévastées de la première Grande Guerre 14-18. Je m'étonne encore, cent ans après, de cette boucherie qui allait entraîner d'autres affrontements barbares. Je ne peux oublier ma grand-mère paternelle que je n'ai pas connue qui avait donné quatre garçons à la France et en avait perdu trois entre la Somme et Verdun. Le seul survivant eut l'idée un matin de m'offrir le jour. Mon père ne racontait pas grand-chose des malheurs de ce long massacre. De ses amis revenus, je devais apprendre qu'il avait été blessé cinq fois. Nous eûmes tout de même à connaître un peu plus de cet horrible conflit. Maurice Genevoix, à l'époque secrétaire perpétuel de l'Académie française, auteur de *Ceux de 14*, mon ami, passait un juillet une petite semaine chez nous dans les Pyrénées. Entre lui et papa les échanges étaient passionnants, nous écoutions silencieux. Il n'y avait chez eux aucun esprit de vengeance, aucune haine, aucune plainte, aucune gloriole. On eût dit deux copains se racontant leurs petites histoires. Ils chantaient aussi les refrains des « bas-fonds ». Et je regrette de n'avoir pas enregistré une ballade que mon père rappelait à Genevoix… Vous en comprendrez, par le titre, l'importance : *Au rendez-vous des poux.* Je les entends encore en rire !

***

À la suite de notre rencontre avec François Busnel à France Télévisions, j'ai relu les interrogations que Charles Juliet note dans son *Journal VII*, *Apaisement*. Que dit-il ?

Comment me défaire de cette mélancolie qui me colle à la peau… Ces jours, je n'aime guère. D'ailleurs, je me rends compte que j'ai toujours mal vécu. Toujours contraint, toujours à me harceler. Ne pouvant me détendre, m'abandonner, me satisfaire de ce que m'offre la vie.

Je n'ai pas l'envie de le plaindre car il possède tous les atouts qui devraient faire un bonheur : le talent, la noblesse, une grâce d'écriture. Charles est le meilleur diariste d'aujourd'hui. Il finira par sourire. Il note à la dernière page :

Le temps de la moisson est plus lumineux que le temps des semailles.

J'aurais plutôt tendance à inverser la proposition. Hélas, je ne le crois pas apaisé.

***

J'avais parié pour la France face à la Nouvelle-Zélande. Hélas, les dieux du rugby en ont décidé autrement. Après une première mi-temps riche d'enthousiasme, de très bonne qualité, respectueuse des spectateurs, les Bleus ont joué leur jeu mais manqué d'intelligence du terrain. On ne saurait impunément faire des « chandelles » sans leur donner un minimum de distance, passer le ballon à l'adversaire n'est pas la meilleure manière de l'honorer. Je n'étais pas revenu au Stade de France depuis six mois, j'ai retrouvé la tribune présidentielle où passent les anciens champions et les ministres du moment, mais surtout j'ai savouré d'y être serré entre mes amis de toujours, Serge Kampf et Serge Blanco. Au coup de sifflet final, nous n'avons exprimé aucune tristesse, la victoire des All Blacks était logique, la résistance des nôtres épatante. De tout cela nous avons parlé dans une brasserie proche de la rue Malakoff jusqu'à trois heures du matin. Rester ensemble nous paraissait une nécessité.

***

Roger Federer et Rafael Nadal, que je considère comme les plus grands champions de tous les temps, ont été battus sur les courts de tennis des Masters de Londres. Ils sont tous les deux, au-delà de leur génie, des seigneurs, des honnêtes hommes, des pudiques. Est-ce la fatigue ou la longue traversée du succès ou l'âge – que je ne leur reconnais pas – qui ont eu raison de leur volonté, capricieuse du moins cette semaine ? De ces deux jours anglais, je garde tout de même un sortilège d'échanges que nous ne reverrons pas de sitôt. Il faut aussi savoir – et on le sait – que l'un et l'autre devront compter désormais sur un troisième génie de la petite balle : Monsieur Djokovic !

***

Ce soir sur Canal +, je revois *Amour*, le très beau film de Michael Haneke qui conte par le menu le basculement d'une existence. Anciens professeurs de musique, Anne et Georges vivent heureux… jusqu'à ce jour fatal où un accident vasculaire cérébral conduit Anne à l'hôpital. Elle en revient « cassée » et Georges choisit de veiller sur elle. C'est généreux, magnifique et éprouvant. Emmanuelle Riva et Jean-Louis Trintignant sont admirables dans cette triste saison de la déchéance. Le film, évidemment, nous invite à réfléchir, on n'en sort pas indemne.

Ce naufrage du corps et de l'esprit me paraît inacceptable, déshonorant, humiliant. Le grand âge qui désormais ne me lâchera plus peut mener à ce degré de dépendance. Je ne me fais aucune illusion sur la suite des événements et je ne l'accepterai pas. Et je le dis, aujourd'hui, en souriant. Aucune amertume, le bonheur d'une vie emplie, la chance de grandes amours. À Martine qui lira ce passage de mon journal je demande expressément une faveur, je l'autorise à me faire passer de l'autre côté de ce qui est terrestre dans l'évidence d'un secret partagé. On ne saurait imposer un calvaire à ceux que l'on aime, l'atrocité d'une fin de vie est un scandale qui ne saurait être imposé. Partir, oui, mais partir vite.

***

De Charles Juliet, bel esprit récemment retrouvé, cette réflexion en forme de poème au haut d'une page de son dernier ouvrage, *Apaisement* :

« Écrire un journal c'est vouloir retenir un peu de cette vie que le temps emporte. Vaine obsession. »

Je le comprends, nous sommes différents. Je n'ai pas de vaine obsession. Je note simplement le temps qui passe.

***

Le professeur Thiounn a pris tant de plaisir à m'accueillir sur la table du bloc opératoire de l'hôpital Pompidou qu'il décide de récidiver pour pousser plus loin la découverte de ma vie intérieure. L'année 2013 pourrait me permettre d'imaginer un nouveau *Dictionnaire amoureux des hôpitaux*. J'en sais désormais tous les détours, j'en admire tous les gardiens. Ma chance est d'aimer admirer. À mon réveil, le 27 novembre, après un abandon provoqué, je réagirai comme je l'ai toujours fait. Il me faudra « penser autrement » ou plutôt « être autrement ». J'aurai à m'interroger sur les mots de Virgile : « Heureux celui qui connaît l'origine des choses. »

***

François Busnel termine l'année en beauté. Ce soir, dans sa *Grande Librairie*, il accorde une heure d'entretien à l'un des plus grands écrivains d'aujourd'hui, l'Américain Stephen King, l'homme aux 350 millions d'exemplaires vendus. Il a déjà publié une cinquantaine de livres, lus, décortiqués par des passionnés dans le monde entier. De lui je ne connais que *The Shining*, où il recense nos tourments, décode nos cauchemars, réinvente l'horreur. On peut se demander quel drôle de diable est cet homme. Je l'observe dans ce studio de France 5 où il occupe l'espace. Une allure banale de grand gaillard timide, souriant, au regard direct, à la répartie facile, ironique, tout étonné d'être là, immense dans sa simplicité. Busnel vante la qualité de son dernier roman, *Docteur Sleep*. Pourrai-je un jour entrer dans le déroulé de son imagination qui n'a pas de limite ! Qu'a-t-on fait de mes yeux ?

***

La célèbre boutade de Françoise Giroud – « On ne tire pas sur une ambulance » – est ce soir d'une brûlante actualité. Des joueurs de l'équipe de football, égratignés par l'Ukraine, de leur manque d'enthousiasme, de leur suffisance, donc, je ne dirai rien. J'attends sans impatience ce prochain mardi la revanche qui devrait porter les couleurs du deuil. Ridicule notre « grande » nation qui se condamne, par légèreté, à ne pas aller à la Coupe du monde. Et pourtant le Brésil est un si beau pays !

***

Comme souvent, le dimanche, je glisse mes pas sur *Les Chemins de la foi* où s'expriment toutes les religions, chacune – évidemment – couronnant sa propre Église. Et ce matin, toujours sur France 2, j'entends la parole belle d'un dialogue interreligieux, espace de tolérance pour lequel j'ai un temps milité et qu'habitent maintenant mes amis André Azoulay et Xavier Guerrand-Hermès. Aujourd'hui, c'est le brillant Frédéric Lenoir qui est aux commandes. Il faut se battre pour cette idée. J'ai rêvé – et c'est ma sottise – qu'un jour les chrétiens, les juifs, les musulmans viendraient se recueillir dans un même temple. C'est oublier la fureur des intégristes et le temps des oppressions. Heureusement, demeure la prière, ce lien entre l'homme et le divin, cette chance du croyant et même de l'athée qui ne saurait être expliquée. J'y vois un abandon de soi, une recherche de l'autre, une élévation de l'âme, une solitude et mon secret. Il n'est pas besoin d'un autel pour prier. Chacun peut s'inventer un tapis…

***

Novembre 2013

À la table du Haut Conseil de la Francophonie nous étions voisins. Les membres de cette compagnie composée par le président Diouf étaient des plus brillants. Il était superbe ce combat pour la défense de notre langue, mais hélas sans intérêt immédiat, tant la plupart de ces beaux esprits n'étaient occupés que par eux-mêmes. Leurs palabres nous permettaient de parler doucement des bonheurs de la vie. Né à Nankin, en Chine, François Cheng m'éblouissait d'un français appris à sa tardive arrivée à Paris. Il pensait déjà à ce livre qui paraît aujourd'hui, *Cinq méditations sur la mort*, joyeuse analyse des beautés de l'existence et, pour nous, de leur finitude. Je revis son beau sourire, j'entends ses mots, cette définition de notre langue : « C'est ma chanson intime. » Il voulait, dans nos conversations trop rares, me persuader que la mort n'est point autre chose que l'autre nom de la vie : « Il faut envisager la vie à la lumière de notre mort, comme un accomplissement et la possibilité de renaître autrement. » Pour lui, l'esprit régit le langage, la pensée logique, l'âme en revanche est la marque de l'unicité de chacun, elle agit dans le domaine de la création artistique : « L'esprit raisonne, l'âme résonne. »

François Chang achève sa démonstration par une dernière méditation qu'il veut essentiellement poétique. Il me l'avouait : « C'est la poésie qui me fait écrire le meilleur. » Je me souviens d'avoir glissé dans son dossier « Francophonie », à la fin de l'une des réunions, un « poème » dont je suppose qu'il ne l'a pas lu. J'en ai gardé le double.

Ne pas y croire
Et puis attendre
Concevoir un départ
Sans se précipiter

Savoir que c'est fini
Et pourtant vivre
Jusqu'à l'extase rêvée

Partir oui
Mais

Partir vite
Sur la pointe de l'âme
Pour ne blesser personne

Ne point vouloir
Laisser une trace
Mais proclamer
Qu'il y eut
Pour tout, pour tous
Une charge d'amour

***

J'aime les paysages, ces mondes différents dont, bizarrement, la littérature parle si rarement… et qui, pour une quinzaine de jours encore, me sont interdits. Ils ne sont que reflets de beautés singulières, espaces de partage, nids de curiosités qui appellent à la découverte. J'en ai admiré des sites ! Je me suis pris de tendresse pour beaucoup d'entre eux, j'ai vécu à leur rencontre les bonheurs et les insolences du temps. Du Sud-Est asiatique à l'Afrique, de l'Amérique à la Russie, volant en tous sens, m'émerveillant de bien d'autres pays aux riches traditions, j'ai appris à reconnaître les Pyrénées, ma Bigorre, puisque je pouvais les comparer. Je rêve à cette heure de reprendre le chemin. Dans un coin du bureau de Miramont, ma maison, je garde toujours, précieusement, le petit sac prêt pour un départ, même précipité. Je n'en ai pas changé l'ordonnance depuis au moins vingt ans, on peut en faire l'inventaire : des livres – *Les Deux Diane* d'Alexandre Dumas, *La Promesse de l'aube* de Romain Gary, un *San Antonio* de Frédéric Dard, les *Pensées* de Pascal, des poèmes de Baudelaire, un dictionnaire de poche, deux carnets rouges et toute mon artillerie de stylos-feutres avec boîtes de recharges. Il y a même, tout au fond du bagage voyageur, sur une fiche cartonnée, sous enveloppe, ces quelques mots :

Je suis le ténébreux, le veuf, l'inconsolé,
Le prince d'Aquitaine à la tour abolie

Ma seule étoile est morte et mon luth constellé
Porte le soleil noir de la mélancolie.

***

Je ne plaide pas coupable pour les avoir durement attaqués après le lamentable échec du premier match contre l'Ukraine. Les joueurs, ce soir-là, méritaient notre colère, notre profonde déception. Leur suffisance, leur amateurisme apparent avaient scandalisé les amoureux du football… Et puis, il y a eu ce fameux mardi 19 novembre – second volet de la rencontre ultime – où nous avons vu évoluer, sur la pelouse torturée du Stade de France, une tout autre équipe, fière de porter ses couleurs, enthousiaste, disciplinée, solidaire, respectueuse. J'ai cru rêver en constatant un tel changement. L'envie de se battre leur a permis de gagner. Nous irons donc au Brésil. Rio Bravo comme dirait *Libération* !

***

Un bonheur, certaines nuits, n'arrive jamais seul. Il était une heure trente lorsque la salle Pleyel nous a ouvert ses bras pour le concert anniversaire de Christoph Eschenbach à la tête de l'Orchestre de Paris. Grand chef, remarquable pianiste, l'homme au visage lumineux nous a offert les *Concertos 12* et *23* de Mozart. Féerie de la musique.

***

La violence, dit-on, ne saurait tarauder des enfants devenus esclaves de leur petit écran ? Un soir, faisons tous l'expérience. Décidons d'un passage éclair sur une trentaine de chaînes de télévision : nous tomberons deux fois sur trois sur des scènes de bagarres et pire sur des affrontements meurtriers montrés comme des fragments de la vie ordinaire.

***

Jean-Marc Roberts s'en est allé rejoindre les grandes librairies d'en haut au printemps dernier. Jean-Marc Parisis le ressuscite dans un petit livre qui me rappelle des temps anciens. Avant que de devenir éditeur, Roberts était écrivain et je l'aimais dans cette discipline. Je l'avais reçu au tout début de *Radioscopie*, il devait avoir dix-sept ans, il publiait alors son premier roman, *Samedi, dimanche et fêtes*. C'est Jean Cayrol qui m'avait parlé de son « petit génie ». Il avait insisté en affirmant que nous « tenions là un jeune homme d'avenir, une plume de style ». J'avais apprécié, ce fut une heure délicieuse. Il était charmant, charmeur, timide, coléreux, provocateur. Nous nous étions amusés à ridiculiser les comités de lecture qui encombrent de grandes maisons d'édition. « Ces gens-là, disait Jean-Marc, n'ont aucun talent, une culture de salon et des jugements de fonctionnaires. Un véritable éditeur doit décider tout seul. »

Un responsable de la Fondation Yourcenar m'appelle ce matin et me demande de venir à son secours : « Faites savoir autour de vous, dans les médias, que la maison de votre amie Marguerite Yourcenar pourrait être mise aux enchères. Nous n'avons plus les moyens de la restaurer. » Je connais bien ce refuge de l'écrivain, aux États-Unis, dans l'État du Maine, ce foyer d'amitié tout en bois, où j'ai passé deux nuits durant l'enregistrement de *Radioscopie*. Je lance donc une bouteille à la mer. Je vais tenter de persuader tous ceux qui ont côtoyé cette femme admirable. Je ne suis pas sûr de réussir.

***

Étienne de Montety me demande d'ouvrir avec lui la série d'entretiens qui composent le salon du livre de Versailles. Belle rencontre. Nous évoquons la presse, la radio, la télévision… et mon dernier livre, *La Nuit attendra*. Nombreux ceux qui, à l'heure des signatures, me content leur aventure : « Je vous ai vu à Hué lorsque vous accompagniez Joséphine Baker… » ; « J'ai quatre-vingt-dix ans, j'ai bien connu votre ami William Bazé... » ; « Ma mère était la gouvernante des enfants de Bao Daï... »

Une jeune femme, brune, profite d'un moment de calme pour me parler à l'oreille :

— Dites-moi, vous m'avez semblé ne rien craindre d'une fin prochaine ; y a-t-il une vie après la mort ?

Pris au dépourvu, je réponds, sans presque m'en rendre compte :

— Évidemment non, c'est une arrivée au degré zéro qui est celle des commencements, c'est un plongeon dans l'infini.

***

Peut-être ai-je retrouvé, ici, la meilleure manière de revenir dans l'espace France Télévisions où j'ai fait tant de travaux de sons et d'images. J'entre ce midi dans l'immeuble d'en face que j'ai vu se construire, l'hôpital Pompidou. Une seconde intervention dans un court intervalle d'un mois me contraint à l'arrêt. J'espère ne pas m'endormir plus qu'il ne convient sur la table du bloc opératoire qui, dans mon adolescence, fut l'une de mes salles d'attente. J'ai déjà presque gagné cette nouvelle partie de l'existence : mon optimisme amuse déjà le personnel !

***

Deux hommes avec lesquels j'ai de longues conversations sur les sujets qui embellissent ou encombrent le monde : Serge Kampf et Renaud Capuçon sont de beaux parleurs que j'aime à entendre sur des registres totalement différents. Le premier qui a (presque) mon âge est l'un des patrons les plus influents du CAC 40, un créateur de génie qui a inventé, seul, Capgemini. Je l'apprécie pour sa persévérance : il tente de m'initier aux manœuvres des grandes affaires, et m'écoute, amusé, lui faire la somme des pièges de la politique... qu'il connaît bien mieux que moi. Le second – trente-cinq ans – est l'un des plus grands violonistes de notre temps. Il m'étonne, à chaque rencontre, d'une culture sans faille qui va bien au-delà de la musique, son art privilégié. J'aime à l'écouter parler de ses lectures, des peintres qu'il visite partout dans le monde, de sa vie de saltimbanque qui lui fait parcourir la planète.

Il n'est rien de plus enrichissant que de savoir écouter.

DÉCEMBRE 2013

Aujourd'hui, 2 décembre 2013, nous aurions pu fêter ensemble (peut-être) ses quatre-vingt-dix ans. Nous étions voisins. Je suis passé tout à l'heure devant son appartement, avenue Georges-Mandel, j'ai déposé un petit mot à son adresse, glissé sous la porte de la concierge : « On vous aime, Madame. » J'ai déjà raconté cent fois ce que fut ma relation avec Maria Callas, la plus grande diva de l'art lyrique, belle dame de légende. Pardonnez-moi de me répéter, Georges Prêtre, son chef préféré, m'avait demandé de lui consacrer une émission : « Elle attend ton coup de fil », précisait-il. Le soir même je l'appelai. Elle fut adorable dans sa manière ferme de dire non à ma proposition. Elle était confuse pour cette simple déclaration : « Rappelez-moi demain », ce que je fis ; nous ne parlions plus de télévision, elle me confiait peu à peu son désarroi :

— J'ai été trahie dans ma vie privée, je n'ai plus de voix, je n'existe plus.

Une année entière nous fûmes complices au bout du fil. Nous ne nous sommes jamais rencontrés, nous considérions tous les deux qu'une visite tuerait le mystère. De la sublime Callas, j'ai un autre souvenir, plus lointain celui-là. C'était en 1958, je revenais d'un nouveau voyage en Chine, Cino Del Duca m'avait invité à couvrir, pour *Paris Jour*, le grand événement de l'année : le récital de la Callas à l'Opéra Garnier, qu'elle donnait avec l'orchestre-maison dirigé par Georges Sébastian. C'était magique : une allure de reine, celle des contes de fées, un timbre à nul autre pareil comme tombé des étoiles, un registre de voix étendu, incroyable.

Depuis sa mort, chaque soir, pour rejoindre notre maison je fais étape devant chez elle, en voisin respectueux.

***

Étonnante, rafraîchissante percée dans le monde souterrain des sœurs cisterciennes obéissant, souriantes, à la règle dictée par saint Benoît. Alexandra Alévêque nous fait découvrir ce soir, sur France 2, les beaux silences de l'abbaye de Chambarand dans l'Isère. Trente-quatre religieuses, de quarante-neuf à quatre-vingt-seize ans, vivent à l'intérieur de la clôture, sans jamais en passer les portes, entièrement coupées du monde, heureuses d'avoir renoncé à tout, rigolotes, épanouies. Ces femmes qui ont choisi de se donner, ou tôt ou tard, à Dieu, nous offrent curieusement une leçon de vie et parlent librement. Que nous sommes loin du temps où j'allais voir ma tante derrière les grilles étroites du carmel de Lourdes. Et pourtant la règle est observée, lever à quatre heures, sept offices par jour et le silence comme une garantie de la prière. J'ai retenu cette phrase qui pourrait s'appliquer au dévergondage des débats télévisés : « On entend mieux lorsqu'on se tait. »

***

Si je mérite quelque peu de mon pays que j'ai tenté de faire aimer, que l'on me permette de choisir mon dernier refuge : notre chapelle de Miramont.

***

Cet épisode de ma vie que j'aurais voulu garder secret me saute au cœur, à l'âme, soixante ans après. On m'a convaincu de l'écrire, de le publier. Je lui ai donné un nom, *La Nuit attendra*, mais il me semble pourtant, depuis quelques mois, qu'elle est impatiente de me retrouver. Serait-ce un retour aux sources, à la vraie réflexion ? L'aveugle, en effet, au plus profond de lui-même, s'invente un monde visible, plein de soleils, d'éclairs de feu. Mes retrouvailles avec la lumière furent dans les années cinquante la grande affaire de ma jeune existence. Aujourd'hui, en cette fin novembre, je revis ce moment de pur bonheur à travers les critiques de la presse et le courrier des lecteurs. Olivier Orban, l'ancien président des éditions Plon, me disait hier que « l'accueil réservé à mon livre était exceptionnel par la qualité des mots et de leurs auteurs ».

Je suis touché, ému, par l'unanimité de la presse qui accorde un tel intérêt à *La Nuit attendra.* Je craignais de mal me raconter, de tomber dans les pièges du mélo, ce genre qui me répugne, on m'assure que j'ai évité les tourments d'une plume trop enfiévrée. Je crois avoir écrit juste, honnêtement, préférant l'amour à la haine, je me suis délivré d'un passé qui ne m'encombrait pas mais que des amis très proches ne voulaient pas qu'il fût encore « mon secret ». L'un d'eux m'avait persuadé qu'il était temps… ce qui supposait un départ possible !

Les articles publiés sur *La Nuit attendra* m'aident à me redécouvrir, je commence à comprendre quel jeune homme je fus, je suis frappé par le sérieux de ceux qui m'ont lu.

Dans *Le Point,* Erik Orsenna, avec son humour habituel, titre : « Avant Chancel, il y avait déjà Chancel ». Façon de dire que j'ai commencé très tôt mon existence publique, au bout du monde et dans la guerre. Il constate un impression qui ne m'a jamais effleuré : « Quand je pense à toutes les heures que vous avez passées à nous écouter alors que vous aviez tant et tant à nous raconter. » L'écoute, mon beau projet !

Pour Jean-Marie Rouart, dans *Match,* j'ai « une délectation particulière pour les hommes d'exception » que je saurais « dénicher avec un talent digne d'un chien truffier de la Bigorre ». Merci pour la Bigorre. Rouart fait l'inventaire de mes collègues asiatiques : « Bodard, le bouddha vivant, Max Clos, le janséniste, Schœndœrffer, le plus épris d'absolu. » Je me réjouis de revoir leurs noms dans les journaux d'aujourd'hui. Ils étaient des princes perdus dans un enfer. Rouart fait ce commentaire définitif sur mon bouquin : « C'est une grande leçon, non pas de savoir-vivre, mais de savoir aimer la vie. »

Je n'avais pas imaginé que Bernard Pivot pût me consacrer une telle place dans *Le Journal du Dimanche*. Nous nous étions jurés, il y a très longtemps – s'en souvient-il ? – de ne pas parler publiquement les uns sur les autres. Notre devise : *Tuons le copinage*. S'il écrit aujourd'hui, c'est qu'il a aimé : « Passionnant, écrit-il, pour trois raisons. D'abord parce qu'on y voit un jeune homme doué pour la communication, l'amitié, l'imagination, capable d'interviewer des gens bien et des bandits. Ensuite parce que nous tenons là un document passionnant, captivant sur la peinture de la société saïgonnaise de l'époque coloniale. Enfin parce que *La Nuit attendra* est un témoignage accablant et émouvant sur la débâcle militaire, un chagrin permanent. »

Dans *L'Express*, François Busnel, qui m'a déjà accueilli dans *La Grande Librairie*, remarque que mon livre « évite le côté pleureur qui accompagne l'époque, découvre un jeune homme rebelle, déjà capable à ses débuts de transmettre et de rendre vivante la culture ». Il a raison de croire que « ma soif de vivre est venue de la douleur ».

Le *Figaro littéraire* annonce ma *Nuit* en première page, Astrid de Larminat écrit que j'ai « sillonné l'Indochine en guerre, avec élégance, curiosité et le goût des autres qu'on lui a reconnu par la suite ». Elle comprend à me lire quelle a été ma hantise, ma crainte de m'enfoncer dans une sorte de narcissisme, de complaisance, car je n'étais que le sujet de mon histoire : « Il ne parle de lui, écrit-elle, que pour parler des autres. »

***

Des lettres et des lettres. L'une d'entre elle m'a, tout un soir, intrigué. Nous avons essayé, Martine et moi, de mettre un nom sur ces deux pages écrites à la main et simplement signées « O ». L'analyse que cet anonyme faisait de mon livre était en tous points remarquable, digne des meilleures critiques. Le lendemain, en visite chez Laura et Emmanuel Ungaro, nous retrouvons

Christine et Olivier Orban… qui m'attaque d'emblée : « Alors, tu ne dis rien de ma lettre que j'ai déposée moi-même avenue Mandel ! » Jamais je n'aurais pensé à lui, nous nous étions vus deux jours auparavant, mais il ne m'avait pas encore lu. Olivier, d'une petite écriture fine, m'assure que j'ai « eu raison d'attendre longtemps pour m'atteler à ce récit, d'avoir pratiqué l'art du silence, d'avoir laissé le temps faire son œuvre ». Il ajoute en terminant : « Tu n'as pas changé, simplement on ne savait pas que tu avais été Chancel très tôt. »

***

Toute cette littérature louangeuse pourrait ressembler à une fin de règne. Quelques ennuis sont venus déranger ma liberté de prendre le large, mais n'ont pas occulté ma joie de vivre. Malgré tout, je sais que je serai prêt et heureux à la seconde ultime : je ne veux pas mourir de mon vivant.

***

Il était fils de roi, mais sa couronne de prince de l'honneur il ne la doit qu'à lui-même. Nelson Mandela s'en va rejoindre aujourd'hui la petite troupe des géants. J'avais pleuré à sa libération après vingt-sept ans d'enfermement, j'avais admiré sa force de caractère, cette passion qu'il mettait à pardonner à ceux qui l'avaient humilié, j'aimais l'homme, son panache, cette beauté que la prison n'avait pas abîmée, mais plus que tout, je regrette d'avoir manqué un rendez-vous possible en 1995. Pour approcher les Blancs et les Noirs autour d'un événement symbolique il avait joué la carte du sport qu'il considérait comme un élément de paix. C'était à l'heure éblouissante de la Coupe du monde de rugby, il avait rendu visite à ses joueurs, par tradition Blancs, les encourageant à l'épreuve pour tuer à tout jamais l'apartheid et gagner, non pas vaniteusement, mais pour la plus grande gloire d'une union nationale auparavant impossible. Serge Kampf et nos tricolores du XV de cette époque me racontaient hier encore ce que fut l'arrivée de Mandela dans le stade lors de la cérémonie d'ouverture de la compétition : « quelque chose d'incroyable », « une apparition », « l'entrée d'un prophète ». Il avait compris que le sport fait plus pour la réconciliation des peuples que la politique ou la diplomatie.

***

L'éventualité d'un départ prochain ne m'atteint pas mais me donne en revanche une sacrée, une furieuse envie de vivre mon singulier quotidien. Le temps fait son office, on ne peut rien contre lui… Il convient de ne pas s'économiser. Plusieurs possibilités s'offrent à celui qui attend tout de sa curiosité, entre autres un nouveau tour du monde, surtout une revisite de ma Bigorre où chaque village, chaque sentier, chaque sommet me sont familiers. Mes yeux d'aujourd'hui pourront-ils voir tout ce que mes souvenirs gardent des couleurs d'enfance !

***

Encore des lettres sur mon dernier bouquin qui semble promis au succès ! L'une d'entre elles me touche, elle est signée André Brincourt qui fut l'un de nos plus grands critiques, qui est écrivain et poète. « La double lecture de *La Nuit attendra* s'impose. Je me demande dans quelle mesure tu as pu en souffrir ou en jouer. Tu es le seul à connaître la réponse. Il y a une force secrète considérable à garder en soi et pour soi le plus important d'une vie alors que l'on se consacre à être l'homme public, le personnage "ouvert" qui occupe la scène… Il y a chez toi une forme d'existence tournée vers l'autre… C'est bien en nous révélant le jeune Chancel de l'expérience indochinoise que tu nous as encore mieux fait comprendre qui était le Chancel des *Radioscopie* et du *Grand Échiquier*… Émouvante cette lente et douloureuse et confiante remontée vers la lumière. »

André Brincourt a sans doute raison. J'ai dû jouer de mes douleurs autant que de mes plaisirs, seule manière de survivre.

Ce récit je l'ai écrit en un mois et demi, par intervalles irréguliers dont décidaient mes excursions dans les hôpitaux de Paris. Je n'ai pas fait le moindre parallèle entre ma période adolescente et ma longue existence d'après. J'ai raconté, c'est tout, et les échos qui m'en parviennent me laissent à penser que j'ai été cohérent dans toute ma traversée, l'attention à l'autre m'ayant toujours appris à me connaître.

***

L'hommage de tout l'univers à l'un des géants du XXe siècle, Nelson Mandela, ce magnifique prophète qui aura su réconcilier les Blancs et les Noirs de l'Afrique du Sud, cet homme, courageux, inspiré, humilié, embastillé vingt-sept années durant et qui sut pardonner et dont le génie aura su nous éblouir. J'accompagne sur l'écran la longue journée du souvenir que son pays lui offre dans un cortège de présidents, de premiers ministres, de hauts personnages venus du plus loin. Le public se veut en fête, il pleut, les notables se bousculent dans les couloirs d'arrivée au stade, le protocole n'a jamais été autant sollicité. J'attendais une vraie cérémonie à la hauteur de celui que l'on honorait. Ce fut un énorme désordre, les discours ont tué l'émission. Nelson Mandela n'a pas dû aimer.

***

Une salle debout pour une ovation qui dure un bon quart d'heure. L'Olympia en fête, Laurent Gerra en majesté, sur un trône d'amuseur. Cet imitateur génial que le succès n'a pas abîmé, que j'ai connu il y a des années, avec lequel j'ai « fait » une dizaine de Tours de France – les bonnes tables nous sont familières – croque ses contemporains avec juste et aimable cruauté. Son « mime » sur François Hollande, merveille de création, propre à entrer dans le Panthéon des rares vrais humoristes, me fait penser à Tati. Petite précision : pour ce spectacle j'étais assis entre le ministre Manuel Valls très joyeux et le violoniste Renaud Capuçon…

***

La Bigorre enfin ! J'attendais cette arrivée plus impatiemment qu'hier. Comme si j'avais craint de ne pas revoir notre Miramont, où le grand soleil ce matin écrase le froid. J'ai ma couronne de neige tout autour de la maison. Je pose mes petites affaires, mes carnets, je ne m'attarde pas, je monte sur la montagne d'en face. Le Hautacam, d'où je vois la vallée, superbe, c'est ici, à 1 600 mètres, que sera jugée l'étape la plus difficile du Tour de France 2014. J'y serai !

***

Je l'ai reçu à ses débuts, lorsqu'il était Hallyday, pas encore Johnny. Je l'ai négligé ensuite, lui préférant Brassens, Brel, Barbara, Ferré, Montand et les autres, j'ai suivi de loin sa carrière, je le vois aujourd'hui, à soixante-dix ans, au sommet de sa course. France 2 lui taille une armure de jeune combattant. Pas de doute : l'homme Hallyday, pas à pas, entre dans la légende.

***

J'ai cherché ma messe de Minuit, celle de mon enfance, au voisinage de notre maison, en l'abbaye de Saint-Savin, à l'église des guides de Cauterets, dans la simple paroisse d'Argelès-Gazost. On la célébrait, bien sûr… mais à 18 h 30 et 21 heures. Cela tient du ridicule ! Qu'on lui donne un autre nom si l'on ne veut pas perdre la légende. Le pape François, lui, a respecté la tradition, il est venu à la bonne heure avec l'enfant qu'il a déposé dans la crèche du Vatican. Un peu théâtral !

***

Recherchant comme toujours, en milieu de soirée, une chaîne acceptable, je glisse sur Public-Sénat qui n'a jamais été l'une de mes antennes obligées. J'ai raté le début du programme en cours mais je retrouve vite mes paysages asiatiques, j'entends la voix d'un certain Jean qui raconte son Indochine de 1945 à 1954, le texte m'est aussitôt familier, cette manière de dire qui se veut poétique, littéraire ; ces phrases belles, parfois ampoulées, je les ai subies deux années durant à Saigon, dans les studios de Radio-France-Asie. Jean Hougron qui ne sera cité qu'à la fin est parfaitement lui-même, brillant, orgueilleux, bavard. Il était à nos côtés le romancier que l'on n'attendait pas, celui dont on moquait parfois la fausse élégance et qui reste le témoin de l'histoire intime du Vietnam. Je recommande la lecture de sa série romanesque, entre autres *Soleil au ventre*, *Mort en fraude*, *Les Asiates*.

***

Ma folie ! Je peins encore en bleu les ours sombres qui me sont promis, ma lucidité est totale. Je sais depuis peu ce que je dois au grand âge, ce qui me fait plus que jamais fréquenter ma troupe de jeunes gens, tous engagés dans le succès. J'aime leur compagnie, ils sont brillants, j'apprends d'eux beaucoup de la vie nouvelle, Frédéric Taddeï me parle de sa manière personnelle de mener un débat, François Busnel me raconte les inattendus de ses voyages au bout du monde, à la rencontre des plus grands écrivains, Florian Zeller me confie la trame de sa huitième pièce de théâtre, avec Pierre-Antoine Capton nous tentons d'explorer de nouveaux chemins sur la planète-télévision, Renaud Capuçon souhaite que nous réalisions ensemble un livre d'entretiens, ce sera pour moi, sans doute, l'occasion de revenir sur mes années musique. J'ai encore de belles curiosités, on me demande : « Comment ça va ? », je réponds : « Le temps passe. »

***

Je n'aurai jamais cessé de courir sur mes routes pyrénéennes. Je revois ce matin mes paysages, dévastés par la crue du 18 juin et désormais remis au plus près de leur beauté singulière. La neige comme un manteau de cérémonie. J'étais à Barèges, à

Cauterets où la foule des skieurs fait oublier les jours tragiques de l'été, je suis monté au col de Couraduque qui ferait une belle arrivée du Tour de France, le Hautacam accueille toute ma famille, ma petite-fille Philippine, six ans, y gagne ses galons de glisseuse émérite. Je ferai demain mes chemins d'enfance en haute Bigorre où sont mes racines. Je voudrais tout redécouvrir. En aurai-je le temps ?

***

La force du destin, l'incroyable dérive d'une vie, le bonheur assassiné sur une vulgaire piste de ski. Le grand champion Michael Schumacher qui avait, pendant des années, défié la mort sur tous les circuits automobiles de la planète, fait une cruelle étape aux urgences de l'hôpital de Grenoble où l'on ne peut rien dire de son avenir. Il aura quarante-cinq ans demain. Triste anniversaire.

***

Dans *La Nuit attendra*, je rappelle notre génération de jeunes gens envoyés au massacre. Nous avions vingt ans, ils sont dans ma mémoire qui, aux heures sombres, est un cimetière. À la veille du soixantième anniversaire de ce sinistre 7 mai 1954, je garde les douleurs et le mépris pour les hommes politiques qui, à Paris, avaient organisé une défaite prévisible.

À propos de mon récit, je reçois des centaines de lettres de rescapés de ce temps de l'horreur, le plus souvent de femmes, de mères qui craignent de perdre leur enfant dans des conflits meurtriers, des jeunes qui veulent vivre l'aventure. Je n'imaginais pas que cette *Nuit* pût à la fois séduire la critique et rassembler un large public.

Dans le courrier du soir, une page d'amitié de Jean Laur expédiée de Marseille. Jean, conservateur des temples d'Angkor, fut le témoin de mon retour à la vie, à ma vingt-quatrième année dans cette somptuosité de l'architecture khmère. Une autre lettre me parle du Cambodge, je la crois signée Michel

Décembre 2013

Guillemin, pardon, mais mon désordre est total. Elle m'offre ce début de poème que j'adresse aux amis en signe de Bonne Année…

Dans l'écorce d'un arbre
Prisonnière, sourit l'apsara.
Dans l'écorce d'un arbre,
Apeurée, elle se tait.
Dans l'écorce d'un arbre,
Effrayée, elle se cache, elle observe.
Dans l'écorce d'un arbre,
Captive, elle attend…
La mort, la non-existence, la délivrance ?
De l'écorce d'un arbre,
Ressuscitée, elle jaillit et pousse un cri.

Mes beaux arbres d'Angkor auxquels je rends hommage et qui me parlent. Ils auront sauvé bien des temples.

***

Il est minuit en ce 31 décembre 2013. Je ne reparlerai pas de cette année bizarre où j'ai fait souffler le pire et le meilleur. Vite, passons à autre chose…

***

Étonnante cette réflexion de Chateaubriand : « L'homme n'a pas une seule et même vie : il en a plusieurs mises bout à bout et c'est sa misère. » Je dirais plutôt : c'est sa chance.

Janvier 2014

Déjà cinq jours de grand soleil, le froid, la neige, un bonheur familial. Ils sont tous là, les enfants, les amis, nos petits-enfants surtout, Philippine, six ans, qui a obtenu sa première étoile sur les pistes du Hautacam. Augustin, deux ans et demi, qui dévale en luge le col de Condaruque. Je vis ce commencement de la nouvelle année auprès de ma femme Martine, l'unique, comme s'il s'agissait d'enrubanner une dernière course. Les hauts feux des cinq cheminées du rez-de-chaussée projettent des lumières dont on me dit qu'elles sont autant de flammes de fête. Quelle joie d'être entouré des siens pour oser le passage au cru 2014. Sera-t-il goûteux ?

***

Depuis trois mois je m'en persuade : la « nuit » ne saurait attendre. Je vis cet étrange sentiment comme un retour aux pires heures de mon adolescence, dans l'étonnement, une certaine douleur mais avec ma bonne humeur coutumière qui est une élégance. « N'emmerde pas les autres avec tes propres emmerdements », disait mon père. Je ne lis plus, j'ai du mal à suivre ma propre écriture, mes yeux qui, soixante années durant, se sont émerveillés de tout ont tendance à s'assoupir. Est-ce la vieille blessure qui se réveille, suis-je, de nouveau, aux lendemains douloureux de mon saut sur un pont miné en Indochine ? Je me rassure : le ciel m'aura permis de publier à temps, très récemment, *La Nuit attendra*. Aujourd'hui, j'en serais bien incapable !

***

Une dernière visite à mes routes d'enfance. Trois petites heures pour redécouvrir nos deux vallées du Lavedan. Je passe par Sireix – où furent les ancêtres de Bernadotte – pour rejoindre Arrens, le col d'Aubisque, le pays de ma mère. Je descends ensuite sur Argelès-Gazost pour remonter vers Salles, belle colline à quelques pas du Pibeste où viennent les mouflons et les cerfs. Chaque chemin, chaque maison sont dans ma mémoire qui est une bibliothèque des lieux de famille.

***

François Hollande décide d'un nouveau changement de cap. Ce n'est plus un tournant, c'est le tournis. Qui peut dire où l'on va ! Gauche et droite bredouillent. Pauvre France qui n'a, pour toute préoccupation, que Leonarda et Dieudonné !

***

Cette lettre du matin qui m'amuse : « Je suis Brigitte, la fille de Maurice Trelut qui, nous a-t-il toujours dit, fut votre assistant à Radio-France-Asie. Il a aimé votre livre, il l'a lu et relu, il paraissait tout savoir de ce que vous racontez dans *La Nuit attendra* mais il s'est étonné de ne pas avoir été cité une seule fois sur vos quatre cents pages. » Maurice, en effet, fut le secrétaire de notre émission *Jacques et Martina*. Il était plutôt beau et passait pour un expert en blagues. Il triait le courrier et préparait mes reportages : c'est vrai, de lui j'aurais pu dire un petit mot. Brigitte poursuit : « Il a eu sur son bureau une photo, bellement encadrée, où il pose près de vous et de Joséphine Baker… Il était resté à Saigon jusqu'en 1970, comme instituteur dans une institution privée. De retour en France, il a créé un petit commerce de bonbons et chocolats qui lui a permis de vivoter. Nous l'aimions parce qu'il ne se plaignait jamais, la drôlerie était sa seule arme et il l'a prouvé jusqu'au bout. Mon père est mort à Lyon il y a deux semaines. Un arrêt du cœur. Il nous avait demandé de glisser entre ses mains son téléphone portable. "Pourquoi ? lui demandait-on ? —Si je me réveille dans la tombe je voudrais pouvoir appeler quelqu'un." Encore une de ses blagues, j'ai obéi à son souhait. » Là, je reconnais notre Maurice…

***

L'équipage de l'Académie Goncourt change de capitaine. Démissionnaire, Edmonde Charles-Roux donne la présidence à son successeur, Bernard Pivot. Il n'y a pas de meilleur choix. L'homme aura tout réussi depuis ses débuts au *Figaro*. Nous fûmes compagnons, nous sommes restés amis. Que de souvenirs ! Je me souviens avec émotion de cette année 1975 où je l'avais appelé à rejoindre Marcel Jullian sur Antenne 2. Son émission *Apostrophes* est à jamais l'un des plus beaux fleurons de la télévision française, une référence, une respiration ardente de la littérature. Salut président !

***

Qu'est-ce qu'une vie ? Il me paraît impossible de répondre à une pareille question qui est pourtant essentielle. On ne peut juger que sur son propre parcours. Des temps incertains me font revenir à un passé dont je refusais de parler. Je me suis délivré d'un épisode de mon adolescence que je gardais secret, l'histoire à la fois légère et douloureuse de mes vingt ans. *La Nuit attendra* m'aura permis, en cette fin d'année, de revisiter l'enfance pyrénéenne, l'Indochine de toutes les perversions, Angkor la désirable, sur les marches du temple, au Bayon, mes yeux s'ouvraient de nouveau au monde après onze mois de cécité. C'est une période ancienne que je raconte aujourd'hui et qui aura nourri ma vie. J'avais été préparé au bonheur par l'amour de mes parents, et surtout la vigilance de mon père.

Il m'avait appris dès l'enfance le respect que l'on doit à l'autre. Je n'ai jamais oublié ce passeport de passage, il aura orienté mon histoire.

Quelques lettres de ce courrier fabuleux que je reçois à propos de *La Nuit* me commandent d'en dire plus sur ce que j'ai ressenti, souffert, dans ma période aveugle. J'ai écrit ce qui me paraissait être la simple vérité d'un écrit, la pudeur s'en est mêlée. Je ne souhaitais pas verser dans le mélo que j'ai toujours considéré comme une vulgarité. Sans doute aurais-je dû aller un peu plus loin sur les chemins de mes questionnements, j'ai passé des jours noirs à m'inventer des mondes. Mes rêves étaient bien plus lumineux que la réalité que je tentais toutefois d'apprivoiser. L'après-nuit me fut une seule fois douloureuse. Je m'étais imaginé que la vue était revenue, j'avais regardé mes montagnes de France, je marchais alerte dans la rizière. Le réveil fut brutal, cruel. Je ne veux plus désormais me souvenir de tout ce désordre du regard…

***

De loin je distingue encore des choses. Le grand écran de cinéma m'offre une possible visibilité. Je ne lis plus, mais je peux regarder. Ce qui me permet aujourd'hui de voir le *Saint-Laurent* de Jalil Lespert. Le film ajoute à l'admiration que j'avais pour ce couturier et son pygmalion Pierre Bergé, couple mythique s'il en fut. J'avoue mon émotion, la composition des images est lumineuse, l'interprétation remarquable. Pierre Niney endosse les habits d'Yves Saint Laurent, Guillaume Gallienne campe un Bergé plus vrai que nature, le génie des uns et des autres aura inspiré le réalisateur qui nous donne à visiter une époque de liberté, celle des années soixante-dix point encore encombrées du conformisme de notre temps.

***

Je reprends la première phrase de Proust dans *Du côté de chez Swann* en prenant le risque d'en changer l'idée. Je dirai donc : « Longtemps je me suis couché très tard… » le « bonne heure » ne fut jamais ma préoccupation. Pourquoi ce rappel ? J'y vois la malignité et la tendresse de ma fille Marie-Alix. L'ouvrage, dont à une époque lointaine je récitais des passages entiers, est venu comme un cadeau dans une édition aux grands caractères qui me permet de lire, dans l'épuisement tout de même, quelques pages. Bizarrement, le grand âge me ramène à mes vingt ans !

***

J'entre dans une période – j'espère courte – où je redécouvre l'hôpital Pompidou. Ma lucidité impose cette réflexion : plutôt que d'ajouter des jours à la vie, il convient d'ajouter de la vie aux jours.

***

Les amourettes du président de la République épatent la terre entière ! Qui pourra dire désormais que l'homme n'a pas de tempérament ? Qui peut prétendre que l'austérité endort les boudoirs de l'Élysée ? Les affaires privées n'ont jamais été de mes préoccupations coutumières, mais je m'aperçois qu'on répudie encore aux marches du pouvoir. Comme au temps des rois, monarchie oblige !

***

À l'hôpital Pompidou que j'ai vu naître, dont j'observais la construction de mon bureau d'en face à France Télévisions, j'ai tout le temps de dérouler quelques épisodes de ma longue existence. Mon optimisme est tel que j'arrive à trouver du charme à mes chagrins et du velouté dans chaque souvenir. Passent ainsi mes superbes années d'enfance aux Pyrénées, les jours et ardents et drôles et douloureux dans une Indochine en guerre – la période la plus exaltante –, les décennies consacrées à la rencontre de l'autre, j'entends trouver de nouvelles raisons à ma joie de vivre. Ma chance du commencement fut mon professeur de philosophie, un jésuite d'exceptionnelle culture qui, plutôt que de m'enseigner les dogmes de la religion, m'autorisait à croire ou ne pas croire. C'est dans cette liberté d'adolescent que je me suis mis en route pour rechercher Dieu. J'y pensais plus intensément à l'heure de mon saut de l'ange dans les rizières de Kanh Hoï lorsque d'une Jeep explosée sur un champ de mines je ressortais vivant, laissant à la mort mes camarades. J'avais déjà perdu tant d'amis, un rescapé des camps nazis m'avait tant parlé des horreurs de la Shoah, que je trouvais ahurissant qu'un grand prophète d'en haut put permettre de tels crimes. Je suis sensible au dialogue interreligieux que des proches – Xavier Guerrand-Hermès, André Azoulay – étudient avec une foi que j'admire, j'écoute, je m'acharne à vouloir comprendre, je fréquente rarement les offices, la spiritualité est mon seul bréviaire, la prière mon alibi, l'envolée définitive ma belle certitude. Par petites phrases insidieuses aux couleurs d'humour, je tente de faire accepter à Martine, ma femme admirable, un départ qui ne saurait plus tarder, je ne sais pas lui dire qu'elle m'a donné les trente-cinq années les plus ardentes de ma vie, de magnifiques matins, des soirs de splendides fêtes. Je regarde de plus près mes petits-enfants, Philippine et Augustin, mes merveilles, que j'aurais voulu accompagner jusqu'à leur vingtième anniversaire. Peut-être se souviendront-ils qu'ils avaient un grand-père un peu fou ?

Février 2014

Laissons le rugby redevenir ce qu'il est : l'expression d'une honnêteté dans le partage du jeu, d'une solidarité à toute épreuve, d'un respect absolu et viril de l'adversaire. Ne perdons pas les valeurs de la tradition, le Tournoi des Six Nations doit en être l'exemple parfait. On peut y retrouver le vrai plaisir de se battre. Le commencement de l'année 2014 est-il rassurant ? J'ai vu la première mi-temps de Galles-Italie, les trente semblaient heureux sur le terrain, puis, avec l'ami Serge Kampf, nous avons regagné la tribune du Stade de France où notre équipe rencontrait sa bête noire : les Anglais. L'honneur nous commandait de gagner, ce ne fut pas facile mais l'enthousiasme des dernières minutes décidaient de notre victoire. Avons-nous pour autant un grand « Quinze » ? Trop d'imperfections encore, mais un désir enfin reconquis.

***

La musique, ce langage de l'âme, selon René Martin notre bienfaiteur, créateur de la « Folle journée de Nantes » qui s'achève aujourd'hui et aura accueilli trois mille artistes. Encore un bonheur que dans mon année particulière fort secouée je n'aurai pas pu partager sur place. Faut-il connaître la musique pour l'aimer ? Il suffit d'être disponible pour la vivre au plus profond. Barbara Hendricks qui fut l'une de mes premières pensionnaires au *Grand Échiquier* vantait sur l'écran l'œuvre du répertoire qu'il ne « fallait pas écouter avec la tête mais totalement avec le cœur ». Notre supplément d'âme.

***

Pendant des années j'ai présenté les *Victoires de la musique*, j'ai le souvenir que nous y étions heureux. J'en suis désormais le téléspectateur assidu et ce soir particulièrement attristé. Les artistes ne sont pas en cause, Renaud Capuçon, violoniste, et son frère Gautier, violoncelliste, étaient à leur meilleur, Frédéric Lodéon nous épatait encore de sa science musicale, l'Orchestre national de France me rappelait nos plus beaux moments télévisés… mais d'où venait alors notre ennui dans cette belle salle de Provence ? D'une réalisation sans talent, images confuses, dans un décor désuet : les feux de rampe du fond de la scène n'étaient vraiment pas des éclairs de génie.

***

Je ne l'imagine pas socialiste, sans doute est-il d'une gauche modérée ? Je ne le crois pas sectaire ; ce soir chez David Pujadas, je l'entends convaincu et impétueux. Je ne suis pas de sa chapelle mais il m'est arrivé par deux fois de me trouver près de lui, à l'Olympia d'abord où il ne craignait pas de rire des « blagues » de Laurent Gerra sur François Hollande, puis au Stade de France pour une rencontre de rugby. Il est l'un des deux ministres – l'autre c'est Fabius – avec lesquels il doit être possible de passer une soirée convenable.

***

L'émotion tout au long de cette cérémonie d'ouverture des jeux de Sotchi. L'admiration devant tant de beauté. Présentation parfaite, réalisation sans faille, orgueilleux rappel de l'Histoire, splendeurs et malheurs de la Russie éternelle. Il fallait que le monde fût là. Non seulement pour aimer mais pour témoigner d'un espoir nouveau. Pour ne pas déplaire à Obama, dont l'absence est une faute, notre président a boudé la soirée, collégien perdu dans ses rêves de grandeurs ! Ce n'est pas Poutine qu'il fallait punir, l'avenir s'en chargera, mais plutôt le peuple russe qu'il convenait d'honorer. Peu importe ! Nous allons vivre de spectaculaires épreuves, nous allons applaudir des athlètes qui se fichent de la politique, ce genre barbare, nous allons aussi pleurer sur le peu de médailles tricolores. Mais l'important est de participer.

***

J'en demande tristement pardon ! Mes yeux de plus en plus fatigués me laissent encore pour un temps poursuivre ce journal mais ne me permettent pas de répondre aux centaines de lettres qui ont accompagné mon dernier livre *La Nuit attendra* : des encouragements, des mercis que je n'aurais pu soupçonner. Je me sens impuissant. J'aurais tant aimé dialoguer avec ceux qui se retrouvent dans les moments que je raconte, des lieux qu'ils ont connus, qui ont partagé comme moi les bizarreries de la guerre d'Indochine, avec aussi tous ces jeunes qui étudient ces batailles du bout du monde à la veille du soixantième anniversaire de la tragédie de Diên Biên Phu. Je n'aurais pu imaginer que notre aventure, celle d'une génération sacrifiée qui continuait le combat pour obtenir la Paix, intéressait encore un monde qui n'a d'autres soucis que sa propre existence.

***

Je n'ai jamais eu le courage de pratiquer le ski de fond, la piste m'est bien plus familière, mais j'admire l'audace de ceux qui s'affrontent aux Jeux olympiques de Sotchi. La victoire de Martin Fourcade, la troisième place de Jean-Guillaume Béatrix, ont enthousiasmé, sur l'écran, huit millions de Français, après leurs kilomètres de souffrances. J'admire la force physique, mentale de ces champions qui ont le sens de l'appartenance au pays, qui affirment une intelligence discrète et une pudeur qui mériterait, par d'autres, d'être envisagée.

***

On se souvient des critiques d'avant les Jeux : les installations ne sont pas terminées, les hôtels sont encore en chantier, on ne pourra pas accueillir les milliers de visiteurs annoncés, les athlètes seront logés à la plus mauvaise enseigne. « C'est le scandale russe », affirmaient les médias. Une organisation parfaite, des bonheurs partagés, d'étonnantes performances. Le monde des inquiets a toujours le tort de juger trop vite.

Durant ces dix-sept jours olympiques nous aurons été loin de la chronique pleureuse de ceux qui annonçaient les pires catastrophes, accusaient la lenteur des préparatifs, la légèreté de l'organisation à Sotchi. Et qu'avons-nous constaté, quelle a été la réalité de cet évènement planétaire ? Une réussite totale. Beauté des sites pour des épreuves reines, splendeurs des cérémonies d'ouverture et de fin, bonheur des athlètes et d'un milliard de téléspectateurs. Dans un climat de fraternité.

***

J'aurai donc passé soixante années de ma vie à m'éblouir, m'étonner, me fâcher aussi, chaque jour, à la découverte d'un nouveau livre. Les temps, ces derniers mois, ont changé ! Je ne vois plus de près, je ne lis plus. Je ne conduis plus – la voiture m'était une chance de liberté –, je ne veux pas être assisté, je me refuse à peser sur l'existence heureuse de ma femme. Plutôt partir et vite que d'embarrasser mes proches. Les difficultés toutefois n'ont pas embrumé ma bonne humeur.

***

J'aime bien ceux qui, sur leurs lèvres, font naviguer la barque d'un sourire.

***

De hautes flammes dans la cheminée de mon bureau, aux murs ma petite collection de peintres-amis, sur ma table de travail un projecteur de poche qui prétend éclairer ma page, une boîte-loupe que je ne sais pas manœuvrer. Quelle galère ! Il n'est pas si loin pourtant le temps où toute lecture m'était visible, où j'écrivais des heures durant. Mais je me console, je suis dans mes Pyrénées, la maison est douce, mes petits-enfants, Philippine et Augustin, composent une superbe compagnie.

***

Mon dernier récit, *La Nuit attendra*, sortira en livre de poche à la fin de l'année et dans la collection « La loupe » qui publie ses textes choisis en gros caractères. Viendra ensuite en librairie le quinzième tome de mon Journal auquel je n'ai pas encore donné de titre.

J'avais prévu de me consacrer désormais à une « fresque » commencée il y a dix ans, puis abandonnée et aujourd'hui retrouvée dans un placard de mon bureau à Miramont. J'étais au moment de l'arrêt à la trois cent troisième page, sous le titre « Un siècle de fureurs », j'avais la folle ambition – on pourrait dire prétention – de conter les événements qui ont agité la France de 1901 à 2001. C'est l'histoire d'un jeune paysan basque, parti pour l'Argentine, berger dans une hacienda, puis revenu au pays pour faire la guerre, assez chanceux pour tirer d'une tranchée et sauver en 1916 son capitaine, cruellement touché dont il deviendra l'ami et mieux encore l'héritier. L'officier, de très ancienne noblesse, riche à millions, ne connaîtra pas le bonheur de l'armistice, il meurt au printemps de 1918. Bénéficiant, grâce à sa fortune, d'une exceptionnelle ascension sociale, le petit Basque, devenu un homme d'affaires influent, fonde une dynastie qui participera à toutes les boursouflures du siècle, succès et malheurs confondus et volera en éclats à l'heure de la tragédie des tours à New York.

Guillaume Robert, mon éditeur chez Flammarion, paraît enthousiaste, il veut publier cette fresque du temps, autant romanesque qu'historique. Il me faudra lui dire le plus vite possible que je n'ai plus la force d'aller jusqu'au bout de ce projet. Je n'arrive même plus à me relire.

***

Puisque le curling s'inscrit comme discipline olympique aux Jeux d'hiver, pourquoi ne pas choisir la pétanque aux prochains Jeux d'été !

***

« Ce que la vie leur a appris. » Tel est le thème du dossier préparé par *Le Point* en cette fin février. Avec Jean d'Ormesson, Pierre Bergé, Edgar Morin, Robert Hirsch, Philippe Bouvard, je fais partie de ces « vieux magnifiques qui ont tant de choses à nous dire »... Jérôme Béglé qui m'interroge tient à préciser : « Quels conseils peut-on donner aux jeunes ? » J'ai pour habitude de toujours conseiller de ne pas donner de conseils. Mais c'est là un ami qui insiste. J'aligne encore quelques vérités premières :

Avec le temps je me suis forgé trois devises. La première vient de mon père, qui me disait : « N'oublie pas de vivre. » La deuxième s'est imposée à moi en regardant ceux qui ne pensaient qu'à leur carrière : « Vouloir réussir à tout prix, c'est se condamner à échouer. » La troisième m'est venue par goût : « Il faut oser l'aventure. »

Et puis, en vieillissant, quelques convictions et observations me sont apparues. À défaut de génie, le talent n'est rien s'il n'y a pas de travail. Combien de jeunes gens prometteurs n'ont pas délivré ce qu'on espérait d'eux ! Le plus souvent, c'est le travail qui leur a fait défaut. Je m'interdis de ressasser le passé, de penser l'avenir, car je veux vivre le présent. J'ai horreur que l'on dise : « de mon temps » ou « c'était mieux avant ». Ces expressions ne sont que des vues de l'esprit, qui, dans la plupart des cas, sont fausses.

La jeunesse n'est ni une qualité ni un défaut. Au mieux, un état d'esprit. Je connais des vieillards de vingt ans, tant leurs peurs, leur conservatisme, leur repli sur eux-mêmes sont effarants. Tout au long de ma vie, j'ai essayé de ne m'entourer que de jeunes, car quand je parle à des gens de mon âge, je m'endors. La jeunesse hurlante que les médias nous présentent complaisamment est aux antipodes de celle que je croise partout dans le monde. Je la crois plus consciente de ses droits et de ses devoirs, plus intelligente qu'on ne la décrit.

Voilà pour ce qui est publié. Mais il y aurait encore tant de choses à dire… que je ne sais pas !

***

Comme chaque dimanche et depuis des années, France 2 m'entraîne sur les *Chemins de la foi* où se retrouvent musulmans, juifs et chrétiens, parfois dialoguant entre eux, toujours en phase avec le passé et l'actualité immédiate. On pourrait dresser un tableau d'honneur. En tête, évidemment, Josy Eisenberg qui sait parler comme personne du judaïsme, les sages de l'Islam, de grands intellectuels, dont les conversations savantes passent au-dessus de 95 % des gens concernés, enfin *Le Jour du Seigneur* où les catholiques font leurs dévotions en fin de matinée. Les différences entre toutes ces religions montrent bien ce que le monde souffre cruellement : chacune est persuadée de son bon droit et souvent n'écoute plus l'autre. J'entends la messe, je n'arrive plus à m'accorder au silence, les paroles d'habitude m'énervent, seul le chant est une prière.

***

Tous ces combats perdus d'avance dans lesquels la France s'engage, dans les armes ou la parole : Libye, Centrafrique, Syrie, Ukraine. On en appelle partout à la démocratie, on croit rétablir l'ordre dans des pays en révolution permanente, on nourrit l'espoir des peuples concernés puis on se retire laissant à l'abandon ceux que l'on pensait avoir sauvés.

***

Il est deux heures du matin. Sur l'une des chaînes du câble – je ne sais laquelle –, une image, toujours dans le flou, me retient. Je reconnais l'avenue Foch. Un petit homme y glisse un pas alerte, il est élégant, coquet même, le cheveu dressé tel un coq. Je suis à ses côtés. Je me souviens. Mon camarade de promenade a quatre-vingt-douze ans. Il vit constamment dans la drôlerie. C'est Arthur Rubinstein. Un matin de reproches. La veille à Deauville, au Ciro's, le voyant entrer avec une demoiselle de vingt-cinq ans, j'avais tourné la tête pour n'avoir pas à le saluer. Il s'était arrêté à ma table :

— Alors, Jacques, mes amours te gênent ?

Et, sans me serrer la main, il s'en était allé du côté de la mer. Revenu à Paris, il m'avait téléphoné : « Viens me voir. » J'avais aussitôt répliqué :

— Qu'avez-vous à me dire ?

— Tu verras. La jeune fille que tu as rencontrée à mon bras était ma secrétaire, elle est devenue mon amie, elle sera mon héritière.

Il fit le nécessaire, heureusement la famille veillait, le vieil homme fut jugé « turbulent ».

***

Ce soir, sur Arte, comme toujours, un excellent documentaire. L'aventure périlleuse de la plus extraordinaire moisson d'œuvres d'art volées par un forban nommé Hitler. L'ignoble Führer au plus haut de son pouvoir avait réuni des milliers de peintures et de sculptures qui avaient été enfouies dans une mine de sel autrichienne, à Altaussé. Lors de l'avancée des alliés, Hitler aurait souhaité faire exploser toutes ces merveilles qui, au final, furent sauvées par les mineurs eux-mêmes. Il y avait entre autres dans cette grotte aux trésors la *Madone* de Michel-Ange et *L'Astronome* de Vermeer que j'eus la chance de voir plus tard, sur son chevalet, à l'hôtel Lambert où Guy de Rothschild me faisait le plaisir de m'accueillir.

***

Je m'étonne du peu d'intérêt que je prête désormais aux choses. Serait-ce l'effet du grand âge ou la chance de l'enfance retrouvée ? J'entends, mais je n'écoute plus. Que m'importent les pantomimes de Dieudonné, les amours contrariés de Hollande, les déboires de Coppé, les menaces d'intervention dans des pays déchirés par les luttes tribales, la parité pour les municipales, les foucades de Valls, le retour de Bayrou ! Il me faut de la beauté pour écraser les rumeurs du temps. J'ai choisi la *Symphonie n° 5* de Mahler – mon cher *Adagietto* – par l'orchestre de Chicago dirigé par Claudio Abbado, parti retrouver la somptueuse galaxie des musiciens. Oui, la musique pour tout oublier.

***

Cette époque tristounette où des chanteurs de peu d'importance assiègent en majesté tous les plateaux de télévision. Nous étions l'autre soir à suivre les *Victoires de la Musique*. Nous avons tenté d'entendre des paroles, ce n'était que bruits sans fureur aucune. Je me suis tout à coup demandé : « Avec qui pourrais-je réaliser aujourd'hui une émission de quatre heures en total direct ? » Quelle chance aura été la mienne de pouvoir accueillir et Barbara et Gréco, et Brassens et Brel, et Montand et Trenet, et Ferré, et tant d'autres dont on aimait et comprenait les mots, la mélodie. Quel privilège d'avoir été, trente années durant, le compagnon des grands maîtres de la musique classique, exigeante discipline. Je les recevais au *Grand Échiquier* bien sûr mais il m'arrivait souvent d'aller avec eux sur les scènes du monde. J'étais le spectateur le plus enthousiaste, j'appréciais cette communion avec des publics différents. Arthur Rubinstein, Yehudi Menuhin, Herbert von Karajan, Maurice André, des dizaines de solistes furent les guides de mes voyages qui étaient autant d'évasions. Je visitais des pays, je côtoyais le génie. J'étais parfois le témoin de belles querelles. Je me souviens de ce qui opposait Rubinstein et Menuhin, tous les deux juifs mais de natures opposées. Le premier refusait de jouer en Allemagne où « vivaient toujours des descendants des nazis », le second estimait que les jeunes d'aujourd'hui ne devaient pas porter la honte de toutes les atrocités. « Yehudi se veut saint, me disait Arthur, moi, je suis un diable qui n'oubliera jamais. » On me demande d'écrire un livre d'anecdotes sur mes « patients ». Je distille quelques souvenirs mais je m'en tiens là. J'ai tout un monde en moi.

Mars 2014

Trois mois après la sortie de *La Nuit attendra* je reçois encore des lettres à la cadence de quatre ou cinq chaque jour. Ce matin, l'une de celles-là, signée Raoul n'indique pas la moindre adresse. Je la reçois comme un émouvant rappel :

Je me souviens de vous, vous portiez un treillis gris, vous étiez coiffé d'un petit chapeau de brousse, vous étiez avec Pierre Schœndœrffer, nous avons parlé, j'aurais été bien incapable de vous reconnaître mais votre voix m'était familière, je vous écoutais à la radio, sur mon piton où jeune lieutenant je commandais à une centaine de supplétifs vietnamiens. Je me suis perdu dans ce fâcheux convoi des prisonniers de Diên Biên Phu. Nous étions douze mille, votre ami Pierre S., je l'ai rencontré dans une clairière de la jungle à la suite de son évasion avec un photographe nommé Péraud. Il avait été repris, il était enchaîné. Moi, je n'étais plus qu'un squelette en marche, trente-cinq kilos de moins, un mort vivant. J'aurais scrupule à me plaindre. Pierre S. et moi nous faisions partie des deux mille revenus de l'enfer, des rescapés qui, soixante ans après, n'ont rien oublié. La lâcheté de nos politiques à Paris, l'incompétence de notre commandement m'avaient tellement écœuré que je suis parti pour les États-Unis. Votre livre me fait revisiter notre tragédie. Je voudrais revoir le Vietnam que nous avons tant aimé, je suis vieux, je ne peux m'en tenir qu'aux souvenirs.

Puis-je solliciter un entretien, nous avons tant à nous dire...

Cher Raoul, je ne sais où vous êtes, j'aurais grand plaisir à vous rencontrer si d'aventure vous lisez ce journal, vite faites-moi signe...

***

Dans son dernier livre, Michel Field dit sa passion pour les bibliothèques. Elles lui sont indispensables, je partage cette même nécessité. J'en ai eu de nombreuses au hasard de mes déplacements, je dispose encore de trois espaces dont le désordre souhaité est apparent. Il y a cent manières de classer les livres. Je me souviens d'un temps en Uruguay où dans une hacienda, près de Salto, j'avais aligné plus de mille ouvrages de la collection Folio, tous numérotés, ce qui facilitait le rangement après lecture. À Paris, la famille et les amis pensent que je serai enseveli bientôt par la masse de documents entassés sur les rayons au-dessus de ma tête. C'est dans les Pyrénées que reposent mes trésors. La bibliothèque occupe la hauteur de deux étages, avec mezzanine, au plafond les *Fables* de La Fontaine peintes par Mady de la Giraudière. J'aime ce havre de paix qui donne sur les montagnes par de grandes fenêtres à petits carreaux. J'apprécie d'autant plus ce lieu d'évidence qu'il me permet de rêver, à chaque passage, depuis six mois, sur les grands bonheurs d'hier. Pour l'instant, je ne lis plus, c'est la pire des épreuves...

***

Les terribles crues du 18 juin ont laissé des traces effroyables tout au long du gave de ma chère Bigorre. Des blocs de pierre dévastent le paysage, les rives devraient être reprises, nettoyées, mais on ne peut « déranger les insectes, toutes les petites bêtes qui habitent ces lieux ». Ce sont les écologistes qui croient pouvoir décider de tout. Foutaises. Ces gens-là sont nuisibles, leurs occupations sont risibles, il conviendrait de leur rendre la vie impossible. À Paris, quelques éberlués s'agitent, glissent dans le ridicule. Ils pensent et disent que l'écologie est de gauche alors qu'elle est à tout le monde. Il serait temps d'ailleurs de changer de nom : l'écologie est un parti. La nature est un bienfait des dieux.

***

Est-ce un scandale d'État ? On le saura demain. Mais d'évidence c'est une saloperie commise par un traître. Personnage trouble, complotiste né, jugé d'extrême droite, Patrick Buisson a donc enregistré sur son magnétophone de poche toutes les conversations que Nicolas Sarkozy avait avec ses ministres, sa famille, se proches. Piètre conseiller que cet homme-là ! Comment faire confiance à un pareil diable ! Il faudrait réinventer le duel pour le tenir au bout d'une dague et le faire chavirer. Le bruit est détestable, les politiques devraient écrire en gros caractères sur leur carnet cette réflexion de Confucius : « Le silence est un véritable ami, lui qui ne trahit jamais. »

***

Dans ce Journal, j'ai testé différents titres auprès de mes amis, les professeurs Pouliquen et Khayat rencontrés hier. Ils n'ont pas été très enthousiastes. J'avais choisi : *Partir, oui, mais vite*, *Les Derniers Feux*, *Je suis prêt*, *J'attends*. David Khayat m'a suggéré cette interrogation : *Pourquoi partir ?* Pourquoi pas ?

***

Enfin une équipe de France convenable. Brillante même. Enfin du football qui mérite son nom : lumineux. Le talent, la solidarité, l'enthousiasme surtout étaient de la fête contre cette Hollande si redoutée. Magnifique retour de Benzema, superbe continuité de Matuidi.

***

Ignorants ou tricheurs les leaders des partis politiques veulent imposer leur idéologie personnelle à notre cher pays et cela à la veille des municipales. Ils devraient comprendre que le profond de la France, la province, n'a rien à voir avec les querelles des officines parisiennes. Seuls comptent les enjeux locaux. Tout le reste est cinéma et crapulerie !

***

Bravo à France Télévisions qui consacre soixante heures de direct aux Jeux paralympiques de Sotchi. Notre admiration à tous ces champions qui ne sont plus des handicapés mais des athlètes de haut niveau.

***

Avant les deux rencontres du Tournoi des Six Nations – Irlande/Italie, Écosse/France – où notre victoire a un air de défaite, France 2 nous a présenté un excellent documentaire qui nous rappelait au souvenir du plus exceptionnel des commentateurs de rugby Roger Couderc, il était « le 16e homme », enthousiaste, parfois surréaliste dans ses propos, cocardier sans doute mais pas chauvin. Christophe Duchiron a su éclairer les chemins de vie de ce journaliste qui avait le simple pouvoir d'aimer et d'admirer. Il nous quittait il y a trente ans. Je me souviens encore d'une rencontre particulière. C'était en 1975. Avec Marcel Jullian, nous inventions Antenne 2, notre plus beau chantier. Nous étions seuls, il nous fallait constituer une équipe. Marcel m'avait dit : « À toi de faire le marché. » J'avais choisi le bistrot de l'Alma comme lieu d'engagement. Un matin, après avoir reçu Bernard Pivot, j'accueillis Robert Chapatte et Roger Couderc que les événements de 1968 avaient écartés des studios de la télévision. Ils donnaient alors leur talent à Europe 1. Autour d'un verre de bordeaux, nous avons parlé des choses de l'existence, de leur passage à la radio, de cette rupture si longue avec le petit écran. Ils savaient que nous avions été désignés pour créer la nouvelle seconde chaîne. Notre bavardage irritait Couderc. Je le devinais à quelques gestes d'impatience. Au bout d'une demi-heure, il n'y tint plus :

— Tu nous as fait venir pour parler de la pluie et du beau temps ?

Chapatte souriait car, lui, il avait compris. Je ne souhaitais pas faire attendre davantage le turbulent Roger.

— Êtes-vous d'accord tous les deux pour nous rejoindre ?

Je ne doutais pas de leur réponse, j'avais face à moi deux visages de grand bonheur. J'informai Marcel de cette acceptation : « Nous les verrons dans une semaine », m'avait-il dit aussitôt. Mais c'était trop pour Roger. Il n'en pouvait plus d'espérer et chaque soir il téléphonait à ma femme pour qu'elle le rassure : « C'est bien vrai, nous sommes engagés ? »

***

Sur Paris Première je revois *Nuit et Brouillard.* Toujours la même émotion, plus encore la même colère. Le film d'Alain Resnais n'a rien perdu de son extraordinaire force d'images, le texte de Jean Cayrol est de toute beauté, une poésie de l'atroce. Comment un peuple dit civilisé mais conduit par un fou a-t-il pu inventer ce paysage concentrationnaire, ces camps de la mort, ce tragique de l'humiliation ? On peut plaindre les Allemands d'aujourd'hui, mais peut-on pardonner à l'Allemagne ?

***

Un coup de laser miraculeux redonne vie à mes yeux. C'est un samedi de gala. Ce ne sont pas encore de grandes clartés mais je vois, je peux lire, ce qui m'était interdit depuis des mois. Dans ma pile longtemps abandonnée, je choisis ce soir le dernier ouvrage de Gilles Lapouge, fabuliste, grand voyageur qui fut l'un de mes invités les plus érudits à *Radioscopie. L'Âne et l'Abeille* est comme un retour aux sources de son enfance, l'auteur se souvient d'un poème de Francis James, mon voisin béarnais, qui associait l'équidé et l'insecte, le premier étant fantaisiste, l'autre communautaire. Rien du cher Gilles ne m'est étranger. Ni son premier opus *Un soldat en déroute* ou *La Bataille de Wagram*, ni son amour du Brésil, ni son âme d'explorateur. J'avais été frappé au début par l'admiration qu'il portait au Siècle des Lumières. Il répétait sans cesse sa tendresse pour l'Ancien Régime, il rêvait de fréquenter – et il le répète aujourd'hui – « Diderot et les intellectuels de l'Encyclopédie ». Je me retrouve dans ses plaisirs de lecture. J'aurais tant voulu rencontrer Voltaire et puis aussi Balzac et Flaubert, tous les autres.

Avec Lapouge, nous avons également en commun une sorte de fascination pour la vie monacale. Il écrit : « Que ne redonnerais-je pour connaître l'existence des trappistes et des chartreux, goûter dans une sombre cellule l'ordre et l'ascèse religieuse… » On peut y penser sans croire qu'on en est capable…

***

Sur Arte, je revois le film de Stanley Kubrick, *Les Sentiers de la gloire*, qui rappelle ce que l'histoire nomme « mutineries », l'exécution de soldats qu'on accusait de traîtrise pour n'avoir pas obéi aux décisions désastreuses d'un général indigne. Cet étoilé de l'arrière s'éblouissait d'envoyer les siens à la mort, dans les lignes allemandes en 1916. Je ne puis m'empêcher de songer à ses descendants, pareillement absurdes, qui dans un même esprit de panache, avaient lancé, en 1954, des milliers de sacrifiés dans la cuvette de Diên Biên Phu.

***

Craindre la mort c'est se défendre d'aimer la vie. La souffrance c'est bien autre chose, on la subit, on la dépasse ; lorsque plus rien ne va, seule solution : partir le plus vite possible, décider d'un au revoir, d'ornementer la sortie. J'ai fait le tour des choses, je crois avoir beaucoup navigué mais dans le même temps je me dis qu'il y a encore tant à voir ! À la vérité, pourquoi partir ! David Khayat m'en persuade, le banal même est si beau, l'éclat du ciel, le chant des oiseaux.

Pourquoi partir ? L'interrogation annonce le départ mais fait aussi état d'une possible nouvelle durée, d'un sursis. Il faut vivre chaque matin, et quoi qu'il arrive, comme un commencement.

***

Cet opéra je l'aurai vu une bonne vingtaine de fois, dans des versions différentes et aujourd'hui encore je suis dérouté par la complexité des personnages qui habitent un scénario confus. Mais il y a Mozart et donc tout le bonheur du monde. Cette *Flûte enchantée* que nous présente l'Opéra Bastille m'a enthousiasmé par sa belle composition de voix – la plupart m'étaient inconnues –, par la mise en scène qui, surtout dans le second acte, met tous les interprètes en mouvement, par les chœurs toujours admirables, l'orchestre dirigé de main de maître par Philippe Jordan. Le climat général était si prenant, intense, que j'ai abandonné vite la traduction de l'allemand, en français et anglais, affichée sur le plafond. J'ai apprécié la performance de Julia Kleiter qui est « la douce Pamina » et les aigus de Sabine Devieilhe qui chante le grand air de la Reine de la nuit. Toujours l'opéra qui nous sauve des vulgarités vocales du temps…

***

Le frais d'un soleil presque printanier. Serge Kampf nous entraîne au Stade de France pour le France-Irlande du Tournoi des Six Nations. Dernière épreuve 2014 du tournoi. Comme toujours notre petit groupe célèbre le rugby, quoi qu'il puisse arriver. Il y a là Jean-Pierre Rives, Serge Blanco, Denis Charvet. Nos tricolores sont battus de deux petits points, les verts ont été ardents, les coqs n'ont pas démérité, ils avaient enfin des réserves d'enthousiasme, pas encore le feu mais de belles flammes. Ce match est pour eux le meilleur de la série, auparavant ils bredouillaient. Nous n'aurons pas à pleurer chez Guy Savoy qui nous attend. Au dîner nous rejoignons le prince

Albert de Monaco, le grand All Black Byron Kelleher, Emmanuel Falco. Seule l'amitié pour vrai trophée.

***

Invité par le cercle privé « Empreinte » qui se veut culturel et prétend défendre « la belle tradition française », j'attends avenue Friedland, installé au premier rang, le maître de cérémonie chargé d'animer le débat. Il arrive avec dix minutes de retard, l'air réjoui, allure jeune cadre, sûr de lui et au premier abord assez stupide. Il prend la parole d'une voix nasillarde : « Je vous adresse le bonjour, nous avons choisi d'évoquer les commanderies des templiers… et de nous enrichir aussi d'une autre langue. C'est en anglais que nous allons échanger nos points de vue. » Je me lève aussitôt ostensiblement, je ne supporte pas ce genre de dérapage. Il convient, évidemment, d'apprendre d'autres langues mais nous avons le devoir de défendre le français malmené par les nôtres, torpillé par les élites, défiguré par nos grandes sociétés qui, dans les conseils d'administration, se croient obligées de célébrer Shakespeare. C'est dans l'air du temps, la mode et la bêtise conduisent les « importants » du pays. On bredouille l'étranger avant de maîtriser notre propre langue. Nous ne pouvons plus compter que sur sept millions de Québécois, des francophones ardents désespérés à travers la planète, et des amoureux passionnés. Au final, je me console du peu d'intérêt de certains en me répétant la déclaration d'amour de deux grands écrivains venus d'ailleurs, François Cheng d'abord : « Le Français est une chanson intime », Kateb Yacine ensuite : « Le français est notre prise de guerre. »

***

À la première page de la biographie d'Alexis Weissenberg qu'il se propose de publier – vite un éditeur –, Karin Chebban a mis en exergue cette réflexion du grand pianiste disparu, faite à *Radioscopie* :

« À cette époque de l'enfance où l'on sent avant de savoir, où l'on rêve avant de sentir, où l'on gémit avant de rêver, où l'on écoute avant de gémir, j'ai découvert le son, les sons, l'univers sonore, le langage, les langages, de la musique, la magie de cette plus haute mathématique qui déchiffre un des liens entre l'homme et le divin. »

***

Mon oncle d'Indochine m'étonnait de tous ses mystères. Il semblait exercer de hautes responsabilités dans une organisation secrète, on m'affirmait même qu'il en fut un temps le président. La « Rose-Croix » lui était une occasion de philosopher, j'avais alors le sentiment qu'il s'agissait d'une secte. Quelle était donc cette Société ? Qu'est-elle devenue ? La Rose-Croix que l'on dit encore vivante est un ordre, d'essence chrétienne qui remonterait au début du XVIIe siècle en Allemagne ; son existence est sujet à controverse. Les membres se veulent en « état de perfection spirituelle et morale » et se croient successeurs des chevaliers du Graal et des templiers. J'ai, depuis longtemps, perdu leur trace, le nom n'a plus sa place dans les conversations familiales, l'ésotérisme qui guidait mon oncle a disparu de nos mémoires. Je n'aurai pas été un disciple.

Je me souviens tout de même. Enfant déjà je devinais des choses, l'oncle m'interrogeait, il avait estimé très vite que j'étais un excellent médium. Les tables tournantes m'avaient au début amusé. J'étais secoué par cette recherche continuelle des Ailleurs. Un soir où nous étions seuls, mon cousin et moi, dans le bureau de son père, la découverte d'un carnet rose nous avait bouleversés sous le titre « Tablettes », il y était question de notre avenir ; nos parents avaient noté, dans une écriture fine, ce que nous allions vivre à nos vingt ans. Et ma surprise fut grande par la suite. J'y repense aujourd'hui. Ce que j'ai vécu en Indochine y était raconté : « Il lui faudra dépasser des heures tragiques, c'est en noir que se dessine son entrée dans l'âge adulte. »

Aurais-je bénéficié d'un pouvoir surnaturel qui n'était pas le mien ? Je me suis aperçu que j'avais des rêves prémonitoires, une approche singulière de mes invités. Je ne me considère pas comme un médium mais, souvent, il m'est arrivé de le croire.

***

On peut le comprendre ou le regretter, mais c'est la réalité du jour. La Crimée est perdue pour l'Ukraine. Un succès pour Poutine, une défaite des Occidentaux.

***

La gauche professionnelle des bobos amateurs engage le combat contre Nicolas Sarkozy, l'accuse de cent forfaits, n'apporte, pour l'instant, aucune preuve sérieuse, crée la diversion, la division, à la veille des municipales. Comment s'étonner dès lors de la violence de sa réponse ? Moi, j'aurais giflé...

***

La France – laissons les autres nations à leurs affaires – a commis la faute en ne discutant pas au préalable de la situation en Ukraine, avec la Russie. Aujourd'hui, nous nous retrouvons en froid avec Poutine qui a des rêves de grandeur auxquels l'Occident ne saura plus s'opposer. La diplomatie n'est plus ce qu'elle était.

***

Bonheur d'un samedi : Serge Lama chez Michel Drucker sur France 2. Une voix, des textes, des mélodies qui accrochent le cœur. Enfin un chanteur dont on entend la parole. Un acteur aussi. Capable de jouer tous les rôles. Je me souviens d'un soir au *Grand Échiquier* où il interprétait *Les Petites Femmes de Pigalle* accompagné par l'Orchestre national de France dirigé par Lorin Maazel. Du talent à l'état pur. Rien à voir avec les tristes modes du temps ! Chance d'un dimanche : Maïtena Biraben sur Canal +. Du très sérieux, du baroque, du loufoque, une manière différente de traiter l'information. Un vrai *Supplément.*

***

Renaud Capuçon court le monde avec son violon qui fut à Isaac Stern, mon complice en tant d'occasions. J'apprécie ce jeune interprète qui porte nos couleurs, surtout celles de la musique, sur toutes les scènes, fort d'un talent exceptionnel et d'une force de vie exemplaire. À chacun de ses retours à Paris, chahuté entre Moscou et Sydney, New York ou Shanghai, il vient me surprendre à la maison et l'après-midi, dans le parfum de nos cigares, nous parlons littérature – c'est un lecteur émérite –, nous dissertons joyeusement sur les turbulences de la politique. Nos propos sont si ardents que Guillaume Robert souhaite les prolonger dans un livre d'entretiens sur lequel nous allons travailler dès le mois d'avril. Il nous faudra être simples, profonds et rieurs !

***

Une déroute magistrale, un rejet profond, un désastre cinglant annoncent ce matin les gazettes. La gauche au pouvoir ridiculisée au premier tour des municipales. Soyons sérieux tout de même. On en reparlera dimanche prochain.

***

J'ai songé, un bref moment, au cours de mon année 2013 turbulée par des maux venus en cascade, oui, je me suis demandé pendant un long quart d'heure s'il n'était pas plus convenable de préparer des adieux, fussent-ils joyeux ! Et puis, ce dimanche de plein soleil, des bruits sont venus troubler le silence de mon bureau, mes petits-enfants sont entrés en trombe, la vie était là, bouleversante. J'ai déchiré le message écrit à l'aube, simplement – j'ai horreur du théâtral – j'y affirmais combien avait été remuante et enthousiasmante mon existence, bonheurs et malheurs confondus. Auprès de Philippine et d'Augustin, je me suis pris à rêver de beaux matins. Pourquoi partir en effet ? Pourquoi, du moins, l'envisager ? Les dieux décident de tout. Pourquoi y penser ? Le temps d'un regard sur mes petits anges et l'idée d'un départ fait place au plaisir d'une arrivée.

Le téléphone sonne. Je dis oui à l'ambassade de France au Vietnam qui m'invite en mai pour une série de conférences consacrées à mon livre *La Nuit attendra*. On m'a fixé l'itinéraire. Saigon d'abord, puis Hué, Hanoi et aussi Phnom Penh et Angkor au Cambodge ; et enfin Hong Kong. Je retrouve là toute ma jeunesse.

Au final de mon périple, je regagnerai Miramont où m'attendent mes amis bigourdans, mes cols de passage, mes sommets magnifiques. J'en suis persuadé. Pourquoi partir en effet ? Nous n'avons pas demandé à naître, pourquoi nous obliger à mourir. Il y a tant à accomplir, à découvrir, à regarder, à admirer, à aimer. Un ami me disait hier : « Pourquoi vouloir à tout prix inventer de nouveaux défis ? Tu as déjà tellement fait. » Vivre au passé, c'est déjà mourir…

***

Le professeur Pouliquen et le docteur Cotineau ont su redonner vie à ma vue – du moins à l'œil gauche – grâce au faisceau bienheureux du laser qui a, comme ils disent, « nettoyé ma vitre sale ». Ce n'est pas encore la grande ouverture sur la lumière mais je peux lire, ce qui m'était interdit depuis des mois. J'ai donc pu « observer » de plus près les ouvrages que nous avions sélectionnés pour le Grand Prix du Roman historique créé par la banque Palatine. Pour notre discussion chez Lapérouse, j'avais choisi *Le Bataillon créole* de Raphaël Confiant qui conte la douloureuse aventure des Martiniquais venus épauler les armées de 14/18 et *Bison*, la belle histoire de Patrick Grainville inspirée par des faits réels. Grainville est sorti vainqueur de noire délibération. Son livre est de très bonne qualité, il dessine l'itinéraire du peintre George Catlin qui, en 1828, se trouve ébloui par les cavaliers indiens en route pour Washington. Pour eux, il quitte femme et confort. Le long du Missouri, il découvre la prairie vierge. Pas de colons, pas de cow-boys. La nature, l'inattendu et des millions de bisons. L'artiste peu dès lors réaliser des portraits qui vont enrichir son musée indien. Pour ce récit, Grainville s'est essayé à la simplicité sans pour autant, par fulgurance, abandonner son côté « écrivain flamboyant ».

***

Les années filent leur serpent de surprises, ceux de ma génération auront réussi quelques missions d'importance, je me félicite d'avoir su conserver mon cœur d'adolescent, je m'en serais voulu de me prendre au sérieux, de jouer les anciens, de donner des leçons à une jeunesse qui ne doit tout attendre que d'elle-même. J'aurai fait le mieux du monde, du moins dans ce qu'il m'était possible d'accomplir.

***

Déroute historique, chute abyssale, débandade, punition ! Que du noir dans la corbeille rose du socialisme en péril. Jour de tristesse pour notre président : une mort annoncée, un succès prévisible, l'alternance respectée. Municipales assassines pour le pouvoir. Bigorre et Béarn, mes amours, en changement maintenant. François Bayrou écrase son concurrent à Pau. Josette Bourdeu mène la danse à Lourdes et honore notre famille : elle est ma cousine. Attendons demain : Manuel Valls devrait prendre Matignon et faire taire pour un temps la rumeur mauvaise.

***

Il aime le rugby, Laurent Gerra, la musique : un tel homme ne peut pas être totalement mauvais ! Nommé Premier ministre, Manuel Valls va maintenant souffrir les hésitations de son président. Lui dire bonne chance, c'est vouloir le bonheur de la France.

Avril 2014

La bonne blague de François Hollande ! Fallait-il choisir la date du 1er avril pour chasser un Premier ministre et désigner son successeur ? Bérégovoy, en son temps, avait attendu pour s'emparer de Matignon. Nous avons tous observé le passage du relais, la fierté retenue de Valls, la tristesse obligée d'Ayrault, son visage défait d'homme perdu. Quelle folie la politique !

***

Dans les années soixante-dix, je recevais à *Radioscopie* un personnage singulier qui, blessé à Bir Hakeim, s'était offert aux religieux pour gagner de nouvelles perspectives de vie. Né catholique il avait d'abord choisi le bouddhisme, s'était converti au judaïsme mais, déçu par l'attitude d'Israël face à la Palestine s'était rapproché des musulmans avant de tomber dans la marmite franc-maçonne. Jacques Lebreton avait tout subi, il était aveugle, amputé des deux bras et joyeux. Je lui avais demandé :

— Si quelqu'un de miséricordieux promettait de vous rendre un peu de ce que vous avez perdu qu'attendriez-vous : les yeux ou les mains ?

— Les mains, bien sûr, s'était-il écrié.

J'avais été surpris ; dans une situation semblable je n'aurais pas eu la même réponse, les yeux me paraissaient tellement des trésors de lumières. Mais il avait des raisons que j'étais bien incapable de comprendre. Un soir où il s'irritait d'un moustique qui lui grattait le visage : « Tu vois, me dit-il, je suis incapable de le déloger. » Je ne lui parlai pas de mes années noires à l'hôpital de Gia Dinh, j'étais un miraculé, il était toujours en souffrance, sa lamentation revenait à tout moment : « Mon chemin est un cauchemar, celui du labyrinthe. » Je savais de quelles ombres s'accompagnait son fâcheux destin, je n'étais pas totalement étranger à cette question de ténèbres. J'avais eu comme lui des antennes aux frémissements multiples. Un voyant est trop accaparé par le monde extérieur, par trop d'images qui l'encombrent. Jorge Luis Borges m'avait dit au cours de l'une de nos promenades dans les jardins de Buenos Aires : « On regarde mieux lorsqu'on ne voit pas, on invente, on tord la solitude. Pourtant, comme j'aimerais revoir, comme j'aimerais redécouvrir, comme j'aimerais caresser… Mais je crie aussi : "Défendez-moi, Seigneur, de l'espérance." »

Je reviens bizarrement à ces lointaines années d'Indochine qui me firent hériter un tunnel. Cela tient sans doute à la relecture de l'essai que j'avais consacré à Borges en 1992. Le grand écrivain argentin – qui parlait toutes les langues – répondait à cette question : « À quel moment avez-vous eu le sentiment que votre regard se voilait ? »

Il n'ignorait rien de ce qui allait se passer : « J'étais préparé à mon destin, je n'ai donc pas été surpris lorsque, à cinquante-cinq ans, la pénombre m'a doucement envahi. Elle s'est installée au fil d'un long crépuscule qui a duré vingt ans. Je suis aujourd'hui dans une sorte d'épais brouillard grisâtre. Je suis assez mélancolique. Je n'aime pas trop Baudelaire, mais il a quand même écrit ce vers magnifique : *Mon Dieu, donnez-moi le courage de regarder mon corps et mon âme sans dégoût.* »

De Jorge Luis Borges, en cette fin de semaine, je vais grignoter quelques pages de ses livres déjà alignés sur mon bureau. D'abord *Fictions* que Roger Caillois m'avait fait découvrir puis *L'Aleph*, *L'Or des tigres*, *Le Livre de Sable*, *Labyrinthe*.

Une interrogation me hante : « A-t-il été heureux à la fin de sa vie, à Genève ? » Je ne le sais pas.

***

Nous y avons cru, l'espérance portait les supporters du PSG : l'essentiel avait été réalisé la semaine dernière à Paris, il suffisait d'un « nul » pour aller en demi-finale de la Coupe des Champions. Mais il y avait Chelsea et son expérience d'un football en danger. Deux buts ont déchiré les filets. La défaite est dure à digérer. C'est vrai, il nous manquait le sublime Zlatan ! Ses confrères, sur la pelouse, n'étaient pas sans talent, mais il leur manquait le génie du moment, la grâce de l'audace. Ce fut incompréhensible, il est temps de passer au rugby.

***

Les gazettes en font le meilleur de leurs titres : Valls écrase Hollande de sa popularité. C'est là la source d'une rivalité qui assombrira plus encore demain le ciel de France que mon optimisme me peint toujours en bleu.

***

Je me paye le luxe d'une indifférence totale à la politique, à la mauvaise foi politicienne surtout. L'origine de ce manque de civisme remonte au temps de mon aventure asiatique. Je ne peux pas oublier la perfidie de nos gouvernants qui, dans leur confort parisien, poussaient tant de jeunes à combattre pour une guerre lointaine qu'ils savaient perdue. Le 7 mai 1954, au soir de la chute de Diên Biên Phu, je savais que je n'aurais plus rien à voir avec le monde des puissants.

***

De tous les *Secrets de l'Histoire* que Stéphane Bern nous invite à suivre sur l'écran, celui qui concerne « Un homme nommé Jésus » reste le plus étrange. Le mystère qui entoure la jeune vie de ce prophète des lumières s'épaissit à chaque fois davantage lorsqu'on se prend à vouloir le traduire. Déjà, dans l'enfance, chez les bons pères – comme on disait alors –, je m'étonnais de l'ignorance dans laquelle on nous tenait sur le sujet. J'avais été mis au piquet pour avoir affirmé que Jésus était juif. J'avais une litanie de religieuses, de prêtres, d'évêques dans ma famille… J'interrogeais à longueur de journée, j'attendais des réponses sur la traversée terrestre du grand homme, sur les miracles qu'on lui attribue, j'espérais assez naïvement des preuves, je n'avais pas ressenti alors la grâce de la Foi. Il faut croire à tout prix si on ne veut pas être dépassé par l'invraisemblable. Les points de vue des théologiens, des philosophes, des historiens invités à redécouvrir Jésus étaient si différents que l'on peut imaginer qu'ils ont encore compliqué cette divine aventure !

***

Une si longue absence. Près de huit années loin de la France, des brumes d'exotisme, la découverte au jour le jour de l'infinie légèreté et de l'horreur ordinaire et cette nostalgie qui m'oppressait, celle de mes Pyrénées perdues. Je n'ai jamais voulu analyser les vraies raisons de ce que certains ont cru devoir appeler « une fuite ». Je suis parti. J'ai été déposé presque clandestinement sur la planète asiatique. J'ai dit et redit ce temps de l'insouciance, d'une part enfouie de l'inconscient. Je sais le mal que j'ai pu faire, je vais souvent sur la tombe de ma mère, au pied de l'Aubisque, je prie, j'en demande pardon, belle maman je n'étais qu'un enfant. Tu m'as attendu jusqu'au retour de mon pèlerinage à la guerre et le lendemain, rassurée, tu as, toi aussi, pris le large, discrètement, souriante, j'ose dire heureuse… C'était il y a des décennies et pourtant le souvenir m'en est toujours aussi pénible, c'est le vivant de ses parents que l'on doit sans cesse prendre en compte.

***

À la création d'Antenne 2, contraints par les budgets qui n'autorisaient pas de grandes ambitions, nous avons imaginé un programme faussement flamboyant qui avait du moins le mérite de l'invention et de l'audace. Ainsi, au cours de l'été, j'avais confié à une quinzaine d'inconnus, la plupart jeunes journalistes, une heure d'antenne où ils avaient la liberté d'exprimer leur talent. J'ai le souvenir plaisant de deux d'entre eux qui avaient su nous convaincre de lendemains heureux. D'abord une jeune lauréate, belle et brune, qui avait soumis l'actualité du mois sur un ton critique, l'autre un chroniqueur déjà turbulent qui s'était mis en tête de chanter l'opérette sous une forme moderne. Elle ? Anne Sinclair. Lui ? Jean-François Kahn.

À suivre, ce soir, *Un jour, un destin* sur France 2, je songe à cet amusant passé de notre chère Anne qui devait faire par la suite la magnifique carrière que l'on sait. Je revois surtout en images ce qu'elle a vécu auprès d'un mari « agité » qui aurait pu la conduire jusqu'au plus profond des enfers. C'était oublier son courage, son extrême pudeur, son intelligence, sa dignité qui lui est une passion naturelle.

Il y aurait beaucoup à dire sur cette affaire américaine bizarrement menée, mais je ne suis pas juge et mon ignorance est grande. Je ne vois sur mon écran, face à Laurent Delahousse, qu'une superbe Anne Sinclair. Une belle dame.

***

Ceux qui aujourd'hui coupent les *Grosses Têtes* de Philippe Bouvard devraient s'interroger sur ce qu'ils ont fait de leur vie, se demander ce qu'il restera de leurs projets ratés. Philippe est mon complice depuis cinquante ans, il fut avec *Samedi soir* l'initiateur d'une télévision qui donnait la parole à l'humour, il sera à toujours l'inventeur d'un *Théâtre* dont sont sortis les fantaisistes de ce début de siècle, il est écrivain, journaliste, chroniqueur, éditorialiste, il s'est privé de diplômes pour s'accorder un style.

Ce n'est pas le changement d'un programme qui fait ma tristesse, personne n'est propriétaire de son temps d'antenne. C'est la manière de liquider les animateurs qui m'indispose, ce manque d'élégance des dirigeants de partout. L'époque de la discourtoisie est en plein essor !

Mai 2014

Le corps médical en a donc décidé : interdiction m'est faite de prendre l'avion ces deux prochains mois. Trois opérations successives m'auront ainsi privé du grand bonheur qui m'était promis. Invité par le Vietnam, le Cambodge et la Thaïlande, j'aurais dû retrouver mon cher Sud-Est asiatique pour y parler de mon dernier livre *La Nuit attendra* qui, dois-je le rappeler, conte mon adolescence agitée sur ces terres superbes où la guerre, il y a soixante ans, faisait ses ravages. J'enrage de faire faux bond à une proposition si flatteuse, de mettre en difficulté des services culturels qui avaient préparé un programme magnifique (mais, c'est vrai, épuisant). Conférences, débats, signatures étaient annoncés depuis des mois, sur un itinéraire qui me faisait revisiter Saigon, Hué, Hanoi, Phnom Penh, Bangkok et, au final, Hong Kong.

J'ai tout fait rater. Sont-ce les turbulences du corps qui sont coupables ? Pas celles de l'âme en tout cas ! Ce qui me désole c'est la promesse trahie, cet abandon obligé d'un long voyage sur les sillons de mon passé que ma femme attendait. Elle ne verra pas les temples d'Angkor et de Siam que je quittai à vingt-cinq ans. On me laisse espérer que l'on pourra reprendre l'initiative l'an prochain. Mais où serai-je ?

***

Il fut homme de presse – *L'Express* entre autres –, nous partagions les mêmes passions, la littérature, la musique et… le cigare. Willy Stricker était si coureur du monde que, passeur des volutes du temps, il s'en est allé mourir à Cuba, comme ça, d'un seul bond dans l'éternité. Lors de notre dernière rencontre, je lui avais rappelé ce que me disait l'un de mes maîtres, jésuite et frondeur : « Chacun d'entre nous est un miraculé de l'Histoire. Tant que nous tiendrons la vie, nous devrons abuser de ses plaisirs. Pour être prêt et comblé à l'heure du départ définitif. »

***

Ce 7 mai, jour noir depuis 1954 pour ceux qui furent témoins du désastre de Diên Biên Phu. Soixante ans déjà, mais jamais je ne pourrai oublier ! Ce massacre de milliers d'hommes d'honneur, cet anéantissement que des gouvernants lâches et un haut commandement incompétent ne surent empêcher. J'ai tant écrit sur ces funestes moments que je ne sais plus dire que ma haine pour les allongés de la politique. D'ordinaire ce 7 mai, nous nous appelions, Pierre Schœndœrffer et moi, pour prononcer seulement le nom de la sinistre cuvette. Pierre a maintenant rejoint ses camarades, j'ai téléphoné tout à l'heure à sa femme Pat pour ne pas casser le lien qui nous fit si proches. Et puis je fais un dernier salut à tous ces sacrifiés qui firent la preuve d'une solidarité cruellement exigeante, qui ont montré comment on pouvait vivre ensemble dans l'adversité. Je pense aussi à Geneviève de Galard qui fut le bon ange de cet enfer, à la vingtaine de prostituées qui, refusant d'être rapatriées, devinrent infirmières, secouristes, toutes ensuite exterminées par les Viets. Face à ces héros, que représente l'idéologie de quelques communistes de ce temps-là qui lançaient des pavés sur les revenants ?

***

Il aurait eu cent ans ce jeudi 8 mai et sans aucun doute on l'aurait désigné héros des cérémonies du jour, gaulliste historique, compagnon de la Libération et mieux encore immense écrivain. Il était brillant et fantasque, sa vie avait été tellement exceptionnelle qu'il avait décidé un jour funeste de lui tordre le cou. Sa bienveillance et, j'ose dire, son amitié furent la chance de ma première semaine à *Radioscopie*. Romain Gary avait accepté d'essuyer les plâtres d'un programme dont on n'aurait su prévoir la durée. Il n'a jamais quitté mon souvenir, mais sa magnifique *Promesse de l'aube*, présentée aujourd'hui dans une édition illustrée par Joann Sfar, me donne l'occasion de le retrouver. Jamais on n'avait aussi bien parlé de l'amour d'une mère et de la passion que l'on doit à son pays. Romain Gary était à la fois un pur produit de la modernité et un Croisé de belle allure qui avait mille ans.

***

Cette fausse alliance franco-allemande qui prétend inquiéter Poutine ! Déstabiliser « l'ogre russe » aujourd'hui c'est l'encourager à mieux sauter demain. Nous n'avons plus les moyens d'une quelconque menace. Toute prétention est dangereuse.

***

Le pathétique du *Concours de l'Eurovision*, cette mascarade de la chanson qui mobilise vingt-six télévisions et semble définir les limites du burlesque. Un travesti autrichien devenu femme à barbe l'a emporté devant des concurrents qui affichaient, bizarrerie des temps nouveaux, un mimétisme parfait. Mêmes envolées, mêmes mélodies, même mise en scène. Comme d'habitude la France arrive bonne dernière mais avec la satisfaction du devoir accompli. Mais qui donc, sur France 3, choisit notre « ambassadeur » ? Il faudrait l'embastiller tout de suite.

***

Je ne l'ai pas revu depuis des années, je n'ai pas aimé qu'un Premier ministre le traite de « minable ». Gérard Depardieu méritait mieux que ces injures qui voulaient punir son passage à l'étranger. Je le retrouve cette nuit sur une chaîne du câble, il parle de son rôle dans le film d'Abel Ferrara, *Welcome to New York*, qui est une libre adaptation de l'affaire Strauss-Kahn. « Je suis acteur, je dois pouvoir tout jouer. Je me mets toujours dans la peau du personnage qui m'est confié ; cela ne veut pas dire pour autant que je me crois "l'autre". Je sais simplement que les gens de la secte politique mentent et nous prennent pour des gogos… Ma vie est devenue bizarre, elle emprunte des sentiers souvent broussailleux, on me reproche d'avoir choisi la Russie comme terre d'accueil, on s'énerve de l'amitié que me porte Poutine que je vois admiré par son peuple. Et puis comment un autodidacte comme moi, amoureux de beaux textes, pourrait-il ne pas être sensible au génie de Tolstoï, de Dostoïevski, de Pouchkine ? J'aime la démesure, j'apprécie le talent, celui de Michel Bouquet surtout. J'aime plus encore l'idée de tomber amoureux, je ne crains pas la mort, je parle chaque jour avec ceux qui m'ont quitté, c'est ma vérité d'existence mais y a-t-il une autre vérité dans la vérité. » Oui, l'homme en question est vraiment énorme…

***

J'en ai connu des présidents, dans la presse écrite, à la radio, à la télévision. J'ai même eu la faiblesse d'appartenir un temps à ce club très fermé (ou très ouvert, au choix). Certains de mes confrères furent à la hauteur de leur fonction, d'autres l'auront déshonorée. Peu importe ! Ce qui compte c'est le programme, c'est ce que nous avons fait les uns et les autres sur l'antenne. Aurons-nous laissé des traces ? Évidemment nous serons vite oubliés mais restent les archives. Mathieu Gallet en était, à la tête de l'INA, le conservateur. Ce matin il change de fauteuil et se prépare à ramer sur le vaisseau des bords de Seine. Le voilà président de Radio-France.

Ni de droite, ni de gauche, surtout pas énarque mais jeune – trente-sept ans –, Mathieu Gallet fait le pari d'une avancée audacieuse. Nommé à la présidence de l'INA par un ministre de Sarkozy, le voilà appelé à Radio-France par un ami de Hollande.

Parcours paradoxal et remarquable d'un homme pressé qui se sait habile, diplomate, passionné et, le pire pour ses ennemis, séduisant. Les questions audiovisuelles lui sont familières, il connaît à fond les enjeux du numérique. Nous nous sommes souvent rencontrés, nos déjeuners sont des moments de bonne réflexion. Avoir sous sa coupe France Inter, France Culture, France Musique et France Info et d'autres satellites représente une dangereuse responsabilité. Il lui faudra constituer une équipe solide : il réussira.

Carte blanche à la jeunesse, il est ambitieux, travailleur, amical, doué pour la communication. Ni énarque, ni normalien, pas même journaliste, il peut compter sur ses qualités humaines pour réussir. D'autre part, c'est un vrai manager qui ne s'est jamais encombré d'une carte de militant politique. Nous nous sommes beaucoup vus ces dernières années. Patron de l'INA, il a publié toute une série de CD consacrés à *Radioscopie*, rendez-vous qu'il aimerait reconduire sur France Inter. « Je cherche ton successeur », me dit-il. Je lui recommande Maïtena Biraben qui présente chaque dimanche sur Canal + l'excellent *Supplément*.

***

Toute sa vie il avait joué d'une distance qui frisait la suffisance. On n'aurait pu deviner ce qu'il pensait, ce qu'il souhaitait, ce qu'il aimait. L'indifférence lui était une carapace ; sa beauté, sa prestance lui faisaient office de passeport. Venu de nulle part il s'inventait en permanence des lieux de naissance, de nobles origines, il se parait de titres ; à Singapour où je le rencontrai pour la première fois, il était prince Romanov. Je ne fus jamais dupe, son imagination m'amusait. Comment s'appelait-il vraiment ? Peu importe, la Légion lui avait donné une existence. Il s'était offert un nom : Serge de Valoubrof. J'ai souvent accompagné ses délires asiatiques, je ne le voyais pas ces dernières années. J'apprends ce matin sa disparition. « J'étais sa compagne, m'écrit une certaine Marianne. Il s'est endormi dans la mort à Bangkok. Il m'a laissé une liste de cinq personnes à prévenir. Vous êtes de celles-là. »

Serge était prince de la frime, mais il avait sa noblesse. Je me félicite de l'avoir connu, les rencontres inattendues ont une grâce exquise. J'ai passionnément aimé mes fous du bout du monde, compagnons de route aux heures inspirées de l'adolescence, ils eurent souvent d'étranges vies mais ils étaient vivants. Et Serge était au-delà de toute limite. Né de personne, ne voulant servir personne, lancé anonymement dans la mêlée mais persuadé d'être quelqu'un il promenait son curieux destin comme un amoureux embrasse sa belle. Un temps il s'était cherché des traces puis vite désintéressé de la « canaille qui l'avait abandonné sur les marches d'une église » (sa seule confidence). À Singapour, au moment de notre rencontre, il avait trouvé refuge dans la petite villa d'une jeune Chinoise de la meilleure société qui ne devait plus résister longtemps à ses insupportables mensonges. Je l'avais présenté à Marcel Camus, je pensais qu'il était le personnage rêvé d'un roman-film qui eût été ce que Fitzgerald a fait de « Gatsby ». Ses conquêtes, jeunes et vieilles, amusaient la conversation de Saigon la perverse, son mystère entretenu lui était une profession, il promenait son smoking blanc dans tous les palaces où il payait comptant. D'où venait sa fortune ?

Au lendemain de mon retour en France, dans l'année 1956, je fus invité à le rejoindre à Hong Kong. Philippe Boegner qui m'avait proposé de l'épauler pour préparer la sortie de *Paris Jour*, le quotidien de Cino Del Duca, m'accordait une semaine de liberté. Je repris aussitôt le chemin de l'Asie. Dans cette étrange cité anglo-chinoise, Serge avait réussi son meilleur coup : ses fiançailles. La dame choisie était sublime. La grande classe. Princesse autrichienne elle parlait volontiers de son ascendance royale et faisait valoir les qualités des Habsbourg. À ce rendez-vous mondain faussement aristocratique, le tout Hong Kong se pressait. Les plus grands noms de la finance, les femmes de la haute société – des Chinoises magnifiques –, les mafieux que l'on reconnaissait à leur vulgarité défilaient devant le très harmonieux couple, abusant de courbettes.

Serge était aux anges. Il se savait maintenant gagnant d'un pari qu'il s'était fait à lui-même : ridiculiser le monde des nantis. Une semaine après cette réception fastueuse les invités recevaient un nouveau carton ; ils étaient priés de rejoindre une péniche amarrée au port à titre de fumerie et sur laquelle veillaient désormais quelques belles dames offertes aux plaisirs de l'homme : c'était l'ouverture du plus extraordinaire bordel de la ville. La fiancée, dans un mot très court, dénonçait sa propre supercherie : « Je ne suis pas la future épouse de Serge, je ne suis pas princesse, seulement une prostituée de bonne tenue qui a fait son apprentissage à Singapour. Ici j'aurai trente filles. Je vous remercie pour votre accueil, la maquerelle vous salue bien. » On peut imaginer ce que fut la surprise et la honte de la bonne société hongkongaise. Pour raconter Serge et les frasques de Valoubrof, il faudrait toutes les pages d'un roman.

Curieusement, toute ma longue existence, j'aurai rencontré d'étranges personnages, comme si un dieu vaillant m'avait destiné aux mystères qui sont le meilleur du rêve. La normalité est ce qui m'intéresse le moins, j'aime les originaux, les fous qui ne furent jamais violents – à la différence des sages ! –, les infortunés.

Je ne peux m'empêcher dans mes souvenirs de rappeler le martyre d'un ami, exilé comme moi en Asie, Serge Dassaurie dont j'ai souvent parlé, que j'ai admiré. Il avait d'abord été déraisonnable, flambeur, à certains égards indéfendable, puis, devenu sérieux, grand homme d'affaires. À vingt-cinq ans, il avait amassé une véritable fortune, rien ne lui était impossible. Il toisait les élites mais se montrait généreux auprès des déshérités… Un jour, il disparut, je me suis mis à sa recherche, en vain. C'est par un courrier secret que j'appris le lieu de sa fuite : les Philippines. Il me demandait de le rejoindre, souhaitant me révéler les raisons de son départ. Je partis aussitôt. Il vivait sur un rocher dominant la mer, dans une citadelle qui avait été autrefois un monastère. Il y était seul, servi par les villageois d'à côté dont il assurait l'existence mais qui ne le voyaient jamais. Nos retrouvailles furent courtes. Il n'eut pas à m'expliquer. Il était défiguré. La lèpre le tuait à grands feux.

Comment ne pas être séduit par de tels hommes ! Il suffit de ne pas choisir entre saints et chenapans !

***

Pour une émission de la nuit, le samedi, Laurent Ruquier a le génie d'inventer des couples improbables. Il y eut Éric Naulleau, le rebelle, et Éric Zemmour, l'iconoclaste, puis, plus tard, Natacha Polony, l'intellectuelle et Aymeric Caron, l'autodidacte besogneux, vrai champion des dernières saisons. On pourrait croire que ce bellâtre à figure de Christ a fait de la haine de tout son plat de résistance. On se trompe. À bien le regarder, on distingue ses failles. C'est un tendre d'origine qui se force à la vacherie par défaut d'ironie. À la télé, pour peu qu'il y ait spectacle, on finit par aimer ce qui est détestable.

***

Maurice Druon m'a laissé sa canne à pommeau d'argent en héritage et désormais, par fidélité et nécessité, je ne la quitte plus, elle permet à mes yeux encore fatigués d'éviter les dangers des chemins. Madeleine venue à la maison ce midi rappelait ce que disait son immortel de mari : « Je porte l'objet depuis mes cinquante ans, on s'y est habitué, on ne pourra pas dire plus tard : ce pauvre Druon est en triste état, il a de plus en plus de mal à marcher. » La canne comme compagnon de route ou simple élégance ?

***

Je me suis promis pour mes quatre-vingt-dix ans – je n'en suis plus si loin – d'entrainer ma femme sur les routes majestueuses des palais indiens, ceux que j'ai connus, celui surtout qui fut familier à mes dix-huit ans. J'ai noté les principales étapes : Jaipur, Nagaur, Boroda, Mysore et pour finir en beauté : le Taj Mahal. M'en laissera-t-on le temps, en aurai-je la force ?

***

Tous ces jeunes Français que je rencontre à l'étranger, vaillants, joyeux, qui dépassent leurs rêves, réussissent leur entreprise. Quelques autres chez nous, assez nombreux, qui se plaignent à longueur de vie, piétinent la rue sous les banderoles des contestations. Ceux-là ne tenteront jamais l'aventure, la seule qui vaille, celle du dépassement. De quoi manquent-ils ? D'audace. Le risque à prendre, en tous domaines, devrait être la seule raison de vivre. Attendre est un endormissement.

***

La télévision s'encombre de débats dont on ne retient que les bruits. Tous parlent dans un ensemble étourdissant, on ne comprend rien, les balivernes courent les plateaux. Ce qui nous laisse croire que l'annonce de Jean Cocteau il y a des décennies, est toujours valable : « Le drame de notre époque, c'est que la bêtise s'est mise à penser. »

***

Entre la première mi-temps de la Coupe d'Europe de rugby et les dernières minutes de la rencontre Real-Atletico de Madrid (suspens dans cette ligue des champions et succès pour le Real), nous avons eu le bonheur d'écouter Renaud Capuçon à la Cité de la Musique. Considéré comme l'un des plus brillants violonistes de sa génération Renaud bénéficiait du concours du Chamber Orchestra of Europe mené de main de grand maître par Semyon Bychkov dont j'ai toujours admiré la délicatesse et la précision de la gestuelle. Je me réjouis d'avoir réécouté le beau concerto de Mendelssohn cette merveille du grand répertoire où le talent du concertiste dépasse la difficulté de l'œuvre. J'aime chez Capuçon cette manière fière de faire s'éblouir les cordes.

***

Désormais, pour les grands partis, la messe est dite. L'UMP et le PS, entrés en enfer, ne sont plus que des fantômes. Les élections européennes les ont jugés incompétents. De plus, le ridicule s'en mêle : le Front national prend le pouvoir. On ne sait plus quels mots avancer : séisme, onde de choc, chute tragique, orage. C'est une déculottée, une humiliation. La médiocrité de nos soi-disant élites appelle l'indifférence. Jean-François Copé est condamné, François Hollande est en pièces, le roi est nu. On ne peut même pas rêver d'un homme (ou femme) providentiel.

Toulon l'emporte donc au dernier tournant du Championnat de France de rugby, Castres n'a pas démérité, deux grandes équipes. L'ambiance était au rendez-vous, tout semblait parfait mais je n'ai vu que Jonny Wilkinson, l'immense joueur, surtout l'honnête homme, modeste, pudique dans ses propos, élégant, discret et déterminé, un exemple pour la jeunesse, qui se nourrit trop de faux prophètes. C'était sa dernière dans l'ovalie, éblouissante sortie. La ville de Toulon devrait le statufier à l'entrée du stade. À la façon d'un Gareth Edwards.

***

Si j'aime tant mon pays c'est parce que dans mon adolescence huit années durant je l'ai observé du dehors et qu'il m'a manqué. De près on voit moins bien, on s'habitue c'est tout. La recherche d'un ailleurs m'a fait découvrir et la France et ma Bigorre, ce que Claude Lévi-Strauss traduit par une simple constatation : « La vertu du regard éloigné. » Je suis en plein accord avec notre philosophe, mais on peut parler aussi de son contraire. Un sage de l'Asie contait autrefois son histoire : « Je suis allé au bout du monde pour trouver ma bien-aimée, je ne savais pas qu'elle m'attendait dans ma propre maison. »

***

Ces derniers jours, dans mon Lavedan, en Bigorre, j'ai revisité, une fois encore, mes routes d'enfance, redécouvert des paysages d'altitude où j'allais autrefois à pied avec mon père. J'ai tenu à monter jusqu'au Hautacam (1 520 mètres), étape reine du prochain Tour de France, et aussi à refaire la route qui au-delà de Gavarnie, conduit à une station de ski (2 000 mètres) qui mériterait d'être mieux connue. Une neige de printemps, tombée la veille, brillait sous le soleil revenu. Les montagnes ne m'avaient jamais paru si belles, j'ai eu, un court moment, la nostalgie de mes jeunes années lorsque, en famille, je m'aventurai au lac Bleu, après douze heures de marche. Ce temps est si lointain !

Juin 2014

Le roi d'Espagne abdique ce matin en faveur de son fils Felipe. Sa santé aujourd'hui a eu raison de ses longues années de règne, les défaillances de se proches l'ont ruiné, quelques grossières erreurs de fin de vie l'accablent encore. Je ne veux me souvenir que de 1981, lorsque Juan Carlos séduisit son peuple en s'opposant courageusement à une tentative de putsch menée par des militaires félons prêts à installer une nouvelle dictature. Le souverain que l'on prenait au départ, en 1975, pour un sot, aura réalisé un véritable tour de force en réconciliant les deux Espagne qui s'affrontaient aux heures cruelles de la guerre civile…

***

Enfin une cérémonie où l'ennui ne présidait pas, qui témoignait d'une vraie qualité d'inventions scéniques, un divertissement réglé à merveille et tenu d'une main ferme par le brillant Nicolas Bedos. Le théâtre s'est trouvé d'un coup mieux servi à la télévision que le cinéma. Un point noir toutefois dans ce bonheur du soir (je devrais dire de la nuit). Pourquoi cet horaire imbécile (22 h 15), ce manque de respect, cet affront fait aux acteurs. Je suis toujours troublé par le manque d'audace des programmateurs qui cultivent plus l'audience que la beauté. Oui, nous avons eu de beaux « Molière » et nous en retenons l'excellence. Après le vibrant hommage rendu au grand Michel

Bouquet, c'est un jeune auteur de trente-quatre ans – neuf pièces déjà à son actif – qui a sonné la victoire : Florian Zeller aura été le héros de cette nuit. Pour *Le Père*, il a reçu le prix de la meilleure pièce de l'année, ses deux comédiens principaux, Isabelle Gélinas et Robert Hirsch, ont obtenu les « Molière » de la meilleure interprétation. Trois récompenses que j'attendais…

***

L'eau, le sable et la mort. Le courage, le fracas, l'horreur. Et notre admiration pour ces milliers de jeunes hommes qui, le 6 juin 1944, ont sauvé le monde de la fureur hitlérienne. Je songe en ce jour de commémoration à tous ces combattants qui ne savaient rien de la France, débarquaient dans des gerbes de feux, tombaient sur nos côtes, venus des Amériques, de l'Angleterre, du Canada, de l'Australie, de Pologne, d'Afrique… Soixante-dix ans après, ces héros font taire pour quelque temps les querelles qui encombrent encore la planète. Les 1 800 vétérans qui reviennent aujourd'hui, en Normandie, sur la terre de leurs exploits obligés, portent au comble de l'émotion. Je les regarde, les larmes aux yeux, ils avaient vingt ans, ils en ont quatre-vingt-cinq. Ils ont l'élégance du geste un peu souffrant, une exceptionnelle discrétion, une pudeur, leur parole n'est jamais grandiloquente. J'imagine aisément ce que fut leur sacrifice, j'ai vu en Indochine des soldats du même âge mourir sur les collines et dans les rizières. C'est une aventure particulière d'être encore vivant au milieu de tant de victimes innocentes.

***

Je ne suis pas sûr que François Hollande soit un excellent chef d'État, je reconnais en revanche qu'il paraît être un exceptionnel maître de cérémonie. Il restera comme l'homme d'un exploit : goûter avec Élisabeth II, dîner avec Obama, souper avec Poutine – tout cela dans la même journée – n'est pas à la portée de n'importe qui… et il y a tout le reste, remarquablement maîtrisé. Le président était sur le champ des batailles, l'homme ne masquait pas son émotion, il était à son affaire, nous avons passé des heures à suivre les épisodes de cette commémoration, les évocations, le récit des vétérans. C'était grandiose, c'était ce que l'on attendait.

***

Fin de semaine en tiercé majeur. 1 : Rugby avec Australie-France. Nous sommes défaits, ridicules. 2 : Finale de Roland-Garros. Maria Sharapova et Rafael Nadal en héros attendus. 3 : Football à Lille. Victoire de la France sur la Jamaïque. Le Brésil comme sujet d'espérance. Merci le sport qui nous délivre de la politique !

***

Maurice Genevoix était l'un de mes maîtres, j'aimais nos moments vacanciers dans ma vieille maison de Miramont, aux Pyrénées, où avec mon père il entretenait des discussions sans fin, replongeant, loin de nous, dans les tranchées de l'horreur. Grand écrivain, secrétaire perpétuel de l'Académie française, il avait raconté la guerre dans *Ceux de 14* et la nature dans *Raboliot*. Je le retrouve aujourd'hui avec sa verve, le pétillant de son intelligence, dans un CD que publie l'INA. Il y livre, à travers différents entretiens, dont le nôtre à *Radioscopie*, le vibrant hommage de tout ce qu'il a vécu. Vingt années durant nous avons été complices. Je lui avais consacré un *Grand Échiquier* – « Tu m'invites Brassens » me dit-il. Ce fut fait.

Le centenaire de la Grande Guerre nous ramène à lui, j'entends sa parole posée, sa langue française magnifique qu'il servait à merveille dans ses livres et ses discours. Ce récit de l'impensable, cette boucherie de 14-18, il les résumait par une phrase : « Ce que nous avons fait, c'est plus qu'on ne pouvait demander à des hommes et nous l'avons fait. »

***

Une lettre à l'encre bleue postée à Genève. Quatre pages d'une écriture noble, ciselée, pareille à celle des instituteurs d'autrefois : « *J'ai lu votre livre, j'en apprécie la douleur retenue, mais je m'étonne de ne pas y trouver une trace de Dieu. Son nom vous paraît-il si difficile à prononcer ? Si vous êtes revenu de la nuit c'est parce que Quelqu'un l'a voulu.* » Béatrice D. qui ne donne pas son adresse fait une analyse complète de mon récit. Je ne retiens que son reproche, du moins son étonnement. La possibilité de Dieu est l'interrogation continue de ceux qui ont eu à souffrir de la folie des hommes. Pourquoi la Shoah, le rouge du Cambodge, le Rwanda, comment a-t-on pu permettre tant de massacres ? C'est vrai, je ne me hasarde jamais à « prononcer » le nom sacré. Est-ce la faute d'une adolescence chahutée ? Les jeunes gens de vingt ans qui sont tombés près de moi en Indochine n'appelaient pas, avant la mort, de hauts secours, en tout cas, je ne les ai pas entendus. Peut-être aussi, ai-je été inspiré par mon professeur de philosophie, un jésuite rebelle qui répétait sans cesse cette réflexion de Renan : « Nous attendions le Christ, nous avons eu le clergé. » C'est faire peu de cas du mystère que de se laisser enfermer par les dogmes. À la religion – je me répète – je préfère la spiritualité. Évidemment, je suis croyant, je sais que la vie n'est pas un hasard, je remercie celui qui a inventé le soleil du matin et la brise du soir. Mon ami André Lacrampe, archevêque de son état, me dirait à ce stade de la réflexion : « Il est un esprit que l'on nomme Dieu », ce qui m'encourage à prier.

***

La fête commence, ne boudons pas notre plaisir. La Coupe du monde de football fait du Brésil le pays le plus regardé de la planète. Les mouvements sociaux n'y pourront rien, on ne résiste pas à la passion d'un peuple. Première escarmouche : Brésil-Croatie. Beau match de la Croatie, victoire usurpée du Brésil qui révèle toutefois son grand joueur : Neymar. Un penalty accordé aux jaunes, un but refusé aux visiteurs. Dans les deux cas la faute grossière de l'arbitre japonais !

J'aurais dû parler de la cérémonie d'ouverture qui a précédé la rencontre. C'était un beau et pétillant désordre, un cortège de magnifiques jeunes filles, tentant de danser ensemble, sans plan précis, dans une mise en scène maladroite et l'absence désolante de grands airs qui fondent la tradition musicale brésilienne. Passons : le public est ardent. Attendons le France-Honduras qui, peut-être, nous donnera à rêver.

***

J'espère que l'on pourra corriger cette réflexion de Heidegger : « Seuls les commencements sont beaux. » Il devrait y avoir une suite heureuse à ce premier succès contre les mâles joueurs du Honduras. La Coupe du monde s'ouvre à la France dans les meilleures conditions. Trois à zéro pour cette rencontre, l'enthousiasme que l'on attendait, la performance de Karim Benzema, les élans farouches de Valbuena. Ne faisons pas trop de plans sur la comète mais il n'est pas interdit de rêver !

***

Football champagne. C'est tout l'inattendu de cette Coupe du monde : il y a au Brésil une équipe de France qui séduit tous les publics. Enthousiaste, solidaire, rigoureuse, talentueuse. Devant la Suisse (après le Honduras) vaincue par un terrible 5 à 2, Olivier Giroud a prouvé qu'il était indispensable, Valbuena, comme toujours, a joué les lutins, Benzema avec trois buts – je lui en donne deux de plus – devient match après match le nouveau Zidane. Oubliés les grincheux, la politique, la grève. Tout un pays rêve et le rêve est une création.

***

Le prince est devenu roi, Laetitia, fille du peuple, peut désormais coiffer la couronne d'Espagne. Il est très grand, elle est très belle. Felipe VI, dans son discours de proclamation, fixe ce matin le cap de son règne, l'unité, et promet d'observer une conduite intègre, honnête et transparente, condamnation directe du forfait de sa sœur Christina, de quelques autres légèretés de la famille. Il lui faudra séduire maintenant la Catalogne et le Pays basque, fort attachés à leur indépendance. Ce ne sera pas une mince affaire. Ces deux grandes régions pourraient mettre, demain, la monarchie en danger. Pour l'instant encore les fastes de l'intronisation font oublier les réalités de sa crise !

***

Tous les hommes meurent, mais peu savent vivre. Ainsi concluait le philosophe Alain dans ses réflexions sur le bonheur. Je partage cette opinion. J'observe, j'écoute, je suis frappé par la tristesse entretenue de ceux qui pourtant n'ont aucune raison de se plaindre, qui ne connaîtront jamais le charme de l'aventure, qui refusent de se mettre en danger. Le confort qu'ils réclament tue les meilleures initiatives. Nous sommes de plus en plus dans un monde d'assistés. Je me rassure à croire que je ne suis pas de ces frileux. Je prétends avoir vécu. J'aurai accompli ce que je me souhaitais, découvrir tous les chemins de l'univers, cultiver ma curiosité maladive, une chance insolente. J'ai toujours lutté contre le pire de la vie, je ne me laisse pas encombrer par les tourments qui sont notre lot et en désespèrent tant, j'ai la folie d'imaginer qu'il peut y avoir encore des jours heureux et dans le même temps, je suis préparé au grand voyage. Quel bonheur de vivre.

***

Longue discussion avec mes deux Serge – Kampf et Blanco – sur le récent naufrage de l'équipe de France de rugby en Australie. Tristesse de voir un groupe en désordre, des professionnels qui se comportent en amateurs, un sélectionneur qui n'a pas l'âme d'un chef. À la vérité ce ne sont pas, eux, les coupables, ce sont les instances dirigeantes qui manquent de réflexion, c'est le modèle du jeu qu'il faut transformer. Et revenir de grâce aux fondamentaux – rigueur, envie, espièglerie – qui ont fait le succès des mousquetaires d'autrefois !

***

Aux Folies Bergère devant mille huit cents fidèles enthousiastes, Philippe Bouvard célèbre la fin des *Grosses Têtes* qui accusent ce soir trente-sept années de bonnes et loyales rigolades. Bonheur de retrouver mon vieux complice, avec lequel, depuis soixante années, sans interruption, je déjeune une fois par mois. Philippe m'a toujours semblé un modèle pour les jeunes générations de journalistes. Voilà un homme délivré de tout diplôme, inapte aux études dans son enfance et devenu, par la force de sa curiosité, l'un des meneurs les plus cultivés de nos cercles médiatiques.

D'une émission grand public, populaire et volontairement bouffonne il a fait un tremplin pour les intellectuels en charge de présenter leurs produits. Dans l'ombre des coulisses, entre un projecteur mal assuré et des chaises bancales, piétinant des câbles, nous faisons galerie pendant deux heures durant en attendant d'affronter à notre tour les feux de la rampe. C'est un moment de pur plaisir que je partage avec Jean d'Ormesson, Erik Orsenna, Jean Piat, Robert Hossein, tous membres de la confrérie des *Grosses Têtes*. Qui rassemblera demain sur RTL les foules dont Philippe était l'aimable gourou ?

***

Je me souviens de la *Radioscopie* du dessinateur Cabu qui se désolait de l'étonnante marche du temps : « Je n'ai pas demandé à naître, me disait-il, pourquoi me condamnerait-on à mourir ? Il eût fallu qu'on me laissât tranquille. » J'aimais ses subjonctifs et sa colère qu'une amie de l'INA me fait réécouter ce matin et ensemble nous prolongeons l'interrogation. Bien sûr c'est inéluctable, il faut en passer par là, mais quelle tristesse ! Pourquoi s'en aller ? Comment peut-on quitter ceux que l'on aime, doit-on se défaire sur un simple coup du ciel des paysages qui sont nos purs émerveillements ? Dans mes exercices d'adolescent, j'aurai vécu, serein, entre sainteté approximative et damnation. J'aurai fréquenté le pire et le meilleur, ce qui constitue une expérience. Je ne veux rien changer à ma vie ne serait-ce que pour apprendre plus encore.

***

Les grandes puissances ont fini par oublier les monstruosités commises par Bachar el-Assad en Syrie. Et dans le même temps, elles encouragent, par leurs silences, les djihadistes sunnites, ces nouveaux barbares, à prendre le contrôle du pays. Forfaiture de la diplomatie !

***

Serge Kampf, le patron le plus discret du CAC 40 tient à ce que j'écrive la préface de la biographie que lui consacre Tristan Gaston-Breton. J'accepte avec un cœur fraternel. L'homme est de mon quotidien, donc de ce journal.

J'ai déjà fait une centaine de préfaces, mais celle-là me paraît être la plus délicate. Parce qu'elle a pour redoutable sujet un plus que proche, un frère choisi et qu'il convient de ne pas trahir. L'amitié ne souffre pas le moindre compromis, elle impose une honnêteté sans faille. Serge Kampf, le plus secret des grands patrons, volontairement énigmatique, un homme remarquable et paradoxal, grand dans les affaires, mystérieux dans sa vie personnelle, sans complaisance pour les tricheurs, les frimeurs, les assistés. Je ne connais pas d'être plus discret et dans le même temps si parlant. Il m'arrive de le prendre pour le gourou d'une secte puissante qui accorde du temps à la convivialité.

Dans mes activités radiophoniques et télévisuelles, j'ai reçu des milliers d'invités qui m'autorisaient une visite de leur vie, dans laquelle j'entrais d'une manière pudique pour les forcer à se révéler. Rien à voir avec Serge Kampf que je n'ai pas accueilli au cœur de l'arène médiatique mais que j'ai rencontré par un hasard bienheureux fixé par notre passion commune : le rugby. C'est en Australie, à l'heure de la Coupe du monde, que nous avons appris à nous mieux connaître, à partager les mêmes valeurs. J'ai vite retenu à son contact qu'il fallait pratiquer l'honnêteté, l'audace, la confiance, la liberté de créer, l'indépendance d'esprit, la solidarité, le plaisir. Autant d'impératifs qui nous sont un bréviaire.

L'amour des mots nous fut au départ un port d'attache, l'amour du mot juste, on ne transige pas chez lui avec la langue française. Je suis si peu préparé aux affaires que nos conversations les mettent rarement au premier rang. La politique nous désespère, il a des convictions fortes, mais l'idéologie ne l'intéresse pas. À l'écouter, je me souviens d'Albert Camus qui comme lui se défendait de tout sectarisme, qui ne se voulait pas magicien mais seulement un homme. Il est grand dans ses générosités successives, mais il est avare de compliments, la flagornerie lui répugne. Sur les quarante patrons de sociétés composant l'indice phare de la Bourse de Paris, il est le seul à avoir fondé son propre empire. Tout au long de son parcours, Serge n'a pas dévié d'un pouce par rapport à ce qui fut son premier engagement, le respect de l'autre. Il a réussi son pari initiatique, non pas celui de devenir incontournable dans sa profession, mais celui, plus ambitieux, d'être libre. Il aime à entretenir le débat d'idées, il sait que gouverner c'est parfois déplaire, il a l'humour de Jules Renard qui prétendait qu'il n'y avait pas d'intelligence sans ironie.

De Serge, j'aime par-dessus tout la simplicité, la franchise, l'impertinence courtoise. Il ne courtise pas les grands de ce monde, il les observe de loin, il admire les créateurs, plus particulièrement ceux qui se mettent en danger, il exige tout de ses amis, il méprise la trahison des élites, sa générosité partout célébrée ne tient qu'à lui-même, il n'en fait pas porter les frais à son entreprise. Il puise continuellement dans sa cassette personnelle, il me rappelle de Gaulle qui, à l'Élysée, payait ses factures d'électricité. La frime de certains de ses pairs lui est insupportable, il peut être violent si on le heurte, il lui arrive de regretter quelques colères, il est aimé et, plus encore, craint. Moi, son ami, je le sais timide et tendre.

Récemment, Serge Kampf a surpris ses salariés en déclarant : « Je rends mon tablier », sûr de ce qu'il a accompli, fidèle à sa promesse de vaincre, cette fois par la force de ses équipes, il a décidé de son destin qui n'a rien à voir avec la retraite. Je le vois encore gardien du temple Capgemini, conseiller désiré du successeur qu'il s'est choisi, le brillant Paul Hermelin. Il ne désarmera jamais. Il peut nous étonner par des inattendus, à le regarder je pense à Alexandre Dumas auquel on demandait : « Vous travaillez donc toujours ? » et qui répondait : « Je n'ai pas d'autre chose à faire. » Son exigence personnelle, son sens de l'éthique, sa culture de la performance ne sauraient l'abandonner, il nous surprendra.

Je m'en réjouis, il y a aussi des coups de foudre en amitié, il est de ceux-là. Je l'ai subi, je l'entretiens, chaque journée est ponctuée par nos bavardages, nos longues discussions sur le monde des vivants, sur les bonheurs et les tristesses. Serge est ardent, souvent violent dans sa manière d'aborder les tourments de la société, la médiocrité des gouvernants, les éternels mensonges de la politique. C'est assez rare, à inscrire au Panthéon des valeureux, pour beaucoup difficile à cerner car trop épris d'absolu. Il analyse avec tellement de sérieux chaque chose de l'existence qu'il ne convient pas de le contredire. J'aurais plaisir à le contrarier mais nous sommes de la même obédience, celle de la culture des valeurs fondamentales, nous sommes, hélas, d'accord sur tout.

Je n'ai parlé que de lui, ignorant presque ce que représente son invention, Capgemini, mais les affaires ne sont pas de ma compétence. Je crois plus aux relations humaines qu'aux vertus du CAC 40, cette biographie d'un personnage hors normes, visité dans l'excellence par Tristan Gaston-Breton est fouillée, rigoureuse, sans complaisance. On comprend enfin ce qui a construit la vie de Serge Kampf, ce qui a installé sa réussite, ce pour quoi il s'est battu, je ne crains pas de me répéter en affirmant que son aventure, exemplaire, ne doit rien au hasard mais tout à l'exigence. Sur un petit carnet j'avais noté cette pensée de Pascal : *Deux choses instruisent l'homme de toute sa nature : l'instinct et l'expérience.* C'est vrai, Serge devine les événements et les traduit. C'est cela le troisième œil.

***

Sept mois après sa sortie, *La Nuit attendra* me vaut encore un courrier quotidien. Dans le dernier envoi une impeccable lecture de la maîtresse d'école de ma petite-fille Philippine et de Mireille Gentile (Genève) l'invitation à poursuivre le récit de ma vie : « Vous nous avez abandonné un peu tôt, vous aviez vingt-cinq ans aux dernières lignes de votre récit. Vous semblez donner la priorité à votre adolescence, nous sommes touchés par ce que vous avez vécu mais le reste de votre existence nous appartient quelque peu. Nous avons suivi votre itinéraire à la radio et à la télévision. Vous devez savoir qu'entrant dans nos maisons vous êtes des nôtres, vous faites partie de la famille. Ainsi nous avons droit à vos souvenirs. J'ai trouvé un titre pour votre prochain livre : "Soixante années de belles rencontres." Nous voudrions que vous nous en disiez un peu plus sur l'Argentine avec Jorge Luis Borges, sur le Brésil avec Jorge Amado. Sur Menuhin, Rubinstein, Karajan, Devos, Brassens, sur Albert Cohen ou Marguerite Yourcenar – mille personnes vous attendaient au dernier colloque la concernant. Vous étiez, paraît-il, en convalescence. Monsieur Chancel, mettez-vous à l'ouvrage. » J'ai répondu « non » à cette aimable requête, je crains de me répéter, par bribes j'en ai tellement conté de mes belles histoires. Tous ceux que cite Mireille Gentile ont occupé des périodes particulières de ma vie. Je me vois encore dans les rues de Buenos Aires, Borges à mon bras, salué par tout un peuple, ou au Brésil, à Bahia, chez Amado qui m'a accueilli une bonne dizaine de fois, avec Vinícius de Moraes, le poète diplomate, et les artistes, peintres, sculpteurs qui avaient illuminé sa maison. Que pourrai-je ajouter au récit que j'ai fait de la rivalité entre Menuhin et Rubinstein, celui-ci reprochant au grand Yehudi d'aller jouer sur les terres des « barbares allemands ». J'aimais l'humour féroce d'Arthur le génial qui me posait toujours cette question : « Quel est le plus grand violoniste du siècle ? » Coutumier de cette interrogation, je donnais des noms d'interprètes toujours différents. Il riait. « Tu n'as rien retenu, c'est Menuhin, mais… jusqu'à l'âge de dix ans. » J'aurais pu revenir aussi sur mes déjeuners chez Brassens, dans sa cuisine, avec Lino Ventura, Montand, Devos, César le sculpteur, tous occupés d'un même sujet : la mort.

C'est vrai, un tel rappel, tant d'enrichissantes rencontres à travers plus de six mille *Radioscopie*, trois cents *Grand Échiquier*, à l'heure aussi de la création d'Antenne 2 avec mon cher Marcel Jullian, au fil de mes voyages, pourrait composer le grand livre de ma longue existence. Mais il y faudrait trop de pages, trop de temps, et ce temps je veux l'offrir à ma dernière et joyeuse traversée. J'ai tant à revisiter, amis et paysages…

***

Drapeaux au vent, hymnes nationaux poussés au paroxysme, crises cardiaques possibles, résurrections aux dernières minutes. Superbe Coupe du monde de football au Brésil. Stades beaux et pleins, pelouses de qualité, foules enthousiastes. Le Brésil au bord du drame face au Chili et finalement rescapé. Les Africains ont rendu la fête joyeuse, la France a retenu son souffle à chaque rencontre. Irrésistible devant l'Ukraine, rigoureuse face au Honduras, ardente devant la Suisse, frileuse face à l'Équateur, inquiétante et au final déterminée face au Nigéria. Et aujourd'hui qualifiée pour les quarts de final. Mission remplie. Nous serons au Maracanã de Rio ce prochain vendredi, prêts à en découdre avec les Allemands qui ont eu du mal à se défaire des Algériens, admirables et malheureux. Cette Coupe pour laquelle on est en droit d'espérance – le rêve est une création – est la plus belle de toutes, la plus suivie. Dix-sept millions de téléspectateurs, chez nous, à chaque sortie. De quoi faire frémir les indifférents qui trouvent ce « carnaval » peu à leur goût. Laissons-les s'en tenir à la réponse de Churchill auquel on demandait : « D'où vient cette énergie ? — *No sport.* »

Juin 2014

***

J'ai promis à Guillaume Robert de remettre mon manuscrit au dernier jour de ce juin 2014. Je tiens parole, avec même quarante-huit heures d'avance et fais l'impasse sur la rencontre de demain qui oppose, à Rio, la France à l'Allemagne. Serait-ce la peur de revivre les tristes moments de 1982 où, à Séville, les deux équipes menaient un train d'enfer et nous laissaient abattus. Nous nous étions inclinés alors au sixième tir au but. J'étais au premier rang, je me souviens des larmes des nôtres qui arrosaient la pelouse. Serons-nous cette fois plus heureux ?

***

Je reviens à la source, je retrouve tous mes sentiers d'évasion, les Pyrénées me reprennent tout entier, collines, montagnes, amitiés confondues. L'âge est venu et mon appétit redouble, je ne vois que des soleils jusque dans les jours les plus sombres, je ne sais toujours pas d'où me vient cette résistance à l'ennui, ce bonheur de vivre, cette irrésistible envie de rester auprès de tous les miens. Pourquoi partir en effet ?

***

Si le ciel m'y autorise, j'aimerais tenir ce Journal jusqu'en 2017, très précisément jusqu'au mois de mai de l'élection du nouveau président de la République. Pour observer la projection d'une société qui navigue entre enfer et espérance, pour oublier les supercheries de la politique, pour tenter de croire à un monde meilleur, pour vivre intensément les jours qui viennent…

Du même auteur *(suite)*

Entretiens

Radioscopie I (entretiens avec Brigitte Bardot, le cardinal Danielou, Sylvain Floirat, Roger Garaudy, Jacques Mitterrand, Henri de Montherlant, Fernand Pouillon, Lucien Rebatet, Arthur Rubinstein, Siné), Robert Laffont, 1970.

Radioscopie II (entretiens avec Georges Mathé, Madame Simone, Jeanne Moreau, Jacques Monot, Jacques Duclos, Chagall, Edgar Faure, Me Albert Naud, Roger Peyrefitte, Maurice Mességué, Marcel Dassault), Robert Laffont, 1971.

Radioscopie III (entretiens avec Abel Gance, Max-Pol Fouchet, Jean Guéhenno, Pr Jacques Ruffié, Mme Paul Fort, Léon Zitrone, Pr Jean Bernard, Jean, Lecanuet, Jean-Paul Sartre, Raymond Devos), Robert Laffont, 1973.

Radioscopie IV (entretiens avec Maurice Genevoix, Jacques Lebreton, Gustave Thibon, Régis Debray, le général Bigeard, Roland Barthes, Pr Jean-Paul Escande, Alain Mimoun, Pr Maurice Marois, Valéry Giscard d'Estaing), Robert Laffont, 1976.

Radioscopie V, Les Giboulées de mars (entretiens avec Jacques Attali, Jean-Pierre Chevènement, Jacques Chirac, Robert Fabre, Jean-Pierre Fourcade, Alain Krivine, Brice Lalonde, Jean Lecanuet, Georges Marchais, Michel Poniatowski, Michel Rocard, Jean-Pierre Soisson), Robert Laffont, 1978.

Radioscopie VI, Des jeunes par milliers, écrit en collaboration avec Monique Alié, Robert Laffont, 1982.

Marguerite Yourcenar, Le Rocher, 1999.

Jorge Luis Borges, Le Rocher, 1999.

Albert Cohen, Le Rocher, 1999.

Albums illustrés

Le Guide et l'enfant, Nathan, 1975.

Le Grand Échiquier, Le Chêne, 1983.

Le Tour de France d'antan : Les pionniers de la Grande Boucle, HC Éditions, 2013.

Composition et mise en pages
Nord Compo à Villeneuve-d'Ascq

Cet ouvrage a été imprimé
en janvier 2015

FIRMIN-DIDOT

27650 Mesnil-sur-l'Estrée
N° d'édition : L.01ELIN000376.A003
N° d'impression : 126317
Dépôt légal : novembre 2014

Imprimé en France